谨以此书纪念

秦兵马俑考古发掘五十周年

吴海云 田静 编著

兵马俑外展实录

秦军出巡

A Review of
Overseas Exhibition Tours
of the Qin Terra–Cotta Army

人民出版社

编写说明

一、书中的"兵马俑展览"概念，是指秦始皇陵及陪葬坑出土的各类陶俑参加展览的项目计为兵马俑展览。例如：将军俑、骑兵俑、文官俑、跽坐俑等。

二、书中的"铜车马"指参加展览的铜车马复制品，因秦始皇陵铜车马是国家禁止出境的文物。

三、本书将1976年秦始皇陵兵马俑赴日本展出作为兵马俑第一次出国（境）展予以记录，未将1973年秦始皇陵出土的"跽坐俑"出境外展列入正式记录，是因为当时秦陵兵马俑陪葬坑尚未发现，学界对"跽坐俑"的属性并未明确。

四、关于展览编号，原则上将同一时间、同一展地、同一批文物的展览计为1个场次。如同一个展览巡回展出4个展地，则计为4个场次。

五、关于展览名称，有中文和外文两种表述方式，其中中文名称是国家文物局批准的展览名称，外文名称是境外博物馆申请举办展览时的名称，或展览图录名称或展览宣传海报名称，因此，有个别展览的中外文名称不一致。

六、关于主办与协办，由陕西省文物局及下属单位与境外文博机构联合办展，且参展文物以陕西文博单位收藏文物为主的展览为主办；参加国家文物局及相关单位组织的多个省区文物展览者为协办。

七、关于展期，本书以该展览对公众开放的实际天数计算，即从开展日到闭展日为一个展期。部分展览举办开幕式活动的日期，与对公众开放的日期不一致。

八、关于附录表格中的外文表述，展览名称原则上为举办国语言，并以英语翻译为辅助，展览时间表述为日、月、年的顺序。

兵马俑外展讲述文明交流互鉴故事（代序）

2200 多年前，秦始皇帝嬴政完成统一大业后，先后五次大规模巡游各地。2200 多年后，秦始皇陵兵马俑等文物到世界各地巡展，广受欢迎，学者称之为"秦军出巡"。1973—1978 年，秦始皇陵马厩坑出土的一件跽坐俑跟随"中华人民共和国出土文物展览"到法国、英国、加拿大、美国、比利时等国家展出，累计有 654.3 万人次参观展览。1976 年 3 月，秦始皇陵兵马俑坑出土的两件武士俑和一匹陶马跟随"中华人民共和国古代青铜器展"到日本展出，这是秦兵马俑 1974 年破土而出后，第一次在境外展出，观者如潮。50 年来，秦始皇陵文物与兵马俑累计参加各类文物展览 277 个场次，在国际文物交流历史上独树一帜，成为世界文物展览史上的奇观。

一、秦始皇陵文物外展的黄金时代

1971 年 3 月，应邀来华访问的法国议会代表团参观了在北京故宫举办的"中华人民共和国出土文物展"后，提出要求说，希望邀请中国政府到巴黎举办出土文物展，周恩来总理当即表示同意。于是，继"乒乓外交"后，"文物外交"的战略思路开始酝酿。

为了争取国际社会特别是西方国家对中国的了解，在周恩来总理的具体指导下，国务院决定组建出土文物展览筹备小组，小组成员由经验丰富的专家学者组成。1971 年 7 月 24 日，国务院批准郭沫若撰写的《关于筹办出国文物展览并成立筹备小组的报告》，随即成立筹备小组，国务院副秘书长吴庆彤任组长，国家文物局局长王冶秋任副组长，夏鼐、王仲殊为小组成员，选调全国各地博物馆的优秀专业干部到故宫武英殿进行展览筹备工作。

经过两年紧张筹备，中华人民共和国出土文物展览委员会和出土文物展览工作室相继成立。1973 年 3 月，从全国 29 个省、自治区、直辖市挑选出 600 多件珍贵文物，组成"中华人民共和国出土文物展览"，文物集中反映中国悠久的历史文化和古代中国人的智慧。4月底，由国家文物局组织的"中华人民共和国出土文物展览"首站就是到法国展出，这是新中国成立后第一次大规模的文物出国（境）展。

1973年5月8日至9月2日，"中华人民共和国出土文物展览"在巴黎市小皇宫博物馆（Le Musée du Petit Palais）展出。此次共有陕

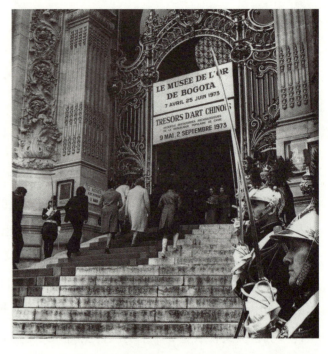

1973年"中华人民共和国出土文物展览"展馆外景

西、河南、甘肃、河北、山东、安徽等省的374件（组）文物参展。秦始皇陵出土的一件跪坐俑精彩亮相，这是秦始皇陵文物首次在境外展出。为了扩大影响，展览主办方编辑了《中华人民共和国出土文物展览》图录，收录所有参展文物的照片，并配有文字介绍每一件文物的时代、出土时间及地点、文物特征与价值等信息。在3个多月的展期内，累计有35.6万名观众参观展览。

巴黎市小皇宫博物馆内的观众

由于主办方和协办方的精诚合作，加之每一件展品都是精心选择的珍贵文物，因此，这次展览广受欢迎，好评如潮。"中华人民共和国出土文物展览"结束在法国的展出后，又于1973至1978年，先后到日本、英国、罗马尼亚、奥地利、南斯拉夫、瑞典、墨西哥、加拿

大、荷兰、美国、比利时等16个国家和地区展出，受到民众的喜爱。据统计，5年内累计有654.3万人次参观展览。这些文物以唯美的造型、精湛的工艺和强烈的视觉冲击力受到欢迎，展览为人们了解中国打开了一扇窗口。

1973年日本展览的图录封面及扉页

跽坐俑是在秦始皇陵马厩坑出土的陶俑，从20世纪30年代至70年代，当地百姓及考古调查中均有发现，考古发掘简报公布了跽坐俑的照片及资料。之后，秦始皇陵陆续出土了"圉人俑""文官俑""百戏俑""乐舞俑"等各类文物，并多次到境外展出。这些陶俑都属于广义概念的"秦兵马俑"。因此，"秦陵兵马俑"境外展览的发端，应该是1973年，至2023年已经整整50年时间。

秦始皇陵及兵马俑为什么会有如此大的吸引力和影响力？以秦兵马俑为主的文物展览为什么会广受欢迎？不仅因为秦始皇是一个家喻户晓的历史人物，更因为秦始皇陵出土文物的巨大体量和文化价值震惊中外，人们渴望了解这支神秘地下军团的更多信息。

诗人苗得雨先生有《写在兵马俑坑旁》长诗一首，音韵和谐，蕴含深广，全文如下：

1973年法国展览图录封面、扉页与内页

这么多兵将、战马
这样一起进入地下，
带着浑身的智勇，
带着全套的披挂。
带着多少容光焕发，
带着阵容的声势浩大，
带着一个时代的全部印记，
连人带愿望一起进入地下。
带走了，只有带走，
才有今日的重见日月光华，
所以这样难得，
所以世人为之惊讶。
越过了历史的多少季节变化，
闪过了多少不易相逢的昙花，
却是在一个偶然时机，
发现了这宝贵的地下。
应叹我们的始皇帝，
他的遗威如此之大，
应谢他下世后仍带兵马，
给我们留下了形象的一代文化。
留给我们想象无涯，
留给我们学问无价，
尽管他有心插柳、无心栽花，
尽管他是想永埋地下。

    诗人认为，秦始皇帝给我们留下的不仅是一座荒丘和千军万马，更重要的是留下了形象的一代文化。秦兵马俑精美绝伦的制作工艺、严谨写实的雕塑手法、震撼人心的军阵场面，放射出一代文化的异彩。

    此后，秦陵兵马俑展览每到一地，都会引发一阵"中国文化热"。从 1973 年至

2023 年，是秦始皇陵文物境外展览的黄金时代，以兵马俑为主的秦陵出土文物在境外巡展成为世界上最受欢迎的展览之一，累计出境展览有 277 次。在各个国家和地区之中，排名前三位的是分别是日本、美国及中国香港、澳门、台湾地区，其中到日本展览 83 次，美国 54 次，中国香港、澳门、台湾地区 18 次；在同一个城市举办展览次数最多的分别是日本东京 12 次、中国香港 10 次、日本福冈 9 次。

二、秦始皇陵文物外展掀起"中华文化热"

秦始皇陵是中国古代帝王陵墓中布局最严谨、保存最完好的一座陵园。史书记载秦始皇陵建设工程持续了 38 年时间，参与陵墓建设的人数最多时达到 70 万。埋藏丰富的秦始皇陵、气势磅礴的兵马俑军阵，让人们看到了 2000 多年前秦人的非凡创造力。

1974 年，秦兵马俑破土而出，举世震惊。早在秦兵马俑考古发掘进行时，就有很多观众急切地赶到考古发掘工地参观。随着秦始皇陵和兵马俑考古发掘工作的持续开展，文物保护研究成果及时公布，为人们认识秦代历史文化提供了珍贵资料。1987 年秦始皇陵及兵马俑被联合国教科文组织列入世界文化遗产名录后，到西安看兵马俑已成为许多人的梦想。由国家文物局、中国文物交流中心、陕西省文物局、陕西省交流中心组织秦兵马俑等文物到境外展出，圆了很多人的梦，让他们在家门口看到兵马俑。

自 1976 年 3 月起，秦兵马俑等文物随着"中华人民共和国古代青铜展""中华人民共和国出土文物展""中国文物交流展览"到世界各地展出，高大写实的陶俑成为展厅中最吸引人的文物。从白雪皑皑的北欧挪威、瑞典、芬兰到热浪滚滚的东南亚新加坡、泰国、菲律宾，从万里之遥的美国到一衣带水的日本，兵马俑所到之处，掀起了一阵又一阵"秦俑热"。

展览期间，以秦俑头像为主设计图的海报在城市主干道、公交地铁站随处可见，博物馆周边张贴兵马俑巨幅海报，展厅中醒目位置陈列着兵马俑，各类文创产品以兵马俑为设计灵感，展览图录多以兵马俑为封面，宣传海报不仅以秦俑军阵作为背景图，而且以不同形象的兵马俑头像为主图，具有强烈的视觉冲击力和鲜明的辨识度，起到了很好的宣传作用。因此，诗人乔良写下了长诗《秦俑祭》，吟诵出"兵马俑不死"的诗句：

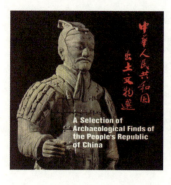  

1976年菲律宾《中华人民共和国出土文物选》图录封面　1989年日本《东亚文明源流展》图录封面　1990年德国《长城那方》图录封面

不过被黄土埋去千载岁月

而日月不会死

走出来依旧是八百里秦川壮士

而八百里秦川不会死

分明陶土却天然有一种青铜之气

想来这便是轩辕宝鼎之气

而轩辕宝鼎不会死

由是可知始皇帝可以死

而兵马俑不死

……

一朝代可以死十朝代可以死百朝代可以死

生死荣辱与历朝兴废系于一端的忠臣逆子可以死

浑身官气味极重的遗老遗少们全可以死

而兵马俑不死

由是便知同一陶祖所系之精气不会死

同一高原所染之肤色面容不会死

同一大河所流贯之同一肝胆血脉魂魄不会死

同一老树所生之根须树叶骨架躯干不会死

因而兵马俑不死

　　秦兵马俑展览在境外的成功举办，得到了各国政府的高度重视。政要首脑参加开幕式并为展览剪彩，民众争相观看，人们被中华文明的伟大成就所感染，为展品的艺术魅力所倾倒。1999 年 10 月 21 日，秦兵马俑随"陕西省文物精华展"在大英博物馆展出。当时正在英国访问的中国国家主席江泽民和英国女王伊丽莎白二世同时出席开幕式并为展览剪彩。2013 年 3 月，"兵马俑军队与统一的秦汉王朝——中国陕西出土文物展"在瑞士伯尔尼展出，这是中瑞建交 60 多年来在瑞士举办的最大规模的文化展览活动。2013 年 5 月，李克强总理在访问瑞士、参访伯尔尼历史博物馆时，对兵马俑展览的成功举办给予充分肯定。2016 年 11 月 21 日，"天涯

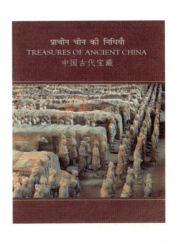

2000 年法国《中国考古发现展》图录封面　　2002 年关岛"黄河文明展"海报　　2011 年印度《中国古代宝藏》图录封面

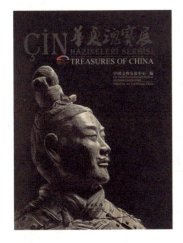

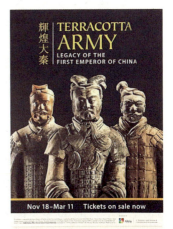

2012 年土耳其《华夏瑰宝展》图录封面　　2013 年罗马尼亚《华夏瑰宝》图录封面　　2018 年美国"辉煌大秦——兵马俑"海报

若比邻——华夏瑰宝秘鲁行"在秘鲁国家考古人类学历史博物馆展览，正在秘鲁访问的中国国家主席习近平同秘鲁总统库琴斯基共同参观展览。

2010年瑞典"中国兵马俑展"嘉宾参观照

2010年8月27日，"中国的兵马俑展"在瑞典斯德哥尔摩东方博物馆举行开幕式，瑞典国王卡尔·古斯塔夫十六世为展览开幕式剪彩，并与西尔维娅王后饶有兴致地参观展览。之后，国王又一次参观展览，实属罕见。2015年4月1日，"秦始皇——中国陕西兵马俑"展览在摩斯盖德博物馆隆重开幕。这是庆祝中丹两国建交65周年的重要活动之一，中国驻丹麦大使刘碧伟转达了习近平主席就本次展览致玛格丽特二世的口信，对女王陛下出席开幕式并积极推动中丹友好和人

2015年丹麦"秦始皇——中国陕西兵马俑展"嘉宾参观

文交流表示高度赞赏。女王听后非常高兴，认为展览不仅有利于丹麦公众认可中国，而且对两国关系至关重要。开幕式后，丹麦女王玛格丽特二世和亨里克亲王兴致勃勃地参观了展览。2018年2月，"秦始皇和兵马俑展"在英国利物浦国家博物馆隆重开幕，英国首相特蕾莎·梅专门为展览发去贺词。2018年12月13日，"秦始皇兵马俑：永恒的守卫"展览在新西兰蒂帕帕国家博物馆举行开幕式。主办方在开幕当日凌晨举行传统毛利祈福仪式，200余名各界嘉宾着盛装兴致勃勃地参加仪式。

展览所到之处，同样受到民众的热烈欢迎，并在当地掀起一股学习中国文化的热潮。无论天晴天阴，不管春夏秋冬，人们对兵马俑的爱不变。澳大利亚一位观众说："看兵马俑是终生难忘的经历"；美国一位观众说："每看一次兵马俑都有新的收获"；日本一位80多岁的老太太激动地说："我真庆幸活到了今天，能够看到兵马俑"；西班牙一位坐轮椅的女士独自一人连续参观了三次，她说："每次看完以后，还想再看第二次"。

1988 年，秦兵马俑第二次到英国展出时，引起很大轰动，周边国家的民众纷纷前来观展，展览被评为该年度英国最成功的展览之一。1992 年，秦兵马俑展在法国梅斯市举办时，以秦俑军阵为封面的展览图录被列为法国 1992 年夏季最畅销书之一。2000 年，秦兵马俑在日本多个城市展出时，各主办城市均精心编印了宣传手册，以图文配合的方式介绍重要展品、博物馆开放时间、乘车路线等信息，以吸引民众参观。一位在日本青森产业会馆参观的观众表示，兵马俑是世界文化遗产，日本人民也感到自豪，因为它是所有东亚人的骄傲。2018 年，"秦始皇和兵马俑展"在英国利物浦国家博物馆展出时，因前期宣传力度很大，周边地区的民众闻讯纷纷前来参观。每天早上，博物馆门外就有很多观众排队等候，展期内累计有

61.1 万人参观展览，远远超出主办方对 45 万名观众的预估，创造了单次文物展览在利物浦市参观人数的最高纪录。通过这一展览，海外观众对秦始皇的生平大事、对秦兵马俑的艺术魅力有了进一步了解。

2000 年日本青森产业会馆外排队的观众

秦兵马俑在中国香港、澳门、台湾地区举办时，同胞们表现出极高的热情。1986 年，"秦始皇兵马俑展"在香港举办时，湾仔中国文物展览馆主动与电视台联系，及时播放电视剧《秦始皇》，使"秦始皇兵马俑展览"与《秦始皇》电视剧播出的消息相互传播，整个香港形成一个谈论秦史秦文化的热潮。1990 年，"马年马

2018 年英国利物浦国家博物馆外排队的观众

展"在澳门展出 40 天，有 7 万名观众参观展览，占澳门总人数的 1/10。2000 年，兵马俑在台湾展览时，日均参观人数达到 5000 人，高峰期有 2 万余人，等候参观的队伍从博物馆门口一直排到大门外的人行道上，又拐了几个弯，越过过街天桥，一直延伸到远处。无论天气如何变化，人们对兵马俑的爱不变。不少观众看了一遍又一遍，他们认为只有兵马俑才值得反复观看。2012 年，"一统天下：秦始皇帝的永恒国度"在香港历史博物馆展出时，主办方专门开放学生专场，以便接待学生团队观展。2016 年，兵马俑在台湾展出时，台北故宫博物院院长冯明珠女士在新闻发布会上说："台北故宫特展室与大陆各省市博物馆，乃至欧美包括卢浮宫、大英博物馆都有过合作，但没有一次展览的规模如此盛大。"

三、秦始皇陵文物外展提升中华文化影响力

文物展览是最高等级、最深内涵、最具魅力的人文交流形式，从讲好中国故事，到讲好世界文明故事，再到讲好不同文明交流互鉴故事，秦兵马俑文物展览打开了中外文明交流互鉴的大门，让世界认识底蕴深厚的中华文明。

1985 年 9 月到 11 月，"中国秦兵马俑展览"在英国爱丁堡艺术中心举办期间，媒体报道说："参观的队伍像万里长城一样长。"1987 年 10 月到 12 月，"中国秦代兵马俑展"在德国柏林展出时，当地最大的一家报刊报道说，展览是"献给柏林建城 750 周年的一份厚礼"。1990 年 8 月到 11 月，"长城那方——中国秦始皇和他的秦俑军队"在联邦德国多特蒙德市展出时，《法兰克福周报》刊登文章说，"中国文化正在这里放射着灿烂的光辉"。1994 年 9 月到 1995 年 6 月，"秦始皇帝时代展"在日本东京展出时，得到当地民众的热烈欢迎，每天去参观的人很多，博物馆外一直排着"长蛇阵"，很多人参观之后还要提问题并与中国随展人员深入交流。从交谈中了解到中国的风土人情与文物保护研究情况，有些人就成为展览的义务宣传员。2008 年 1 月至 4 月，"黄河文化展"在美国米兰德埃尔顿陶氏科学艺术博物馆举办。虽然展品数量不多，但影响却很大，在米德兰这个以石油工业为主的城市里，掀起了一股中华文化热。

2018 年 2 月到 10 月，"秦始皇和兵马俑展"在英国利物浦国家博物馆展出时，路透社、英国广播公司（BBC）、ITV、卫报等几乎所有媒体都作了跟踪报道。英

国 ITV 电视台报道称，"兵马俑从中国来到利物浦进行大片式展示"。展览获得英国最受欢迎、最多参观人数等多项大奖，对宣传中华文明起到了巨大作用。展览在中国荣获第十六届（2018年度）全国博物馆十大陈列展览精品国际及港澳台合作奖。2022年，"兵马俑与古代中国——秦汉文明的遗产"在日本展出时，因前期做了大量宣传推广工作，展览参观人数超过了主办方的预估，担任展览顾问的日本学习院大学名誉教授鹤间和幸说："日本民众对中国古代文化很感兴趣，希望通过此展能进一步推动日中关系稳定友好发展。非常高兴看到有很多日本年轻人前来观

2000 年中国台湾台北历史博物馆外排队的观众

2012 年中国香港历史博物馆内参观的学生

展，期待下一代能够构筑崭新的日中关系。"展览荣获第二十届（2022年度）全国博物馆十大陈列展览精品国际及港澳台合作奖。这些展览是"让文物活起来，扩大中华文化国际影响力"的具体实践。

关于秦始皇陵出土文物及兵马俑出展对于文化交流的意义，沙白先生在《白花洲》1986 年第 3 期上发表《送秦俑出国》一首长诗，形象地把秦俑比作文化使者。诗中写道：

两千年前的步履

两千年前的冠冕

两千年前的步态

两千年前的配剑

好一个东方使者

或是还沿着两千年前的光阴

你将带去始皇帝的问候吗

问候那片他从不知道的天

从不知道的繁华

从不知道的碧眼金发

你将涉过

徐福没有到过的海面

超越始皇帝

脑海的地平线

你将见到

无数异闻，那是你那

五千五百五十九个同伴

连想一想都不敢

你将遇到

无数新鲜，但别以为

那就是长生不死之药的

海外仙山

或者你会有缘

和机器人偶然会面

当你涌在大厅

蓦然相见

真不知彼此

各有何言

它会惊奇于你的古卷

以为是远古的祖先

你会发现沉沉一梦间

人类跨过多少年

总不会吐口轻蔑的唾沫吧

——傲视现代文明

以一身秦代衣冠

　　自 1973 年秦始皇陵马厩坑出土的跽坐俑到法国展览之后，50 年来，随着秦始皇陵考古发掘和保护研究工作的进展，残留颜色的彩绘俑、鲜活灵动的百戏俑、栩栩如生的铜水禽、恭谨认真的文官俑、姿态各异的乐舞俑、新颖独特的绿面俑陆续出土，均在一个时期成为人们关注的文物，更引发了持续不断的参观热潮。这是秦始皇陵文物及兵马俑外表的观赏性和内涵的丰富性决定的。

　　秦始皇陵兵马俑的巡回展览，引起了全球性探讨和研究秦俑、秦文化的兴趣，也为我们与不同国度、不同民族、不同语言、不同肤色的人们之间的交流架起了一座桥梁，中国文物工作者通过持续发掘保护，及时发布第一手资料，阐释研究结论，吸引各领域专家研究秦始皇陵及其出土文物，深化了秦陵秦俑研究。兵马俑的巡回展览为人们进行交流研讨提供了契机，为了介绍秦俑秦文化研究成果，2000 年之后，主办方在每次展览中都安排学术研讨会，进一步扩大了秦兵马俑的影响，吸引更多的人关注兵马俑。

　　我们想用文字记录秦兵马俑出境展览中紧张繁忙的筹展工作，记录人潮如涌的参观场面，撷取展览中的有趣故事，梳理不同文化背景下的观众对兵马俑的评价以及当地博物馆举办秦俑展的成功经验；用照片展示政要致辞剪彩的场面，民众排队观看的壮观情形，留住珍贵影像，定格历史瞬间。

　　秦兵马俑是中华文明精神标识，是秦文明的集中体现，反映了秦文化严谨务实、包容开放的特征；秦兵马俑是秦国兵强马壮的真实写照，表现了秦军训练有素、视死如归的英雄气概；秦兵马俑是中国古代写实主义艺术达到成熟的标志，精准的造型、逼真的表情、磅礴的气势，表现为一种宏大的美和静穆的美。秦兵马俑在中国美术史、军事史、科技史等方面，均具有独特的认识价值。陶俑、陶马的整体造型、神韵处理、细部刻画等都把握得恰到好处，尤其是陶俑的服饰、表情、发髻等，是秦代社会的真实影像，体现出中华民族特有的精神价值和审美取向。在文

物境外展览中，秦兵马俑军阵和陶俑头像经常出现在宣传海报中，并作为展览图录的封面，成为标识度极高的图像。

改革开放以来，各地博物馆在做好文物保护管理的前提下，深入研究文物内涵，积极利用文物资源举办各种专题展览和交流活动。中国文物展览走遍五大洲，为坚定文化自信自强、扩大中华文化的国际影响力作出了重要贡献。事实说明，文物交流的作用是其他任何形式的文化交流活动无法代替的。

中华文化源远流长，积淀着中华民族最深沉的精神

2011 年新加坡"千秋帝业：兵马俑与秦文化"工作人员接受采访

2018 年英国"秦始皇与兵马俑"布展工作照

追求，代表着中华民族独特的精神标识，为中华民族生生不息、发展壮大提供了丰厚滋养。50 年来，以兵马俑为代表的秦始皇陵文物到境外举办展览，向世界展现了中华文明的悠久历史和深厚底蕴，为坚定文化自信自强、扩大中华文化的国际影响力作出了重要贡献，同时也有力促进了中国博物馆与境外博物馆的合作与交流，博物馆之间通过联合办展、论证展览名称、选择文物展品、策划展陈方案、召开学术会议、研发文创产品、人员互访交流等活动，推动中华文化更好地走向世界，进一步提升了中华文化传播力和影响力。

我们以实录的形式，记录秦始皇陵文物走向海外，在各地举办 277 次展览的盛况，回顾秦始皇陵文物及兵马俑海外展览 50 年历程，旨在讲好中国故事，传播好中国声音，展现可信、可爱、可敬的中国形象，为相关领域研究者提供资料。

目录 Contents

001—002　1976 年日本展

展览名称：中华人民共和国古代青铜器展

展期及展馆：1976 年 3 月 30 日—5 月 23 日，东京国立博物馆

　　　　　　1976 年 6 月 15 日—8 月 8 日，京都国立博物馆

展品总数：130 件（组）

1976 年 3 月到 8 月，秦兵马俑随"中华人民共和国古代青铜器展"到日本东京、京都展出。这是秦始皇陵出土的大型兵马俑首次在境外举办的一次展览，也是受邀作为特别展品而参展的展览。为了扩大影响，中方将所有参展文物收录在一起予以介绍，编印了《中华人民共和国出土文物展》图录进行宣传。日方为了配合展览宣传，编印了《中华人民共和国古代青铜器展》图录。两本图录编印角度不同，印制考究，各有特色，均在一定范围内扩大了展览的影响。

　　"中华人民共和国出土青铜器展"是为纪念中日邦交正常化而举办的一次展览。展品是中国从殷商时期到汉代的重要青铜器，包括礼器、乐器、兵器、生产工具、生活用品等类型，品类丰富，器型多样，纹饰华

《中华人民共和国古代青铜器展》图录封面及扉页

1

丽，铸造精美，反映了中国古代高度发达的青铜冶铸技术。这些精美的青铜器具有独特的民族风格和鲜明的时代特色，给日本观众留下了深刻的印象。媒体评价说："展览像磁石一样吸引着人们。"

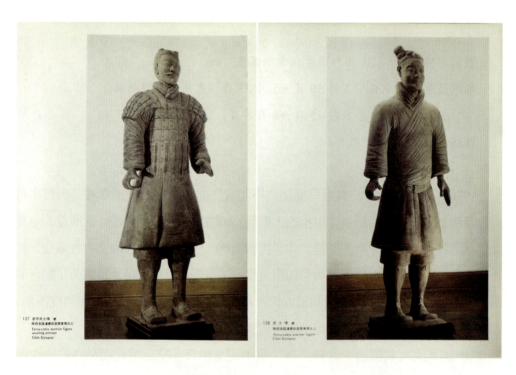

《中华人民共和国古代青铜器展》图录中的武士俑

　　秦始皇陵出土的兵马俑在这次展览中精彩亮相，写实的雕塑手法和精准的人物造型令当地民众惊叹不已。本次参展文物中有 1 件铠甲武士俑、1 件战袍武士俑、1 匹陶马和秦兵马俑坑出土的青铜兵器剑、矛、弩机以及秦始皇陵出土的铁权等，反映了秦王朝的政治制度和历史文化。虽然这次展览的主角是青铜器，但大如真人、栩栩如生、威风凛凛的秦武士俑的出现让观众称赞叫绝，尤其是当时距秦始皇陵兵马俑破土而出仅有两年时间，很多日本民众还不了解秦始皇陵及其出土文物情况。因此，这次展览虽然是以青铜器为主题，但秦兵马俑的巨大体量和写实风格在日本引起很大轰动。在 5 个月的展期内，累计有 40 万名观众参观。

003　1976 年菲律宾展

展览名称：中华人民共和国出土文物展

展期及展馆：1976 年 11 月 27 日—12 月 27 日，马尼拉媒体展览中心

展品总数：100 件（组）

　　1976 年 11 月，秦兵马俑随"中华人民共和国出土文物展览"到菲律宾展出。为加大宣传力度，进一步扩大展览的影响，中菲双方分别编辑展览图录《中华人民共和国出土文物选》《中国珍宝在马尼拉》，收录参展文物并作简要介绍。

　　这次参展文物级别高、数量多，受到马尼拉观众的欢迎和喜爱。秦始皇陵兵马俑坑出土的一件军吏俑和一件武士俑与马厩坑出土的一件跽坐俑参与本次展出。媒体评价说：秦兵马俑和满城汉墓出土文物，是最受观众欢迎的文物。菲律宾主办方编辑图录《中国珍宝在马尼拉》，从 100 件（组）文物精品中，特意选择秦兵马俑坑出土的军吏俑作为封面，以至于很多民众一进展厅，就急切地走到军吏俑展柜前观赏拍照。一位老先生看过展览后，激动地逢人就讲："我真想立刻赶到中国，到这些文物的故乡去看更多的

《中国珍宝在马尼拉》图录封面

文物。"一位 80 多岁的老太太被特别允许上前近距离观赏秦俑坑出土的武士俑,她高兴地对随展人员说:"这是终生难忘的经历!"在一个月的展期内,有 80 万名观众参观展览。

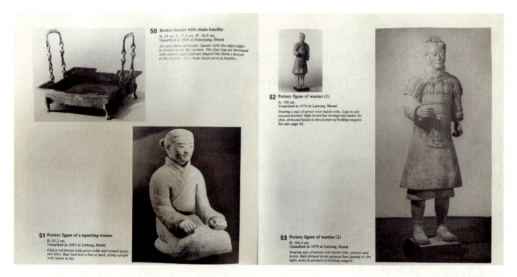

《中国珍宝在马尼拉》图录内文

菲律宾展览之后,很多策展人员开始关注秦兵马俑,在筹备展览时,特别提出邀请这件军吏俑参加展览,很多展览也以这件军吏俑作为展览图录封面和宣传海报。

004—006 1977 年澳大利亚展

展览名称：中华人民共和国出土文物展

展期及展馆：1977 年 1 月 19 日—3 月 6 日，墨尔本维多利亚国立博物馆

1977 年 3 月 25 日—5 月 8 日，悉尼新北威尔士艺术馆

1977 年 6 月 9 日—7 月 29 日，阿德莱德南澳大利亚艺术馆

展品总数：136 件（组）

1977 年，秦始皇陵出土的跽坐俑随"中华人民共和国出土文物展"到澳大利亚墨尔本、悉尼、阿德莱德 3 个城市展出。本次文物展品时间跨度大，从史前到西周、秦、汉、两晋南北朝、隋、唐、宋、元、辽等朝代，质地有陶器、玉器、青铜器、金银器、瓷器等，包括半坡遗址出土的人面鱼纹盆和尖底瓶、满城汉墓金缕玉衣、长信宫灯和多件玉佩饰、秦始皇陵跽坐俑、汉长安城瓦当、甘肃雷台汉墓铜奔马、西安何家村窖藏金银器、唐永泰公主墓出土的唐三彩以及皖、豫、冀地区出土的元明清瓷器、陶俑等，都是中国古代文物中的精品，展期内累计有 60 万名观众参观。澳大利亚主办方专门出版了展览图录《中国展览》，收录所有参展文物的照片及简介，还有文章详细介绍重

《中国展览》图录封面及扉页

点文物及其文化价值、时代背景等。

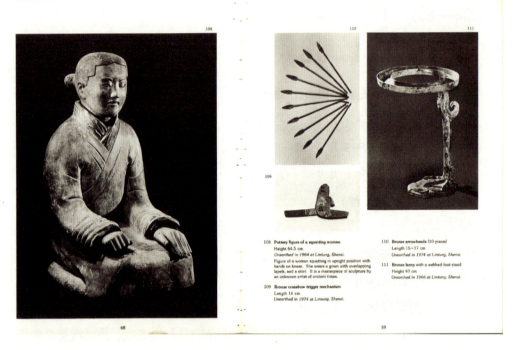

《中国展览》图录内文

　　秦始皇陵马厩坑出土的跽坐俑和铁灯、秦兵马俑坑内出土的铜镞一组、铜弩机均参加本次展出。这是秦始皇陵马厩坑出土的跽坐俑又一次在海外展出，与本次展览中的其他文物相比，跽坐俑原大的体量、写实的手法、精确的造型、细微的表情都引起人们的极大关注。澳大利亚观众看到塑造精美形神兼备的跽坐俑激动不已，对此，有关媒体评论说："出自秦始皇陵墓陪葬坑的跽坐俑显示出迷人的风采！"

007—009 1977—1978 年日本展

展览名称：中华人民共和国出土文物展

展期及展馆：1977 年 10 月 2 日—11 月 13 日，名古屋市博物馆

1977 年 11 月 22 日—12 月 18 日，北九州市立美术馆

1978 年 1 月 2 日—2 月 26 日，东京西武美术馆

展品总数：100 件（组）

"中华人民共和国出土文物展"是由中国文物交流中心组织筹办的赴日文物展览，先后在日本名古屋、北九州、东京 3 个城市展出。为了扩大影响，日本主办方专门编印出版了展览图录《中华人民共和国出土文物展》，收录所有参展文物的照片及出土地点、时代及特点的介绍，并对重点文物作了详细介绍。时任国家主席华国锋同志为展览发去贺词说："中日两国作为一衣带水的友好邻邦，希望通过展览让人民世世代代友好下去。"

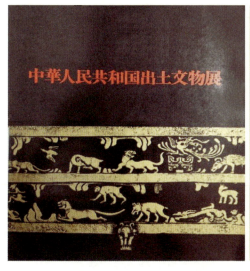

《中华人民共和国出土文物展》图录封面及名古屋市博物馆开馆纪念册

本次展览集中了陕西、河南、河北等省多家文博机构收藏的 100 件（组）展出，时间从新石器时代到宋元时期。特别是秦始皇陵兵马俑坑出土的 2 件武士俑、马厩坑出土的 1 件跽坐俑、秦咸阳宫遗址出土的龙纹空心砖和瓦当等，在本次展览中精彩亮相，尤其是如同真人一般高大写实的秦俑最受欢迎，让日本民众看到了秦始皇陵的丰富埋藏和秦俑坑出土陶俑的巨大体量。

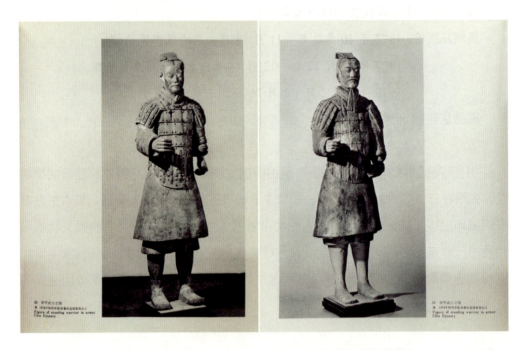

《中华人民共和国出土文物展》图录内文

展览受到日本民众的喜爱，参观人数远远超过了主办方的预期。为了满足更多民众的愿望，原计划只在名古屋一个城市举办的展览，经过友好协商后，又在北九州和东京展出，在日本三地展出 3 个月时间，累计有 32 万名观众参观。

010　1978年中国香港展

展览名称：中华人民共和国出土文物展览

展期及展馆：1978年4月18日—6月11日，香港中国文物馆

展品总数：100件（组）

1978年4月到6月，秦兵马俑随"中华人民共和国出土文物展览"到香港展出。

这次参展的文物选自陕西、甘肃、河南、河北、辽宁、内蒙古等14个省、市、自治区的20多个文博单位，时代从新石器时代仰韶文化到14世纪元代止。秦兵马俑坑出土的高级军吏俑、中级军吏俑、跪射俑以及秦始皇陵马厩坑出土的跽坐俑均参加了这次展出。展览受到人们的普遍欢迎，在众多精美文物中，香港民众特别喜爱与真人一样高大写实、气势威武的秦兵马俑。

展览期间，讲解人员为观众介绍秦始皇陵考古勘探及秦兵马俑文物保护修复工作，特别是秦自商鞅变法后实行二十等军功爵制度和展览中的高级军吏俑、中级军吏俑冠式与甲衣的区别等，以至于秦俑的展柜前总是挤满了观众，这使得安全警卫人员十分紧张。在一个多月的展期内，共有20万观众参观，显示了香港民众对文物展览的喜爱。这一参观人数，远远超过了主办方香港中国文物馆的预估人数。

为了扩大本次展览的影响，主办方专门编印了同名图录《中华人民共和国出

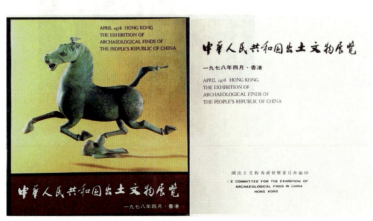

《中华人民共和国出土文物展览》封面及扉页

土文物展览》一书。书中收录所有 100 件（组）文物，还有专家学者精心撰写的文章，不仅为读者提供视觉上的享受，而且深刻阐述中华文化艺术的精髓。

展览图录中的军吏俑

展览图录中的武士俑

011—015 1980—1981 年美国展

展览名称：伟大的青铜器时代展览

展期及展馆：1980 年 4 月 12 日—7 月 9 日，纽约大都会艺术博物馆

1980 年 8 月 20 日—10 月 29 日，芝加哥富地自然历史博物馆

1980 年 12 月 10 日—1981 年 2 月 18 日，沃兹堡艺术博物馆

1981 年 4 月 1 日—6 月 10 日，洛杉矶艺术博物馆

1981 年 7 月 22 日—9 月 30 日，波士顿艺术博物馆

展品总数：105 件（组）

1980 年 4 月到 1981 年 9 月，秦兵马俑随"伟大的青铜器时代展览"在美国纽约、芝加哥、沃兹堡、洛杉矶、波士顿 5 个城市展出。秦始皇陵出土的 6 件陶俑和 1 匹陶马参加展出，展期内累计有 132 万名观众参观。美方专门编印了《中国青铜时代的珍宝》展览图录，收录参展文物的照片、基本信息及文化价值等资料。

这次展出的 105 件（组）文物，以青铜器为大宗，有 80 多件青铜器、10 多件玉器和秦始皇陵出土的兵马俑。参展文物是从北京市、上海市、陕西省、河南省的文物考古部门近 30 年来出土的大量文物中鉴选出来的精品。从展品中可以看出中国古代青铜工艺发展演变的概貌，同时对研究中国古代青铜器纹饰特点及变化提供了科学的依据。展品中有距今 3000 多年前的乳丁纹平底爵，有造型独特、工艺精湛的四羊方尊，有纹饰精美、工艺精湛的象尊和莲鹤方壶，有造型逼真、栩栩如生的错金银云纹犀尊，还有通体鎏金的长信宫灯以及如同真人一样高大写实的秦陵兵马俑等。这些文物以其独特的价值、精美的造型和卓越的工艺，受到了各界人士的高度评价。大都会博物馆董事长狄龙在预展招待会的讲话中说："在近年我们举办的许多美好动人的专题展览中，中国青铜器时代是最重要最漂亮的展览。毫无疑问，它在美国巡回展览期间，将使美国学者们增长新的知识，将给专家、鉴赏家带来乐趣，将给美国人民带来巨大的喜悦。它必将提高美国人民对古代中国无比丰富

的文化以及历代中国人民创造的杰出的成就的了解与认识。"

美国媒体十分关注这次展览，报刊电视中不断刊登展览消息和展品介绍，引发接连不断的参观热潮。报刊评论说："1980 年 4 月，美国著名的纽约大都会艺术博物馆门前车水马龙，人声鼎沸，这是'伟大的青铜器时代展览'带来的热烈场景"。

展出期间，观众们为中国灿烂的文化而感动，为展出的精彩文物而陶醉。上海博物馆馆长马承源作为随展工作组组长，积极撰写介绍青铜器的文章，配合美方做好文物布展和前期宣传工作，博物馆为了进一步深化展览内容，还专门组织召开了为期两天的中国青铜器学术讨论会，邀请中国、美国、日本、加拿大、英国、澳大利亚等国家的 200 多位学者参加本次会议。中国考古学家夏鼐率领青铜器研究专家6 人出席会议。

美方编辑了英文图录《伟大的中国青铜器时代》和《中国青铜时代的珍宝》，邀请方闻博士担任主编。前一本图录以秦兵马俑坑出土的立射俑为封面，从青铜器的历史渊源说起，以图文并茂的方式，介绍了青铜器的类别、纹饰、铭文、断代、分期、冶炼、铸造等内容，收录马承源、张光直、方闻等先生的论文，在书的最后以附录形式，介绍 1949 年到 1979 年之间学者有关青铜器研究的论著。后一本图录以河北满城汉墓出土的长信宫灯为封面，主要介绍中国各地出土的代表性青铜器，并用较大篇幅介绍秦始皇陵及兵马俑考古发掘工作。

上海博物馆馆长马承源在《灿烂的青铜时代之花——中国青铜器在美展出》文章中说："应大都会艺术博物馆要求，展览还特别陈列了中国考古工作者在陕西临潼秦始皇陵东侧考古出土的陶质兵马俑，包括军吏俑、武士俑和战马等。这些陶俑的大小和真人近似，是迄今为止最为壮观的中国古代陶塑。"

大都会艺术博物馆外排队的观众

中国古代青铜器在美国展出，是中美两国学者在考古与文物研究领域友好合作的成果之一。早在 1976 年 6 月，由美国纽约大都会艺术博物馆远东部顾问方闻博士率领的一个工作组就来到北京，和中国学者就展品的选择、陈列的体系以及有关学术问题进行认真讨论，并编辑了一本展品目录，以便从中选择文物。经过一年的沟通，最终确定105件（组）文物参加展览，并编印了《中国青铜时代的珍宝》图录，介绍参加展览的文物信息，包括出土地点、文化价值等。学术版图录《伟大的中国青铜器时代》，除介绍参展文物外，还收录了方闻博士、哈佛大学张光直博士、普林斯顿大学副教授罗伯特索普博士和上海博物馆马承源研究员共同撰写的文章。

《中国青铜时代的珍宝》图录封面及内文

《伟大的中国青铜器时代》图录封面及内文

在纽约展览期间，纽约市文化局组织专场招待常驻纽约的联合国官员们到博物馆参观。美国前总统尼克松和女儿参观时，看到四羊方尊等文物，转身向陪同的馆长说："3000年前，欧洲包括北美人还在森林里生活，而中国已经铸造出这么好的东西。"观众从十多岁的学生到七八十岁的老人，无不怀着浓厚的兴趣，仔细观赏每一件展品。

展览在芝加哥市举办时，芝加哥市长珍妮·伯恩在一次招待会上说："中国政府送来这么珍贵的古代文物到芝加哥展出，是芝加哥一件大事，我们热烈欢迎。这个展览很重要，我希望芝加哥的每个人都来参观。"展览期间，芝加哥公共教育电视台录制了30分钟的节目《无声的军队》，专门介绍这次展览。《纽约时报》登载文章说："这次青铜器展览是西方同类展览中最完整最壮观的一次展览。"另一篇文章写道："只要对中国早期文明看一眼，你就会发现中国文化艺术的巨大范围和复杂性，那种技术威力和才能，足以使人目瞪口呆和手足无措。"

016 1980 年丹麦展

展览名称：中国珍宝展
展期及展馆：1980 年 5 月 24 日—9 月 7 日，路易斯安那博物馆
展品总数：97 件（组）

　　1980 年 5 月到 9 月，秦兵马俑随"中国珍宝展"在丹麦哥本哈根博览会上展出。这次展览是应丹麦、瑞士、联邦德国、比利时四国政府的邀请而举办的。展品是从陕西、河南两省 1949 年后出土的大量文物中精选出来的，有陶器、青铜器、玉器、石刻、瓷器、金银器、壁画（摹本）97 件（组）。

　　这次展览首先在丹麦首都哥本根的路易斯安那博物馆举行。丹麦政府高度重视本次展览。5 月 24 日，丹麦首相耶恩森、议长安德森、文化大臣厄斯特普参加了展览开幕式。展出期间，丹麦女王玛格丽特二世和亲王两次到博物馆参观并接见随展人员。年近古稀的丹麦王后也在展室中仔细观赏每一件文物，尤其是在高大的兵马俑展台前驻足观看，整个参观时长达到 90 分钟。丹麦、瑞典大学的东方历史、艺术学科的师生们，还把展室作为课堂进行现场教学。丹麦周边国家有很多人专程来看展览。有些到丹麦旅游的外国人，即使在丹麦停留几天，也把观看"中国珍宝"展排进日

《中国珍宝》图录封面

程。在108天的展期中，观众达到28万人，大大超过主办单位的预计。

1980年5月，国家文物局出国文物展览工作室副主任于坚率中国文物代表团赴丹麦哥本哈根参加"中国珍宝展"开幕式。于坚在接受《世界新闻报·鉴赏中国》周刊记者采访时说："这次展览是丹麦有史以来第一次举办有关中国文物的展览，而当时的热烈程度出乎所有人的意料之外，不仅丹麦首相耶恩森出席开幕式，而且女王玛格丽特夫妇也参观了展览。"

展览期间，丹麦各主要报刊均对展览予以关注并作了大量介绍，哥本哈根的大街上贴满了秦俑的宣传画。媒体评价说："路易斯安那展览表明，除了西方通常想到的'文化摇篮'以外，还有别的'文化摇篮'。这些不可思议的展品，显示了在没有丹麦的几千年前，中国就已经有了很繁荣的文化成果。"很多丹麦人不了解中国，但通过参观展览，进一步知道了中国的历史文化，看到了中国古老文化和悠久的历史。为配合展览宣传，主办方编辑了《中国珍宝》图录，介绍秦始皇帝的生平事迹、参展的重点文物和秦始皇陵出土文物等信息。

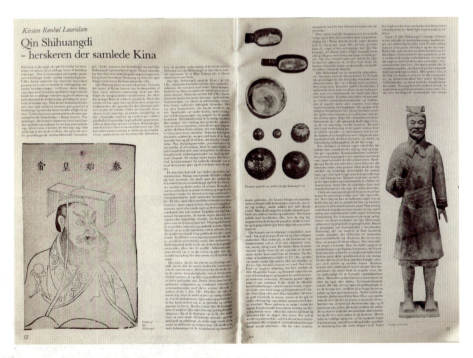

《中国珍宝》图录内文

017   1980—1981 年瑞士展

展览名称：中国珍宝展
展期及展馆：1980 年 10 月 2 日—1981 年 1 月 6 日，苏黎世美术馆
展品总数：97 件（组）

1980 年 10 月至 1981 年 1 月，秦兵马俑随"中国珍宝展"在瑞士苏黎世博览会上精彩亮相。参加展览的文物是从陕西、河南等省考古出土的大量文物中精选出来的，有陶器、青铜器、玉器、石刻、瓷器、金银器、壁画（摹本），共计 97 件（组）。秦始皇陵兵马俑坑出土的 1 件中级军吏俑、1 件铠甲武士俑、1 匹陶马和 1 组青铜兵器参加展览。

为了扩大本次展览的影响，主办方专门编印了《中国珍宝》图录。图录中不仅收录本次参展的 97 件（组）文物照片及简介，还刊登了数篇研究论文，详细解读本次参展的重要文物及其文化价值。

展览期间，人们争相赶往美术馆，一睹中国珍宝的风采。很多观众不了解遥远中国的过去，更不了解中国的现在。通过观看珍宝展，并面对面地与随展人员交谈后，很快就了解了古代中国高度发达的雕塑艺术和中国古人精湛的制陶技术。当得知秦始皇陵兵马俑坑中还有数千件与真人真马一样高大的陶俑陶马时，均感到不可思议。不管是陶瓷器还是金银器，不仅造型优美，而且纹饰精美，每一件都堪称杰出的艺术品。在展览现场，很多人被中国珍宝的独特魅力迷住了，有些观众当即表示要到中国旅游，到收藏这些文物的博物馆去参观。在 3 个月展期内，有 23 万名观众参观展览。

《中国珍宝》图录内页

018—020　1981—1982 年联邦德国展

展览名称：中国珍宝展

展期及展馆：1981 年 2 月 6 日—4 月 26 日，柏林东亚艺术博物馆

　　　　　　1981 年 5 月 29 日—9 月 7 日，希尔德海姆罗默和佩利泽乌斯博物馆

　　　　　　1981 年 10 月 2 日—1982 年 1 月 3 日，科隆东亚艺术博物馆

展品总数：97 件（组）

1981 年 2 月至 1982 年 1 月，秦兵马俑随"中国珍宝展"在柏林（联邦德国控制区）、希尔德海姆、科隆三地展出。

为了推介展览、扩大影响，主办方编印了《中国珍宝》图录，收录所有参展文物的照片及相关研究文章，以便人们了解文物的更多资讯。图录中大篇幅介绍秦兵马俑坑出土中级军吏俑冠式、甲衣、鞋履的细节和陶俑陶马的制作流程，对比了军吏俑与武士俑铠甲的异同以及编缀方式等。

"中国珍宝"在第三站科隆东亚艺术博物馆展出期间，因为之前已在柏林和希尔德海姆两地展出，所以引起当地民众的普遍关注。许多雕塑家、鉴赏家、中国迷赶往博物馆参观，就是为了一睹中国珍宝的风采，博物馆前人潮如涌，万头攒动。为了营造良好的参观效果，主办方特意在陶俑陶马展柜后，将秦兵马俑一号坑军阵的大幅照片作为背景

《中国珍宝》图录封面及扉页

墙，观众们站在高大威武的军吏俑、英姿勃发的武士俑和形象逼真，高 1.5 米、长 2 米的陶马前，浮想联翩，流连忘返。

展览在联邦德国 3 个地区的博物馆展出 10 个月时间，共有 28 万人参观。远远超过了主办方的预估人数。

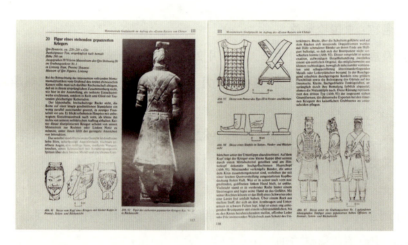

《中国珍宝》图录内文

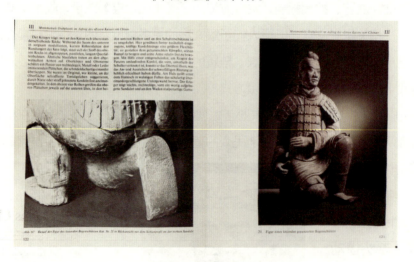

《中国珍宝》图录内文

021　1982 年比利时展

展览名称：中国珍宝展

展期及展馆：1982 年 1 月 22 日—4 月 18 日，布鲁塞尔美术馆

展品总数：97 件（组）

"中国珍宝展"结束在丹麦、瑞士、联邦德国 3 个国家的展览后，最后一站转到比利时布鲁塞尔美术馆展出。由于前期展览宣传得力，"中国珍宝展"在比利时展出的消息人尽皆知，许多观众翘首等待展览在比利时的开幕。

为了做好宣传，展览主办方专门编印了《中国珍宝》图录，收录本次参展 97 件（组）文物，并对每件文物作了简要介绍，还刊登了 5 篇研究文章，详细解读参展重点文物所反映的时代特色和文化价值，以图文配合的方式介绍秦始皇陵兵马俑坑发掘概况。秦兵马俑坑出土的 1 件高级军吏俑、1 件中级军吏俑、1 件跪射俑、1 匹陶马和 1 组青铜兵器参加本次展览。

国家文物局外事处副处长王立梅参加本次展览的随展工作。她回忆说："有一天展厅走进来一群小学生，老师在纸上画出兵马俑的轮廓，让孩子们绘出心目中的文物图案，有的孩子画了几朵小花，有的画了一只小牛，当老师得知我是中国文物专家时，就请我为小朋友介绍兵马俑。"王立梅认为，在博物馆

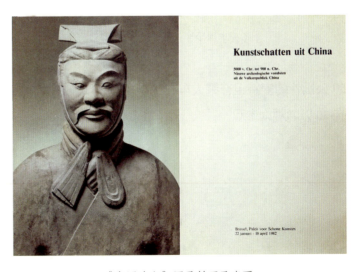

《中国珍宝》图录封面及扉页

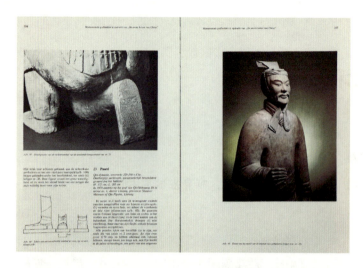

《中国珍宝》图录内文

现场讲解文物，会给孩子们留下深刻印象。她建议中国学生也应该多到博物馆去参观，让他们知道中华民族创造了丰富灿烂的古代文明。

展览期间，比利时国王博杜安一世到布鲁塞尔美术馆观看展览，很多政要名人也赶到美术馆参观。媒体及报刊集中刊登展览广告，介绍展馆位置及展品信息。比利时《列日报》评论道："亲爱的读者，快去美术馆看看，当我们还在漫长的黑夜里时，中国人在干什么？"有一个家庭的曾祖父把全家祖孙四代46人召集到一起，从50公里外的安特卫普乘火车赶到布鲁塞尔参观展览。在2个多月的展期内，累计有30万名观众参观。

022—023 1982—1983 年美国展

展览名称：中国秦俑和长城砖展览
展期及展馆：1982 年 5 月 1 日—10 月 31 日，田纳西州诺克斯维尔世界博览会
　　　　　　1982 年 12 月—1983 年 6 月，佛罗里达州
展品总数：22 件（组）

1982 年 5 月至 1983 年 6 月，秦兵马俑随"中国秦俑和长城砖展览"到美国田纳西州和佛罗里达州展出 1 年时间，累计有 45 万名观众参观。

这次展览是在美国中部田纳西州举办的诺克斯维尔世界博览会上的中国馆展出。形体高大、风格写实的秦兵马俑精彩亮相，立刻轰动了整个博览会。在博览会上，中国工作人员询问在场的参观者："你最想看的是哪个馆？最喜欢的是哪件展品？"他们异口同声地说："最想看中国馆，最喜欢秦兵马俑。"

这是新中国首次参加的一次世博会，诺克斯维尔世博会也是改革开放后中国在大型国际展览会上的首次亮相。经历了多年风雨洗礼的中国在几十年后重返世博会的舞台，具有深刻的社会意义。当时的美国人中只有很少的人了解中国，美国人对神秘的中国充满了好奇，以至于每天都有很多人等候在中国馆前。统计数据显示，中国馆每天接待观众近 3 万人，竟然占据世博会日参观观众总人数的四分之一。这从一个方面表明，世界渴望了解中国。

1982 年 5 月 1 日，世博会如期开幕，参加开幕式的有美国总统里根、第一夫人南希、美国国务卿、商务部长、农业部长和国际展览局官员等，盛况空前。这届世博会安排一个国家一个展馆，每个展馆的布置浓缩了该国的综合国力，展现了这个国家的风采。中国馆的布置以工艺美术品为主，辅以新能源技术，陈列在中国馆外的轻便、精致的太阳能热水器、太阳灶、太阳能航标灯、太阳能电围栏、沼气利用等吸引了许多人的目光，而在一幅气势磅礴的巨幅长城照片下面陈列的长城砖和秦兵马俑更是独具匠心，中国馆的设计和展陈博得了满堂彩。美国媒体评论说：

中国馆外景和展厅中的长城砖

中国馆展厅内景

"中国正在利用长城砖同 1982 年世博会的观众建立友谊。"

在这次博览会上，虽然只展出了秦兵马俑坑出土的 1 件铠甲武士俑、1 件御手俑和 1 匹陶马，但许多美国观众认为，只看一两件就能想象出秦兵马俑军阵的壮观场面。他们纷纷表示，如果有机会，一定要去兵马俑出土现场参观。在 6 个月的展期内，共有 22 万人参观，如此多的参观者在历届博览会上都是罕见的。

在随后开始的佛罗里达州展出的半年时间内，又有 23 万名观众参观。在两地的展期内，共有 45 万人参观展览。主办方在总结中说，这是一次非常成功的展览。

024—029　1982—1983年澳大利亚展

展 览 名 称：中国秦代兵马俑展览

展期及展馆：1982 年 12 月 21 日—1983 年 2 月 12 日，墨尔本维多利亚美术馆
博物馆

1983 年 2 月 25 日—4 月 10 日，悉尼新南威尔士艺术博物馆

1983 年 4 月 20 日—6 月 10 日，昆士兰艺术博物馆

1983 年 6 月 25 日—7 月 10 日，阿德莱德南澳博物馆

1983 年 7 月 20 日—8 月 30 日，珀斯西澳博物馆

1983 年 9 月 10 日—30 日，堪培拉澳大利亚国家博物馆

展品总数：22 件（组）

　　为了庆祝中华人民共和国和澳大利亚建交 10 周年，"中国秦代兵马俑展览"应邀到澳大利亚墨尔本、悉尼、布里斯班、阿德莱德、珀斯、堪培拉 6 个城市巡回展出 9 个月。这是首次以"秦兵马俑"为主题的境外展览，展品以秦始皇陵出土文物为主，有 9 件兵马俑参加展出。

　　澳大利亚两届政府高度重视本次展览，从各个方面给予大力支持，使得展览的筹备和布展工作非常顺利。12 月 21 日，"中国秦代兵马俑展览"在第一站墨尔本开幕时，总理弗雷泽因病不能出席，专门派副总理霍克以代总理的名义参加开幕式。展览开幕当天，原定 200 位嘉宾出席开幕式，结果当天来了 300 余位嘉宾，这是澳大利亚的展览史上罕见的。在最后一个展地堪培拉开幕时，副总理霍克为展览剪彩并致辞，之后兴致勃勃地参观展览。

　　为了办好这次展览，澳大利亚国际文化交流中心做了大量准备工作，动用所有的宣传力量，广为宣传这次展览，介绍参展的重要文物。澳大利亚民众普遍认为兵马俑赴澳展览是一件大事，中国政府把这么多珍贵文物运到澳大利亚巡回展出，这是中澳关系更加密切的表现。

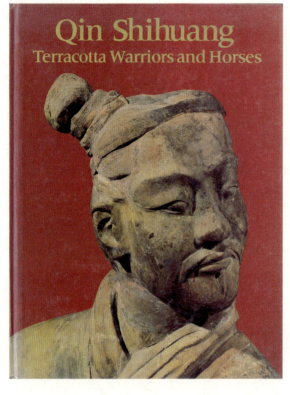

《秦始皇兵马俑》图录封面

这次展览的陈列设计极富创意，虽然只有9件兵马俑展出，但主办方为了营造气氛，在展厅中用多面玻璃放置在陶俑陶马周边，再用秦兵马俑一号坑军阵照片做背景，使人有身临其境的感觉。观众一进入展厅，就如同进入气势磅礴的秦俑军阵中，瞬间给人以置身千军万马中沉浸式观展的感觉。这样的设计效果非常好，很多人驻足。

展览在澳大利亚第二大城市墨尔本展出时，澳中文化协会成员来斯里在讲话中风趣地说："过去亚洲大陆和澳洲大陆相连，以后海水上涨，亚、澳大陆分开。这次秦兵马俑来展览，现在如果有一个秦始皇能将中国与澳大利亚'统一'起来多好啊！"当地观众说："这是了解中国悠久历史和古老文化的最好课堂。"

"中国秦代兵马俑展览"虽然在澳大利亚首都堪培拉展出1个月，却有1/5的人参观展览。这是澳大利亚举办过的历次引进外国展览中观众最多、反响最热烈的一次，甚至连残疾人也不放过难得的参观机会。一位盲人老太太被特许戴上手套摸一摸秦俑。当她被人搀扶走上展览台，用颤抖的双手仔细从头到脚抚摸跪射俑时，激动地说："我简直可以在这里待一整天。"在悉尼和昆士兰州布里斯班展出时，展览主办方还应一些病人家属的要求，专门带着介绍秦兵马俑发掘工作的影片和复制小秦俑到病人家中作宣传展示。

本次展览的6个城市都积极宣传展览，每一展地都在展前通知本地区的学校，并派人到学校宣传，希望校方组织学生集体参观。在布里斯班市，有2万名学生在展览开幕前预订了参观门票。学校提前做了很多准备，在课堂上介绍展览中的重点文物，向学生讲解秦俑的特点，进入博物馆前，发给学生1块软胶泥，要求他们在参观后用胶泥捏塑1个小秦俑，以培养学生的观察能力和创造能力。对年龄稍大的中学生，则鼓励他们带上画板，以秦俑为素描对象进行创作，并要求学生在参观后回答问题，诸如秦代在中国历史上的地位、秦代相当于欧洲历史的什么时期等各种问题，以加深学生的印象。

澳大利亚展览主办方编印了精美的图录《秦始皇兵马俑》，令观众爱不释手。

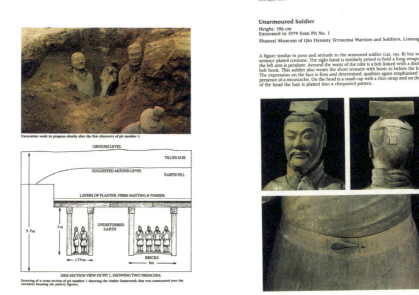

《秦始皇兵马俑》图录内文

图录不仅真切地反映了兵马俑坑的发现、发掘状况，而且介绍了古都西安的风土人情和风景名胜。澳大利亚驻华大使邓安佑激动地说：展览期间，他曾先后两次陪同贵宾参观，这是以前从来没有过的事情。

展览主办方以展品的形状、纹饰为设计灵感，提取其中的文化元素做了明信片和纪念章等文创产品，带有秦俑形象的纪念章成为珍贵礼品，许多观众为了买1枚纪念章，往往要排队等候一个小时。即使这样，他们也毫无怨言，反而会认为很值得。展期内，共有80万人参观展览，占澳大利亚总人数的5%，创下了历史纪录。

030 1983 年意大利展

展览名称：中国古代文明展

展期及展馆：1983 年 8 月 20 日—12 月 30 日，威尼斯王宫博物馆

展品总数：153 件（组）

1983 年 8 月到 12 月，"中国古代文明展"在意大利威尼斯举办，秦始皇陵兵马俑参加展出。

这次展览是应意大利政府的邀请而组织的，意大利政府为了做好展览，专门成立了以佩尔蒂尼总统为首的荣誉委员会，以威尼斯市市长里格为首的组织委员会，由著名学者组成了学术委员会，负责展览的筹备、布展事宜。意大利各有关部门也给予极大支持，空军参谋部派出专机将展品从北京运到威尼斯。威尼斯大学的一位教授说，这次展出的许多展品都是第一次与观众见面，具有很高的历史价值和美学价值。观众留言说："秦兵马俑，在造型艺术上具有独特精湛的现实主义表现手法。"

8 月 20 日，展览在威尼斯王宫博物馆举行盛大开幕式，范范尼总理及十多位政府部长、副部长专程到威尼斯参加了开幕式。展览期间，每天有 40 名临时工作人员参加服务，同时还配备了 18 名武装警卫人员日夜巡逻，以保障展品的绝对安全。在秦兵马俑展厅里，虽然只陈列出了 2 件陶俑和 1 件陶马，但观众一进入展厅，立刻就会感觉到千军万马扑面而来，原来是聪明的设计师利用秦兵马俑一号坑发掘现场的巨幅照片装饰了整个展室的墙壁，形成了一个很大的秦兵马俑军阵的虚幻场景，观众被深深地吸引住，进而产生身临其境的感觉。在 4 个月的展期内，累计有 60 万名观众参观。

031　1983 年菲律宾展

展览名称：中国珍宝展

展期及展馆：1983 年 9 月 1 日—10 月 10 日，马尼拉展览中心

1983 年 9 月至 10 月，由中国工艺美术展览公司与菲律宾艺术娱乐公司合办的
"中国珍宝展"在菲律宾展出。

展厅的布置极具特色，瞬间能吸引人们的视线。在展览中心大厅里，专门用黄
土铺成一个高台，营造出秦兵马俑遗址的现场环境，2 个武士俑站在驷马战车上，
战车两旁各有 1 个武士俑，四周小台上站着手拿兵器的武士俑，气势雄伟，引人关
注，展柜里展出秦兵马俑坑出土的青铜箭镞和半两钱，墙上有 40 多幅文物照片和
有关资料。展厅放映室里，循环播放介绍秦兵马俑考古发掘的纪录片。

菲律宾政府特别重视这次展览，文化教育部向马尼拉各个中小学校发出通知，
鼓励学校组织学生去参观。展览期间，主办方组织了专题讲座、中小学生征文、绘
画比赛，并安排获奖者免费到中国旅游。马尼拉的 100 多个中小学校积极响应，校
方把组织学生参观兵马俑列为历史课的一项活动。据统计，8 至 18 岁的青少年学
生写了 1.8 万篇作文，绘制了 60 多幅图画。"中国珍宝展"被当地报纸誉为"本年
度最重大的文化教育事件之一"。各大英文、中文报纸都连续刊登文章介绍展览消
息，有些报刊还专门出版纪念特刊，发表贺诗。评论文章赞扬秦兵马俑陪葬坑的壮
观和伟大，称赞兵马俑是举世无双的，可与埃及金字塔和古希腊的雕塑齐名，是世
界雕塑艺术的奇迹。一位作家写道："从令人叹为观止的艺术珍品中，我看到了中
国历史的一角，了解到秦代社会的政治、经济和军事制度，欣赏到秦代雕塑艺术家
和工匠的聪明才智和美好的想象力，发现了无与伦比的中国文化。"

周末往往是家庭参观日，人们扶老携幼到展览中心度周末。每逢周末，华侨和
留学生到展览现场表演中国武术、音乐舞蹈以助兴。为满足更多观众的需要，主办
方将展览延长了 10 天。在 40 天展期内，有 18 万人参观展览。

032—035　1983—1984 年日本展

展览名称：中国秦兵马俑展

展期及展馆：1983 年 10 月 1 日—12 月 30 日，大阪城公园

　　　　　　1984 年 1 月 2 日—2 月 11 日，福冈县文化会馆

　　　　　　1984 年 2 月 20 日—4 月 15 日，东京东方博物馆

　　　　　　1984 年 4 月 21 日—5 月 22 日，静冈产业馆

展品总数：22 件（组）

为了纪念日本大阪建城 400 周年，应日本大阪二十一世纪协会邀请，中国文物对外展览公司专门筹备"中国秦兵马俑展"，于 1983 年 10 月至 1984 年 5 月到日本大阪、福冈、东京、静冈 4 个城市巡回展出。参展文物有陶俑陶马 14 件及兵器等共 22 件（组）。在 8 个月的展期内，共有 204 万人参观。这是历次外展中参观人数最多的一个展览。

早在展览开始筹备时，中日双方高层都极为关注，并要求各文博单位积极配合，尽可能提供最新出土的文物展品，以展示考古发掘与文物保护的成果。

日本 4 个城市的展厅布置基本相同，一般都是走进展厅首先是电视录像，介绍古城西安的名胜古迹和重点文物，从骊山、秦陵、兵马俑坑到秦始皇兵马俑博物馆外景和一号坑展厅现场以及专题陈列室。接着是模拟的秦兵马俑坑一角，放置着复制原大陶俑 10 件，在陶俑周围墙壁上贴满了辅助照片，并用 12 组幻灯同时放映出一个完整的画面，介绍古城西安的街景和风土人情。再下来就是主体展览，这里陈列着 22 件（组）文物，每一件陶俑都有一个独立展柜。观众可以近距离欣赏陶俑的雕塑特点及细节：冠式、铠甲、面部表情、身体姿势等。看完展览后，便进入纪念品销售部。所售商品除了兵马俑照片、幻灯片、画册、明信片外，还有日本主办方精心制作的以秦俑图案为底纹的生活用品如领带、手绢、皮带、打火机、项链、荷包、书签、信纸、钱夹、衬衫、丝巾等，品种繁多。这些琳琅满目的商品受到日

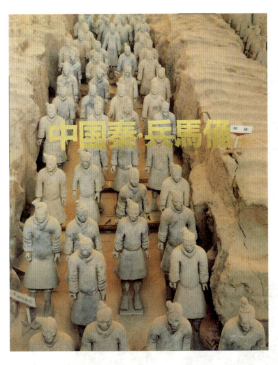
《中国秦兵马俑》图录封面

本观众的喜爱，日销售量非常可观。

展览期间，《朝日新闻》《每日新闻》《报知新闻》《日本经济新闻》《东京新闻》《神户新闻》《德岛新闻》等多次发布展览信息和介绍文章。《读卖新闻》社在报纸上设有"我的感想"专栏，刊登观众的观后感。观众的文章大概有两方面内容：一是盛赞中国古代高超的制陶技术和雕塑手法，称赞古代劳动人民的聪明才智；二是提出自己的思考和具体问题，如兵马俑是如何制成的？陶俑为什么那么高大？修建秦始皇陵用了多少时间？如何评价秦始皇？

1983 年 10 月 1 日上午 8：30，开幕式在大阪城公园内的兵马俑展馆隆重开幕。大阪市音乐团现场演奏欢快的乐曲，更增加了开幕式的喜庆气氛。大阪二十一世纪协会会长松下幸之助、大阪府知事岸昌、大阪市市长大岛靖等嘉宾出席开幕式。中国文物代表团团长致辞说："在中日友好和平条约缔结 5 周年之际举办这次展览意义重大，大阪和西安都是历史悠久的古城，此次展览是中日友好进一步加深的象征。"大阪民众认为，展览首站选择在大阪，这是大阪民众的骄傲。展场内常常人满为患，随着展览信息的持续发布，参观人数持续上升。观众热情很高，往往举家出动观看展览。

1984 年 1 月 4 日，展览在福冈县文化会馆开幕。大阪二十一世纪协会专务理事加藤良雄、《读卖新闻》西部本社代表田中严、福岛县教育委员会委员长田中耕介等出席开幕式并剪彩。福冈展为了控制人数，保证展厅参观效果，由身着民族服装的礼仪小姐导引进入展场参观。

福冈展览期间，正是隆冬季节，媒体评论说，福冈展是在最恶劣的气候环境下达到了最多的参观人数。展览期间，列岛气候异常寒冷，大雪飞舞。福岛县知事奥良八二、福冈市市长进藤一马、北九州市市长谷伍平等要人先后参观。在一个周六早上，还没到开馆时间，随展组人员在展室门口碰到一位中年男士。他一边看介绍兵马俑的小册子，一边晒太阳。经过交谈知道他姓林，是一位历史教员，十分热爱中国文化。为了看兵马俑展览，前一天乘火车来到福冈，晚上住在展馆附近的宾馆里，以便次日第一批参观。展览期间，每天都有像林先生这样不怕寒冷，早早等在门前，准备第一批进馆参观的人。

大阪展观众参观情形

福冈展观众参观情形

2月11日，福冈展览圆满结束，当天下午6时举行闭幕式。大阪二十一世纪协会常务理事石村义彦讲话，祝贺秦兵马俑展览圆满结束。中方随展组人员也发表讲话，感谢观众对展览的好评。接着由三位工作人员将悬挂在会场中央的彩球拉开，随即出现一条色彩鲜艳的标语，写着"目标达成"四个大字，意即展览取得了预期的效果，全场报以热烈的掌声。

2月20日下午，展览在第三展地东京东方博物馆隆重开幕。参加开幕式的有日本东方学会名誉会长三笠宫崇仁、大阪二十一世纪协会常任理事界屋太一、读卖新闻社社长小村舆三次、中国驻日大使宋之光及夫人杨清等人，日本天皇的弟弟出席开幕式并为展览剪彩。

东京展览期间，市内各主要大街上挂满了画有立射俑图案的宣传画，旗杆上飘扬着"中国秦兵马俑展"的巨幅海报，广告招贴画贴满了博物馆周围的商店橱窗、饭馆、书店，地铁站、汽车站展牌上也悬挂着展览的广告，起到了很好的宣传效果。

4月7日，日本前首相田中角荣在中国驻日使馆文化参赞蔡子民陪同下来到博物馆观看展览，东方博物馆馆长江上波夫亲自介绍文物，随展人员现场讲解，田中赞扬中国文物精彩绝伦，评价此次展馆的布置极具特色。蔡子民评价说这次展览很成功，展览引起极大的轰动效应，值得肯定。

展览受到东京民众的热烈欢迎。一位观众在留言簿上写道："纪元前日本弥生时代的古坟，比之大陆规模巨大的考古发现，后者更使人惊叹！"许多观众在接受电视采访时说："看了这些古老灿烂的文化艺术品，给人以力量和勇气"。读卖新闻社在报纸上开辟有"我的感想"专栏，刊登观众的心得。观众的感想主要有两方面内容：一是赞扬2000多年前中国制陶、冶金工艺和劳动人民的才智。二是提出了一些具体问题如：1. 兵马俑是怎样制成的？2. 陶俑为什么那么高？制成一尊俑、一匹马需要多长时间？3. 秦始皇陵修造了多少年？4. 对秦始皇应该怎么评价？通过现场对展览内容、陈列方式、展出效果的综合调查，45%的观众对展览感到非常满意，43%的观众认为满意，10%的观众认为一般，2%的观众回答不满意。

展览同时也引发了研究秦文化的热潮。东京地区弓道联盟协会的教师团参观时，特别留意立射俑的动作。一位教师指着立射俑对随展人员说："我从这件秦俑中找到了日本弓道的渊源。这是练习射箭的动作，不是别的动作。"他边指边比画动作给大家看，其姿势和立射俑一模一样。日本著名历史学家藤正春以惊人的毅力在短时间内翻译了秦始皇兵马俑博物馆编辑的《资料汇编》一书。这本书中收录有秦兵马俑一、二、三号坑发掘简报和秦始皇兵马俑博物馆的介绍，是当时最完整、最准确介绍秦兵马俑的专业书籍。该书引起日本观众的极大兴趣，购买者十分踊跃。

4月15日是东京展闭幕的日子，当天各界要人70余人参加闭幕式。东京博报堂负责人、东方博物馆馆长、随展人员分别讲话，盛赞展览非常圆满，感谢民众支持。东京展50天，观众比主办方预期的人数多。

4月21日，展览在静冈产业馆开幕。大阪二十一世纪协会专务理事加藤良雄、静冈市市长河合代悟、中国驻日使馆文化参赞蔡子民等300位嘉宾出席开幕式并讲话。展览期间，静冈县知事三本敬三郎及夫人、静冈市市长河合代悟及夫人等多位政界要人参观。在静冈县实际展出22天，突出特点是家族一起来参观者居多。据

统计，静冈县每15个人中
就有1人参观过展览。无论
是阳光明媚的日子，还是阴
雨连绵的天气里，展场内外
经常可见前来参观的民众。
静冈市政府为市民乘车方
便，特意开辟了由火车站直
达会场的临时公共汽车，命
名为"秦始皇帝号"，极大
方便了民众到展览馆参观。

静冈民众参观照

　　这次展览在日本4个城
市展出期间，共有观众204
万人参观。当第200万名观
众产生时，静冈产业馆专门
举行了庆祝仪式，展览会负
责人把鲜花和纪念品送给这
位观众。这位幸运观众表
示，有机会一定要到中国看
看兵马俑，看看西安。由中
日友好会馆编印的宣传手册

静冈展期间地铁站的海报

《秦始皇兵马俑》图文并茂地介绍了展品及秦俑坑的概况。在4个展地均受到观众
的喜爱，前去索要手册的观众络绎不绝，展览结束后，还有民众把电话打到中国驻
日大使馆索要资料。

036 1984—1985 年南斯拉夫展

展览名称：中国古代文明展

展期及展馆：1984 年 9 月 2 日—1985 年 1 月 6 日，萨格勒布市博物馆

展品总数：160 件（组）

本次展览是应南斯拉夫克罗地亚共和国邀请，由中国历史博物馆主办的，展览名称是"中国古代文明展"，展出地点是南斯拉夫萨格勒布市博物馆。参展文物时代跨度大，从新石器时代到唐代，主要有妇好墓出土的青铜器、玉器，秦陵兵马俑，汉代金缕玉衣等珍贵文物。

这次在南斯拉夫举办的"中国古代文明展"，吸引了欧洲各国的观众前来参观。9 月 2 日，中国国家主席李先念和克罗地亚共盟中央主席团主席米卡·什比里亚克共同出席了开幕式，显示了双方高层对这次展览的重视。不仅南斯拉夫观众为中国数千年不断的文明倾倒，而且还有许多来自匈牙利、奥地利、瑞士、法国、意大利等国的"中国迷"，也专程赶来一睹为快。观众对精美的文物啧啧称赞，团团围住全场瞩目的秦始皇陵兵马俑和金缕玉衣仔细观赏。观众对彩陶、青铜器等也怀有浓厚的兴趣，这使得原计划 1 个月的展期又延长了 3 个月。展出期间，南联盟主席团主席久拉诺维奇等许多南中央和各共和国的领导人都参观了展览。在 4 个月的展期内，共接待观众 45 万人。

037—040 1984—1985年日本展

展览名称：中国历代陶俑展

展期及展馆：1984年9月22日—12月21日，名古屋市博物馆

　　　　　　1985年1月1日—2月20日，福冈市美术馆

　　　　　　1985年3月1日—4月10日，京都国立博物馆

　　　　　　1985年4月20日—5月6日，东京国立博物馆

展品总数：105件（组）

　　由中国对外文物展览公司和陕西省博物馆联合举办的"中国历代陶俑展"在日本展出，这次是应日本朝日新闻社、日中文化交流协会的邀请而组织的。参展的105件（组）文物是从陕西、河南、四川、山西4省22个县市博物馆和文管所的藏品中精选出来的，其中陕西文物占80％。秦兵马俑坑出土的1件中级军吏俑、1件介帻武士俑参与展出。

　　中国陶塑艺术有7000年的历史，陶俑是陶塑艺术的重要组成部分。中国历代陶俑取材广泛，内涵丰富，与社会思想文化息息相关。陶俑造型生动，色彩绚丽，是古代艺人慧思巧手留下的艺术珍品，是研究中国古代历史、考古、美术的宝贵实物资料。"中国历代陶俑展"展品包括新石器时代的陶塑人头壶、战国时期的彩绘乐舞俑、秦始皇陵兵马俑、形象风趣的西汉说唱俑、色彩艳丽的唐三彩骑马俑、载物骆驼俑、充满神奇幻想的镇墓兽、天王俑以及富有浓厚民族气息的元代骑马俑等。这是首次在国外举办专题陶俑展览。日方在展览前做了很多准备工作，不仅派专业人员到博物馆挑选文物，观看文物资料，拍摄文物图片，还编印了展览图录《中国陶俑之美》，介绍参展文物并配研究文章，以增进观众对展览的了解。

　　1984年9月21日下午，"中国历代陶俑展"在名古屋市博物馆隆重开幕。会场中央挂着大红色的巨幅"中国历代陶俑展"横幅，桌前放置着中日两国国旗，地上铺着大红地毯。开幕式由朝日新闻社企划部部长工藤君主持，名古屋市博物馆馆

长浅井雅一致开幕词，日中文化交流协会理事后藤淳、朝日新闻社社长渡边诚一、名古屋市市长本山正雄、日中文化交流协会常务理事白士吾夫、事务局次长木村美智子、东京国立博物馆学艺部部长长古部乐尔等 300 多位知名人士参加了开幕仪式，嘉宾们一致盛赞这些文物具有很高的艺术价值和学术价值。中国驻日使馆文化参赞蔡子民、文化部文物局局长吕济民率领的 7 人中国代表团参加了开幕式。当天的《朝日新闻晚报》及名古屋市电视台都报道了开幕盛况。

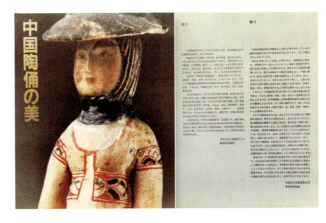

《中国陶俑之美》图录封面及前言

《中国陶俑之美》图录内文

　　日本和中国是一衣带水的友邻，两国人民很早就开始交流，因而日本人对中国文物有着很深的感情。许多日本人都非常喜欢中国文物，不少人从很远的地方与家人一起来看展览。展览主办方朝日新闻社伊藤牧夫说："中国历代陶俑展是朝日新闻社办展览以来规模最大、人数最多的一次。"精美的中国文物，令人们无比激动，有许多在日本旅游的法国人、美国人也赶去参观。尤其是看到与真人一般高大的兵马俑时，观众更是惊叹不已。展室内经常可见观众围着展柜仔细观看，久久不愿离开。日本人说："秦俑不仅仅是中国人的骄傲，也是东亚人的骄傲。"

　　日本九州大学一位教授，专程从九州到名古屋参观。日本著名陶艺家加藤唐九郎已经 87 岁高龄，从事陶艺创作 70 年。10 月 4 日，加藤唐九郎在参观时说："我到过中国 7 次，看过不少中国文物珍品，但像这样系统完整展示中国精美的陶塑艺术

品，还是第一次看。"一位名叫佐藤的老人，已经 85 岁高龄，专门从横滨赶到东京参观。看过展览后，老人连声说很好，并买了 4 本展览图录，说准备送给家人和朋友。

主办方在展览宣传方面非常用心，在名古屋展览期间，主办方印制了很多宣传折页，介绍展览信息、展馆开放时间、门票价格和乘车路线。在东京展览期间，主办方在地铁车厢、剧院、大街上、商店橱窗里贴满了展览海报，报刊上接连不断发布展览的消息，累计有 40 多篇文章和相关报道。为了配合展览制作的文物纪念品琳琅满目，满足了各类人群的不同需求，印有秦俑、汉俑、唐俑形象的书签、明信片、手绢、领带、文件夹等得到观众的喜爱，展览的幻灯片、图片、图录也很受观众欢迎。展览的门票设计了不同款式，总计有 18 种之多，极富收藏价值。在 7 个多月的展期内，有 45 万名观众参观。

041　1984—1985 年瑞典展

展览名称：中国秦代兵马俑展览

展期及展馆：1984 年 12 月 3 日—1985 年 2 月 17 日，斯德哥尔摩东方博物馆

展品总数：33 件（组）

　　早在1984年10月，中国和瑞典就签订文物展览协议，确定了展览时间。不久，《瑞典日报》就在头版刊登报道说："中国2000多年前的秦始皇的军队将出现在斯德哥尔摩，能在瑞典举办闻名世界的秦始皇兵马俑展览，这是瑞典人民的骄傲。"《每日新闻》以整版篇幅详细介绍了秦俑的发现、发掘情况以及秦俑军阵的宏伟气势，并称赞说秦兵马俑是中国古代雕塑艺术的瑰宝。

　　1984 年 11 月 16 日，33 件（组）文物从北京首都国际机场启运，次日下午到达法国巴黎机场，改由汽车运输，11 月 20 日上午，文物到达瑞典斯德哥尔摩东方博物馆，当天下午就打开文物运输箱开始布展。经过十余天紧张工作，12 月 3 日上午，布展工作圆满结束。下午，东方博物馆馆长韦俊博士专门在博物馆主持召开大型记者招待会，发布展览开幕的信息并邀请媒体记者先行参观。

　　12 月 4 日下午 3 时，"中国秦代兵马俑展览"在斯德哥尔摩东方博物馆隆重开幕。瑞典国王和王后亲临会场参加开幕式。国王在致辞中说："这次兵马俑在瑞典一定能引起很大轰动，因为这一展览符合瑞典人民的愿望。"并说，他的祖父生前对中国文物很有研究，如果他老人家在世的话，一定会感到莫大的幸福。

　　2 月 13 日晚，在斯德哥尔摩参加欧洲裁军会议的 35 个国家的 120 人的代表团集体参观。他们特别观看了秦

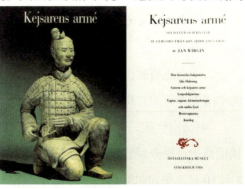

《秦兵马俑》图录封面及扉页

俑坑出土的兵器，对青铜剑、弩机、剑镞等兵器的制作工艺赞不绝口。东方博物馆因兵马俑展览而成为斯德哥尔摩最热闹、最引人注目的地方。观众对中国文物给予极高的评价，纷纷盛赞中国古代劳动人民的智慧和才艺。这次展览在瑞典邻国也引起轰动，芬兰、丹麦、冰岛的观众冒着严寒雨雪，专程渡海前来观看展览。为了方便观

《秦兵马俑》图录内文

众参观，博物馆打破惯例，延长开馆时间。展览期间，配合宣传的展览图录销售6000余册，特制的8种秦陵兵马俑明信片早在元旦前后就售罄，不得不再次加印。

1985年1月4日下午1时，展览迎来了第五万名观众，博物馆特意为购买第五万张门票的观众赠送纪念品。东方博物馆友好协会原有会员700余人，多是中老年人，因举办这次展览，该馆声誉倍增，仅开幕一周，就有350余人要求加入协会。新入会者以年轻人为主，反映了瑞典年轻人对中国文化的喜爱。

展览期间，70岁高龄的瑞籍华人、法学博士、斯德哥尔摩大学中文系教授田龙看过兵马俑后，当场赋诗一首《见秦始皇大兵马俑有感》：

大权大用此始皇，筑了长城又墓场。兵马八千今出土，生前死后满荣光。
五千年史几人强，屈指首推秦始皇。力服诸侯成一统，后来朝代法规强。
兵马八千出墓场，奇闻震世说秦皇。知他是筑长城者，功过不论意志强。
中华老大治何方，足食足兵足学堂。应教举世和平久，不必秦皇万里墙。

田博士还将此诗翻译成英语，手书汉语原文，制成明信片发放给亲朋好友，宣传中国优秀历史文化和秦兵马俑。

"中国秦代兵马俑展览"得到瑞典政府的高度重视，展厅设计有特色，宣传营销很得力，民众踊跃观展。博物馆统计表明，有不少民众多次前往博物馆看展览。2月10日，诺贝尔奖基金会委员专门组团参观。1985年2月17日，历时75天的展览圆满闭幕，达到了预期效果，累计有135467人参观。

042　1985 年挪威展

展览名称：中国秦兵马俑展览

展期及展馆：1985 年 3 月 2 日—4 月 28 日，海涅·昂斯塔德艺术中心

展品总数：26 件（组）

1985 年 2 月 17 日，"中国秦兵马俑展览"结束在瑞典的展出后，于 2 月 18 日撤展，文物装箱后运往挪威，由斯德哥尔摩东方博物馆副馆长雷龙亲自押运。2 月 24 日下午，文物运抵挪威首都奥斯陆。展览将在海涅·昂斯塔德艺术中心继续举办。艺术中心早在一个月前就腾出展厅，乌勒·亨得利克·穆主任带工作组接收文物。

2 月 25 日下午，中国和挪威工作人员在汉尼尔·奥恩斯坦艺术中心点交文物。挪威工作人员认为 33 件（组）文物中有重复，于是选出 26 件（组）参加本次展出。展览设计由挪威著名建筑学家斯维鲁·费恩负责。他根据近似菱形的展室形状采用了不等边三棱镜反照的布置方法，使展厅呈现出空间非常广阔的艺术效果。小件文物分散布置在各展柜中，主办方特意将跽坐俑摆放在展厅门前，取其恭迎宾客的意思。秦始皇陵出土的瓦当、花纹砖等放置在门厅过道的两侧。

展览开幕前夕，主办方除了在广播里、电视上作专题介绍外，还在大街主干道两侧张贴跪射俑的大幅海报。展场中备有幻灯专场，介绍秦始皇陵及出土文物，纪念品商店有兵马俑明信片、画册等配合展览宣传。2 月 28 日举行记者招待会，来自 20 多家报社和电台的 60 多位记者参加了招待会，会后作了大量全面的宣传报道。3 月 1 日下午，挪威王国索尼娅公主带秘书来到艺术中心，查看展览的布置情况。随展组人员送给公主一件小陶俑，公主非常高兴，当即表示当年 4 月她将同丈夫一起到秦始皇兵马俑博物馆参观。

3 月 2 日下午，"中国秦兵马俑展览"正式开幕。展厅前的广场上升起了中国和挪威两国的国旗，门厅悬挂着两个大红宫灯。国王奥拉夫五世和首相维洛克亲自

参加了开幕式。乌勒·亨得利克·穆主任首先讲话。他说："如果没有国王政府的支持，没有中国驻挪威大使馆的支持，这项展览是难以举办成功的。"接着，中国驻挪威大使张永宽讲话。张永宽回顾了中挪两国建交后的友谊和近年来的文化交流活动，感谢主办者组织这次文物展览。他说，展览有助于增进挪威人民对中国的了解。随后，挪威文化大臣等嘉宾依次讲话，对展览的成功举办表示祝贺。

展览正式开始后，国王和随从大臣们在张永宽大使的陪同下进入展厅参观。随展工作人员王学理送给国王 1 件小陶俑复制品。国王很高兴地接受了这一礼品，并认真听取有关秦兵马俑发掘工作的介绍，兴致勃勃地观看文物展品，不时提出问题。挪威的领导人很少参加各种展览会，国王此前也从未参加过展览的开幕式。这次却是例外，国王和首相同时出席展览开幕式，这在挪威历史上是空前的。首相维洛克还说，过去到中国却未能参观秦兵马俑坑遗址，这次在挪威看兵马俑展览，正好弥补了这一缺憾。

展览开幕后，主办方专门印制了带有跪射俑的海报 1000 余张，张贴在斯德哥尔摩市的大街上、车站旁和商店橱窗上。挪威著名的电视台、报社都在黄金时段介绍秦俑发现、发掘的经过以及中国的名胜古迹和风土人情。《世界之路报》《工人日报》《晚邮报》《祖国之友报》《卑尔根时报》等报上刊登题为"中国的奇迹""皇帝的军队在艺术中心""艺术中心的无声军队""艺术中心展出中国珍品""历史悠久的中国文化""艺术中心门庭若市""开展两天，五千人饱享眼福"等有关秦俑展览的消息。

秦兵马俑在奥斯陆展出的社会效果和影响都是空前的。全国性有影响的大报纸和地方小报都作了大量报道，报刊头版刊登秦俑大幅彩色照片。因宣传得力，民众参观十分踊跃，有残疾人坐着轮椅来参观，有家庭妇女推着童车来看展览。随展组人员在街上遇到一位从事图书资料研究的老妇人，她一看到中国人就主动过来打招呼，并说她曾经到过中国，也看过兵马俑，这次一定要带全家人一起来看展览。在参观的人群中还有许多儿童，就连幼儿园的孩子也有组织地进入展厅观看。一些大的团体往往组织集体参观，由知名学者担任讲解。奥斯陆大学历史系师生看过文物后，还专门观看了幻灯片，又提出了不少问题，还进行了专题讨论。一位韩国移民说："这个展览太好了！它改变了挪威人对中国和东方的看法。我作为一个亚洲人，也感到自豪和骄傲。它说明，我们东方的历史和文化是非常悠久的。"有两位出生在中国台湾、现已加入美籍的妇女听了单独给她们的讲解后，激动地说："我还要请我的先生也来看看。"另一位加入瑞典籍的女教师在1983年曾参观过秦始皇兵马俑博物馆。展览期间，她又多次陪朋友前往展馆参观。3月6日，她特意陪着2位中国台湾朋友和3位越南人从哥德堡来奥斯陆看展览。参观结束后，随展组邀请这6位观众一起座谈。在交流中，客人对文物保护提出了不少好的建议。一位农场工人在1977年曾到过中国，现已通过自学能够用汉语会话。看过展览后，他还准备再陪同83岁的父亲去中国旅游。很多团体和个人直接到中国驻挪威大使馆索取介绍中国的资料，希望进一步了解中国的历史和文化，为此，使馆安排了45场报告，有文化、经济、旅游、历史方面的，内容十分广泛。

参与展览的铠甲武士俑

参与展览的中级军吏俑

"中国秦兵马俑展览"在挪威引起空前轰动。展览开幕首日，就迎来了1600位观众，第二天达到2600人，据说这是挪威有展览会以来无与伦比的盛况。4月28日是周日，也是秦兵马俑在挪威展出的最后一天，观众从四面八方来到博物馆参观，中午时分已达到3000人次。从3月2日开幕到4月28日结束，在58天的展期内，共有观众7万人次，最多一天的参观人数有3383人。据统计，这次展览的参观总人数和单日最多参观人数都超过了海涅·昂斯塔德艺术中心所举办过的任何一项展览。

043　1985 年奥地利展

展览名称: 中国秦兵马俑展览
展期及展馆: 1985 年 5 月 23 日—8 月 4 日, 奥地利人类学博物馆
展品总数: 33 件 (组)

1985 年 5 月 10 日, "中国秦兵马俑展览" 离开挪威前往奥地利, 将在奥地利首都维也纳继续展出。5 月 11 日, 参加奥地利维也纳文物展览的中国随展组工作人员一同到达奥地利。5 月 13 日至 17 日, 挪威组、奥地利组和中方工作组人员在奥地利人类学博物馆点交文物。

这次展览是在被誉为 "花园堡垒" 的奥地利人类学博物馆内。该馆位于维也纳的中心地带, 东有故宫、新皇宫、工艺美术博物馆, 西有自然历史博物馆、国家歌剧院音乐厅、美术历史博物馆, 西北部是市政厅、国会大厅、总理府、维也纳大学。四周还有公园多处, 绿树成荫, 鲜花夹道, 环境非常好。秦俑展览是在人类学博物馆内举办, 该馆位于一处古建筑内, 周边环境十分优越。为了扩大影响, 展览馆周围的街道上贴满了秦俑的宣传画和广告, 公园门口的商业大街上竖立有一面绘有金色黄龙的大红旗。巨型的秦俑广告牌, 十分引人注目。秦兵马俑展由公园的大门入馆, 展馆草坪上一字排开的 7 根红色旗杆上悬挂有天蓝色条幅, 上面绘有各种颜色的中国图案, 彩旗迎风飘舞, 条幅艳丽醒目。奥方专门编印了展览图录, 以秦俑出土原状作为封面, 书中介绍参观重点文物及其信息, 以扩大展览的影响。

整个展厅面积为 460 平方米, 展线 140 米, 分为 3 个部分。展室的门是特制的中式红门, 十分引人注目。第一展室展出文物 13 件, 用四面玻璃柜陈列出秦权、杜虎符、半两钱、砖、瓦当、五角形陶水管道、跽坐俑及铁制生产工具。展室内安装有台阶和有栏杆的高台, 台上屏风正中是秦始皇彩色画像, 左侧绘丞相李斯像, 右侧绘大将蒙恬像。屏风后就是第二展室, 第二展室最大, 为长方形, 布置为一号坑的仿制模型, 过洞低于地面, 前后放置有 10 件兵马俑, 展室一侧绘有兵马俑坑

的大幅照片，以烘托气氛；另一侧的橱窗内陈列有弓弩、青铜箭镞及一组复原的小战车模型，墙壁上画有汉画像石车马图，以展示车马和攻战武器使用情景，并配有中国古乐。下台阶便是第三展室。展室为圆形，周围墙壁是兵马俑特写头像的巨幅照片，展室中央陈列战车模型。展室专设报警系统、防火装置，派专人看守。

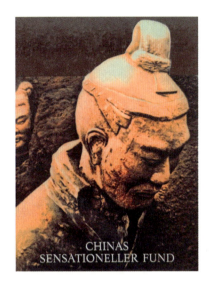

《秦兵马俑》图录封面

这次展览由奥地利造型艺术家协会主席汉斯·马雅教授负责组织，人类学博物馆主办。维也纳有影响的报纸《新皇冠报》早在展览开幕之前就发布消息，刊登图文并茂的专版介绍展览。22日，报纸在头版醒目位置发表文章指出，2000多年前的秦始皇帝（中国的恺撒大帝）的卫士，有8个来到维也纳"访问"。该报指出，秦俑是"动人心弦的重大考古发现"。

5月21日上午11时，奥地利人类学博物馆举办记者招待会。馆长汉斯·曼多夫主持记者会，奥地利科学研究部部长海因茨·费舍尔发表讲话。到会记者78人，其中奥方65人，还有瑞士、联邦德国、英国、波兰等国家的7家新闻单位记者，这是奥地利当时少有的最盛大的一次记者招待会。5月23日下午5时，在奥地利人类学博物馆举行隆重的展览开幕式。奥地利人类学博物馆馆长汉斯·曼多夫和中国驻奥地利大使馆代办王泰智及科研部长海因茨·费舍尔先后讲话。奥地利建筑和技术国务秘书艾佩尔·陶尔、商会主席赛格尔、维也纳市议会议长哈恩及来自联邦德国、法国、保加利亚等国的大使以及奥地利及维也纳市各部要人等1600位嘉宾应邀参加开幕式。开幕式后，嘉宾们迫不及待地涌向展室参观。由于展厅面积有限，大部分人只好在门外等待，直到1小时后，所有嘉宾才参观完毕。

早在1984年12月1日，有关秦兵马俑将在奥地利展出的消息就见诸报刊。展览期间，奥地利很多报纸多以醒目的标题、大幅照片、长篇内容详细介绍秦始皇帝、秦的历史、秦俑军队、秦兵马俑的制作流程、烧制工艺等。《新妇女报》"中国动人心弦的出土文物——皇帝的随从兵马俑"、《新闻周报》"中国第一个皇帝的部队访问维也纳"、《工人报》"中国的艺术来到维也纳"、《萨尔茨堡日报》"完美无

43

缺的现实主义造型艺术"等报道连篇累牍。新闻社、电视台、电台也有秦俑展出的报道。奥地利旅行社为组织全国各州的参观，发行了彩版广告。奥地利艺术之家、奥中友协分别印制了精美的宣传资料介绍中国，宣传西安。奥中友协还借秦俑展览的机会，发起并组织到西安旅游。英文版《维也纳生活》杂志发表文章写道："在中国文化引人注目的视觉艺术上，秦兵马俑闪耀着光辉。十年前惊心动魄的发现，目前仍在持续发掘中。维也纳很幸运地展出了 500 匹马中的 2 匹，7000 多件俑中的 9 件。陈列方法考究，灯光照明适度，站在近处可仔细欣赏陶俑面部的表情。"

7 月 3 日中午 12 时，奥地利联邦总统鲁道夫·基希施莱格偕夫人在中国驻奥使馆大使王殊陪同下观看展览。参观过程中，总统始终兴致勃勃，不时提出问题，如看到跽坐俑的高鼻、跪射俑的粗腿后，就询问是否在制作时有美化或夸张的成分，还问陶马肚上为什么有一个洞等。参观结束后，总统激动地握着王殊大使的手说："这是我访问中国的第一幕。"7 月 4 日，奥地利《新皇冠报》《新妇女报》《萨尔茨堡日报》以及当地电台、电视台等多家媒体报道了展览及相关消息。《工人报》为此作了专门报道，特别说总统将在访问中国时，专程到兵马俑的故乡古城西安访问。

兵马俑展览在奥地利引起极大反响。当奥地利人知道中国人在 2000 年前就烧制了如此高大的兵马俑后，均感到不可思议。一位曾在中国武汉大学教过英文和德文的奥地利老太太，已经 80 多岁了，仍然一个人来到展馆看兵马俑，并激动地说："展览太好了！中国的历史文化很悠久"。一对来维也纳学习的中国台湾姐妹，听了随展组人员的讲解后，久久不愿离开，当即在服务处买了一套秦俑明信片寄给台湾的母亲，一再表示有机会要回大陆看看。维也纳大学历史系的两位学生，怀着极大的兴趣参观后，主动向随展组了解驷马驾车的衡、轭的摆放位置等知识。来自中国台湾的 30 人组成的"理想观光团"在维也纳只停留两天时间，也专门挤出半天时间来参观。他们感慨地说："我们中国人到外国才能看自己的文物，真是不容易！"一对美国教授夫妇是考古爱好者，在维也纳停留一天，得知兵马俑展览的消息后，专门带着儿子用半天时间看展览。从荷兰到维也纳旅行的两位学者，仔细观看展览后，又询问了秦俑彩绘的保护问题。当他知道秦俑坑内有 7000 多件陶俑后，连连说"真是了不起！"

6 月下旬，学校放暑假，机关团体也放短假，从外地到维也纳的游客很多，以

报刊上的宣传文章

至于那段时间看展览的人数剧增。观众中有来自联邦德国、瑞士、意大利、美国、荷兰及中国台湾、香港、澳门地区的旅游团体和个人。奥地利人类学博物馆馆长汉斯·曼多夫对随展组人员说："秦兵马俑展览很成功，这么多的观众来参观，就是对科学发掘出来的中国文物的高度赞赏。"

博物馆商店有售书处，这里有 200 多种介绍中国的书籍和图册、秦俑纪念币、秦俑明信片、幻灯片、小陶俑等。博物馆还有电视放映室专门放映录像片，可容纳 50 余人，每隔 15 分钟放映一次，介绍兵马俑发现、发掘和修复、展览的情况。奥地利方为了庆祝秦俑在维也纳展览成功，特地在 6 月 19 日举办了一台文艺晚会。招待晚会上表演了具有中国特色的节目，受到了奥地利观众的好评。节目休息间隙，由专人分段介绍秦史、秦始皇帝、秦兵马俑，对宣传兵马俑起到了很大作用。

7 月 22 日至 8 月 4 日，是展览的最后两周，展厅里出现了参观高潮，日平均人数在 2000 人次以上。最后一天的 8 月 4 日，参观人数达到 4000 人次。虽然天热，室内空气也不太好，但展厅里仍然挤满了观众。即使 5 个讲解员轮流讲解，依旧满足不了观众的需求，入口处经常有人等候着跟随讲解员参观。

秦兵马俑在维也纳实际展出 75 天，接待购票观众 129943 人。因为有部分人士是持邀请函参观的，所以实际参观人数已经超过 13 万人，为宣传展览而编辑的 5000 册图录《秦兵马俑》，专门为展览准备的 3000 件复制小陶俑等纪念品，早在展览闭幕前一个月已经售罄，由此可见民众对展览的喜爱。

展览结束后，中奥双方工作人员迅速撤展，展览将继续在英国展出。

044—045 1985 年美国展

展览名称：中国秦兵马俑展
展期及展馆：1985 年 8 月 30 日—9 月 30 日，明尼阿波利斯博物馆
　　　　　　　1985 年 11 月 8 日—12 月 7 日，洛杉矶帕萨提那国际文化使节学院
展品总数：10 件（组）

这次展览是为了纪念陕西省与明尼苏达州友好省州 2 周年而举行的——"陕西月"纪念活动。明尼苏达州是美国北部偏东的一个州，州内有众多湖泊，空气清新、风景秀丽，素有"千湖之州"的美称。绚丽的密西西比河，横穿于圣保罗和明尼阿波利斯之间。明尼苏达州州府圣保罗与明尼阿波利斯紧紧毗连，号称"孪生之城"。这次展览就在美国十大博物馆之一的明尼阿波利斯博物馆举行。这个博物馆建于 1915 年。博物馆的主体是一个现代化的三层楼建筑，兵马俑展就在该馆亚洲艺术馆的中心展厅。

1985 年 8 月 23 日下午，当"中国秦兵马俑展"的随展人员到达机场时，明尼阿波利斯博物馆亚洲艺术馆馆长贾儒及其助手帕克女士和负责陈列的鲍普女士、西北航空公司阿波利斯机场经理霍夫曼、明尼苏达州经济贸易办公室代表、中美友协明尼苏达州分会代表等一行人早已带着电视台记者恭候在那里。文物卸机后，当即进行电视录像，随即装入早已准备好的车厢。汽车在全副武装的保卫人员护卫下缓慢行驶，以保证文物安全，10 英里的路程用了 45 分钟，安全抵达文物库房。

明尼苏达州和明尼阿波利斯博物馆都对这次展览十分重视。协议书刚签订，美方就积极进行展览的筹备工作，并设法腾出了中心展厅，预先制作好了方木条搭架，用多层胶木板铺盖的多角圆形展台，等待着陶俑、陶马的到来。同时还特意赶制出 1 件与陶马大小相同的木马，专门用于练习搬运。8 月 23 日，文物抵达博物馆时，用于练习的木马仍然昂首站立在中心展台上，似乎在说："真正的主人，你来了，我已在此等候多时。"

46

8月26日是文物拆箱的第一天，许多人闻声赶到博物馆。早上八点钟，博物馆门口就被热情的人围满了。当文物包装拆掉后，陶马从箱中取出时，周围的人无不欢呼雀跃。展览主办方为了保护文物，特意在中心展台的顶部加设尼龙丝防护网罩，使人环绕一周可看到下面的文物。陶俑、陶马就安放在防护网罩下的中心展台，四周用有机玻璃半罩着文物。观众在四周能看到却摸不着，有效地保护了文物。中心展台放置陶俑陶马，周围的墙壁上悬挂着长城、秦俑发掘现场、一号兵马俑坑、秦始皇帝、秦始皇陵的大幅照片及文字说明。整个陈列主题突出，美观大方，虚实得当，文字介绍清晰明了，逼真地反映了兵马俑坑的雄伟壮观场面。

媒体记者认为，能够到展厅观看和报道世界第八大奇迹秦兵马俑，对他们来说也是十分难得的事。当文物一到明尼苏达州，当地的记者闻讯争相采访报道。8月22日的报纸上就登载了文物安全抵达的消息，并配有明尼阿波利斯博物馆用木马练习调运的照片和文章。8月23日，文物到达明尼阿波利斯机场，各家新闻媒体派出记者专题采访主办者和随展人员，报纸上发表了展览即将开幕的消息。

8月30日上午，"中国秦兵马俑展"在明尼阿波利斯博物馆隆重开幕。参加开幕式的有中国驻美大使韩叙及夫人、陕西省省长李庆伟、陕西省文化文物厅副厅长陈全方及随展组人员。美方代表有明尼苏达州副州长玛丽伦·约翰森、美中友好协会明尼苏达州分会主席西奔夫人、明尼阿波利斯博物馆馆长、亚洲艺术博物馆馆长及明尼各界名流、政界要人100余人。

在开幕式上，明尼苏达州副州长、明尼阿波利斯博物馆馆长、亚洲艺术馆馆长、韩叙大使先后发表了热情洋溢的讲话，对这次展览和秦俑艺术给予高度评价。随后，由陈全方讲话并宣布展览开幕。4名身着绿色上衣、腿穿蓝色劳动布裤、足蹬大红长筒靴的工人走上台揭掉盖在陶马身上的黑色幕布。与会者在一片赞扬声中绕场观看、拍照、议论，到中午12时开幕式方告结束。下午5：30各家电视台均报道了开幕盛况，5万名观众看到了开幕实况。当晚7：30明尼阿波利斯博物馆又为"中国秦兵马俑展"开幕专门举办庆祝酒会，各界名流、政界要人390多人参加了酒会。宴会上一律用中餐食品：油炸果子、点心、水果、牛肉、鸡肉及各种饮料招待。博物馆馆长及韩叙大使都发表讲话，再度赞扬和评价了这次展览，直到9：30酒会才结束。宴会上有4位来自美国南部的老太太看了展览后十分高兴，一直兴奋地谈论。之后又走到随展组人员面前，不断用手势比画着，用很难听懂的南部

英语表达自己的感受，言语中充满了激动之情。

　　展览开幕之后报纸上的宣传文章接连不断，在展览开幕的第 30 天时，电视上有关的新闻报道就达到 13 次之多。报刊上的消息更是连篇累牍，其中有 30 篇文章登上了报纸头条。文章介绍中国、长城、秦始皇帝、秦兵马俑等，使明尼苏达州民众进一步了解中国，了解陕西。布展期间，电视台记者和博物馆的摄影师每天都早早赶到文物搬运现场录像采访报道。许多美国人对中国文物不甚了解。展览刚一开始，不少人只是闻名前来猎奇，然而，看过展览后，人们被高大写实的陶俑、陶马惊呆了，有些人还要再看第二次。人们普遍认为，展品比照片上和想象中要好。不少人边看展览边作笔记，一位中年女士激动地说："太好了！太好了！我的心跳都加快了！"不时有观众对随展人员说："太感谢你们了！带来如此好看的文物。太谢谢了！"有人专程乘飞机从芝加哥和旧金山赶来参观。展场中经常可以见到有人推着老人、带着孩子全家一起来看展览。一位 70 多岁的老人告诉随展人员说，他是第二次来看展览，这次是带着夫人和朋友一起来的。他一再说："太好了！太好了！真是了不起！"直到 10 月初，展览结束了，还有人打电话来询问："马还在吗？陶俑还在吗？"许多观众问展览是否要延期，他们还想带远方外地的朋友看。

　　这次展览引起美国人对中国的极大兴趣，许多美国观众看了展览后都表示一定要到中国看兵马俑。展览期间，许多观众常常围着随展人员询问有关中国的儿童教育、文物展览、风土人情等情况。一次，随展组人员参观植物园时，一位陪同的植物园导游对中方人员说："玫瑰、葡萄都是从中国引进的，中国真了不起！"博物馆的工作人员对我们说："我们美国才有 209 年的历史，中国 2000 年前的文物就这样好，真了不起！"

　　华侨、华人、留学生在展览期间更是十分活跃。祖国的强大与文物的精美，使他们由衷地感到光荣和自豪。开幕式、庆祝酒会上都有很多华侨、华人专程赶来参加，有的还专门为"陕西月"活动表演二胡、京剧、太极拳节目。一位大学女教授专门穿上中国传统服装，上台表演相声。出生在中国香港的一位女士自筹经费举办小型中国山水画展。这次展览的意义巨大，影响深远，促进了中美文化交流，加深了两国人民的相互了解。展览结束后，亚洲艺术博物馆馆长贾儒一再表示，要进一步同中国合作。一位出生在中国香港的青年在书店听到我随展工作人员讲中国话，连忙走过来交谈。他一再表示，虽然加入了美国籍，但从来都不忘自己是中国人，

筹展人员在展厅留影

有机会一定要回去看看祖国的变化。

文物启运回国的前一天，博物馆的一位女员工说："马上就要回去了，我的心里很难受。真是舍不得。"随展人员回国后，亚洲艺术博物馆馆长助手帕克女士来信问候时，还特地写着要向陶马问好。承办这次展览的亚洲艺术博物馆馆长贾儒对记者说："世界上仅有埃及图坦卡蒙的陵墓可同秦始皇陵媲美，但秦始皇陵在规模上要比图坦克卡蒙宏伟得多。"因此，他一直为能亲手拿一拿、摸一摸文物而感到自豪。一次，电视台记者请他戴上手套、手持青铜剑来做宣传节目，他兴奋得不得了，逢人就讲这件事。

明尼阿波利斯博物馆是一个综合性的博物馆，展出的文物既有东方各个国家的玉石、书画，也有西方国家的油画和雕塑。通常情况下，每月只有观众8000人左右。秦兵马俑展出后，虽然门票由原来的2美元一张增加到3美元一张，但在秦兵马俑盛名影响下，仍然有很多观众来到博物馆。

亚洲艺术博物馆是明尼阿波利斯博物馆的重要组成部分。展品主要来自私人捐献和博物馆际交流。收藏有中国、日本、印度各国不同时代的文物。中国的文物有青铜、玉器、陶俑等品类。有的还很名贵，但要组合起来搞专题展览还很困难，也没有条件，所以，馆内文物历来都是以艺术价值为主的。这次以一个国家一个时代的文物为专题展览，还是首次。而且又是闻名遐迩的秦兵马俑，从而大大提高了亚洲艺术博物馆的声誉。在"陕西月"活动期间，州政府特地邀请亚洲艺术博物馆馆长贾儒及其夫人参加宴会。贾儒高兴地说："我这个人从未受到州政府的邀请，这是第一次，都是因为兵马俑有名，州政府才会请我。真是太荣幸了！"不仅如此，这期间的中国画展、中国艺术展等欣赏活动也都邀请贾儒参加并讲话。一位美国工作人员对我随展人员说："我曾在中东参加考古发掘，当时只知道发掘，不注意保护，中国能把文物保护、修复得这样好，真是了不起！"9月4日一篇报纸上这样

写道："历史和艺术是研究中国过去与现在的钥匙。"亚洲艺术博物馆馆长贾儒激动地说：秦兵马俑展览提高了亚洲艺术博物馆的声誉。

秦兵马俑展览不但提高了亚洲艺术博物馆的声誉，而且还加深和促进了美国人民对古老中国的了解。明尼阿波利斯展出30天内，有50400名观众参观，经常有学校组织学生参观，展厅里常见排队参观的学生。

1985年11月，应美国国际文化使节基金会和加拿大北美洲熊猫企业有限公司的邀请，秦兵马俑展在美国洛杉矶帕萨提那市国际文化使节学院展览大厅举行。从11月8日到12月7日，实际展出35天，接待观众10万余人。11月3日至7日是预展时间。由于宣传得力，从早到晚展厅里挤满了热情的观众，平均每天都有1000人参观。为了加强安保，15名军警日夜守卫着文物展品。

11月8日，展览在众人的期盼中正式开始，美国使节基金会主席艾利斯·拉罗威雅、市长威廉姆·杰·鲍各斯德及社会名流400多人参加了开幕典礼。展厅布置极有特色，文物放置在黑色展台上，四周摆放着一盆盆鲜花，辅助展览的55张彩色照片介绍了秦代的历史、秦始皇帝的生平大事、兵马俑的发现与发掘等情况。35件文物陈列在950平方米的展厅内。大型录像机播放着有关秦兵马俑的专题资料片，帮助观众了解秦兵马俑的时代背景和文化价值。

学生排队参观秦俑展

展览期间，美国350家报刊发布了这次展览的消息，洛杉矶主要街道上布置了100多个新闻宣传橱窗，有38家电视台、广播电台发表采访报道信息，博物馆印制了有兵马俑军阵和军吏俑头像的两种宣传画1万多张。此次展览之后，在国家文物局的授权下，由陕西省文物局与美国明尼阿波利斯博物馆直接商谈并签署协议、筹办展览，标志着完全由陕西自主筹办文物出国（境）展览的活动从此拉开了序幕。

046　1985 年英国展

展览名称：中国秦兵马俑展

展期及展馆：1985 年 9 月 10 日—11 月 1 日，爱丁堡艺术中心

展品总数：33 件（组）

"中国秦兵马俑展"在维也纳结束展览后，1985 年 8 月 5 日至 9 日，在 5 天时间里，中、英、奥三方的代表齐聚维也纳，在奥地利人类学博物馆进行文物点交和装箱工作，文物将移至英国继续展出。

早在 8 月 16 日上午，文物还在布展中，爱丁堡市政府专门在市政府会议厅举行了签字仪式和庆祝会，市长约翰·麦卡在协议书上签字并发表热情洋溢的讲话。8 月 17 日，爱丁堡 BBC 电台和爱丁堡市《晚间新闻报》分别报道了兵马俑展览的消息。

这次展览的主要资助人，英国最大的新闻中心负责人罗伯特·马格希威尔派代表于 8 月 23 日在伦敦举行记者招待会，中国驻英大使胡定一及文化一秘江明义等参加会议。胡定一在招待会上致辞说："这是最大规模的中国秦兵马俑专题展在欧洲亮相，相信此次展览必将在中英文化交流史上写下重要的一页。"之后，随展组专家回答记者提问。与此同时，在爱丁堡市举行了另一个记者招待会，爱丁堡市市长约翰·麦卡出席并讲话，中国驻英大使夫人谢恒及正在爱丁堡访问的西安市市长代表团一行出席。

展览开幕之前，爱丁堡市各界团体十分关心展览并积极准备各种形式的庆祝活动。媒体也作了广泛的宣传，BBC 电台和《每日镜报》《星期日邮报》《苏格兰人报》《晚间新闻报》等争相报道秦俑展览的消息。巨幅秦俑宣传画在街头橱窗上和墙壁上随处可见，公共汽车上贴上了兵马俑展览的标语。爱丁堡市园林管理局在市中心的一块高地的草坪上，用几种彩色小石子组成一个高 10 米、宽 6 米的秦俑头像图案，在绿色草坪的陪衬下十分醒目。艺术中心的工作人员讲，这种做法只有在一些

草坪上的秦俑展广告

布展工作照

重大活动时才做，一般活动时轻易不做。

经过紧张筹备，1985 年 9 月 10 日，"中国秦兵马俑展"在英国爱丁堡艺术中心举办隆重的开幕式。33 件（组）秦俑文物陈列在艺术中心的二楼 600 平方米的展室内，整个设计形式新颖、主题突出。在巨幅秦兵马俑一号坑巨幅照片烘托下，11 件陶俑陶马展现了雄壮宏大的秦俑军阵场面，效果逼真。

9 月 10 日上午 12 时，在爱丁堡市艺术中心大楼外举行隆重的开幕式。开幕式由爱丁堡市政府官员主持，中国驻英大使胡定一与夫人谢恒、一秘江义明、三秘杨国华，爱丁堡市市长约翰·麦卡和夫人、爱丁堡市政府官员、苏格兰区官员、各界要人、华侨代表、报社电台记者 300 余人出席，场面极为盛大。资助这次展览的英国最大新闻中心负责人马克思威尔讲话，指出秦俑展览能够促使更多的英国人了解中国，中国大使胡定一讲述了这次展览的重大意义。一位爱丁堡市政府文化委员会的官员，特意从格拉斯哥城将他的姑妈接来参加开幕式，还让随展组同志在他的秦俑宣传册上签字留念，并对随展组同志说："秦俑是世界上的奇迹，能最先看到它实在是一种享受。"

爱丁堡市艺术中心博物馆馆长罗伯特·库茨激动地说："我任馆长 14 年了，自从艺术中心建立以来，举办过不少展览，从来没有一次展览的开幕式有这么多的记者，这么多的观众，这么盛大的场面，引起这么大的轰动。今天，我可以说是真正的馆长了。"英国《艺术杂志》一篇文章说："秦始皇兵马俑的风暴席卷了爱丁堡。"《每日记事报》也说："中国战马进入爱丁堡艺术中心。"

爱丁堡市艺术中心办公室主任雪娜女士在展览开幕式的当日，就买了许多秦俑宣传画和刊登秦俑展览的报纸，让先生和孩子到学校散发，她们全家成了秦俑迷。

雪娜 5 岁的儿子包恩穿着印有秦俑头像的衣服接受电台采访，还带领全班同学参观，还给同学们作讲解。雪娜的丈夫是一位中学教师。兵马俑展览期间，他分别给学校的高年级和低年级学生作了两场秦俑讲座，然后带着学生来参观，边看边讲，小学生们对中国历史特别感兴趣，提出了不少问题。

达丽雅女士是为义务兵马俑展览做翻译的一位志愿者。她非常热爱中国文化，曾到过中国很多地方，这次展览的消息刚一发布，她第一个报名参加义务讲解。达丽雅的舅祖父是一位退休的煤矿工人，已经 70 多岁了，很喜欢历史。他对工作人员说："过去只知道希腊、埃及的历史，很少知道中国。这次兵马俑来展出，才了解古老中国，知道在 2000 多年前中国已经很发达，真是想不到！"一位清洁女工的两个女儿，参观展览后，戴着秦俑的纪念章到学校，立即引起轰动，很多同学都来看展览，买纪念章。艺术中心咖啡馆里的一位服务员对随展人员说："秦兵马俑展览引起了我们对中国的极大兴趣，明年 5 月我的父母要去中国旅游，我也要去西安看兵马俑。"

苏格兰华侨协会的梁会长在一次宴会的讲话中说："秦兵马俑来爱丁堡展览，这是我们华侨的一件头等大事。我们 2000 多年前就有这样灿烂的文化，我们感到自豪和光荣。他将轰动整个苏格兰！"一位华侨青年激动地说："秦俑展览为我们华侨撑了腰，长了志气。"爱丁堡市龙楼饭店经理林万里，是位久居英国的老华侨。他的饭店办公室里，用秦俑照片、宣传画、招贴画、明信片等布置了一个小型展览室，让顾客随意参观。中国香港 BBC 电视台记者容启辉的岳母在参观过程中对随展人员说："过去外国人总认为中国落后，这些文物彻底改变了他们对中国的看法。

博物馆门外排队的观众

秦始皇兵马俑坑的宏大气势，是他们意想不到的。我们也感到自豪和骄傲！"爱丁堡市很多华侨学生激动地说："我们的老师和同学，近来都把兵马俑作为热门话题谈论，认为中国是个有悠久历史和高度文明的国家，中国人是聪

明的。"还有许多华侨青年，主动要求到艺术中心当义务讲解员，表达了对祖国文化的热爱。

爱丁堡市的一些中小学校，把秦俑展览作为现场教学的一项内容。每天都有一队队的学生，在老师的带领下参观，学生每人手拿一份关于秦俑展品、内容的答卷，教师一边讲，学生一边对照实物填写答案。9月1日上午的答卷上共有9个问题：秦代的皇帝叫什么名字？他是什么时候出生的？什么时候死的？等等。学生参观时兴趣很高，答题十分认真。《每日记事报》还举办兵马俑和秦始皇的知识问答竞赛，获奖者可以免费到中国旅游。苏格兰一家组织向全国在校学生发起了秦始皇陵墓是什么样子的智力测试活动，参赛者可以用文字、图画、模型等形式表示。参赛作品刊登在报刊上，获奖作品在爱丁堡市展览。

展览期间，人们都能以亲眼看到2000年前中国古老的珍贵文物而引以为幸，每天都有600多人的"长龙"排队等候参观。英国《艺术杂志》一篇文章所说："秦始皇兵马俑的风暴席卷了爱丁堡"；《每日记事报》说："中国伟大的战马进入了爱丁堡艺术中心"；《苏格兰人周报》以"世界第八奇观"的醒目标题介绍兵马俑；BBC电视台9月27日、28日连续两天晚上在黄金时段播放观众排长队等候参观的新闻，并风趣地写道："等待参观展览的队伍，好像秦始皇修建的万里长城一样长。"爱丁堡市艺术中心博物馆的工作人员激动地说："观众排队等候参观，这是我们博物馆历史上从未有过的现象。"BBC电视台一位工作人员说："秦俑展览非常成功，这么多的人来参观，是爱丁堡所有博物馆从未有过的情况。"来自英格兰南部一座小城市的150人的旅行团，乘坐夜间的汽车，经过六七小时的路程，又在雨中排队等候了近1小时才进入展室参观。参观完以后又连夜赶回。他们认为，能看到这样珍贵的展品，吃多大的苦都值得。在排队参观的人群中，有老人，也有小孩，不少人从很远的地方赶来，

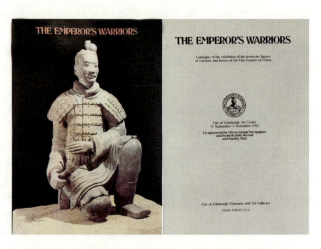

《中国秦兵马俑》图录封面及扉页

他们认为"能看到这样好的展览，再辛苦也值得！"还有人说："这是终生难忘的享受"。

英国考古学家派垂克说："我已经看过两次展览，每一次都感到震撼。非常感谢中国政府，使我们得以赏识中国的珍宝。中国文物制作精美，英国的情况与之相比是多么的原始！"爱丁堡市美术博物馆修复部主任包梯博士说："展品十分精美，尤其是秦始皇的铜车马，制作工艺之高超，令人不可思议。我们正在修复一把16、17世纪的剑，剑上有很多砂眼，与你们的文物相比，在工艺上相差很多。秦陵俑坑出土的青铜剑，表面镀铬，简直是个奇迹！"10月15日下午，爱丁堡大学特别邀请随展组袁仲一为该校文学院的150位师生作关于秦兵马俑的学术报告。爱丁堡大学文学院院长、考古学家哈丁博士说："我们每次发掘时只有一点点收获，而你们的收获却那么多，那样精美，真是令人羡慕！"文学院的学生听了兵马俑的讲座后，对考古非常感兴趣，一再询问随展组能否让他们到西安去义务参加考古工作，有的学生当即要求转到哈丁博士的人类学系学习考古，由此可见这次展览的影响。

兵马俑在爱丁堡市展出，爱丁堡市的居民认为这是他们的光荣和骄傲。一位老人说："中国2000年前的珍贵文物不远万里来到我们这里展出，这是一个千载难逢的良机"。一位杂货店女主人对随展人员说："秦兵马俑展览对我们一生来说只有一次，机不可失，我们一定要去看看。"

兵马俑在爱丁堡的展览盛况空前，由于参观排队的队伍太长，警察也来帮忙维持秩序。排队参观的"长队"原来顺街向西，但好几家商店的老板上告爱丁堡艺术中心，说"人龙"挡住了他们的门面，影响了他们的生意。队伍改向东排后，挡住了一家水果店，又遭到水果店的投诉。爱丁堡市艺术中心特意延长了开馆时间，才缓解了参观拥挤的矛盾。展览结束后，双方人员迅速撤展，所有展品将继续在爱尔兰展出。

兵马俑展览在英国爱丁堡市展出期间，该市同时还举办埃及木乃伊展览、法国画家作品展览、中国西汉文物金缕玉衣展览。兵马俑展览是其中最吸引人的一个。展览实际展出50天，参观人数达到220517人，最高日参观人数达到8000人，成为当时英国展览中最成功的一个。

047　1985年爱尔兰展

展览名称：中国秦兵马俑展览

展期及展馆：1985年11月26日—12月30日，都柏林文化艺术中心

展品总数：33件（组）

1985年11月到12月，"中国秦兵马俑展览"在爱尔兰首都都柏林举办。这项展览是在中国文化部部长朱穆之访问爱尔兰时签订中爱文化协定的具体成果，因此，展览从筹备开始，就受到爱方高层人士的重视，相关宣传也启动很早。在爱尔兰实际展出37天，有10万名观众参观，占爱尔兰总人口的3%，创造了爱尔兰展览史上的奇迹。

1985年11月26日，"中国秦兵马俑展览"在都柏林文化艺术中心"皇家医院"隆重开幕。爱尔兰文化艺术部长尼伦主持开幕式，爱尔兰总理菲茨杰拉德出席并致开幕词。他在讲话中说："展览给我们提供了难得的机会，将会促进中爱两国人民的了解和交流。"出席开幕式的有爱尔兰劳工部、教育部、卫生部部长及各国驻爱使节及各界名流800多人，盛况空前。

12月26日，爱尔兰总统希勃里和夫人参观了展览。总统夫妇赞扬秦兵马俑的出土是世界考古史上的卓越发现。总统夫人还应邀出席了爱中文化协会主办的秦陵文物介绍报告会。爱尔兰文化部长尼伦利用议会开会的间隙组织40多位议员参观了展览。

爱尔兰文化部为这次展览做了大量宣传工作，举办多次记者招待会，组织中小学生集体参观。展览期间，《爱尔兰时报》等报刊报道兵马俑展览的消息20多次。圣诞节前后的日子，不少人放弃传统的佳节，专程赶到文化中心观看展览。中小学校专门印制了秦俑的考卷，让学生们参观后答题。

展览主办方专门印制的兵马俑画册和介绍资料一经出版发售，立即被热情的观众抢购一空，主办方不得不紧急加印。秦俑的其他书籍、纪念品也引起人们的关注。展览期间，兵马俑成了人们的谈话主题。介绍中国风土人情的资料、明信片大

《中国秦兵马俑》图录封二及扉页

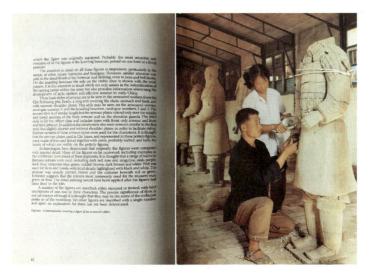

《中国秦兵马俑》图录内文

受欢迎。不少人在留言簿上写有："世界奇迹""辉煌伟大""引人入胜""文明古国"等字样。

中国与爱尔兰建交时间不长，爱尔兰人民对中国的了解不多。通过这次兵马俑展览，使更多的爱尔兰人对古老的中国文化艺术有了更多的了解。许多人看了兵马俑展览后，开始对中国感兴趣，不少人打算到中国旅游去。大使馆工作人员说，秦俑展览期间，到大使馆索要中国报刊、借阅中国电影资料片的人越来越多，人们渴望了解中国。

57

048 1986 年中国香港展

展览名称：秦始皇兵马俑展览

展期及展馆：1986 年 2 月 1 日—6 月 1 日，湾仔中国文物展览馆

展品总数：33 件（组）

秦兵马俑发现后，很多台湾同胞非常期望亲眼观看。2 月 1 日，"秦始皇兵马俑展览"在湾仔中国文物展览馆隆重开幕，不少来自中国台湾、澳门等地的同胞专程赶到香港看展览。一位观众激动地说："通过这个展览，使港、澳、台同胞进一步了解中国文明的历史和灿烂的文化，这对于促进祖国统一和香港的繁荣稳定具有积极意义。"

台湾学术界对这次展览更为重视，《故宫文物月刊》《雄狮美术》等杂志积极搜集相关资料研究，有关人员专程赶到展览馆参观。《雄狮美术》杂志用两期数十页的篇幅介绍兵马俑的有关资料。《雄狮美术》杂志总监与发行人李贤文说："真令人惊奇，如果在台湾展览就了不得，我回去马上发表文章介绍，如果有资料，我还准备出专辑。"

香港文物馆为做好这次展览采取多种宣传手段，给团体优惠，给老人、残疾人特惠，给伤残军人免费，与学校师生交朋友，组织知识问答，举办学术讲座，特别优待台湾人士。团体参观的有 300 多家，有大中专学校、老人中心、街坊会、旅行社等。3 月 22 日，香港中国语文学会举办学术讲座，介绍秦兵马俑的考古发掘和文物保护情况。4 月 4 日，香港中文大学举办秦俑专题学术讲座。许多学校把参观秦俑作为课外活动的一个重要部分，为了加深学生对展览的印象，特地印出问答卷，边参观边答题。有位教师说："能够在这浩大的严整的军容中生活 1 个小时，是我们香港教育工作者的福气。"不少师生都表示："通过参观提高了学生学习中文的兴趣，增进学生对中国文物的认识。这是一次有益的参观。"

文物展览还与亚洲电视台合作进行宣传推广。当《秦始皇》电视剧开播时，文

物馆与亚洲电视台及时联系，播放展览的消息，使"秦始皇兵马俑展览"与《秦始皇》电视剧播出的消息相互传播，整个香港形成一个关心秦史、研讨秦史秦文化的热潮。各个书店也推出有关秦始皇、秦代历史的书籍、画册。《天天日报》一篇专讯说："秦国兵强马壮，叱咤风云的伟大阵势，又再现在大家眼前。"《文汇报》以"奋击百万，战车千乘"为题指出，"当整个世界的人类社会还处在童年时代的时候，我们的先人已掌握了塑造兵马俑和青铜宝剑的精湛技术，由此可看出中华民族无比深厚的潜质。这对激励我们民族的自信心是一种有力的催化剂"。《华侨日报》发表文章说："平时走过中国文物展览馆，总有曲高和寡的感觉，但这一次热闹了！"香港福记手袋长邓德观说："香港不少人祖辈在外，自小受的是洋化教育，长大又和洋人打交道，眼睛只看见香港，心里想的是挣钱，祖国的概念逐渐淡漠了。这次兵马俑展览在我们心中产生了共鸣。它是一种无形的教育，唤醒了我们的民族魂。"

秦俑展在香港的巨大成功令主办单位始料未及，在此之前中国文物馆举办的两个文物展观众只有 3 万人和 12 万人，而秦俑展参观人数超过 18 万。展览即将结束时，许多单位争相联系主办方，希望本次展览能够延期，但因接下来的新西兰展期早已确定，香港展只能按期结束。

049 1986 年加拿大展

展览名称：中国文明史——华夏瑰宝展

展期及展馆：1986 年 5 月 18 日—11 月 19 日，蒙特利尔市文明宫

展品总数：113 件（组）

布展工作照

展厅内景

中国政府和加拿大政府都非常重视这次展览。中国文化部文物局成立专家组，由专家提出文物清单，按照专家建议确定的 113 件（组）文物是从北京、辽宁、陕西、河北等省市精选出来的，有 7000 余年前的石磨盘、石磨棒，有秦始皇陵兵马俑、汉代杨家湾骑兵俑、汉代刘胜墓金缕玉衣、唐代何家村窖藏金银器，有宋、元、明、清时期的精美瓷器，最引人注目的有秦始皇陵兵马俑坑出土的 3 件武士俑和 2 匹陶马，有何家村窖藏唐代金银器中的八棱仕女杯、金碗金盘等 12 件，有《清明上河图》长卷，展现了当时从乡村到市井、从

宫廷到民间百行百工的人物240多个，有清代工笔重彩《大驾卤簿图》，3000多人的仪仗反映了清朝皇帝出行的威仪；有沈阳故宫的清代皇室和帝王将相的服饰、兵器等文物。展览规模之大、文物等级之高，都超过之前的展览。

《华夏瑰宝》图录内文

嘉宾在展厅合影

4月19日，分装在27个集装箱中的文物和随展人员同机到达蒙特利尔市。蒙特利尔市市长得拉波、中国驻加拿大大使余湛以及市政府要员、摄影师、记者等20余人到机场迎接。为了切实保证文物安全，8名全副武装的警察荷枪实弹，执行文物安保任务。从文物进入文明宫起，有50名武装警察昼夜值班，总值班室通过监控屏幕监控着楼内各个角落。

4月22日，布展工作开始。加拿大蒙市美术总设计师米希尔·郎平勒先生提前按照文物数量和尺寸作了设计，中加双方布展人员按照设计图进行陈列。为了防火拆除了展厅的木地板和雕花顶棚，从墙壁的制作粉刷到展柜台架都是由各方面的专业人员流水作业。

为了确保文物安全和展示效果，文化部文物局专门派出考察组一行6人前往蒙特利尔。5月1日，考察组到达后，随即对文明宫和博物馆周边进行实地考察。文物布展完成后，为了保证展陈效果，两位灯光师用10天时间安装灯具调试灯光，5月16日，布展工作圆满结束。

5月17日上午，蒙特利尔市市长得拉波在中国驻加拿大大使余湛陪同下参观展览。秦始皇兵马俑博物馆馆长吴梓林亲自为市长和大使讲解，精美的文物和精彩

的讲解给市长一行留下了深刻印象。市长对吴梓林馆长说，一定要到秦兵马俑遗址现场去参观。

5月17日晚，"华夏瑰宝"展览开幕式在一楼中央大厅池水环绕的仿苏州园林的平台上隆重举行。文明宫董事长古都立特先生主持开幕式，加拿大联邦政府通讯部部长马斯先生、魁北克省文化部部长巴肯女士、蒙特利尔市市长得拉波以及中国驻加大使余湛先后致辞。嘉宾们一致称赞参展文物是中华民族的古老文明的象征。蒙特利尔市华人在现场表演中国狮子舞，演奏中国琵琶。文明宫内灯火辉煌，充满了喜庆气氛。三层建筑里人头攒动，来宾们身着盛装，有人伸出拇指用英语说："非常壮观！"有人用法语说："秦兵马俑是此次展览中最耀眼的明星！"

展览期间，观众人数持续上升，有些观众全家一起出动来看展览。在展厅里，经常可见观众手拿图录说明与实物对照，有的观众头戴耳机在静听音箱内的解说。媒体报道说："秦兵马俑最具吸引力！"

为了配合展览宣传，文化部文物局派出学术代表团到加拿大进行文化交流。8月1日，学术团到达文明宫，次日即参观华夏瑰宝展览，并与加方学者展开学术交流，深入解读文物，进一步扩大了展览的宣传效果。

蒙特利尔市公共关系部专门负责"华夏瑰宝展"的宣传工作。在文物到蒙特利尔之前，已全面展开宣传，印制展览简介，进社区和学校宣传，设计海报和彩旗，在街道两侧路灯杆上，悬挂印着将军俑头的彩旗，在地铁站、街道旁的餐厅书店、百货商店门前都有宣传海报。不仅加拿大甚至美国的许多电台报纸、电视台也曾多次播出消息，做到了家喻户晓。展览售票点设在包括美国在内的北美一些城市，共6000多处。美国休斯敦一家电视台两次邀请中方工作人员作展览推介。由于宣传得力，累计接待43.5万名观众，超过了主办方的预估人数。

050—051　1986 年日本展

展览名称：中国陕西省秦兵马俑展

展期及展馆：1986 年 6 月 22 日—9 月 15 日，北海道岩见泽市 21 世纪博览会

　　　　　　1986 年 9 月 22 日—11 月 30 日，荒尾市博物馆

展品总数：20 件（组）

1986 年 6 月 22 日，"中国陕西省秦兵马俑展"在日本北海道岩见泽市隆重开幕。开幕当天观众近万人，这一数字几乎是该市总人口的 1/8。岩见泽市市长在开幕式上致辞，称赞兵马俑为博览会带来了光彩，并宣读感谢信。一位 80 多岁的老太太参观后高兴地对岩见泽市副市长说："我真高兴活到了今天，看到了中国的国宝，这是我一生中最幸福的时刻！"这次展览展出兵马俑 5 件。在两个半月的展期内，接待观众 60 万人。

日方对秦兵马俑展览非常重视，作了大量宣传报道。岩见泽市各报记者专门采访展览策划人和中国随展人员。为了使日本观众更好地了解中国历史和文化，日方为秦兵马俑展厅专门派了 5 名讲解员。受日方委托，随展人员承担培训任务，并提供相关资料，详细介绍展品的情况。经过几天培训，这些讲解员已经能简明准确地向观众作讲解工作。

展厅为圆形，面积近 500 平方米，外观呈鲜红色，格外醒目。入口处有幻灯放映，伴随着雄壮的音乐，兵马俑展柜一一呈现。整个陈列布置美观大方，新颖独特。

兵马俑展览在观众中引起强烈的反响，每天参观的人络绎不绝，其中有大、中、小学生和各界人士。他们对 2000 年前的中国秦代就有如此先进的艺术作品感到惊讶。一些学者参观时说："2000 年前的秦朝相当于日本的绳文时代，那时日本人还过着原始的生活呢！"有些老人边看边说："今天能看到 2000 年前的兵马俑，真是做梦也没有想到的事。"

北海道知事横路孝弘接受采访时说："兵马俑最使我们感到惊奇的是造型高大，

参与展览的铠甲武士俑　　　　　　　　　参与展览的铠甲武士俑局部

数量众多。一般日本观众第一次看到无不为之肃然。那栩栩如生的表情、细腻的刻画，具有超时代的美，使人感到朝气蓬勃，充满活力。"有关媒体评论说：21世纪博览会是靠兵马俑吸引观众的。21世纪博览会闭幕前，当地新闻界作了一次调查，结果表明兵马俑展览馆是博览会上30多个活动项目中参观人数最多、最受欢迎的展览。

　　闭幕前岩见泽市议员向市长提出要求兵马俑展延期，市长十分遗憾地回答说："由于荒尾市22日展出，按合同无法续展。"有些议员说："岩见泽市只有8万人口，这个展览能吸引130万人来参加博览会，主要是因为有了兵马俑，如果兵马俑不来，恐怕30万人也不到。据说东京有不少人坐飞机来，看完兵马俑就回去了。"

052—054　1986—1987 年新西兰展

展览名称：中国秦代兵马俑展览

展期及展馆：1986 年 8 月 29 日—10 月 12 日，奥克兰市艺术馆

1986 年 10 月 24 日—12 月 7 日，克赖斯特彻奇市艺术馆

1986 年 12 月 19 日—1987 年 2 月 3 日，新西兰国家艺术博物馆

展品总数：33 件（组）

1986 年 8 月到 1987 年 2 月，"中国秦代兵马俑展览"在新西兰奥克兰、克赖斯特彻奇、惠灵顿三个城市展出，展品中有 10 件兵马俑。

展览在奥克兰市展出 45 天，接待观众 12.5 万人；在克赖斯特彻奇市展出 45 天，接待观众 7.1 万人；在惠灵顿市展出 45 天，接待观众近 8 万人。在 4 个半月的展期内，累计接待观众 27.6 万人，创新西兰举办国外艺术展览的最高纪录。

这批文物是参加香港文物展出后从中国香港运来的。新西兰在展览前夕做了大量宣传工作。1986 年 8 月 28 日在奥克兰艺术馆举行了 300 人参加的友人会，29 日上午又举行记者会和友人会，400 多人到会。29 日晚举行隆重的开幕式，奥克兰市女市长发表热情洋溢的讲话，预祝展览圆满成功，当晚有 300 多位各界人士参观了展览。

秦兵马俑在奥克兰市展出期间，奥克兰战争纪念馆还专门举办"光辉的龙"展，展出中国龙袍、喜庆服装、丧服、妇女头饰等。奥克兰市艺术馆组织一系列报告会，介绍中国的考古、历史、艺术、哲学、文化及社会情况。秦俑展出 45 天，参观人数达 124008 人，占奥克兰市总人口的 1/7，日参观最高人数达到 8000 人。中国驻新西兰大使对随展人员说："秦俑在新西兰展出 7 个月，从经济上讲，数万美元的收入对我国是微不足道的，但从政治上讲影响极大，增进了新西兰人民对我国的了解，这是极其重要的。"

新西兰地处遥远的南半球，大部分人对中国知之甚少。通过秦俑展人们才知

道，中国的历史非常悠久，2000多年前就有了这样高超的雕塑技术，令人震惊，于是许多人都计划到中国旅游。奥克兰大学考古系一位教授说："新西兰只有100多年的历史，就以土著人——毛利人来说，最长也只有1200余年的历史，那相当于中国的唐代。那时毛利人尚处在石器时代，而2000多年前的中国已创造出了具有雄伟气概和独特雕塑艺术形象的兵马俑。"《新西兰先驱报》主编唐·米尔恩在一篇长文中这样写道："秦始皇的地下兵马俑，人们称它是世界第八大奇迹。如果亲眼去看看，没有谁能

展厅内景

否认这一点。"记者麦克拉马发表文章写道："秦始皇陵的地下发掘，扩大了世界艺术的眼界，真了不起！"当地一位著名的雕塑家赞叹道："有些技术水平，现在还不能达到！"

10月17日，兵马俑移至南岛克赖斯特彻奇市艺术馆继续展出，经过7天紧张筹备，展览于10月24日正式开幕。当晚举行了隆重的开幕仪式，中国驻新西兰大使张龙海、文化参赞舒峰专程从惠灵顿赶来参加。克赖斯特彻奇市市长、新西兰保险公司经理和我大使张海龙先后讲话。观众们走进展厅，首先被秦俑的独特魅力所征服，他们为中华灿烂的古文明所倾倒，或默默观看，或悄声议论。不少观众参观后意犹未尽，纷纷提笔留言，参观留言簿上使用频率最高的留言是"好极了！""这一雕塑艺术真是了不起！"

展览期间，克赖斯特彻奇大学历史系主任为吸引观众、宣传中国古代文明，每天晚上向数千人讲演"从中国烹调技术看其对西方文化的影响""从中国家具器皿看其对西方文化的影响"两个课题，深受新西兰人欢迎。通过秦俑展览和一系列宣传活动，使新西兰人改变了对中国的看法。以前他们认为中国贫穷落后，不值得去

旅游。现在他们才真正了解了中国，知道中国的历史是如此悠久，文化如此发达，2000多年前的中国已经有了这么高超的雕塑和工艺技术，是新西兰远远不可及的。秦俑展览影响之大，以至于成千上万的新西兰人立刻计划当年就到中国去旅游。

展览于10月25日至12月7日在克赖斯特彻奇市艺术馆展出，共有71343人参观，占克赖斯特彻奇市总人口的1/5。

1986年12月13日，展览移至惠灵顿市新西兰国家艺术博物馆展出。早在展览前两个月，惠灵顿市就开始宣传这次展览。惠灵顿大街小巷悬挂着展览

《中国秦俑》图录封面

的宣传广告，从总理办公的行政大楼到偏僻的小巷子，到处可以看到有秦俑肖像的海报。新闻媒体不遗余力地登载展览消息、整版广告，电视节目中不时播送展览预告。1986年12月19日下午5:30举行开幕式，新西兰各界知名人士300多人参加。新西兰国家艺术部部长和中国驻新西兰大使分别讲话。法国、泰国大使应邀出席开幕式。当日下午7:30，中国驻新西兰大使为秦俑在惠灵顿市展出举行了酒会，新西兰知名人士45人参加。

从1986年12月20日至1987年2月3日，在惠灵顿实际展出45天，共有78743人参观，占全市人口的1/6。为了扩大展览的影响，新西兰主方出版展览图录《中国秦俑》，介绍参展文物及其相关信息。

055—058　1987—1988 年美国展

展览名称：永恒的探索——中国历代陶俑展

展期及展馆：1987 年 3 月 22 日—5 月 24 日，费城艺术博物馆

　　　　　　1987 年 6 月 28 日—9 月 6 日，休斯敦艺术博物馆

　　　　　　1987 年 10 月 15 日—1988 年 1 月 3 日，洛杉矶艺术博物馆

　　　　　　1988 年 2 月 7 日—4 月 10 日，克利夫兰艺术博物馆

展品总数：105 件（组）

1987 年 3 月至 1988 年 4 月，"永恒的探索——中国历代陶俑展"在美国展出。陕西、河南、四川、山西等省筹集参展文物。展期 1 年，在费城、休斯敦、洛杉矶、克利夫兰 4 个城市巡回展出，观众总计达 52 万人。

1987 年 3 月 19 日，"中国历代陶俑展"在美国费城艺术博物馆隆重开幕。主办方洛杉矶郡艺术博物馆馆长鲍威尔、陶俑展第一个展出城市费城艺术博物馆馆长达能柯、中国历代陶俑展代表团团长王文清、中国驻纽约副总领事周中良等先后发表热情洋溢的讲话。

这次以"永恒的探索"为主题的展览共有展品 105 件（组），在从原始时代到周秦汉唐宋元明清的形神各具的百余件陶俑中，人们可以集中欣赏东方艺术的杰作并从中领略中华民族的伟大创造力。4

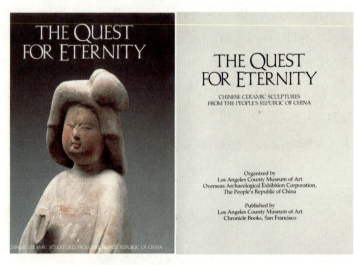

《永恒的探索——中国历代陶俑展》图录封面及扉页

件形如真人的兵
马俑在众多展品
中更显得高大威
武，因而吸引了
许多观众的目光，
观众留言最多的
话是"兵马俑最
引人注目！""展
览太精彩了！"

《永恒的探索——中国历代陶俑展》图录内文

通过这次展
览，在美国民众
中掀起了一股学
习和了解中国文
化的热潮，许多中小学校专门开设介绍中国文化的课程和课外活动，让学生练习用
毛笔写字，学中国画、中国算盘、中国烹调等。儿童博物馆决定在馆内筹建中国
村，并举办"打开中国之门"展览，把中国传统文化和现代中国面貌介绍给美国
儿童。

059 1987年日本展

展览名称：中国陕西省出土文物——金龙、金马动物国宝展

展期及展馆：1987年8月1日—11月8日，大阪市立美术馆

展品总数：100件（组）

1987年夏秋，秦始皇陵二号铜车马复制品随"中国陕西省出土文物——金龙、金马动物国宝展"。这次展览是由陕西省文物局和财团法人大阪二十一世纪协会等单位主办的。参展文物由陕西省博物馆、咸阳市博物馆、昭陵博物馆、茂陵博物馆、临潼县博物馆、宝鸡市博物馆、凤翔县博物馆、周原扶风文管所、城固县文化馆、旬阳县博物馆、蒲城县文化馆、绥德县博物馆、神木县文管会、陕西省考古所、中国社科院考古所西安研究室提供。

1987年7月31日上午9：45，"中国陕西省出土文物——金龙、金马动物国宝展"在大阪市立美术馆举行了隆重的开幕仪式，大阪二十一世纪协会理事长主持，中国陕西省文物代表团团长致辞。10时整，嘉宾进入展厅参观。

8月1日，展览正式开始，当天参观人数达3000余人。这次展览集陕西出土文物中上下3000年动物形象之大成，实属稀世珍

"金龙、金马动物国宝展"开幕式

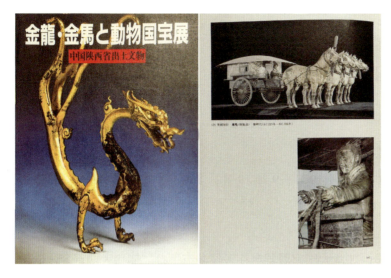

《金龙、金马动物国宝展》图录封面及内页

宝，有些展品堪称精美绝伦。秦陵二号铜车马复制品参加了展出，虽然是复制品，但仍不失秦车马的风姿。观众从这栩栩如生的展品中可以想见秦始皇銮驾的风采，感受到当年始皇的威仪。

展期内观众如潮，在100天的展期内，共有497191人参观，其中10月10日观众最多，达到16826人，日均4972人。展览结束后，主办方专门制作了内容丰富、图文并茂、分析客观、数据翔实的报告书，真实记录了这次展览的筹备和展览的全过程、观众参观人数、观众来源、观众留言等，图文并茂，内容丰富。

71

060 1987 年加拿大展

展览名称：中国秦代兵马俑展

展期及展馆：1987 年 8 月 19 日—9 月 19 日，多伦多市国家艺术中心

展品总数：33 件（组）

1987 年 8 月 19 日，加拿大国家展览会在多伦多市举办。加拿大博览会（Canadian National Exhibition, 简称 CNE）是每年一度，在加拿大安大略省多伦多市举行的一个博览会，是世界上历史最悠久的每年举办的展览会。时间是在每年夏季末，在加拿大劳动节前举行。展览包括农业展、工艺品展、科技展、汽车展和国际展览等。博览会期间，有各种各样的展演活动和娱乐项目，包括游乐园、动物表演、音乐演出、加拿大文化建筑物展示、世界各地不同的文物展览等。

在本届博览会上，秦始皇陵出土文物、秦兵马俑和仿制铜车马参加展出。为配合展览，当地报刊做了大量宣传工作。《加华日报》在第一版醒目位置以"首次展出四件国宝"为题，介绍兵马俑发现经过以及目前考古发掘进展情况。《世界日报》头版的大幅标题是"2000 多年历史兵马俑栩栩如生举世惊异，秦始皇帝彩绘铜车马铸工精巧叹为观止。"

展室内观众流连忘返，围着随展人员，询问展览情况，询问千古一帝秦始皇的生平事迹，询问秦始皇陵考古进展情况；配合展览出售的复制小陶俑、秦俑明信片、展览图册等纪念品被热情的观众抢购一空，甚至标题牌都被买走了。

061 1987年民主德国展

展览名称：中国秦代兵马俑展
展期及展馆：1987年10月3日—12月8日，柏林佩加蒙博物馆
展品总数：33件（组）

为了增进中国与民主德国的友好关系和文化交流，应民主德国国家博物馆邀请，陕西省对外文物展览公司组织"中国秦代兵马俑展"于1987年10月到12月在民主德国首都柏林佩加蒙博物馆展出，其中有9件武士俑、2匹陶马以及秦兵马俑坑出土的兵器参加展览。

10月的柏林，群芳竞妍，历时两个多月的"中国秦代兵马俑展"轰动了整个柏林，使这座古城的750周年庆典活动更加热闹非凡。这是秦俑首次在东欧国家展出，有两位政治局委员及柏林市市长等出席开幕式。中国文化部部长王蒙特意为展览开幕发去贺信。民主德国文化部部长霍曼夫在开幕式上讲话指出："在柏林建城750周年之际举办这个展览具有重大的文化、历史意义。它是民主德国和中国文化合作新发展的标志。这些具有2000多年历史的文化艺术珍品，反映了中国人民伟大的创造力。"德国统一社会党中央政治局委员、民主德国国务委员会副主席克伦茨，政治局委员、柏林专区党委书记沙博夫斯基，外交部副部长克罗利克夫以及中国驻民主德国大使马叙生等出席了开幕式。

秦兵马俑在柏林展出的消息传遍了柏林，整个民主德国甚至联邦德国、捷克的古代文化鉴赏者、艺术爱好者也慕名前来。一些旅游者、商务人员为此改变了日程，争先到佩加蒙博物馆一睹秦俑的风采，一时间佩加蒙博物馆成了人们向往的地方，兵马俑成了人们的谈话中心，一向冷清的博物馆门前广场上热闹起来，每天门前都排着100多米的长队。由于观众人数太多，不得不限量入场，那些一心想先睹为快的观众，每天都耐心地等候参观。观众对秦俑兴趣很浓，展场外总有热情的民众围着随展工作人员提问，工作人员应接不暇，连在场的新华社记者也赶来充当翻译。

一位白发老妇人站在展厅台阶上，面对着墙壁上的骊山和山底下的千军万马，久久不愿离开。随展工作人员走过去问道："老人家，你认为展览怎么样？"老人转过脸，发现我们是中国人后，激动地说："好极了！好极了！ 2000 年前中国的艺术就达到了这么高的水平，真令人敬佩！"

为展览而陶醉的人大有人在，无论是在外交场合，还是在公共场所，常会听到人们谈论兵马俑。一次记者同一位等车的青年交谈，问他有没有看过兵马俑。他连忙说："已经看过两次了，非常好！还想再看看。"当地报刊评论说："中国秦俑在民主德国展览，这是 2000 多年前的艺术珍品，第一次在一个社会主义国家展出，这是中国人民献给柏林建城 750 周年的一份厚礼。"一位来自联邦德国慕尼黑的大学生说："就中国目前的发展水平同先进国家相比，诚然显得落后些，但看了兵马俑展览后，使人们相信中华民族决不会也决不可能永居人后。有着无穷创造力的中华民族既然能创造辉煌的历史，为什么不能创造灿烂的今天和更加美好的未来！"

主办方原先只把秦俑展看作柏林建城 750 周年系列庆祝活动之一，没料到观众反应热烈，展览变得十分突出，其盛况超过了不久前举办的克里姆林宫珍宝展，成为庆祝活动的压轴戏。展期内有 20 万人参观。民主德国舆论评价说，这是以往任何展览都未曾达到的创纪录的数字。

报刊上的宣传文章

参与展览的铠甲武士俑

062 1987 年日本展

展览名称：悠久的遗产——中国陕西省文物展

展期及展馆：1987 年 10 月 9 日—12 月 9 日，群马县立历史博物馆

展品总数：95 件（组）

1987 年 10 月，兵马俑随"悠久的遗产——中国陕西省文物展"在日本展出。展览汇集了周、秦、汉、唐各代珍贵文物 95 件（组），内容丰富，门类齐全，有造型逼真的历代陶俑、陶器，精美形象的青铜器，写实生动的石刻艺术，庄重壮观的壁画。琳琅满目的展品令观众目不暇接，都是文化和艺术结合的瑰宝。参展文物有秦兵马俑坑出土的高级军吏俑 1 件、中级军吏俑 1 件、跽坐俑 1 件、秦陵二号铜车马复制品 1 套、秦兵器以及建筑构件等 10 件文物参与本次展览。观众 40 万人。

这次是为了纪念中日邦交正常化 15 周年而举办的一次展览，日本首相中曾根康弘和陕西省省长张勃兴专门为展览开幕发去贺词。群马县立历史博物馆位于森林公园内，该公园面积有 60 公顷，环境优雅，地理位置很好。博物馆展厅布置得很有特色，序厅陈列着群马县首位知事清水一郎的贺词、陕西省省长张勃兴的贺词和中国历史年表，文物展品陈列厅宽敞明亮，每个时代用一种颜色作为标志，并用宋体字标明时代挂在大厅中央。在100 多米长的展线上，为了增强展出效果，墙壁上装裱了巨幅的"秦俑坑""铜车马""文官俑"彩色照片，顶棚上密密

《悠久的遗产——中国陕西省文物展》图录内页

75

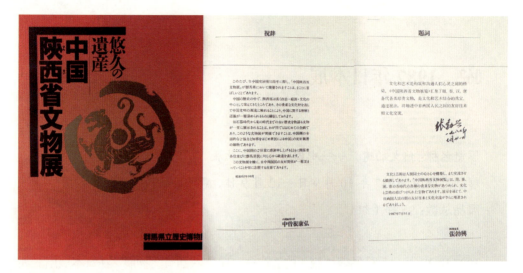

《悠久的遗产——中国陕西省文物展》图录封面及贺辞

麻麻挂着标明各个时代标志的彩带，显得典雅庄重，令人耳目一新。

展览主办方十分重视宣传工作，提前联络媒体介绍展览及其重点文物。《读卖新闻》不断加强宣传力度，展览宣传画、海报遍布群马附近各县及各大城市。车站广场、公路旁、餐厅、医院、工厂等公共场所均贴有"中国陕西省文物展"的巨幅标语和宣传画，做到了家喻户晓，人人皆知。

博物馆十分重视文物安全，展览馆内外布置周密。展厅里设保卫和看管的临时机构，展线上经常有8名武装人员和10名巡视人员，大门附近建立了"警官临时派出所"，并有3名防范岗哨昼夜值勤。群马县立历史博物馆组织有序，使得展览自始至终安排有序，井井有条。在博物馆大门左侧草坪上，为配合展览专门修建了精美漂亮的木质结构商店和宽敞明亮的休息室。古木参天的森林公园附近专门开辟了两个庞大的停车场和自行车存放处。博物馆附近大街上出现了少有的车水马龙的现象，警察指挥有序，各种车辆川流不息，很少出现交通堵塞情况。

这次展览受到中日双方高层的高度重视。日本首相中曾根康弘、日本原首相福田赳夫、外务大臣仓成正、文化厅长官大崎仁及中国驻日特命全权大使张曙等为展览特别题词。10月9日举行了隆重的开幕式。当天有3500人参观。1800平方米的展厅里人头攒动，熙熙攘攘。彩带和灯光烘托出隆重热烈的气氛，巨大的彩色照片作为背景更显示出文物的珍贵。在宽敞明亮的展厅里，人们三五成群，仔细欣赏。

展览期间，日本前首相中曾根康弘前往参观，听取讲解，并与中方随展人员交流。《朝日新闻》在显著位置发布前首相中曾根参观展览的消息和照片。展期内，日本文部大臣中岛泾太郎也赶到展场参观。展览受到日本观众的普遍欢迎。展览期间，群马县立历史博物馆人潮如涌。人们扶老携幼，络绎不绝。在展览开幕后的 20 天内，参观人数达到 10 万人，惊人的参观人数在群马县各个展厅引起很大反响。热心的观众渴望了解中国，熟悉中国的文明历史，不少观众提出许多问题，并当场表达了"一定要到中国去"的愿望。群马县立历史博物馆学艺员洞口正史说："中日文化的关系，是老子和儿子的关系。"朋友会的田岛桂男说："没有中国的古代文化，就没有日本的现在。"

《悠久的遗产——中国陕西省
文物展》参观券

　　据统计，前来参观展览的人们来自日本各地，最多的是伊势崎、前桥、高崎、福冈、治田等城市和群马附近的新潟、长野、琦玉、福岛等县，也有来自东京、大阪、京都、奈良等大城市的观众。展览现场还有为数不少的残疾人，也在家人的帮助下来到博物馆参观。中小学生把作业带进展厅，教师把学习任务布置在展厅里，让学生在参观中完成作业。展厅入口处摆放了分别为成年人、青年、少年、幼儿编印的 35 万册图录，免费赠送，同时出版了展览图录 1 万册，十分畅销。每天上午 9 点博物馆开放，在此之前，学生团体在草坪上等候，然后入场。上毛新闻旅行社特意推出"北京—西安—洛阳七日游"吸引了许多观众，他们都想实地看一看西安，参观兵马俑的故乡。

　　12 月 9 日，在群马县立历史博物馆举行了闭幕式，展期内参观人数达到 40 万人。群马县知事清水一郎激动得热泪盈眶，他说："群马县组织过很多展览，从来没有哪个展览吸引了如此多的观众。"

063 1987—1988 年英国展

展览名称：秦始皇兵马俑

展期及展馆：1987 年 12 月 14 日—1988 年 2 月 20 日，英国皇家园艺学会旧馆

展品总数：33 件（组）

中国秦兵马俑展览参加完民主德国的展出后，于 1987 年 12 月 14 日起在英国伦敦展出。展览是由陕西省对外文物展览公司和英国德南行共同主办，秦始皇兵马俑博物馆、咸阳市博物馆和陕西省考古研究所等单位提供展品。这次展览被认为是英国对外文化交流活动中最成功的一次展览，实际展出 68 天，观众 50 万人。

1987 年 12 月 14 日，"秦始皇兵马俑"展览在英国伦敦皇家园艺学会旧馆举行开幕式。中华人民共和国驻英国大使冀朝铸、陕西省人民政府代表团团长王真、秦始皇兵马俑博物馆馆长吴梓林等 5 人出席了开幕式。

秦始皇兵马俑博物馆馆长吴梓林在致辞中表示，中英两国作为世界古代东方文明和西方现代文明的代表，两个大国的文化交流展览是未来中国与西方紧密合作与沟通的桥梁，必将为中国在新的历史时期经济文化建设与国际社会交往中作出巨大贡献。

明信片

　　英国为这次展览做了大量宣传工作，印制了精美的展览海报、宣传图册以及带有秦兵马俑一号坑军阵、铜车马图像的明信片和文化创意产品马克杯等，深受欢迎。

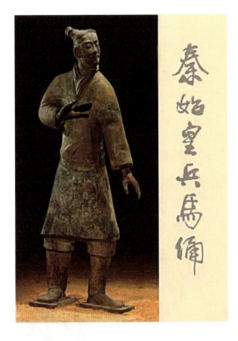

宣传海报

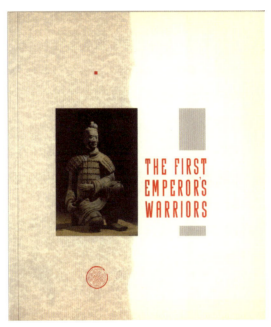

《兵马俑展览》图录封面

064　1988 年匈牙利展

展览名称：*秦始皇兵马俑展览*

展期及展馆：1988 年 3 月 8 日—4 月 15 日，匈牙利国家博物馆

展品总数：33 件（组）

1988 年 3 月，兵马俑等文物在匈牙利首都布达佩斯国家博物馆展出。由于展览内容丰富多彩，形式活泼多样，吸引了很多观众到博物馆参观。

匈牙利媒体积极宣传展览，早在展览开幕前的半年时间里，就对秦陵兵马俑、中国、陕西、西安的历史、人文、社会生活、风土人情进行广泛宣传。临近开幕时，仅报纸电台发布的消息多达 50 余篇，电视台几乎天天有报道，掀起了一个了解中国的热潮。这种热潮甚至深入孩子们中间。展览开幕前夕，在布里斯班地铁站台上，中国文物代表团成员送给一位 6 岁小女孩一枚秦俑纪念章，小女孩十分高兴，她对翻译说，她很喜欢这枚纪念章，可惜自己不会讲汉语，不然的话会立刻到中国去看兵马俑。由此可见，兵马俑已随着这次展览的宣传走进了千万匈牙利人的

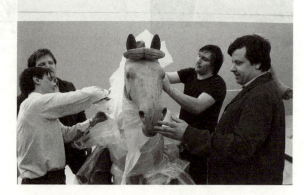

布展工作照

观众参观照

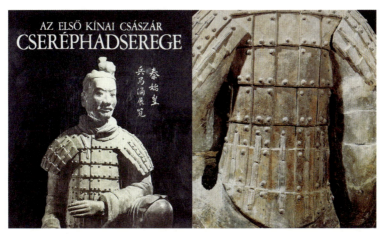

《秦始皇兵马俑展览》图录封面封底

《秦始皇兵马俑展览》图录内页

心中。

1988年3月8日，展览正式在博物馆开幕。匈牙利文教部长、各国驻匈使节等500多人出席开幕式。展览每周二至周日对外开放，每天展览时间都延长了1小时，观众还是络绎不绝，等候参观的人流经常从二楼展厅一直排到楼外，平均每天观众3000多人。"中国—陕西—西安"的字样经常出现在展场内外。很多人不仅希望了解中国的历史和现状，而且更关心中国人现在的工作生活情况。在展厅中，经常可见观众围着随展人员听讲解、咨询、交流，气氛友好。

匈牙利的每个博物馆每年要举办数十次临时展览，常设展览虽然相对固定，但每隔几年就会进行大的调整和更换。为了吸引更多的观众，博物馆特别重视引进各类展览，并将展览与其他文化活动，如知识讲座、学术讨论、兴趣学习、音乐欣赏等活动紧密结合。这种丰富多样的文化交流和文化展演活动，使观众获得更多的科学知识和文化享受，博物馆则增加了观众，提高了经济效益，扩大了社会影响。

065　1988 年日本展

展览名称：*中国丝绸之路展*

展期及展馆：1988 年 4 月 24 日—10 月 24 日，奈良国立博物馆

展品总数：63 件（组）

1988 年夏秋，为纪念奈良县设县 100 周年、奈良市设市 90 周年，奈良县和奈良市策划了题为"奈良丝绸之路博览会"的展览。主办方专门邀请兵马俑作为特别展品参加"中国丝绸之路展"在日本奈良市展出。在半年展期内，共有 22 万名观众参观。

这次博览会上来自丝绸之路沿线的中国、印度、巴基斯坦、伊朗、伊拉克、叙利亚、苏联、法国、意大利、韩国等国家和地区的 600 余件文物参加展出，其中中国文物 63 件（组）。文物选自陕西、山西、内蒙古 3 个省份。

这次博览会规模宏大，在奈良市共设 4 个会场 27 个分馆。除展出文物外，还邀请丝绸之路上各国的民间工艺美术品在博览会上销售。中国文物集中陈列在奈良国立博物馆的中心区域。这次展览是以丝绸之路上的文物为主，展出的文物只有 3 件秦俑，虽然如此，秦兵马俑的吸引力却是整个展品中最大的，引起了日本民众的极大兴趣，不少人表示，看过展览后，还准备到西安去看兵马俑。

中国文物在博览会上普遍受到来自各国观众和专家的好评。这次博览会的顾问、日本著名考古学家樋口隆康教授多次陪同朋友参观。常常有热心的观众通过翻译向工作人员了解这些文物的详细情况，表情极为诚恳认真。博览会和日本新闻机构对展览作了大量宣传报道，《朝日新闻》《产经新闻》、NHK 电视台等多次对中国文物展览组进行现场采访，请中国专家在报纸、电视台介绍中国文物的有关情况。展览的主办单位奈良日日新闻社派出得力记者随同中国文物随展组一起活动，每天占用一定版面随时报道中国文物展览的有关消息。奈良县知事上田繁浩接见随展人员时说："在日本人看来，中国文化是日本文化的母亲，这次博览会如果没有

中国文物参加，就缺少了最重要的一环，那将是不可思议的。"奈良的7家报刊对
博览会作了大量报道，吸引了来自日本各地和全世界的参观者。

千人千様の喜怒哀楽

秦俑の彫刻風格は写実的です。芸術の創作規律に応じて合理的な詩案手法を取っているが、現実の生活にも忠実で、細部にも真実感があります。俑坑の全体に博大な神韵があるほか、細部の精緻な彫刻にも人の目を引くものがあります。例えば、陶俑の鎧など、細かな彫刻がほどこしてあるため、その上の甲丁の疎密がよく、本物とまったく同じです。陶俑の髪も、螺旋紋式や捲紋式、波浪式などさまざまあり、そのもつれ方と結び方ははっきりし、一本一本の髪の毛のままでも見えます。陶馬の口の歯にしても、古代の彫刻家たちも少しも疎心はしていなく、馬の口に6本の歯を彫制して、それらの馬が壮年の馬であることを知らせています。

顔の表情から見ても、稚気に満ちた顔、経験に富む顔、ほほえむ顔、心配そうな顔、まじめで素朴な顔、機敏性のある顔など、千人千様で、一つとして同じものはなく、喜怒哀楽といった感情が顔に表現され、それぞれ鮮明な個性特徴を持っています。

秦俑の彫刻技法といえば、圓形、浮彫、線彫などを結びつけて、塑、堆、こねり、刻み画き、貼りなどの数種類の伝統的な技法を採用しています。工芸の順は大体次の通りです。泥こねり一体、四肢と頭を分けて成形する一各部分を組み立てて窯に入れて焼く一着色。体の部分はまず麦で巻きつけの方法で型造り、それからこねり、貼り、彫刻などの方法で細部をつくり上げます。臀足の方はまずこねられた泥を積み重ねて型造り、それを削りいそいで造ります。頭の部分はまず型で型造ってから、髪を造ります。これらの技法を採用したことは、秦代の彫刻芸術がすでに高いレベルに達していたことを物語っています。私たちが驚嘆させられる秦俑は、秦代当時のものより古化しています。もとの秦俑は各彩色を塗っていましたが、俑坑が出来あがってまもなく、火で焼きはらわれました。また、いろいろな自然的な原因もあったため、陶俑と陶馬の上に塗られた色彩はほとんど見えなくなっています。今、一部の陶俑と陶馬の身に残された色の残跡から見れば、色の種類は朱紅、赤、桃色、濃緑、浅緑、紫、黄、オレンジ色、黒、白などの10数種あり、色彩が明るく、対比が強烈で、俑坑の出来あがる当時の立派な模様が思像できます。

71

3. 跪射の兵士俑
跪射俑

高さ122cm
1977年秦俑一号坑出土
秦始皇兵馬俑博物館所蔵
頭に髪を結い、頭と体は左側を向き、戦袍を着て、その上に鎧をつけ、下半身には長いズボンをはき、足にははき口が方形の靴を履く。右膝を地につけて、左足を立て、両手は体の右側におき、弓を握る姿勢をとる。

跪射式武士俑

87

展览图录中的武士俑

066　1988 年希腊展

展览名称：中国秦兵马俑展览
展期及展馆：1988 年 5 月 26 日—6 月 19 日，雅典国家美术博物馆
展品总数：33 件（组）

1988 年夏季"中国秦兵马俑展览"到希腊首都雅典展出。这次展览是因中国国家文物局获得奥纳西斯奖而特意在希腊举办的。展览由奥纳西斯基金会主办，陕西省文物局和国家文物局协办。兵马俑是展览的主角，在这次展览上大受欢迎。

这次参加"中国秦兵马俑展览"的文物中有兵马俑 10 件（组），其中 2 匹陶马、8 件陶俑。5 月 14 日，全部展品运抵雅典国家美术博物馆，希腊主办方高度重视，派出武装警察到现场警戒，以确保文物安全进入美术博物馆，馆长亲自到现场安排文物开展查验、点交，并指派一名副馆长专门负责与随展组沟通交流。在随后几天里，这位副馆长一直在现场，指导工作人员上陈布展。由于中希双方工作人员的精诚合作，5 月 21 日，顺利完成了展览的各项准备工作。中方工作人员在布展期间还接待了数批闻讯赶来的记者。

奥纳西斯奖由希腊船王奥纳西斯设立的"奥纳西斯公益基金会"提供奖金，每届奖金 25 万美元，奖励那些在航运、贸易、金融领域具有终身成就的学术人员。1987 年夏季，由于国际知名人士的推荐，国际奥纳西斯基金会经国际评委会讨论，决定授予中国国家文物局"人与环境"奥林匹亚奖。国际奥纳西斯基金会于 1988 年 5 月 26 日在雅典举行授奖仪式，仪式在希腊国会会堂举行。各国获奖者、国际评委会委员、基金会成员、希腊国会贵宾、希腊共和国总理以及外交使节等数百人出席。授奖仪式非常隆重。中国文化部副部长王济夫和国家文物局原局长吕济民参加授奖仪式。

国际评委会委员、巴黎大学教授阿尔魏勒致辞。她高度赞扬了中国文物事业在考古新发现和保护科学技术的突出成就，称赞中国古文化对世界产生的影响，认为

这项嘉奖具有重要的国际意义。阿尔魏勒教授对中国文物工作非常了解并有浓厚的兴趣，是该奖项的推荐人之一。王济夫副部长致辞说："我代表中国接受奥纳西斯基金会授予国家文物局的这个奖项，向评委会和基金会致以敬意和感谢。"希腊总理帕潘德里欧在授奖仪式上向王济夫颁发了嘉奖证书、奖章和奖金。

展厅内景

　　展览期间，中国文化部派遣新疆杂技团在雅典演出。5月26日下午，"中国秦兵马俑展览"在雅典国家美术博物馆开幕，国际评委会委员、基金会主要成员、政府要人和各界知名人士等5000人参加盛大的开幕式。希腊文化教育部部长及中国文化部副部长王济夫讲话。

　　希腊是世界文明古国之一，历史悠久，文化灿烂。古希腊罗马的雕塑艺术，是世界文化遗产的珍宝，这次秦俑在希腊展出，希腊人民表现出极高的热情，他们对形体高大、栩栩如生的艺术杰作感到非常震惊，认为东方的兵马俑与西方的希腊罗马雕塑是各具特色的两朵艺术之花。他们对陶马尤其喜欢，称赞陶马逼真的塑造工艺，认为具有惊人的写真能力。他们猜测陶马塑造得这样生动，是不是与秦人祖先爱养马有关。许多观众在博物馆下班之后还吵着要参观。为此博物馆特地在每天晚上增加一次开放时间，满足观众的要求。在25天的展期内，接待观众10万人。

067—069　1988—1989 年美国展

展览名称：中国古代艺术展览（又名"天子展"）

展期及展馆：1988 年 9 月—12 月，华盛顿州西雅图

　　　　　　1989 年 3 月—8 月，俄亥俄州哥伦比亚市

　　　　　　1989 年 8 月—9 月，加利福尼亚州旧金山

展品总数：137 件（组）

1988 年 9 月至 1989 年 9 月，6 件兵马俑随"中国古代艺术展览"（又名"天子展"）在美国西雅图、哥伦比亚、旧金山 3 个城市巡回展出 1 年时间，累计有 50 万名观众参观。

为了办好这次展览，美方人员多次到北京、河北、河南、陕西等 8 省市的 21 个文博单位，精心选择文物展品，最终从保定地区文管会、北京故宫博物院、定州市博物馆、河北文物研究所、河南文物研究所、河南省博物馆、湖南省博物馆、辽宁省博物馆、洛阳文物考古工作队、洛阳关林博物馆、南京市博物馆、南京博物院、秦始皇兵马俑博物馆、中国文物对外展览中心、芮城县博物馆、山东省博物馆、山西省考古研究所、山西省博物馆、沈阳故宫博物院、信阳地区文管会、镇江博物馆选出文物。

展览在哥伦比亚市展览馆举办时，展览馆周边营造了浓厚的氛围，媒体报道说这是设计人员精心营造的欢乐、祥和气氛。展厅门外布置得更加隆重而热烈，红色的帐子搭建临时的展览序厅，带有吉祥龙图案的幕布围住了展览馆门前的红色柱子，红色旗杆上挂满了红底黑龙的旗子，红色的帐篷里到处飘扬着招贴画，很有中国传统节日的喜庆色彩。

美国各大媒体争相报道展览消息、重点文物等，更有宣传手册上写着："快来看看守卫秦始皇帝的卫兵！""再也不会看到如此精美的珍品！""欢迎守卫秦始皇的卫兵！"中国文化部部长王蒙、国家文物局局长张德勤分别为展览题词，认为这

展览图录中的兵马俑1

展览图录中的兵马俑2

展览图录中的兵马俑3

是中美两国文化交流长藤上结出的新的花果。

这次展览在美国引起极大轰动，美国各大媒体均发布展览消息，采访随展工作人员，了解文物筹备情况和有关展品的详细资料。哥伦比亚市大街小巷悬挂着展览的宣传广告，从繁华的商业大街到偏僻的小巷子，到处可以看到熟悉的红底黑色中国龙的图案，新闻媒体更是不遗余力地使用各种宣传手段，发布展览消息、整版登载广告，电视节目中不时播送展览预告，使得展览消息广为人知。展览图录《天子展》收录所有参展文物，并用6页篇幅对秦始皇陵兵马俑坑以及参加本次展览的武士俑和陶马作了详尽介绍，受到观众的欢迎，购买者十分踊跃。

070　1989 年日本展

展览名称：中国唐长安文物展览

展期及展馆：1989 年 3 月 17 日—9 月 3 日，兵库县立历史博物馆

展品总数：96 件（组）

1989 年 3 月—9 月，兵马俑随"中国唐长安文物展览"在日本姬路市展出，这次展览是为纪念姬路市建市 100 周年而举办的。由中国陕西省文物局和日本兵库县教育委员会、兵库县立历史博物馆联办。

西安——古代长安是中华文明的发祥地，曾经是周、秦、汉、唐等 13 个王朝建都的地方，地上地下文物遗存丰富。"中国唐长安文物展览"的文物是从长安出土文物中精选的。兵马俑作为特别文物参加了展出。以陕西省委宣传部部长王巨才为团长的中国文物代表团出席了开幕式。兵库县立教育委员会、兵库县立历史博物馆十分重视这次展览，大街小巷车站码头上到处可见展览的宣传画。

3 月 17 日，"中国唐长安文物展览"在兵库县立历史博物馆隆重开幕，中国驻大阪总领事、中国文物代表团、兵库县知事、姬路市市长等应邀出席开幕式。展览期间，兵库县主要街道上张贴着醒目的兵马俑宣传画，许多观众从东京、京都、静冈赶到姬路市

展厅内景

展览图录内页

展厅外等候参观的学生

观看展览。为了吸引观众，主办方特意把兵马俑放在引人注目的地方，观众一进展厅就能看到兵马俑展柜，不少观众围着兵马俑展柜仔细观看，使得展厅门口特别拥挤，主办方不得不限制时间，保证等候在外面的观众早些入场。

为了扩大影响，加大宣传力度，主办方编印了《中国唐长安文物》图录，以图文配合形式介绍所有参展文物的价值及特点，附录介绍文物收藏单位陕西省博物馆、秦始皇兵马俑博物馆的概况，西安风土人情、地理位置、自然风貌等。

展览在兵库县引起极大轰动，许多中小学校主动与博物馆联系团体参观，并积极邀请中国随展人员现场讲解。展览期间，随展人员应邀为日本观众及中小学生作了题为"陕西考古重大发现""陕西的博物馆""长安——中外文化交流的历史见证""西安碑林的历史及著名拓片"等专题讲座，受到好评。展场内外经常可见前来参观的学生。这次展览实际展出200天，有150万名观众参观。

071　1989—1990 年新加坡展

展览名称：中国清代帝后生活——沈阳故宫历史文物展览

展期及展馆：1989 年 4 月 7 日—1990 年 4 月 6 日，新加坡中国文物馆

展品总数：107 件（组）

1989 年 4 月 7 日，由中国辽宁省与新加坡中国文物馆联合组办的"中国清代帝后生活——沈阳故宫历史文物展览"在新加坡中国文物馆隆重开幕，旨在通过文物反映中国清代皇帝、皇后生活情况。

主办方为了展示中国古代第一个皇帝秦始皇嬴政的生平大事及 5 次出巡等情况，特别邀请秦始皇陵二号铜车马复制品展出，并将铜车马放置在最醒目的位置上。中国国家文物局副局长马自树率代表团参加开幕式，新加坡总理李光耀和夫人参观了展览。

为了加大宣传，展厅内循环播放秦始皇陵铜车马的文物修复专题片，介绍铜车马的结构、功能、各部分名称等知识。在一年展期内，有 40 万名观众参观。

秦陵二号铜车马

072 1989 年日本展

展览名称：东亚文明源流展
展期及展馆：1989 年 9 月 23 日—11 月 12 日，富山市美术馆
展品总数：99 件（组）

1989 年 9 月 23 日至 11 月 12 日，兵马俑随"东亚文明源流展"在日本富山市展出。展览由陕西省文物局和日本富山市联办，展出文物从石器时代到唐代，时序跨度 5000 年，其中一级文物占多数。它是一次中国古代文物精品的大荟萃。秦始皇兵马俑博物馆 5 件兵马俑和 1 套 2 辆复制铜车马参与展览。在 50 天展期内，共有 9 万人参观。

"东亚文明源流展"是为纪念富山市建市 100 周年而特意举办的一次展览，秦陵兵马俑文物多件参加展出。9 月 23 日在富山市美术馆举办了隆重的开幕式，富山市市长正桥正一应邀出席开幕式并发表讲话，高度赞扬了中国丰富的文物资源。

展览自 9 月 24 日展览开幕以来，参观观众除了富山市外，还有群马、金泽、京都、奈良等地的民众。观众普遍对文物很感兴趣，在参观中提出了不少问题，有些问题非常有深度，如秦时已有铁器，为什么在兵器中没有展出？秦俑军阵是如何排列的？瓦和瓦当有什么区别？陶马腹

"东亚文明源流展"开幕式

部为什么有个洞？兵马俑中有无女兵？怎么知道秦俑有7,000件？秦始皇有多高？俑是什么？兵马俑的鞋是什么质地的？铜车马的纹饰意味着什么？大雁塔有多高？西安有多少人？等等。提问中有孩子，也有老人，说明观众

嘉宾参观展览

不仅认真观看展览，而且进行了思考，不少人想从中得到一些知识。每天随展组人员刚坐在咨询台前，就有不少观众走过来与工作人员交谈，还有一些小学生特别认真，他们的问题很多，也很有趣，如秦始皇有几个孩子？兵马俑当时是埋在地下还是放在地上？碑为什么让龟驮着？从这些问题中可以看到，人们渴望了解中国，了解西安。

这次展览专门有留言簿，观众看展览很认真，留言簿上除了赞美文物、祝贺展览成功外，多是提问题。观众调查表反映了这一点。80%认为展览很好，在"你对文物中印象最深的是什么？"一栏问题中，答兵马俑的占54%，铜车马的占32%，唐墓壁画的占7%，青铜器的占3%，其他的占4%。

富山市内外观众对中国文物的崇高评价和与随展人员的情谊令人感动。展期内，有8万名观众参观，占富山市总人口的27%。富山市一位官员说："在富山市办展览，都是一两天，最多一周，就没有人看了。这次展览50天，每天都有上千人参观，这在过去是不可能的。"展览方宣传得力，展览的海报在机场、车站、大街上、商店橱窗里、街道路灯上随处可见，还派人在街头散发展览广告，以扩大影响。

富山市政府在展览结束后专门制作了《东亚源流文明展报告书》，如实记录这次展览的全过程，包括展览程序、展品介绍、展期安排、观众来源分析、观众意见留言、观众感想心得等，纪念这次不寻常的展览。这次展览的图录也很受欢迎，在展期内销售得非常好。

073   1990 年中国澳门展

展览名称: 马年马展

展期及展馆: 1990 年 1 月 29 日—3 月 14 日, 澳门市政厅卢廉若公园展览厅

展品总数: 20 件 (组)

1990 年 1 月 29 日至 3 月 14 日, 兵马俑随 "马年马展" 在澳门市政厅卢廉若公园展览厅展出, 展期 45 天, 观众 7 万人。这次展览是由陕西省文物局、澳门市政厅、新华社澳门分社联办的。"马年马展" 展出期间, 占澳门总人口 1/10 的人参观了本次展览。

1 月 29 日开幕式当天, "马年马展" 在澳门市民俗博物馆举行了隆重的开幕式。澳门总督文礼治和新华社澳门分社宣传文体部部长黎秀洪主持开幕剪彩仪式。澳门议会主席马斯华、市政秘书及各界要员 300 多人参加开幕式。

早在 1989 年, 澳门市政厅就开始筹备举办农历纪念展览, 向市民介绍中国传统文化中十二生肖的动物及有关知识。经过紧张筹备, 澳门市政厅决定在 1990 年举办 "马年马展"。为了使展览更具意义, 这次展览除展出有关马的文物外, 还重点介绍过去有关马的神话传说故事。据一位英国作家说:"中国人和西方人唯一相同的就是对马的爱好和感情是同样地深切。" 这种爱好和感情在内蒙古显得更为强

《马年马展》图录封面

93

烈，蒙古马是真正的
王。澳门市政厅的外
景队远赴该地，作了
为期三周的资料搜集，
以了解蒙古族与马的
相互关系和生活状况。
在三周的考察中，除
了拍摄一些照片外，
还搜集到一些马具、
马鞍、骑士用品、弓、
男女服饰、乐器和厨
具等，所有这些都是

布展工作照

和这个围绕马而生活的民族有关，被蒙古族奉为神的马的源流、传统。这次展览中的展品还包括秦、汉、唐朝代的马文物、战马和古时信仰中的马。澳方编印的展览图录《马年马展》印制精美，图文并茂，受到观众的喜爱。

澳门的文化生活丰富多彩，该地有 12 家博物馆，每月都举办各类展览活动，从未间断。由于经常观看展览，澳门市民有较高的鉴赏水平，因而能引起轰动效应的展览并不多见。然而这次马年马展却在澳门一炮打响，引起澳门社会各界的极大兴趣和关注。

在文物展览举办的 45 天中，观众络绎不绝。有些观众在听完讲解后，还提出各种问题。观众称这次展览是个"让人一开眼界的展览"。许多观众看完展览后激动地说："这些与马有关的文物的确让人大长见识！"展览期间，每日都在展厅循环放映蒙古族赛马竞技的录影带，供市民欣赏。这些品种繁多的项目，受到澳门观众的普遍喜爱。

074　1990 年日本展

展览名称：中国秦始皇帝兵马俑展

展期及展馆：1990 年 5 月 5 日—6 月 10 日，北九州市立美术馆

展品总数：30 件（组）

应日本北九州市政府邀请，中国陕西省对外文物展览公司筹办的"中国秦始皇帝兵马俑展"于 1990 年在北九州市展出。参展文物包括秦兵马俑、青铜兵器、秦建筑材料、生产生活用具等与秦有关的文物，其中兵马俑 6 件。

展览开幕式于 1990 年 5 月 5 日在北九州市立美术馆举行。北九州市市长末吉兴一、丰国兴产株式会社社长西田友等 200 多位嘉宾参加。市长末吉兴一在讲话中高度赞扬了中华民族悠久的历史和优秀的文化遗产，回顾了秦兵马俑发现以来在世界上引起的强烈反响和在国际文化交流中发挥的巨大作用。

展览主办方丰国兴产株式会社特意在展览结束处放置了一块金子，署名"世界上少有的大金块"。西田友社长特别向中国代表团解释说：这是一块纯金，重 66 公斤，值不少钱。它是有价的，但中国的兵马俑是无价宝。

"中国秦始皇帝兵马俑展"开幕式

展览期间，在北九州市的主要大街上以及宾馆、商店橱窗上都贴有大幅宣传广告。《读卖新闻》、《朝日新闻》、《西日本新闻》及福冈市电视台、北九州市电视台，都派出记者采访报道展览消息。观众非常感兴趣，展场里十分拥挤，

在摆放金砖的地方，一位观众激动地对记者说："这里所有的金砖加起来都没有兵马俑珍贵。"纪念品销售部出售带有秦俑形象的丝巾、领带、T恤以及展览图录《中国秦始皇帝兵马俑》。

为了加大宣传力度，主办方编辑了图录《中国秦始皇帝兵马俑》，收录北九州市市长末吉兴一、陕西省文物事业管理局局长王文清为展览题写的祝词，参与本次展览的所有文物图像及相关资料，并用一半篇幅详细介绍秦始皇帝生平大事和秦始皇陵考古调查情况，用图文配合的方式介绍秦兵马俑坑陶俑出土以及考古发掘工作。

在 35 天的展期内，共有 5 万名观众参观。这是北九州市立美术馆开馆 16 年来参观人数最多的一个展览，也是办得最好的一个展览。

展厅外景

《中国秦始皇帝兵马俑》图录封面

075　1990年联邦德国展

展览名称：长城那方——中国秦始皇和他的秦俑军队

展期及展馆：1990年8月11日—11月30日，多特蒙德市东墙博物馆

展品总数：90件（组）

1990年8月，由中国陕西省对外文物展览公司和联邦德国多特蒙德市联办的"长城那方——中国秦始皇和他的秦俑军队"在联邦德国多特蒙德市展出。展出的文物有兵马俑、秦代建筑材料、生产生活用具、兵器、度量衡、货币、乐器等，其中兵马俑15件。在100天的展期，有26万人参观展览。

1989年初，联邦德国多特蒙德市计划与西安市建立友好城市，由此提出了邀请中国陕西文物到联邦德国多特蒙德市举办展览的意向。于是，以秦兵马俑为主题的"长城那方——中国秦始皇和他的秦俑军队"展览筹备组成立。中德双方专家、学者从陕西近年出土文物中精选出秦代文物90件（组）。经过一年多时间的沟通协商，终于达成共识，确定在1990年举办展览。联邦德国报刊发表文章说："秦始皇做梦也不会想到2000年后会在多特蒙德市掀起轩然大波。"

这次展出的文物经过中德双方专家共同遴选出来，反映了秦历史发展的脉络。有关学者称这批文物具有较强的学术性、科学性和艺术性，而且自成系列，规模宏大。展品包括兵马俑、秦代建筑材料、生产生活用具、秦兵器、度量衡、货币、乐器等90件（组），其中15件兵马俑是这次展出的主角。

1990年8月13日，《人民日报》转载新华社波恩8月12日电指出："世称'世界第八大奇迹'的秦兵马俑昨晚在鲁尔区重镇多特蒙德市首次向德国公众展现他们的神奇风貌"。各界代表约800人出席了隆重开幕式。多特蒙德市市长桑特勒伯、多特蒙德市对外文化交流中心主席西夫曼和中国驻联邦德国大使馆代办等先后讲话，盛赞文物是人类智慧的结晶、历史文明的见证，是沟通人们心灵的桥梁。

为办好这次展览，多特蒙德市政府和文化交流中心特意将东墙修葺一新，使焕

然一新的博物馆和珍贵的文物展品相得益彰。多特蒙德市专门印刷了数以万计的展品图录和宣传广告、简介说明。在市区主要大街上都悬挂有"长城那方"的大幅宣传画。《联邦德国汇报》《图片报》《鲁东消息报》《法兰克福周报》《多特蒙德周报》等近 200 家报刊都刊登了展览的消息和照片。

展览期间，东墙博物馆同时还举办了"西安碑林石刻拓片展"、"中国万里长城影人展"、"多特蒙德人笔下的中国"展览，以烘托"长城那方"展。另外，还特意举办了 5 次有关中国历史、哲学、戏剧和对外经济关系研讨会，并邀请陕西歌舞团和儿童剧团演出《兵马俑之魂》等剧。多特蒙德市各大电影院专门推出一批介绍中国的影片。由于这次宣传活动内容丰富，尤其是文物展品价值极高，从联邦德国各邻国赶来参观的人络绎不绝。《参考消息》发表中国驻波恩记者的文章说："中国文化正在这里放射着灿烂的光辉"。

11 月 12 日，展期已到，但涌向东墙博物馆的人流仍然不断，展览不得不延期两周。许多观众在留言簿上写道："中国文明实在令人神往！"

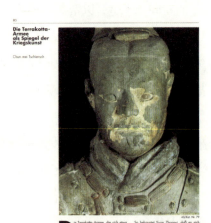

展览图录中的陶俑

展览图录中的陶马

076 1991年西班牙展

展览名称：中国古代艺术一千年

展期及展馆：1991年4月22日—7月28日，巴塞罗那桑塔·莫尼卡艺术中心

1991年4月至7月，秦兵马俑随"中国古代艺术一千年"到西班牙巴塞罗那市展出。这次展览是中国历史博物馆应西班牙加泰罗尼亚自治区邀请，在首府巴塞罗那市桑塔·莫尼卡艺术中心举办的专题展，由西班牙加泰罗尼亚自治区主办。

这是中国文物首次在西班牙展出，在展览刚开幕的几天，主要街道上挂满了印有"中国"字样和秦俑头像的布质彩旗、彩画，如同盛大节日一样。中国古老文化艺术的魅力，牵动着整个城市，观众十分踊跃。他们对中国古老文化很感兴趣，认为参观"中国古代艺术一千年"展览，等于上了一堂生动形象的文化修养课。

5月上旬的一天，下着大雨，下午到开馆时突然停电，展室一片漆黑，可是在门外等候参观的人群仍不愿离开。展馆一位工作人员拿出印有"中国"字样的简介分发给大家，人们才勉强离开。一位当地的男青年简直对秦兵马俑看出了神，一直驻足停留在兵马俑展柜前，到快闭馆时，工作人员提醒他还有很多展品，请他抓紧时间看，这位青年偏偏又坐到秦兵马俑录像前又认真地看了一遍，才最后一个离开展馆。有一位坐轮椅的西班牙女士名叫玛莉娅，克服种种困难，独自一人连续参观了三次，她说："这个展览太好了！展品太漂亮了！中国文化太了不起！我非常喜欢，每次看完以后，还想再看第二次！"一对青年夫妇手挽手地走进展馆内参观。妻子嘴里不停地解说，丈夫在一旁静静地听讲，缓慢地移动步子。原来，这位先生是个盲人，用心地听妻子详细介绍，了解整个展览的情况。不少人在参观了展览后，立即表达了将要到中国去看看的愿望。一位94岁的老人马代奥，对展品惊叹不已。临走时，掏出他家四代人的照片让中国工作人员看，并表示一定要带家人到中国旅游。一位10岁的小男孩跟随母亲参观，他对中国汉字很感兴趣，当场写了几个汉字给随展人员看，并一再说长大了要到中国学习。

077　1992 年法国展

展览名称：永恒的战士——中国秦兵马俑展览
展期及展馆：1992 年 6 月 20 日—9 月 15 日，梅斯市阿森那尔音乐厅
展品总数：70 件（组）

1992 年 6 月至 9 月，"永恒的战士——中国秦兵马俑展览"在法国摩泽尔省首府梅斯市展出了 89 天，观众达到 14.9 万人。这是梅斯市历史上参观人数最多的一次展览。

梅斯市位于法国东北部，是一座拥有 20 万人口的小城市。她以优美的环境而闻名于法国，但在欧洲熟悉她的人并不多，鲜有光顾者。梅斯人也习惯了自己宁静的生活。可是，1992 年的夏天，梅斯沸腾了！来自东方的武士打破了梅斯的平静。展览之前，主办方就做了大量宣传工作，为展览大造舆论，展的海报随处可见，新闻媒体也特别关注展览，不断发布相关消息。媒体专门派出记者，跟踪采访、报道展览消息。

1992 年 6 月 20 日，"永恒的战士——中国秦兵马俑展览"开幕式在梅斯市阿森那尔音乐厅隆重举行。摩泽尔省各界官员、知名人士 1000 多人参加了开幕式。摩泽尔省议会议长菲力普·勒鲁瓦首先致辞。他说："有机会在今天接触兵马俑的法国人是不多的，这是第一次在法国举办的中国秦兵马俑展览，摩泽尔省议会得到了这个荣誉。这份恩惠，但在一年以前，这只是一个乌托邦式的梦想。"陕西省政府代表团团长徐山林、中

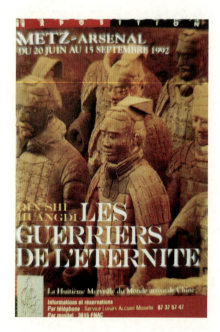

宣传海报

国驻法国大使蔡方柏、法国贸易和手工业部部长、梅斯市市长让·马利·卢什先后讲话。据组织者说，他们共发出邀请信2000多封，原来估计能来700人左右，没想到实际人数大大超出预料，仅有900多个座位的音乐厅爆满，许多没有座位的来宾只好站在走道上。

梅斯街头的宣传海报

展览自开幕之日起，法国观众就表现出极高的热情。在开幕式之后的参观中，一对来自阿梅维拉市的恋人找到随展组人员，不管随展人员能否听懂，就迫不及待地说起来，后来经翻译才知道，他们非常喜爱中国文化，做梦都想到中国去。这次看了中国古代文化的代表"秦兵马俑"等文物，感到十分高兴。他们说，今后一定要到中国去，希望早日成行。过了几天，他们又第二次找到随展人员，邀请中方人员去参加他们的婚礼。他们特意将婚礼日期选定在兵马俑展开幕1周年的日子。

为了办好这次展览，摩泽尔省有关方面竭尽全力，梅斯市无偿提供展览场地，许多单位慷慨解囊赞助。在展前宣传活动中，他们除了利用广播、电视、报刊等新闻媒介大作宣传外，还印刷了大量精美的宣传单，或张贴于广告栏、橱窗、店门，或发放于宾馆、饭店、商店。为了扩大影响，还特意制作了400个3米×2米的大广告牌，遍布于法国东部地区。巴黎最有名的香榭里舍大街，也竖立了秦兵马俑展览的大广告牌。

展览刚开幕的一段时间，法国学校尚未放假，梅斯市及外地许多学校都组织学生来参观。不少幼儿园的阿姨每天领着四五个刚学会走路的小朋友，也来目睹东方武士的风采。7月6日，展览开幕仅半个月，预售票已卖到5万张。摩泽尔省有关方面在展场门口举行了欢迎第五万名观众的仪式，议长勒鲁瓦亲自接见了这名观众，并向他赠送了纪念品。

进入8月，天气炎热，加上巴塞罗那奥运会召开，但参观的观众依然很多，且人数呈上升趋势。许多人利用假期，全家老少一起出发，前来观看兵马俑。这期间日均人数在1500左右，周末最高时达到2000人次以上。8月15日，门票销售已

达到 10 万张。法国电视三
台在黄金时间里报道了这
一盛况。

由于参观者众多，展
厅面积相对狭小，高峰时
经常出现观众在展厅外排
队等候的情况，展厅也显
得拥挤不堪，三四个讲解
员的声音连成一片，相互

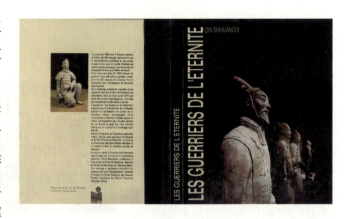

展览图录封面封底

影响，使不习惯拥挤的欧洲观众多有怨言。这也从一个侧面反映出展览的成功。

海外华人对参观秦兵马俑情有独钟。展览开幕后不久，巴黎的一个华人社团专
门组织华人来梅斯参观，并于参观后在《欧洲时报》（中文版）上发表热情洋溢的
文章。此后，经常能看到华人来参观展览。他们主要来自中国大陆、香港、台湾。
随展组还遇到一位从广东来法的华侨，他说，他们一家人都看了秦兵马俑展览，他
为能在法国看到代表中国文化的秦兵马俑这样的展览而感到高兴，为祖国的古老文
明而自豪，门票 50 法郎一张不贵，他认为这钱花得很值得。

随着 9 月的到来，梅斯市"永恒的战士——中国秦兵马俑展览"已临近尾声，
观众热情不减，展览盛况依旧，展厅门口从早到晚都有排队等候参观的人群。9 月
4 日这一天，当日参观的观众竟然达到 3164 人。9 月 7 日上午，卢森堡大公和皇后
专程到梅斯参观秦兵马俑展览。大公 1979 年曾到过西安，并看过秦兵马俑，这次，
他一看到展厅里陈放着的 8 件陶俑和 2 匹陶马，仍然是那样激动，一边参观一边不
住地称赞："太伟大了！太伟大了！"参观结束后，大公和夫人接见了中方随展人
员，并合影留念。

9 月 10 日下午 6 时，摩泽尔省议会为"永恒的战士——中国秦兵马俑展览"提
前举行闭幕式，中国驻法大使馆文化参赞张文民应邀出席。摩泽尔省议会议长菲力
普·勒鲁瓦发表热情洋溢的讲话。他说，这次展览取得了圆满的成功，提高了摩泽
尔省的声望，财政上收支平衡。他说，梅斯大教堂的神甫告诉他，由于展览开幕，
参观大教堂的人比以往增加了 80%。他特别感谢中国驻法国大使馆和陕西省政府给
予他们的大力支持。他认为，两省之间的第一次合作是成功的，希望它能促进两省

今后的科技、经济、技术交流。

9月15日是展览的最后一天，许多热情观众拿着买来的明信片，非要让随展组人员写上几句话留作纪念，他们说，哪怕几个汉字都行。不少观众主动找到随展组人员，表达他们对中国古代文化的崇敬之情，并一再感谢兵马俑展览给梅斯市带来的繁荣。有人在临别时还要和随展组员行只有亲朋好友之间才采用的贴面礼。这一切的一切，令中方工作人员感动不已。晚上10时，"永恒的战士——中国秦兵马俑展览"终于落下了帷幕。喧闹了87天的梅斯市又恢复了往日的宁静。本次展览出版的图录已销售了5000册，被列为法国"1992年夏季最畅销书"之一。

据法方统计的数字表明，展览期间共有14.9万人参观了展览。梅斯市历史上参观人数最多的一次展览，是德国画家丢勒的画展，当时观众达到6万人，而这次展览打破了这个纪录，创造了梅斯市历史上的新纪录。这次展览的另一个显著特点，是观众分布广泛。近15万名观众中，摩泽尔省占50％，法国别的地方占20％，而外国人竟然占到30％，分别来自德国、比利时、卢森堡、荷兰、瑞士、瑞典、西班牙、挪威、丹麦、英国、美国、日本，甚至还有来自中国的观众。

9月23日下午6时，摩泽尔省办公室主任密朗吉和摩泽尔省文化、旅游、体育局负责人安德烈代表省议会给随展组陈安利、党士学分别颁发了摩泽尔省荣誉奖章，感谢秦兵马俑展览给梅斯市带来了巨大的荣誉，并请随展人员转达他对陕西省有关方面的热情问候和衷心感谢。他们还说，摩泽尔省议会议长准备于次年四五月到西安访问，将就两省的进一步交流问题进行磋商。

《永恒的战士——中国秦兵马俑》图录内文

078 1992 年美国展

展览名称：西安来的士兵——秦始皇帝兵马俑展

展期及展馆：1992 年 6 月—7 月，密歇根大学

1992 年 6 月，受美国密歇根州安娜堡的邀请，秦兵马俑随"西安来的士兵——秦始皇帝兵马俑展"到美国密歇根大学展出一个月。

为了办好这次展览，主办方专门编印了宣传图册，介绍秦始皇帝生平事迹、秦始皇陵考古发掘工作及秦兵马俑的文化价值，起到了很好的宣传推介作用，展期内有 5 万名观众参观。

《西安来的士兵——秦始皇帝兵马俑展》图录内文

079　1992—1993 年中国台湾展

展览名称：大陆古物珍宝展——金缕玉衣、兵马俑

展期及展馆：1992 年 12 月 5 日—1993 年 5 月 31 日，台北市玉山庄艺术馆

展品总数：110 件（组）

1992 年底至 1993 年 5 月，"大陆古物珍宝展——金缕玉衣、兵马俑"赴台展出。这次参展的文物阵容强大、文物等级高，由中国文物交流中心向秦始皇兵马俑博物馆、河北平山县满城汉墓博物馆、河南省博物馆等单位征集。文物大多是国宝级文物，分别来自陕西、河北、河南等省文博单位。除了举世闻名的秦兵马俑外，还有河北满城汉墓出土的金缕玉衣和长信宫灯、河北平山县中山王陵的精品、河南省东汉时期的陶塑精品等。展期半年，观众 38 万人。

1991 年以前，秦兵马俑已到过世界上 30 多个国家和地区展出，所到之处均受到欢迎，并在展览城市形成一股"秦俑热"。由于大陆和台湾 40 多年的隔离，兵马俑这一珍贵文化遗产不能在台湾展览。直到 1992 年 12 月 5 日，经过海峡两岸各方人士的共同努力，秦始皇陵兵马俑展览终于在台北市玉山庄艺术馆开幕。

这次展览是由台湾展望文教基金会和中国文物交流中心联系举办的。早在 1990 年北京亚运会举办期间，由身兼台湾展望文教基金会董事长的中华台北奥委会副主席李庆华提出，并与文化部、国家文物局进行磋商，但由于当时时机不成熟，直到 1992 年 8 月，台湾方面才制定了"大陆文物来台作业条例"，使得"大陆古物珍宝展"提上议事日程。

1992 年 10 月 11 日，"秦兵马俑及金缕玉衣赴台展览"签约仪式在北京故宫博物院漱芳斋举行。中国文物交流中心主任童正洪与台湾展望文教基金会执行长李庆安分别代表双方主办单位在协议上签字。这次赴台展出的文物是历年来秦兵马俑出馆展览中最好的一批，其中有 10 件兵马俑参展，分别是高级军吏俑 1 件、中级军吏俑 4 件、武士俑 3 件、陶马 2 件。这些文物中既有将军俑、军吏俑、武士俑三个

级别，又有武士俑中又有车兵俑、骑兵俑和御手俑，还有 2 件陶马，其中的将军俑和御手俑是专门为这次展览从秦俑一号坑中提取出来的。

这次文物的筹办过程历尽艰辛。大陆出于对两岸关系的考虑，答应了台湾方面的全部要求。但就在筹办经费无着落的情况下，台湾股市四大王之一的邱明宏怀着对祖国古老文化的向往，慷慨赞助了这次展览。经过海峡两岸有识之士两年多的共同努力，终于完成了这一具有深远意义的壮举。

110 件（组）文物分装在 22 个大集装箱中，于 1992 年 12 月 2 日由北京飞往香港，在香港转乘"中华"航空公司飞机到达台北国际机场。按照台湾海关规定，文物必须在台北机场开箱查验。当时由台北历史博物馆两位专业人员负责抽验，其中一位研究员林淑心女士在飞机到达机场后对记者说："我的心情很紧张，好像要见情人似的。"当开箱验过两件兵马俑后，他们不禁点头称赞："很好，没错。"为了保护这批总价值 4000 多万美金的国宝，在开箱抽验的过程中，保卫人员全部手拉手围成一个圈保护文物，以避免拥挤发生意外情况。验完箱后，由 3 辆台北市警车及 3 辆保险公司车辆开道护送到展览场地玉山庄艺术馆。

经过两天不分昼夜地布展，终于在 12 月 4 日晚上完成全部陈列。1992 年 12 月 5 日，展览正式开幕。这天台北的天气格外晴朗，展览场内外标语醒目，彩旗飞扬，花团锦簇，分外艳丽。展览场上空悬挂着两个特大号气球，一个是陶俑形状，一个是陶马形状，特别引人注意。玉山庄门前人山人海，人声鼎沸，热闹非凡。下午 2 时，展览正式开幕剪彩。原发出了 500 张贵宾请柬，没想到当天竟然来了 1000 多名贵宾。

开幕式由台湾展望文教基金会执行长李庆安主持，基金会董事长李庆华以"中华文物放光彩，两岸交流开新页"为题致辞。展览由台湾地区前副领导人谢东闵剪彩。简短的开幕剪彩后是开幕酒会，参加酒会的有台湾前"行政院长"李焕等政界要人。整个开幕式盛况空前，各大电视台、电台、报刊均对开幕式进行了采访并在显要位置作了详细报道。

这次展览场地位于台北市环境最好的外双溪。该地环境幽雅，景色迷人。展览场位于台北故宫博物院正对面仅有一条马路相隔的玉山庄艺术馆。艺术馆是一个三层楼的传统建筑，古朴典雅，与展览内容相协调。展场面积 3000 平方米，场内设计风格很符合文物展览。

12月6日是开展后的第一天，一大早展场外就排起了200多米的长队，人们争相购票进场参观。由于参观人数太多，以至于展览方不得不控制进场人数。这样许多人必须在馆外等候很长时间才能进馆看展，但人们仍然耐心等待，不急不躁，

《大陆古物珍宝展》封面及图录中的高级军吏俑

令人感动。第一天就有1万多名观众参观，充分反映了台湾民众对祖国悠久文化的热爱。

12月11日，张学良和夫人赵一荻女士在台北故宫博物院院长的陪同下来到展览现场参观。张学良非常高兴，虽然他已92岁高龄，仍然坚持步行看完全部展览。他在参观中看得非常仔细，不时提出问题。当讲到秦始皇陵时，张将军说他以前去过秦始皇陵，并在秦始皇陵照片前驻足很久，缓缓地对工作人员说："这个地方，我很熟悉，距离西安三十公里。"看到与真人真马一样高大的兵马俑时，他问："俑是石头做的吗？"随展人员告诉他是陶土制成的。随后工作人员向张学良介绍了秦兵马俑三坑的基本内容及可出土陶俑、陶马8000余件。张学良夫妇看过展品后，连声称赞："真了不起，中国古代人太伟大了，太聪明了，工艺太精湛了。"张学良在展场内共参观了近两个小时，看得出来，他是非常满意的。

这次秦兵马俑等文物赴台展览具有深远的意义。展期半年，参观人数达38万之多。这在台湾文物展览史上是罕见的。为什么会产生如此大的轰动呢？首先，因为这次参展的文物都是国宝级的，文物横跨战国到秦汉时期，展品阵容庞大、内容丰富、品类齐全，令人赏心悦目；其次，台湾民众对祖国文化向往，对民族文化有认同感。展览场中最多的是普通百姓，他们对祖国文化的概念是从书本上学到的，如今亲眼看到，自然倍感亲切。展场中常有民众向随展人员咨询问题，索要更多、更详细的资料，并向随展人员夸赞大陆文物考古工作的艰辛和崇高。展览方编印的图录《大陆古物珍宝展》也很受欢迎，在展厅纪念品销售部十分畅销。

080 1993 年瑞士展

展览名称：中国文物精粹展

展期及展馆：1993 年 6 月 15 日—9 月 15 日，洛桑国际奥林匹克委员会总部

展品总数：9 件（组）

1993 年 6 月至 9 月，秦兵马俑随"中国文物精粹展"到瑞士洛桑展出，其中有兵马俑 3 件参加展览。

"中国文物精粹展"是辽宁省到国际奥林匹克委员会总部瑞士洛桑主办的一次介绍中国古代文物的专题展。虽然参加展出的文物中只有 3 件秦兵马俑，但主办方很用心，展览设计新颖，开幕式邀请函和参观门票上印有秦兵马俑头像，展厅专门用军阵作为背景，模拟出秦俑一号坑气势磅礴的壮观场面，许多观众说："虽然展出的只有三件兵马俑，但也足以反映出秦兵马俑坑的宏大气势。"

有关媒体评价说："兵马俑显示出独特的风采。"观众从展出的陶俑陶马中看到了秦代雕塑艺术品的写实特色，体会到了兵马俑的文化内涵。很多观众表示，有机会一定要到中国去旅游，去看更多的精美文物。

081 1993 年比利时展

展览名称：永恒的君主——秦始皇帝
展期及展馆：1993 年 6 月 25 日—8 月 25 日，安特卫普省政府行政大楼
展品总数：89 件（组）

1993 年 6 月，秦兵马俑参加由陕西省文物局和比利时安特卫普省联办的"永恒的君主——秦始皇帝"展出，有 17 件兵马俑参展，实际展出 62 天，观众 7 万人。

陕西省与安特卫普省自从 1985 年建立友好省以来，双方不断加强联系，通过人员互访、交流展览等活动增进了双方的合作。安特卫普省于 1992 年 11 月在陕西成功举办了"欧华若比邻——比利时安特卫普省生活风情展"，让更多陕西民众了解了比利时。1993 年 2 月 5 日，兵马俑随"永恒的君主——秦始皇帝"到安特卫普展出，受到了当地各界人士的热烈欢迎。

1993 年 6 月 25 日下午 5：30，安特卫普省政府在法比奥拉王后礼堂为展览举行了隆重的开幕式。安特卫普省省长安德烈·金斯贝根、议长霍尔贝·杜蓬及各界嘉宾 400 多人出席开幕式。中国驻比大使和夫人、文化参赞、文化处工作人员等 300 多嘉宾应邀出席开幕式。陕西省文物代表团团长毛生铣在开幕式上讲话。安德烈·金斯贝根省省长在开幕词中说："秦兵马俑离开它们的故土，飞行 1 万多公里来到这 2000 多年前还没有兴建的城市，是非常有意义的。欧洲的文化都城注

展厅内景

报刊上的宣传报道

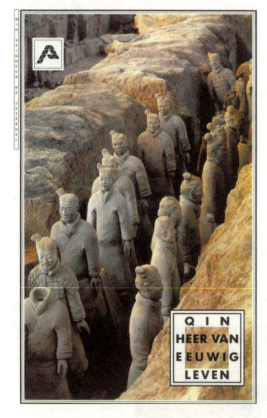

《永恒的君主——秦始皇帝》图录封面

意其他文化都城的遗产是非常合适的。"并指出"展览将成为1993年安特卫普省引人注目的大事之一"。开幕式后由当地一位华侨女士和来自北京的一位留学生表演古装舞剧和唐代歌舞。

6月29日下午，中国驻比利时大使及夫人专门陪同驻比各国使节共计20余人参观展览。展览期间，比方加大宣传力度，在公共场所的电车、汽车、商店橱窗里到处张贴着展览宣传画，带有秦俑的招贴画随处可见。报刊广告说："快来看秦始皇帝的地下军队兵马俑，将了解到创作地下陶俑军队的动力，了解秦始皇的个性。"

展览不仅在比利时引起轰动，而且在周边国家也产生了强烈反响。七八月间正是度假时节，参观者源源不断，观众对中国怀有浓厚的兴趣，急于了解中国的过去和现在，前去咨询的人很多，问题也是各种各样。展览结束时，有7万人参观。报刊评论说："秦俑展览为欧洲文化都城增添了新的光彩。"

082　1994年日本展

展览名称：长安至宝和万里长城展
展期及展馆：1994 年 2 月 6 日—3 月 6 日，东京古代文化博物馆
展品总数：85 件（组）

1994 年 2 月，兵马俑随"长安至宝和万里长城展"到日本展出。展览由中国陕西省文物局、日本消防协会联主办。主要展品来自秦始皇兵马俑博物馆、甘肃省博物馆等单位。展期内共有 1 万名观众参观。

1994 年 2 月 6 日，展览正式开幕，以陕西

《长安至宝和万里长城》图录封面及内文

省文物局外事处处长宋振兴为首的中国文物代表团出席了开幕式并发表讲话。展场中，两件与真人一般高大的陶俑格外引人注目，不少观众参观后激动地说："兵马俑与万里长城一样壮观！"秦始皇兵马俑博物馆提供的一件铠甲军吏俑、一件跪射俑最受欢迎，展场中不时有观众围着秦俑仔细观看，以至于挡住了后面观众的视线，工作人员不得不上前解释。

展览期间，随展人员为观众做学术报告多场，受到热烈欢迎。日方专门为这次展览编印了精美图录《长安至宝和万里长城》，深受观众的喜爱。

083—084　1994 年意大利展

展览名称：中国秦始皇兵马俑展览

展期及展馆：1994 年 5 月 14 日—9 月 18 日，威尼斯

　　　　　　1994 年 10 月 15 日—12 月 19 日，罗马科隆纳宫

展品总数：70 件（组）

　　1994 年 5 月，"中国秦始皇兵马俑展览"到意大利威尼斯、罗马两城市巡回展出。如同真人真马一般高大写实的兵马俑，使见多识广的威尼斯观众惊呆了。展品共 70 件（组），其中兵马俑 12 件。展期 7 个月，观众 20 万人。

　　1994 年 5 月 13 日举行记者招待会，有 30 多家媒体的记者参加招待会。新华社驻罗马记者也专程前往展览现场采访，中国文物代表团团长刘荣惠现场介绍展览筹备情况并回答记者提问。5 月 14 日，举行了隆重开幕式。

　　威尼斯展馆面积 2800 平方米，全部装修，建造了一个长 80 米的"观众天桥"。兵马俑陈列在原地面上，创造一种相似于秦俑一号坑的俯视效果，并巧妙地利用古建筑原有的砖墙为背景，展品和背景浑然一体，使观众直观地感受到一种岁月沧桑和历史久远。还部分选用了中国吉祥色——红色为基调，搭建一个牌楼，放置两尊原大加彩绘的复制品，特意在大厅悬挂了 20 多个直径 1 米多的大红灯笼，使人能真切感受到东方韵味。

　　这次展览事先作了大量宣传，展览的海报、宣传广告在大街上、桥头上、轮船上、公共汽车上随处可见。尤其是公交车车厢内的广告十分引人注目，使得展览的消息人尽皆知，家喻户晓。大街上的广告占地面积大，字体醒目，而且摆放在主要建筑物上。

　　威尼斯展地位于威尼斯市中心圣马可广场对岸，是在主岛对面的一个小岛上，观众需要乘船前往参观，十分不便。即使如此，展览仍吸引了许多热爱中国文化的人士，有观众专程赶来参观。一向以见多识广著称的意大利人十分骄傲，但在这次

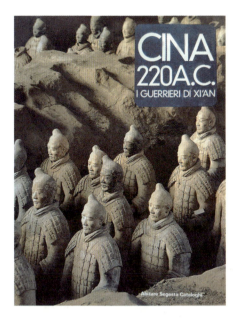

展览图录封面

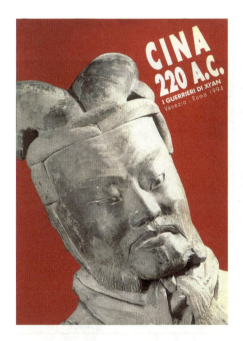

宣传图书封面

展出的现场，阵容强大、逼真如实的兵马俑还是令威尼斯观众惊呆了。他们没有见过如此雄伟壮观、震撼人心的艺术作品，不少人围着展柜仔细观看，久久不愿离开。从5月14日至9月18日，秦兵马俑在威尼斯实际展出128天，共有57281名观众，其中9月10日人数最多，当日有1809名观众参观。

1994年10月15日，展览移至意大利的第二展地罗马市。展览场地位于罗马市中心地区圆柱广场，侧面是意大利总统府，地理位置非常优越，因此吸引了许多观众。广场对面的几座古代建筑的天井间临时搭建的展馆中，采用全封闭的形式，专门为展览装配了闭路电视系统。大厅顶端安装了几十盏大红灯笼，起烘托作用，颇有中国特色。

10月15日，举行隆重的开幕仪式。中国驻意大使文化参赞、文化处长以及中国文物代表团，意大利政府遗产部、罗马市政府、罗马尼奥里集团、千里协会代表、各界名流400多人参加。12件兵马俑最引人注目。展览前夕，数十家电视台同时播放意方专门拍摄的专题片。在10月15日到12月19日的展期内，共有15万名观众参观。意大利展览方专门为展览编印了精美的大型展览图录《中国公元前220年·西安的勇士》，收录所有参展文物并对重点文物进行介绍，还编印了小开本图书《秦兵马俑》，择要收录

文物及其信息。

085—087 1994—1995 年美国展

展览名称：中国陵墓之宝——古西安的陪葬艺术

展期及展馆：1994 年 8 月 3 日—10 月 30 日，旧金山亚洲艺术博物馆

　　　　　　1994 年 11 月 20 日—1995 年 2 月 12 日，沃斯堡金贝尔艺术博
物馆

　　　　　　1995 年 3 月 16 日—6 月 18 日，夏威夷檀香山艺术博物馆

展品总数：62 件（组）

　　1994 年 8 月，由陕西省文物局与旧金山亚洲艺术博物馆合办的"中国陵墓之宝——古西安的陪葬艺术"在美国旧金山、沃斯堡、夏威夷展出，秦始皇陵马厩坑出土的跽坐俑被选为展览图录的封面文物，还有 6 件兵马俑参加展览。

　　1994 年 8 月 3 日，"中国陵墓之宝——古西安的陪葬艺术"展览在众人的期盼中开幕了。旧金山艺术博物馆门外举行了隆重的开幕仪式。来自美国各地的展览赞助单位代表、中国文物代表团参加开幕式。开幕当天有 8000 名观众参观，留言簿上最多的话是："伟大的中国""多么了不起的文化"。展期内，正值度假季节，前来参观的人很多，亚洲艺术博物馆门前车水马龙，人声鼎沸。售票处常常排起长长的队伍，令博物馆的工作人员极为震惊。10 月 30 日展览结束，有 10

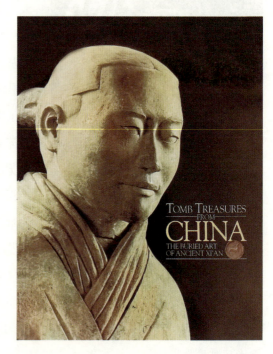

《中国陵墓之宝——古西安的陪葬艺术》图录封面

布展工作照

夏威夷博物馆外排队的观众

展厅内戴耳机听讲的观众

万名观众，创造亚洲艺术博物馆临时展览观众人数的最高纪录。11月20日，展览在第二展地沃斯堡金贝尔艺术博物馆开幕。由于展前宣传得力，兵马俑等文物展览的消息人尽周知。有不少观众专门到随展人员办公室，提出各种问题，如秦始皇陵有几个陪葬坑？兵马俑为什么塑造得如此高大？秦代军人与秦俑一般高吗？等等，反映出观众急于了解中国文化的心情和急于了解兵马俑的详细情况。

1995年夏季的夏威夷，到处都在谈论着中国，议论着西安，报刊上不断登载兵马俑展览的消息。为配合展览宣传，随展人员专门培训讲解人员，做专场报告，介绍西安的帝王陵墓和陪葬品。由于宣传得力，前来参观的观众很多，在绿草如茵的博物馆门前常常排着长队。

1995年3月15日晚，在博物馆大门外举行了别

开生面的盛大开
幕剪彩仪式，有
1000多人参加。
热情的主办方将鲜
花组成的花环献给
了中国文物代表团
的全体人员。夏威
夷展出是继旧金
山、沃斯堡之后在
美国巡展的最后一
站。在夏威夷展出
时，因为展厅面积

随展人员在展厅外留影

有限，为了给观众介绍展品，主办方采取录音讲解的方式，避免了展场内互相干
扰，保证了观众的参观效果。展场内随处可见头戴耳机静静欣赏展品的观众。

展览闭幕前的两周时间，博物馆和宣传方不断加大力度，进一步报道展览，
介绍展品，博物馆门前的大幅广告标出展览时间，让没来得及参观的观众赶快抓
紧时间。

主办方专门编印的展览图录《中国陵墓之宝——古西安的陪葬艺术》，以秦陵
出土的跽坐俑为封面，详细介绍了文物展品和古西安的风土人情和遗址文物，深受
观众欢迎，不少观众利用看展览前排队等候的时机认真阅读，参观完后又仔细对照
文字了解背景知识，再一次欣赏文物。在10个月的展期内，有50万名观众参观。

088—091 1994—1995 年韩国展

展览名称：*秦始皇帝展*

展期及展馆：*1994 年 8 月 16 日—11 月 12 日，汉城国立民俗博物馆景福宫*

1994 年 11 月 25 日—1995 年 2 月 19 日，釜山市博物馆

1995 年 3 月 20 日—5 月 20 日，光州市民俗博物馆

1995 年 6 月 1 日—7 月 30 日，大邱市博物馆

展品总数：85 件（组）

　　"秦始皇帝展"于 1994 年 8 月至 1995 年 7 月在韩国汉城（今首尔）、釜山、光州、大邱四城市巡回展出，这次展览是由韩国戈孙株式会社和陕西省文物局联合举办的，有兵马俑 13 件参展。展期内观众 93 万人参观。

　　为了这次展览的成功举办，中韩两国人员多次沟通并就展品选择、展览方案等交换意见。早在 1993 年初决定举办这次展览时，韩国专业人员就多方了解陕西文物资源，同时在韩国展开市场调查，分析韩国民众的喜好。1994 年 5 月 16 日，就在展览正式举办前 3 个月之内，韩国展览方又派出两位专家来陕挑选文物。在考察中，两位韩国专家实地考察陕西文物收藏单位和西安地区的文物古迹，确定文物的基本框架，围绕着秦始皇帝和秦帝国的中心组织展品。这一次决策为日后展览的成功奠定了基础。

　　这是秦始皇陵文物首次到达韩国展览，韩国主办方十分重视，中国派出以陕西省文物局局长王文清为团长的代表团参加开幕式。代表团刚到汉城，就赶往展览现场视察场地并慰问布展工作人员。

　　1994 年 8 月 16 日，"秦始皇帝展"在汉城市景福宫隆重举行。出席开幕式的嘉宾规格很高，开幕式一改过去各方要人依次讲话的陈规，而是各位嘉宾直接剪彩并参观展览。韩国总理李荣德、文化体育部部长李敏变、汉城（今首尔）特别市长李国钟及国会议员李顺载，中国驻韩大使张庭延等都参加了展览开幕式。上述嘉

宾及陕西省文物局代表团团
长王文清为展览剪彩。韩国
KBS、MBC 电视台、《东亚
日报》及汉城市各大新闻媒
体均派出记者专题采访，当
天汉城市近 20 家报纸刊登了
展览的消息。展览期间，韩
国各主要报刊及中文报刊均
发布了展览信息，并开辟专

"秦始皇帝展"开幕式

栏连续介绍展品和有关秦始皇帝的知识。KBS 电视台在展览开幕后还专门采访了
王文清团长。

　　这次展览的主办方戈孙株式会社是韩国一家大型广告公司，在宣传方面很有经
验，因此能够充分发挥自身优势，在各个场合积极介绍展览资讯和重点展品，以扩
大影响。主办方利用韩国民众希望了解秦始皇和兵马俑的心理，在宣传中特别强调
秦始皇的不同凡响和秦始皇陵的神秘莫测，在红、蓝、绿三色方形彩旗上分别书写
出"秦始皇"3 个大型汉字，安插在博物馆门前街道两旁作宣传；在大幅广告突出
将军俑的形象，制作成三角小旗悬挂在主要大街上；在小型招贴画上印制出秦俑的
庞大军阵，张贴在商店橱窗、广告灯箱、汽车招牌上。3 种宣传手段突出了展览的
特色和重点，鲜艳的色彩、醒目的汉字、熟悉的形象，在很大程度上引发观众的参
观兴趣。

　　展览期间，展厅内常常是人满为患，展厅外还排着长长的队伍等候参观。因为
韩国中年人都了解秦始皇，青年人都知道在秦始皇陵出土了兵马俑，因而观众参观
积极踊跃，展馆外经常排起数百米的长队，日参观人数达到 9000 人次。一位妇女
带着孩子连着看了两次展览，每次参观都作了详细记录，孩子将看到的兵马俑写进
作业中，因此也吸引更多同学参观展览。一批来自济州岛大学的教师本来没有安排
参观博物馆，当看到《东亚日报》上的消息后，临时改变日程，专门挤出半天时间
观看展览。许多观众参观后，专门打电话到中国大使馆，询问去西安旅游的事宜，
他们极想到兵马俑的故乡去看看。汉城实际展出 85 天，观众达到 38 万人之多。

　　1994 年 11 月 25 日，展览第二站在釜山市开幕。开幕当天，中国驻釜山市领

釜山市博物馆外排队的观众

小学生参观展览

事馆领事及釜山市各界要人300余人参加。开幕式当天正值隆冬季节，展览主办方特别用洁白的冰雕塑出高1.5米秦始皇帝塑像摆放在冷餐会的正中位置，形象逼真、晶莹剔透的塑像引起嘉宾们的极大兴趣。不少人围着冰雕拍照留念，当天的《釜山日报》上用大幅标题报道"秦始皇帝来到釜山！""秦始皇帝带着自己的卫兵来到釜山！""赶快到博物馆看看秦始皇帝的卫兵！"

釜山展览期间，釜山市的主要媒体积极宣传，有关展览的消息接连不断，釜山市火车站、商业区、旅游景点、学校以及釜山市的主要街道上都张贴着印有各种比例将军俑形象的展览宣传广告画。《釜山日报》连续30多天报道展览的消息，介绍展览内容，宣传古老的中国悠久历史、灿烂文化和兵马俑的故乡。电视台每晚在黄金时间播送展览广告，发布展览最新信息。

很多中小学校专门组织学生参观，中文学校的学生们更多，随展人员主动为观众介绍展品，积极宣传中华文化。许多家庭利用周末时间全家一起参观。还有不少汉城市民驱车近6小时前往博物馆参观。观众们热情很高，每天博物馆未开门之前，就有人等候在门外。博物馆门前总是排着长队，展馆内的秦俑展柜前常常被观众们挤得水泄不通。韩国观众面对高大写实的陶俑陶马激动地说："秦始皇兵马俑是世界艺术品中的No.1。"

为满足观众摄像留念的要求，主办方专门在博物馆门前放置了几尊原大秦俑

复制品，吸引了很多观众前去照相。博物馆正门前侧的将军俑位置最好，使得想要在此留影的观众不得不排起长队。不少观众看到我随展人员十分激动，一再表示感谢并要求合影留念。釜山市实际展出 75 天，观众达到 28 万人。1995 年 3 月 20 日"秦始皇帝展"在光州市民俗博物馆隆重开幕。光州直辖市副市长丁融植、光州民俗博物馆馆长李钟日及陕西省文物局代表团团长宋振兴为展览剪彩，开幕之后是简短的酒会。光州只有 100 万人口，展览期间有 1/10 的市民参观，观众达到 10 万人。庆州国立博物馆馆长池建吾说："就是没有秦始皇展，韩国也有

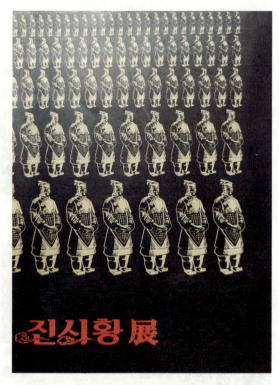

《秦始皇帝展》图录封面

许多人了解秦始皇。他在位时间很短，能够统一六国，修建长城、阿房宫等，真是了不起！"

　　"秦始皇帝展"原定只在汉城、釜山两个城市举办，后因观众强烈要求，又延期到光州、大邱两个城市续展，均获得巨大成功。主办方编印的展览简介，通俗介绍重点文物，十分引人，索要者很多，主办方不得不临时加印。展览图录《秦始皇帝展》收录所有参展文物介绍和照片，还有专文介绍秦始皇帝生平事迹和秦陵兵马俑，设计和印刷都很好，极受欢迎，销量非常可观。

092—097　1994—1995 年日本展

展览名称：秦始皇帝时代展

展期及展馆：1994 年 9 月 16 日—11 月 20 日，世田谷美术馆

1994 年 11 月 30 日—1995 年 1 月 16 日，名古屋市博物馆

1995 年 1 月 25 日—3 月 12 日，神户市立博物馆

1995 年 3 月 21 日—5 月 7 日，福冈市博物馆

1995 年 5 月 17 日—6 月 25 日，松山市美术馆

1995 年 7 月 7 日—8 月 20 日，北海道开拓纪念馆

展品总数：122 件（组）

1994 年 9 月至 1995 年 8 月，秦兵马俑随"秦始皇帝时代展"到日本展出，122 件（组）参展文物中有兵马俑 13 件。本次展览汇集了各地文物收藏单位有关战国秦及秦代的精品文物，以秦兵马俑为主，还有青铜器、陶器、漆器、玉器、金银器等类别，主要反映了战国秦、秦代政治制度、经济发展、社会生活。秦始皇兵马俑博物馆、陕西历史博物馆、陕西省考古研究所、咸阳博物馆、宝鸡市博物馆、凤翔县博物馆、临潼县博物馆、岐山县博物馆以及中国历史博物馆、湖北省博物馆、辽宁省文物考古研究所提供展品。在 10 个月的展期内，有 85 万名观众参观。

早在 1990 年 7 月，中国文物交流中心就与日中文物事业协会中岛典人签署了"关于组织秦始皇帝学术交流、文物电视片制作以及在日举办秦始皇帝展的意向书"。经过 3 年努力，并与日本 NHK 达成共识，才实现合作意向。此时，日本各地正在播放电视剧《秦始皇》，引起日本观众对秦始皇的极大兴趣。1994 年初，双方认为举办展览的时机已经成熟。

1994 年 9 月 16 日，"秦始皇帝时代展"巡展的首站在日本东京世田谷美术馆隆重开幕。开幕式由 NHK 新闻节目主持人森田美由纪主持。她首先介绍出席开幕式的各界嘉宾以及中国文物代表团全体成员，接着世田谷美术馆馆长大岛清次、

布展工作照图

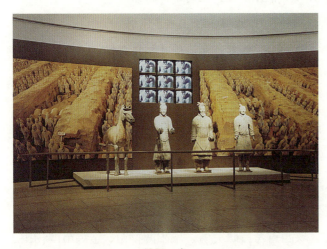

展厅一角

NHK 副会长中村好郎、中国文物代表团团长高凌云、世田谷区区长大场启二先后致辞，盛赞双方合作愉快，预祝展览圆满成功。出席开幕式的嘉宾还有日本外务省、文化厅、东京都教育委员会代表以及 NHK 下属企业负责人、博报堂代表。

1994 年 10 月 20 日晚，美术馆专门举办庆祝会，祝贺展览参观人数达到 10 万。NHK 感谢中国政府让日本观众看到如此珍贵的文物，同时感谢双方工作者的辛勤工作，使得展览如期顺利进行。

东京展高峰时期，每天有 1 万人次参观。观众不仅人数多，而且看得也非常仔细，经常有观众提出问题，随展工作人员在现场讲解并耐心解答观众提问。从 11 月 15 日至 11 月 20 日，每天平均接待提问的观众 50 人次，还有观众把电话打到随展组人员住地咨询。

在名古屋展出期间，观众热情不减，因博物馆展厅面积有限，观众稍多时，大部分人都围着兵马俑展柜看，博物馆不得不划出控制地带，增加保卫人员，并派专人看护兵马俑展柜，切实保护好文物。展览刚开始时，有人认为名古屋市引进展览不多，人们可能对这个展览不感兴趣，因而认为展览期间能来六七万名观众就不错了。可是，当展览开幕后，兵马俑等文物像磁石一样吸引着人们，新年后参观的人很多，博物馆外一直排着"长蛇阵"，就连汽车也在马路上排着长队，博物馆附近地铁站的出口被热情的观众拥挤得水泄不通。

从 1995 年 1 月 4 日至 16 日，在名古屋展即将闭幕的 12 天里，每天都有近百名观众要求解答问题。博物馆办公室太小，观众自觉在办公室外排起长队等候，这种场面在名古屋博物馆的历史上从未有过。

1995 年 1 月 17 日清晨 5：47，日本神户发生 7 级强烈地震。名古屋有非常明显的震感，人们不约而同地想到了兵马俑。"兵马俑还好吗？文物怎么样了？"随展组人员连忙赶到博物馆，得知文物完好无损后，大家才放下心来。

"秦始皇帝时代展"在日本引起极大轰动，令主办单位日本 NHK 公司和博物馆始料不及。名古屋展累计有观众 142202 人，排在历年该馆专题展接待观众人数的第二位，仅次于该馆开馆时的观众量。

展览获得极大成功，主要原因还是文物自身有价值，且知名度高。名古屋博物馆馆长清水武说："展品中有这么多精美珍贵、体量高大的文物都是从未见到的，观众可以离那么近看兵马俑，实在难得。"在展览的最后一周，尽管天气寒冷，但观众有增无减，其中有不少老人和儿童。因降温下雪，主办方便安排观众在一楼会议室和门厅排队。

展览期间，有很多人士对中国文化特别热爱，十分关心当时中国文物保护技术和考古工作等情况。通过交谈，他们了解到中国社会以及中国文物工作者的工作情况，进一步了解了文物的价值，慢慢成为展览的义务宣传员。这些人中有教授、工程师、医生、书法家、大学生、文物爱好者。他们的宣传既传播了中华文明，又增进了中日两国人民的友谊。

这次展览辗转在日本 6 个城市展出，总计有 85 万名观众参观，令主办方欣喜不已。这

东京展开幕当天观众参观照

"秦始皇帝时代展"宣传海报及文创品文件夹

与展出文物知名度高、价值大有关，也与主办方多层面的宣传工作有关。为了做好宣传，主办方印发了大量宣传手册、展品简介、展览海报，让展览的消息传遍大街小巷，广为人知，配合展览编辑的图录《秦始皇帝时代展》，不仅收录所有参展文物及其介绍，还邀请有关专家撰写论文，介绍展品的时代背景和文化价值。在展览现场有纪念品销售部，各类与展览有关的文物复制品、文创品都十分畅销。

098—102   1995—1997 年美国展

展览名称：中国皇陵展

展期及展馆：1995 年 4 月 18 日—9 月 18 日，孟菲斯库克会议中心

　　　　　　1995 年 11 月 1 日—1996 年 3 月 17 日，普若沃市扬百翰大学

　　　　　　1996 年 5 月 1 日—9 月 15 日，波特兰市艺术博物馆

　　　　　　1996 年 11 月 1 日—1997 年 3 月 17 日，丹佛自然历史博物馆

　　　　　　1997 年 5 月 2 日—9 月 15 日，奥兰多艺术博物馆

展品总数：255 件（组）

　　1995 年 4 月至 1997 年 9 月，兵马俑随"中国皇陵展"到美国孟菲斯、普若沃、波特兰、丹佛、奥兰多 5 个城市展出。文物种类有金银器、青铜器、陶瓷器、玉器、木漆器、纺织品等，共计 255 件（组），参展文物来自北京、辽宁、河北、内蒙古、陕西、甘肃、河南、湖北 8 省市的 18 个博物馆。秦始皇陵兵马俑坑出土的 4 件陶俑、1 匹陶马、1 把青铜长剑、青铜镞等兵器参加展览。在一年半的展期内，5 个城市累计有 85 万名观众参观。

　　这次参加"中国皇陵展"的文物年代从公元前 5 世纪的春秋晚期一直到 20 世纪初的清朝末期，时代跨度 2400 年，涉及 7 个朝代的皇帝及王侯大臣，是文物精品中的精品。从东周时期诸侯使用的青铜祭祀宴飨礼器到清朝末期光绪皇帝穿着的龙袍衮服；从帝王贵族生前使用的金银器皿到死后墓中陪葬的陶质舞女、天王，应有尽有，而且一级文物数量占到 60%，将这些珍品集中起来进行展示就是在中国也是极为罕见的。

　　1972 年中美建交后，中国国家文物局曾在美国举办过"伟大的青铜器时代""天子展"等多项文物展览，但"中国皇陵展"规模之大、等级之高、影响之深远，却是空前的。国家文物局外事处主任吴希华高度称赞说："中国皇陵展"是我们在美国举办得最好一次的展览。

"中国皇陵展"依次在田纳西州孟菲斯市、犹他州普若沃市、俄勒冈州波特兰市、科罗拉多州丹佛市和奥兰多市5个城市展出,历时2年,展览举办地从西向东,横跨美国,影响十分广泛,许多观众通过观看展览进一步了解了古代中国人民对人类文明作出的贡献。展览期间,美国民众参观踊跃,兴致很高,累计有85万人参观,创造了美国展览史上的奇迹。

展览的第一站在孟菲斯市库克会议中心举办。1995年4月17日晚,库克会议中心专门举行宴会招待中国文物代表团和展览赞助人、工商界人士。晚宴上张灯结彩,1200位应邀出席宴会的嘉宾欢聚一堂,共同预祝展览顺利举办。

4月18日展览正式开幕。开幕式由孟菲斯市市长主持,3000多位嘉宾参加开幕式。中国驻美大使李道豫、文化参赞李刚、以阎振堂为首的中国文物代表团一行8人以及孟菲斯市文化局局长,奥兰多市市长格林达·胡德,奥兰多艺术博物馆执行董事莫里西埃及、秘鲁驻美大使等应邀出席了开幕式,各位嘉宾讲话后,中国杂技团表演了精彩的杂技节目。开幕式后,嘉宾们饶有兴趣地观看展览。

库克会议中心的主体部分是一座三层建筑物,第三层上有一个面积为2.5万平方米的展览大厅,并附有大型仓库。"中国皇陵展"就设在这里。从会议中心大门入口处至展厅入口处的路线呈环形,依次设有咨询台、售票厅、服务台。进入售票厅就算是正式进入展览了,但这仅仅是观看文物展览前的预备活动。首先出现在观众眼前的是一个大型版面,上面依次列出"中国皇陵展"的赞助单位、赞助人及赞助项目。然后是一个大型图表,其形式类似于历史年表。在这个表中,按时代先后排列出展览中的重点文物,既有图像又有文字说明,使观众对展览的重要文物有了初步了解。接下来是一张世界地图,上面标出中国位置和美国位置以及"中国皇陵展"的徽识,使观众尤其是小学生对中国和美国在地球上的位置和距离一目了然。对面墙壁上是简短前言和中国地图,地图上标出参展文物所在的城市。接着是一个贴墙悬挂的有机玻璃柜,里面摆放3块带有"万历十二年漆州造"刻铭的长城砖,旁边是两张大幅的长城照片(嘉峪关和慕田峪),长城底部裸露摆放两层真正的长城砖,观众可以用手触摸。然后是10分钟的小电影,电影名为《超越城墙》。这是为筹备这次展览专程到中国拍摄的影片,主要介绍展出文物的环境、背景以及所反映的中国文化的大致情况。解说词写得生动、形象、幽默,富有趣味性。看完电影后,观众便有一个迫切愿望:一定要好好看一看这个展览。这是展览的预备阶段，设计者这样安排的目的主要是想烘托出古老中国文化的神秘气氛，提醒观众：你为什么要看这个展览？你将要看到些什么？

沿着电梯来到二楼，这里仍然是一处服务台，两侧竖立着复制的跪射俑、铜车马，非常逼真，观众可以用手触摸，也可以从不同角度仔细欣赏。还有一个用巧克力制成的高1.5米的龙，这是"中国皇陵展"的特制标志，对青少年极具吸引力。另有两个柜台，里面放置着展出文物的一些复仿制品。据美方人员介绍，这是专为盲人制作的。因为无法看到，他们只好用手触摸文物的质地、形状和大小。中部区域放置着数排黑色展柜，上面悬挂着小型带耳机的录音机，为观众提供录音讲解。凡来参观者，人手一机，按照参观路线，逐一讲解。讲解词风趣幽默，通俗易懂，各个文化层次的人都能接受。继续沿着电梯上行，便来到三层文物展厅，扑面而来的是一对高达2.9米的大石狮，背景衬以北京故宫式的红墙碧瓦，气势雄伟，令人震撼。

"中国皇陵展"是由考古学家和建筑师共同设计完成的。展览分为8个部分：第一部分是"墓道"，门面做成灰色牌坊式，展室仿照墓道做成长方形，中间两个长方形大玻璃柜陈放着甘肃武威雷台东汉张将军墓出土的铜出行仪仗俑，观众可以从任意角度观赏。

第二部分是"曾侯乙墓"，展室为圆形，墙壁模仿曾侯乙墓也用木头堆砌，而且还做出黑灰色的烧痕。6个展柜展出曾侯乙墓出土的彩绘漆木箱、石编磬及铜支架、铜炭盆等10多件文物。由于文物体量高大，展柜底座比较低矮，而且也都用木头染成与墙壁一样的黑灰色。

第三部分是"青铜器厅"，展厅呈较为开阔的方形，散置其间的10个展柜展出曾侯乙墓及中山王墓出土的青铜器珍品14件，贴墙壁悬挂着中山王墓出土的两件钺形器，醒目壮观，将王权的至高无上突出地展示出来。

第四部分是"汉唐阁"，展室按唐式建筑设计而成，庑殿顶，三门洞，红门红墙。13个展柜陈列着陶楼阁、铜马、鎏金铜羊灯等22件（组）文物。顶有裸体阴阳人装饰的汉代陶楼，形态各异的十二生肖，雍容华贵的粉彩"唐美人"，都以其特有的魅力吸引着观众。

第五部分是"珍宝阁"，展室为明清式的仿古建筑，9个展柜内陈列着曾侯乙墓出土的金盏金匕、玉璜玉佩，唐代的金棺银椁、金杯银碗，明孝靖皇后的凤冠，

乾隆皇帝的东朝宝珠等24件（组）珍品。这些文物大都精致小巧，展柜都比较低矮，灯光运用也很讲究，使观众能够看清细部。

第六、第七部分是"墓室"，展室为圆形，灰白色仿砖建筑，好似一个墓室。两个长方形大展柜中，分别陈列着河南永城西汉梁夷王墓出土的金缕玉衣，内蒙古奈曼旗陈国公主墓出土的银丝网络葬具，墙上壁龛内陈列着陈国公主的金面具。

走出墓室，是一长方形通道，墙壁上贴着高3米、长5米的秦兵马俑一号坑照片，向右前行，便来到展室的第七部分"秦俑坑"。展室复原了秦兵马俑一号坑的一部分，高约4米的墙面是用细砂、黄土和胶的混合物喷制而成的墙壁表面上还逼真地做出渗水、植物根须及夯土的残痕。4个高大的将军俑、武士俑站立在此。观众走到这里，都会情不自禁地感叹道：终于来到坑底了。由于和兵俑几乎站在同一地平面上，还可以比高低。身临其境，观众热情之高涨自不待言。设计者将复原出来的这个兵马俑坑命名为三号坑，虽然里面陈列着秦兵马俑一、二、三号坑出土文物。但他们认为一号坑早已为人所知，而三号坑鲜为人知，以此为名能够产生轰动效应。

第八部分是"清宫"，突出的是皇帝坐朝出行的气派。展厅陈列着一整套来自沈阳故宫的清代宫廷仪仗用物。正中是屏风御座，两侧依次是象、亭、鹤、大香炉，最外两侧是仪仗用品伞盖、团扇等，再两侧是编钟、编磬，中间是皇帝的龙袍衮服、玉宝玉册。

走出"清宫"，沿电梯下到一楼，是一个小休息室，桌上放着观众评论表，表上有11项内容供观众填写。例如"你喜欢这个展览吗？为什么？""你怎样评价这次录音讲解参观？""你通过什么途径得知这个展览？""你最喜欢展览中的哪件文物？"墙壁上挂着两张地图，一张美国地图，标出州界及各城市；一张是世界地图，标出国界及主要城市。你从哪里来？可以选择彩色塑料大头针插在你所来自的那个城市的点上。观众对这个互动活动很感兴趣，尤其是中小学生。这两张地图也反馈的信息是：美国50个州的主要城市都有人来参观，以中部和东部地区最为密集。其次是西部的洛杉矶、旧金山，周边的加拿大、墨西哥等国家的人也赶来参观，由此可见"中国皇陵展"在美国具有相当大的吸引力。

据调查，观众看完展览后，对陈列设计印象最深的有三方面：一是注重文物展品环境气氛的烘托与渲染，力求在"古代"的环境中去体现文物的内涵。设计者的目的是要通过设计重现中国皇陵、皇宫结构的轮廓和建筑，使参观者身临其境般地进入皇宫、皇陵，欣赏按原样摆设的皇家瑰宝。二是突出文物，除了在预备厅及过渡厅有一些图表和照片外，展室中没有任何辅助展品，也没有小说明牌。说明文字一律印制在文物台座的斜面上，观众观看文物时，视线或注意力不受干扰。展柜也因文物而特制，台座的形状、色彩也与文物风格协调，决不喧宾夺主。文物放置的高度、角度充分考虑观众的最佳视线，使观众能够全方位欣赏。三是展柜内一律采用顶部射灯。其间还有小型可移动的轨道射灯，根据需要打出点光。展厅光线暗中有明，明中有暗，具有一定的舞台灯光效果。展厅根据文物的不同质地，严格控制光照度、温度和湿度，有效保护文物。

走出休息室，迎面就是展览中心的礼品店。礼品店的面积有 100 多平方米，货架、柜台上摆放着 100 多种商品，大致可分两类：一类是印有"中国皇陵展"徽标的长短袖 T 恤衫、太阳帽、背包、茶杯、酒杯、灯笼、钥匙牌、笔记本、图书、画册，采用影印技术制作的带有秦俑头像的 T 恤、围巾，刺绣着秦俑形象的丝巾、丝绸衣服，英文版《中国皇陵展》图录，以展出文物为主的各式的明信片，介绍中国名胜古迹、社会风情的录像带、幻灯片、VCD、CD-Rom 等，都是专为"中国皇陵展"而设计的产品，在美国制作；另一类是中国文物复仿制品、民间工艺品，有商周青铜器、秦兵马俑、汉俑、唐三彩的复制品，明清瓷器仿制品，仿古的嵌玉木雕壁挂、屏风、挂毯、木制澡盆、瓜皮帽，户县农民画，玉制项链、耳环，印有吉祥图案的胸佩、挂饰等，都是专门从中国运去的。这些商品风格独特，或与展览相关，或具有浓厚的中国特色，很受美国观众的喜爱。

礼品店的商品价格从 3—5 美元到数千美元，满足了不同人的需求。凡是参观展览的观众，多数都要到礼品店选购喜欢的商品，有些人还专程来买礼品。他们说："如此集中的大规模的中国商品，真是少见，应该抓紧机会购买。"礼品店是由展览中心和王氏国际合作中心联合经营的。据说刚开张一个月就收回了成本。由于事先准备不足，开张一周就卖光了所有秦兵马俑复制品，为满足观众的需求，又紧急从中国厂家进货。孟菲斯展览从 4 月 18 日至 9 月 18 日，观看展览的人数是416767 人，平均每人购买 5 美元的商品，几乎与门票收入相当。

主办方总结说，"中国皇陵展"的设计分为预备、参观、购物三个阶段，环环相扣，每个环节都做得比较好，使观众高兴而来、满意而归，展览也获得社会效益

和经济效益的双丰收。

"中国皇陵展"是孟菲斯世界奇迹展中的第六个，也是最成功的一个。展览之所以取得好成绩，除了文物数量多、品位高之外，州政府、市政府以及社会各界的关心、支持，展览中心工作人员的出色工作也是至关重要的。田纳西州政府、孟菲斯市政府在财力、物力、人力上均给予支持。通过展览，政府和民众增进了了解和沟通，树立了新的形象，也增加了财政收入。各家赞助公司在展览中提高了知名度，扩大了影响。田纳西州是美国内战期间的主要战场之一，历次战争中参军异常踊跃，在美国享有"志愿兵州"的别名，也许是这种传统的延续，"中国皇陵展"吸引了 2000 多名志愿者到博物馆服务，他们大多数是 60 岁以上的退休人员。这些老人每天早上 9 点上班后，先到志愿者办公室接受任务，然后到指定岗位工作 2—3 个小时；或在咨询台发放资料，解答观众提问；或在门口检票，维持秩序；或协助残疾人参观，每个人都积极热情，认真负责。展厅内的志愿者在上岗前要经过业务培训，因此能解答和处理观众提问。志愿者一律佩戴红色领带，上面印有"中国皇陵展"标志，醒目而漂亮，很受人们喜爱。孟菲斯市的一些华人餐馆、商店、教会组织，也在展览期间热情服务，大力资助，有的无偿为展览提供用具，有的开幕期间免费供应中国食品，有的利用周六、周日义务举行中国音乐演奏会。这些丰富多彩的项目，增进了美国人民对中国文化的了解。

在市中心的街道两旁路灯杆上等距离地悬挂着印有"中国皇陵展"徽识的旌旗，从南到北，一路上飘飘扬扬，既引人注目又有气势。通往东部的一条大街上也是如此。这两条街是孟菲斯车流量最多的街道，几乎所有的孟菲斯人都要经过这两条街道，民众通过街头广告知道了"中国皇陵展"的消息。在一些重要路口，还竖有大型广告牌，上面有秦兵马俑形象。

展览期间，英文版《今日中国》《今日博物馆》《天空》等 20 多种报刊集中对展览内容、参展文物作了详细介绍，并配有大幅文物照片。主办方还在海外发行最大的华文报纸《世界日报》上刊登这样的长篇广告："古中国来到孟菲斯，超过 250 件珍贵的物品涵盖了 2500 年的中国历史将在田纳西州的孟菲斯市展出，展期至 9 月 18 日截止。这是一个不须奔波万里而能体验中国丰富文化遗产的绝好机会。"

展览第二、三、四站分别在普罗沃市、波特兰市、丹佛市展出，同样受到极大关注，日均参观人数达 1000 人以上，超过以往任何一项展览的人数。

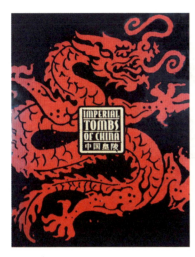

中国皇陵展海报

中国皇陵展招贴画

1997 年 4 月 30 日，"中国皇陵展"第五站在奥兰多市开幕。奥兰多市艺术博物馆董事会专门举办盛大的午宴，招待中国文物代表团和随展组以及奥兰多市工商、艺术界名流、18 家展览的赞助单位负责人等，5000 多位嘉宾应邀出席宴会。午宴由奥兰多市市长兼董事会主席格林德·霍德女士主持。

　　4 月 30 日晚，在博物馆门前搭建的帐篷中举办了有 300 多人参加的开幕式。本次展览的筹委会总裁主持，中国驻美领事馆总领事吴祖荣、领事刘金，中国文物代表团团长等嘉宾参加。当晚，博物馆的圆形建筑前特意搭建起长 15 米、宽 10 米铺有红地毯的主席台，庆祝展览圆满举办的横幅标语悬挂在醒目的位置，博物馆四周挂满了"中国皇陵展"的巨幅广告，人们穿着节日盛装，兴致勃勃地祝贺展览的成功举办。开幕式上河南杂技团表演了精彩的舞狮、中国民乐、中国少数民族服装演示等节目。

103—107　1995—1997 年德国、瑞士、英国、丹麦巡展

展览名称：中国古代人与神展（中国古代文物展）

展期及展馆：1995 年 6 月 2 日—11 月 5 日，德国埃森小山别墅

　　　　　　1995 年 12 月 2 日—1996 年 3 月 3 日，德国慕尼黑海伯艺术馆

　　　　　　1996 年 4 月—8 月，瑞士苏黎世艺术之家

　　　　　　1996 年 9 月 13 日—1997 年 1 月 5 日，英国伦敦大英博物馆

　　　　　　1997 年 2 月 21 日—5 月 25 日，丹麦路易斯安那现代艺术博物馆

展品总数：展品 118 件（组）

　　本次展览最初定名为"中国古代人与神展"，后来更名为"中国古代文物展"。展览集合了北京、河北、河南、湖南、四川、浙江、江苏、湖北 8 个省市 19 家文博机构的 118 件（组）文物展品，包括四川三星堆青铜器、金面具，浙江良渚玉器，河北刘胜墓金缕玉衣，四川新都说唱俑，湖北曾侯乙墓编钟等。文物展品内容涵盖了从公元前 5000 年新石器时代至公元 220 年东汉末年期间重要中国文物精品。

　　展览分别在德国埃森、慕尼黑，瑞士苏黎世，英国伦敦，丹麦哥本哈根 4 个国家 5 个城市巡展两年时间。特别是 1995 年 6 月，在第一站德国埃森开幕时，德国总统赫尔佐克参加并为开展式剪彩。7 月

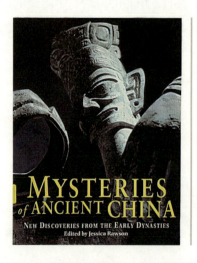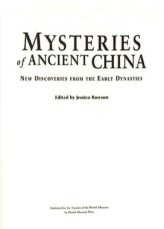

《中国古代文物展》图录封面及扉页

14日，德国总统赫
尔佐克再次陪同中
国国家主席江泽民
观看展览。这是中
国国家元首首次访
问德国，不言而喻，
这次展览不仅在民
间引起德国甚至欧
洲的参观热潮，也
无疑是一次成功的
"文物外交"。

《中国古代文物展》图录内文

　　本次展品中有中国国家博物馆收藏的陕西秦始皇陵出土的两件兵马俑。尽管只
有两件秦兵马俑参展，却是本次巡展中最吸引人的文物之一。主办方编辑的《中国
古代文物》展览图录，收录所有参展文物予以介绍，并对重点文物有专文深度解
读，以便扩大展览影响，图录中有大量篇幅介绍秦始皇陵和兵马俑，宣传主海报中
也有武士俑的头像。

108　1995 年德国展

展览名称：秦始皇兵马俑展览
展期及展馆：1995 年 9 月 7 日—11 月 19 日，汉堡工艺美术博物馆
展品总数：6 件（组）

1995 年 9 月至 11 月，兵马俑随陕西省文物展览公司、德意志联邦共和国自由汉萨汉堡文化机构及汉堡工艺美术博物馆共同举办的"秦始皇兵马俑展览"在德国汉堡展出。这次展览是为了配合在汉堡举行的大型中国文化周活动的一个项目。秦始皇陵兵马俑坑出土的 4 件陶俑、1 匹陶马和 1 套铜车马复制品 6 件（组）参加展览。展品有将军俑、铠甲军吏俑、跪射俑、骑兵俑、鞍马、二号铜车马复制品等。展期 75 天，接待观众 10 万人。

1995 年 8 月 28 日，参加展览的全部文物从北京中国人民军事博物馆运到机场，时值世界妇女大会在北京召开，原定的货机不能到位，只好临时变通，结果装载陶马的集装箱上不了飞机，只能改乘次日的航班。随展组与部分文物当天到达德国。德国运输公司留人负责马箱运输。8 月 30 日，全部文物运抵汉堡工艺美术博物馆。

汉堡有关部门在市政府和经济、文化等各界的大力支持下，圆满组织本次大型中国文化周活动。"秦俑展"是活动的一个重要项目。汉堡工艺美术博物馆精心设计了展厅，展览分一层、二层展览廊和陶俑、陶马展厅，附设一个幻灯放映室。一层展览

点交文物

以黑布为烘托，布置了秦代铜镜、秦汉瓦当、兵器、钱币、秦刻石、荆轲刺秦画像石拓片。二层展览廊楼梯口放置铜车马，廊的两侧以白布为衬托，布置墓葬出土的空心砖、画像砖及秦俑一、二、三号坑简图，二楼展览廊两侧是陶俑和陶马的展厅。整个展览面积为 200 平方米，展厅背景是秦俑军阵，陶俑、陶马摆放在展厅中部的高台上，没有使用玻璃柜，简洁直观，很受观众好评。

1995 年 9 月 4 日，汉堡工商会举办"中国月新闻发布会"，以陕西省委宣传部副部长刘文义为团长的陕西省文物代表团 3 人和随展组 3 位工作人员参加新闻发布会。热情的记者和来宾向代表团提了许多问题，如秦俑是怎样发现的？为什么秦俑坑中兵器很少？是谁修建了秦俑坑？用了多长时间？什么人烧制了秦俑？秦俑去过哪些国家？展出件数最多的一次是哪一次？在哪个国家？什么时间？等等。

为了进一步加大宣传力度，9 月 6 日上午又专门举办"秦兵马俑展览记者招待会"，负责这次展览筹备工作的亚洲部高小姐向来宾介绍展览的引进、筹备、布展情况。陕西省文物代表团介绍了陕西省的文物资源和博物馆概况。新闻发布会后，德国国家电视台记者又就陕西省的考古发掘、人员编制、技术力量、机构设施等问题再次采访了代表团。当晚 6 时进行预展，虽然是预展，但是德方非常重视，仪式非常隆重，邀请了各界名流、财团负责人到场，当晚参观人数超过主办方的预料，许多人都是抱着先睹为快的目的而来的。

《那方战士》图录封面

9 月 7 日晚 6：30，展览的开幕式正式举行，美术馆馆长主持开幕式。之后是本次展览筹备处负责人、陕西文物代表团团长先后讲话。简单的仪式之后是庆祝酒会，小圆桌上和道路两侧都摆上了蜡烛，人们三五成群，频频举杯，互致问好，气氛优雅活跃。许多人没有去过中国，看了展览后了解了中国的情况。一位新加坡籍华侨激动地说："看过这样精美的展览，我为自己的祖国感到骄傲！"为了宣传本次展览，进一步扩大影响，主办方编辑了展览图录《那方战士》，书中以文图配合的形式介绍了参展文物及兵马俑故乡的风土人情。

109—111　1995—1997 年日本展

展览名称：和平的使者——秦始皇帝铜车马展
展期及展馆：1995 年 10 月 1 日—29 日，静冈县中川美术馆
　　　　　　1996 年 5 月 21 日—6 月 14 日，福冈市博物馆
　　　　　　1997 年 4 月 23 日—6 月 1 日，奈良县美术馆
展品总数：1 组

　　1993 年由中国驻日本大使馆和中日文化交流协会提议，由日本经济新闻社、中川美术馆主办"和平的使者——秦始皇帝铜车马展"，经过两年筹备，展览于 1995 年在日本静冈县中川美术馆展出。秦始皇陵铜车马复制品特邀参展。铜车马出土于秦始皇陵封土西侧 20 米处，经过文物修复与科技保护工作者长达 8 年的修复保护，终于再现了秦始皇銮驾的风采，被誉为"青铜之冠"。同时展出的还有中川美术馆历年收藏的唐、宋、明、清、近代的字画、瓷器等。

　　这是秦始皇陵铜车马复制品作为和平使者参加在日本举办的专场展览。中川美术馆馆长中川健造主持开幕式并发表热情洋溢的讲话。中国多位著名艺术家为展览题词题诗，庆祝展览圆满举办。

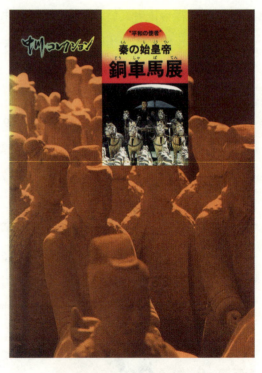

《和平的使者——秦始皇帝铜车马展》图录封面

为了扩大影响，日方专门编印了精美图录《和平的使者——秦始皇帝铜车马展》，其中有参展文物介绍和相关研究文章。秦始皇兵马俑博物馆馆长袁仲一特意为展览题词："秦皇铜车展华姿，御官纵缰马飞驰。越洋渡海来东瀛，和平使者谱新曲。"

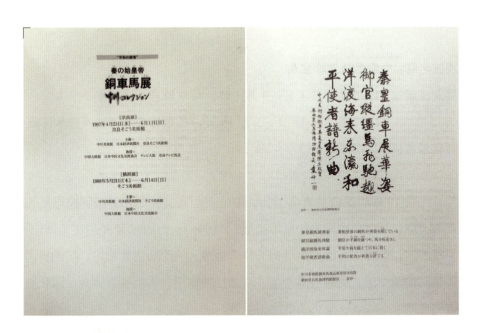

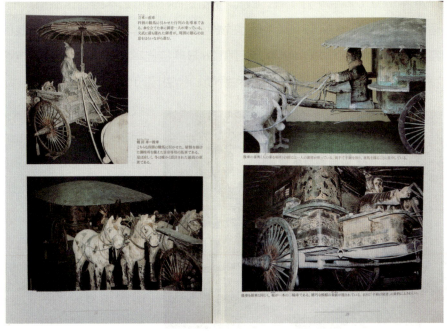

《和平的使者——秦始皇帝铜车马展》图录内文

112—113   1996—1997 年美国展

展览名称：中国秦始皇珍宝展
展期及展馆：1996 年 7 月 1 日—9 月 1 日，伯明翰艺术博物馆
　　　　　　1997 年 2 月 18 日—5 月 18 日，巴尔的摩沃特兰市艺术博物馆
展品总数：展品 65 件（组）

为了配合 1996 年亚特兰大奥运会，中国陕西省文物局和美国阿拉巴马州伯明翰市艺术馆联合举办"中国秦始皇珍宝展"，1996 年至 1997 年先后在美国伯明翰、巴尔的摩展出。参展文物由秦始皇兵马俑博物馆、陕西历史博物馆、陕西省考古研究所、咸阳市博物馆、凤翔县博物馆、临潼县博物馆、周至县文管会、淳化县文管会、宝鸡市考古工作队、宝鸡市博物馆提供。

1996 年 7 月 1 日至 9 月 1 日，展览首先在伯明翰市艺术博物馆展出。伯明翰是奥运会足球赛地。6 月 25 日，中国文物代表团在到达伯明翰的当天，便赶往现场考察，检查文物布展情况。6 月 25 日和 26 日晚接连举办两次盛大酒会，欢迎陕西文物代表团并感谢各界的大力支持和赞助。代表团团长秦天行发表热情洋溢的致辞。秦俑学研究专家袁仲一接受当地电视台记者采访说："这次展览中国宝级、一级品和首次外展的文物比较多。以秦史为线索的展览是首例，而且展线好，重点文物突出，陈列效果和手法都很好。"7 月 1 日，在伯明翰艺术博物馆举行开幕式。

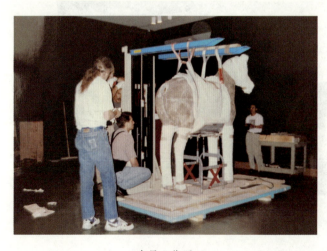

布展工作照

秦兵马俑到伯明翰展出，引起当地各界的重视。伯明翰艺术博物馆馆长约翰·施考德博士说："中国秦始皇珍宝展是本地区今夏一大盛事。"该馆东方部主任伍德博士评论道："秦兵马俑的发掘是本世纪最大的考古发掘，是世界人类文化遗产之一，每个人都应来此观看。"

代表团考察展览现场

6月5日，展览举行新闻发布会，有700位嘉宾参加。发布会之后是预展。一名远道而来研究中国历史的教授感慨地说："想不到伯明翰博物馆办了这么好的展览。"伯明翰艺术博物馆馆长约翰·施考德博士接受《世界日报》记者采访时说："中国秦始皇珍宝展是本地区最大的一件盛事。"

展厅现场

展览期间，中国驻休斯敦总领事馆领事赵海专程观看展览。许多没到过中国的观众看到高大威武的兵马俑后，激动地一再说："简直像真人一样！太不可思议了！"路易斯安那州的一位观众说："真是迷人得不可思议！我从来没想到秦俑雕刻得如此仔细。"旧金山的一位观众留言道："非常有意义的一次展览。"从观众调查中得知，多数人是第一次看到如此精美的中国文物，他们感到非常震惊，对秦俑赞叹不已，并表示有机会一定要到中国看看，看看真正的中国文化，看看8000兵马俑的故乡。一位华侨带着只会讲英语的儿孙多次来到展览场地参观，让后代记住自己的根。展期内，中国—西安成为热门话题。

伯明翰市商业中心专门制作了大型沙雕"秦俑军阵"进一步宣传展览，扩大影响。"中国秦始皇珍宝展"开展前，该馆门前冷落。开展后，参观的人络绎不绝。

每天很早，就有慕名而来排着长队等候参观的人流。队伍中有白发苍苍的老者，也有稚童和坐着轮椅的残疾人，场面十分感人。来自其他十几个州的观众源源不断，西部的加州，西南部的德州，东部的纽约、华盛顿，东北部俄亥俄州，临近的乔治亚州、路易斯安那、密西西比、佛罗里达、田纳西州的民众以及来观看奥运会的法国、韩国、德国、阿根廷、墨西哥、日本的观众也来参观。展期内有近 10 万名观众，占该市总人口的 1/6。展场中不仅有美国本地

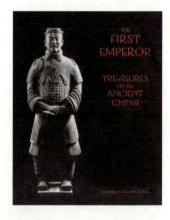

《中国秦始皇珍宝展》图录封面

人士，还有很多观看奥运会的各国观众。展览最后 10 天的参观券早在 1 个月前已售空，许多观众只好站在展馆门外观看有关秦俑的纪录片。

　　巴尔的摩市是马里兰州首府，地处美国东海岸，临近华盛顿，为美国第九大城市。1997 年 1 月 29 日，以李焕政为首的中国文物代表团一行到达巴尔的摩市，受到巴尔的摩市市长史默特克的接见，代表团成员被授予巴尔的摩市荣誉市民。开幕当日为巴尔的摩市建市 200 周年，展览是庆祝活动的一部分。展览开幕式原定由市长夫人出席，后改为市长亲自出席。曾两度被美国总统提名为大法官候选人的著名民主党参议员塞瑞纳也在开幕式上发表热情洋溢的讲

《中国秦始皇珍宝展》图录封二及扉页

《中国秦始皇珍宝展》图录内文

话，中国驻美大使馆文化参赞李刚宣读了驻美大使李道豫的贺信。

　　展期内，许多观众以先睹秦俑为快，大街上随处可见展览的海报。《世界日报》在醒目位置报道："我们过去把欧洲叫'旧世界'，与秦始皇时代文化比起来，欧洲太年轻了。"展览图录《中国秦始皇珍宝展》印制精美，简明介绍主要展品。

114　1996 年日本展

展览名称：*秦兵马俑展览*

展期及展馆：1996 年 7 月 26 日—9 月 26 日，鸟取县燕赵园

展品总数：10 件（组）

本次展览是为了配合中国大庭园"燕赵园"建园一周年而举办的。"燕赵园"是由日本鸟取县投资、仿中国古代燕赵之地的园林景观。据说建筑所用主材全部由中国制造，投资多达 10 亿日元。建成后在日本产生巨大影响，迅速成为旅游热点。

鸟取县依山傍水、风景宜人，是以日本江户时代诸侯中年俸 32 万石的鸟取藩主居住地方为中心发展起来的城市。它的北部是一望无际的日本海，那悬崖峭壁、翠绿的山林以及曲折的海岸线形成一幅清丽的风景画。在鸟取市及其四周城市的山林和山谷中，有许多寺庙和历史文化遗存。

1996 年 1 月 30 日，为了办好这次展览，日本文物专家来到秦陵博物院挑选文物。2 月 7 日，双方专家初步商议后，来到文物库房察看文物。最后选择了 10 件（组）文物参加在鸟取县举办的展览。

1996 年 7 月 26 日，文物在"燕赵园"纪念建园一周年展出。展览期间，日本观众十分踊跃，兵马俑展柜常常被热情的观众围得水泄不通。秦俑参展文物 10 件（组），观众 7 万人。媒体评论说，秦兵马俑展览期间，燕赵园热闹非凡。还有观众说："兵马俑看 100 次也值得！"

115 1997 年日本展

展览名称：*秦始皇帝与大兵马俑展*

展期及展馆：1997 年 3 月 7 日—6 月 8 日，大阪万博纪念公园

展品总数：45 件（组）

1997 年 3 月至 6 月，为了纪念中日邦交正常化 25 周年，由日本读卖新闻大阪本社和中国陕西省文物局、陕西省对外文展公司主办的"秦始皇帝与大兵马俑展"于 1997 年春夏之间在大阪万博纪念公园隆重举行。展览得到了中日双方的极大重视。展期 3 个月，观众 27 万人。

1997 年 3 月 7 日，展览在万博纪念公园举行了隆重的开幕式。中国驻日本大阪总领事刘智刚、陕西省人大常委会副主任陈学俊等为展览开幕剪彩。展期内，大阪市的大街上贴满了兵马俑展览的海报。紫色的底配上金黄色的"秦始皇帝"四个汉字格外醒目，海报上印有秦始皇帝、万里长城、铜车马、秦俑军阵的形象。展览在万博纪念公园展出期间，受到了日本观众的热烈欢迎和高度评价。

由于组织有方，使得展览秩序井然，观众能够尽情地欣赏文物，感到十分满意。参观展览的人数持续上升，日均参观人数达 4000 人，占入园总人数的 41%。其中 4 月 29 日至 5 月 5 日是展期内人数最多的日子，最多的一天竟然达到了 16330 人。这次展览的图录《秦始皇帝与大兵马俑展》印制精美，内容丰富，受到观众的喜爱。

展览开幕式

报纸上的宣传报道　　　　　　　　《秦始皇帝与大兵马俑展》宣传册及入场券

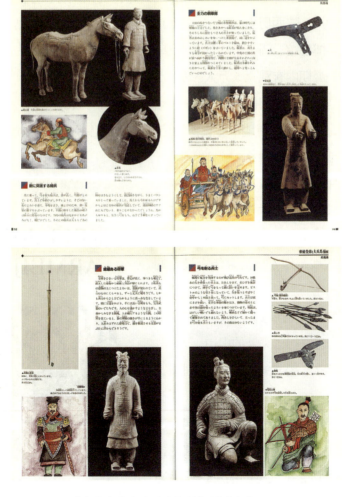

《秦始皇帝与大兵马俑展》图录内文

116　1997 年芬兰展

展览名称：秦兵马俑展

展期及展馆：1997 年 6 月 28 日—8 月 31 日，拉赫地市历史博物馆

展品总数：82 件（组）

"秦兵马俑展"是由陕西省文物局和拉赫地市博物馆联合主办。参展文物由秦始皇兵马俑博物馆、陕西历史博物馆、陕西省考古研究所、咸阳市博物馆、凤翔县博物馆、临潼县博物馆、周至县文管会、淳化县文管会、宝鸡市考古工作队、宝鸡市博物馆提供。展期内有观众 5 万人参观。

拉赫地市是芬兰中北部的一个宁静的小城。在这个小城的中心，有一座风格别具的三层小楼，这就是拉赫地市历史博物馆。这次展览布置在博物馆一层展厅内，展厅不大，但布置得很有特色。

1997 年 6 月 28 日，中国驻芬兰大使夫妇，拉赫地市副市长，印度尼西亚、韩国、挪威、瑞士驻芬兰大使等嘉宾参加了开幕式。芬兰新闻媒体对这次展览作了广泛宣传，最大的 3 家电视台分别用芬兰语、瑞典语制作了大量专题节目，宣传报道展览。当地所有的电视台、广播电台也进行了频繁的报道。

展览开幕不久，芬兰电视台专门到展览现场采访随展人员，了解展品及筹展情况，并在现场召开新闻发布会。之后的新闻报道接连不断，据统计，展览期间有近千家的报纸、杂志、书籍刊登了展览的消息、展品介绍、宣传文章。走在拉赫地市大街上，随处

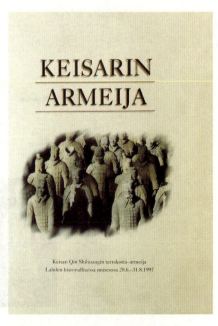

《秦始皇兵马俑》图录封面

可见街道两旁广告牌、橱窗、灯饰上刊登着的宣传照片，主要大街的墙壁上也贴满了展览广告。

拉赫地市历史博物馆为配合这次展览，专门印制了展览图录，放映电影《秦俑》，并一连十几天在电视上播放广告。报纸上更适宜大量篇幅刊登展览消息用大号字体在醒目位置介绍展览盛况："御林军将进驻拉赫地市历史博物馆""皇帝的军队令人震惊——中国的国宝首次在拉赫地市展出""历史的曙光在逐渐暗淡——中国士兵的微笑""世界第八奇迹在芬兰——令人激动的兵马俑""你可以感觉到帝国的辉煌"等字样出现在报刊头版头条，令人忍不住想去看看。

随展人员接受采访

新闻发布会

145

117—121　1997—1998 年日本展

展览名称：*秦始皇帝和兵马俑展*

展期及展馆：1997 年 9 月 25 日—10 月 13 日，德岛新闻社会场

1997 年 12 月 3 日—1998 年 1 月 23 日，广岛美术馆

1998 年 2 月 1 日—3 月 10 日，冈山特设会场

1998 年 3 月 20 日—4 月 10 日，佐贺县美术馆

1998 年 4 月 20 日—5 月 20 日，岛根县博物馆

展品总数：50 件（组）

1997 年 9 月至 1998 年 5 月，"秦始皇帝和兵马俑展"在日本德岛、广岛、冈山、佐贺、岛根 5 个城市展出。这次展览是由中国陕西省文物局与日本新文化制作公司、德岛新闻社等主办。参展文物 50 件（组），集中展示秦代文物，包括陶俑、生活用品、建筑材料、度量衡、铁器等。观众累计 23 万人。

1997 年 9 月 25 日，"秦始皇帝和兵马俑展"在德岛正式开幕。这次展览由日本新文化制作公司、德岛新闻社主办。主办方利用自己的宣传优势，及时发布展览资讯。《德岛新闻》上每天都有展览的报道。NHK 德岛新闻社广泛宣传，使得展览的消息人所皆知，家喻户晓。德岛展出期间，20 天内观众达到 2.5 万人，令主办单位欣喜不已。媒体评价说：这是德岛历史上最受欢迎、最有影响、人数最多的一次高品

德岛宣传海报

位的展览。

德岛展结束后，兵马俑又到第二站
广岛美术馆展出。广岛布展很有特色，
专门复制了秦俑三号坑模型，令观众大
开眼界。展览主办方想尽办法为观众提
供良好的参观环境。由于展厅面积有限，
主办方巧妙安排，使得络绎不绝的观众
都能欣赏到精美的文物。先把观众带到
展览现场参观文物，然后快速走到展厅
空地上详细介绍千古一帝秦始皇规模巨
大的陵墓和威震四海的兵马俑陪葬坑，
观众对此十分满意。

这次展览在佐贺举办时，主办单位和
旅行社联系，专门推出"中国·西安四日
游"。从行程安排看，第一天下午3：40从
福冈出发乘飞机到西安；第二天上午参观
兵马俑，下午看碑林；第三天去陕西历史
博物馆，大、小雁塔和清真寺；第四天从
青岛返回福冈。这种安排主要是为了实地

报刊上的宣传文章

看看陕西的文物，感受兵马俑的气势。这一旅游行程完全是因为这次展览而特意精
心组织的，既可以到兵马俑等文物的出土现场参观，又能促进观众更多地了解陕西，
了解陕西的文物，这是此次展览的又一个目的。许多观众表示，看了兵马俑展览后，
想去中国旅游的愿望更迫切了。

展览的最后一站在岛根县举办，同样引起巨大轰动。岛根县知事亲自为展览剪
彩并兴致勃勃地观看了展览。岛根同样推出参观兵马俑展、到西安旅游的活动，主
要行程就是实地观赏秦俑军阵，体验兵马俑故乡的风土人情。

为了深入宣传本次展览，主办方专门为编印了精美的图录《秦始皇帝和兵马
俑》，收录了所有参展文物的照片和简介。图录印制精美，设计典雅，受到观众喜
爱，购买者十分踊跃。

122　1997—1998 年中国香港展

展览名称：国宝——中国历史文物精华展

展期及展馆：1997 年 12 月 16 日—1998 年 1 月 3 日，香港艺术馆

展品总数：163 件（组）

这次展览是国家文物局和香港特区临时市政局联合主办的，香港艺术馆、中国历史博物馆、中国文物交流中心联合筹划的"国宝——中国历史文物精华展"。这些展品来自中国历史博物馆、秦始皇兵马俑博物馆、法门寺博物馆、上海博物馆、故宫博物院、江西省博物馆、四川省文物考古研究所、浙江省文物考古研究所、河北省博物馆、徐州汉兵马俑博物馆、西汉南越王墓博物馆、内蒙古自治区文物考古研究所、中国社科院考古研究所、南京市博物馆、山西省考古研究所、辽宁省博物馆、河北省文物考古研究所、河南省文物考古研究所、首都博物馆、香港艺术馆等 30 余家参展单位的 163 件（组）文物。秦始皇兵马俑博物馆有两件兵马俑参加展出，国家文物局和香港特区临时市政府印制了精美的图录、画页，安排了专题讲座。

这次展览是中国人民第一次以主人的身份在香港举行的全国性文物大展，是全国文物、考古和博物馆界对香港回归祖国所呈献的一份丰厚的贺礼。在这个组合空前、内涵丰富的展览中，其规模之大、规格之高、精品之多、形式之美为内地历次文物在香港展览之最，观众可以集中观赏著名考古发现的珍品，从多方面领会到中国古代文明的多姿多彩，感受中华民族历史的辉煌和先人们的勤劳与睿智，体察到它对人类文明的贡献。

1997 年 12 月 15 日"国宝——中国历史文物精华展"在位于维多利亚港湾的香港艺术馆举行了隆重的开幕酒会。香港特别行政区行政长官董建华、国家文物局局长张文彬、香港特别行政区临时立法会主席范徐丽泰、外交部驻港特派员马毓真等300 多位嘉宾出席了开幕式。董建华、张文彬等 6 人作为主礼嘉宾为展览剪彩。董建华参观展览后发表感想说："这是一个精彩绝伦的展览。我要另找一个机会与家人再

次逐一细心欣赏这些巧夺天工、价值连城的珍品。同时我也希望每年都能在香港举办一次中国历史文物展览。"梁定邦、张文彬以及为这次展览提供赞助的安利（中国）日用品有限公司董事长郑李锦芬先后致辞。

香港艺术馆外的海报

这次展览的展品年代跨越了自新石器时代到清朝的 7000 年历史，品类包括陶、瓷、玉石、金、银、铜、漆、甲骨、水晶、壁画、绘画等十余种。一次集中展出如此多的国宝，而且许多精品都是成组参展，这在历次展览中都是少有的。主办方编辑了图文并茂的展览图录《国宝——中国历史文物精华展》，收录所有参展文物加以介绍。

《国宝——中国历史文物精华展》图录内文

香港艺术馆耗费巨资，精心布置陈列，运用不同的灯光、展柜和背景，充分展示出每件文物精品的艺术美，使展览具有极强的观赏性和动人心魄的感染力，令每位观者无不动容。

香港各大媒体都对"国宝——中国历史文物精华展"给予大量报道和高度评价，认为此次展览是香港回归祖国后的又一大盛事，不仅为香港民众提供了千载难逢的欣赏文物的宝贵机会，而且有助于香港民众实现寻根愿望，增强香港民众对祖国历史文化的了解和民族自豪感。香港特区市政总署署长钟丽帼表示，为庆祝香港回归祖国这一盛事，由国家文物局和香港特区临时市政局联合举办的这次展览，已吸引了全港 3000 多所中小学校和 1000 多个社团组织参观。本次展览是同类活动中最受欢迎的一个。

123—124　1998 年美国展

展览名称：*秦汉雕塑艺术展*

展期及展馆：1998 年 2 月 17 日—6 月 7 日，代顿艺术博物馆

　　　　　　1998 年 7 月 17 日—10 月 26 日，圣巴巴拉艺术博物馆

展品总数：72 件（组）

1998 年 2 月至 10 月，秦兵马俑随"秦汉雕塑艺术展"到美国代顿、圣巴巴拉展出，展期内有 28 万人参观。展览筹办时间长达 3 年之久，自从 1996 年起，筹展人员便开始四处奔波，筹集文物展品。其间不断交换意见，调整展品，力争把最能代表秦汉雕塑艺术的精品奉献给美国观众，展览凝结了中美双方工作人员的心血。

1998 年 1 月 7 日，中美双方在北京进行文物点交。随后在代顿艺术博物馆开幕。这次以"秦汉雕塑艺术"为题的展览，吸引了很多艺术专业人士。参观中，不少人一再说："兵马俑是雕塑艺术的精品。"代顿仅有 50 万人口，却有 15 万名观众参观展览。主办方编辑了《秦汉雕塑》图录，收录展览中的所有文物，并作简要介绍。

代顿展览结束后，全部展品移至圣巴巴拉艺术博物馆展出。7月 10 日—16 日工作人员紧张布展。展览前夕，圣巴巴拉艺术博物馆作了大量宣传工作。大街上

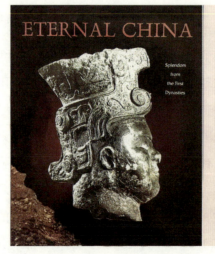

《秦汉雕塑》图录封面及扉页

《秦汉雕塑》图录内文

随处可见金黄色的带有红色"秦汉雕塑"字样的展览海报。《洛杉矶时报》《圣巴巴拉新闻报》《加里福尼亚瑞德兰时报》等大造舆论，当时正逢美国总统克林顿访问西安，报刊上用整版篇幅刊登总统一家三口下到秦俑坑下与兵马俑合影的消息和照片，极力宣传兵马俑的价值和意义。

7月17日上午举行记者招待会，有100多位媒体记者参加。晚上在法院草坪举行盛大的露天晚宴，中国驻加利福尼亚州圣巴巴拉市领事及文化参赞等300多位嘉宾出席宴会。晚宴上，许多嘉宾身着中国传统服装，华人社团的10位女士表演扇子舞——"国色天香"，悠扬的中国乐曲，美妙的舞蹈，把观众带入如诗如梦的境界，从而把晚会推向高潮。

展览期间，前来参观的观众很多。展厅虽然比较小，但是采用录音讲解的方式，互不干扰，参观秩序井然，展示效果很好，受到观众的好评。博物馆的人们都说："是中国武士把观众吸引来了。"

125　1998年美国展

展览名称：中华五千年文明艺术展

展期及展馆：1998年2月6日—6月3日，纽约古根海姆博物馆

展品总数：219件（组）

1998年2月，4件兵马俑和1匹陶马随着"中华五千年文明艺术展"到美国纽约展出。这是一次规模空前的文物和艺术品出国展览，在4个月的展期内，有45万人参观。

这次展览的219件（组）文物，由中国古代文物精品和现代艺术品组成，其中部分文物和艺术品都是第一次在海外展出。媒体评论说，举办这次展览是美国"以一个全球的、前瞻性的态度"对待优秀的中华文明的表现，为美洲乃至世界观众提供了加深理解中国文化的过去与现在的宝贵机会。

早在1994年，美国古根海姆基金会就提出举办中国文物艺术展览的构想。根据最初构想，展览目的是全面介绍新石器时代至当代的中国艺术，其中包括当代中国艺术家富有探索意义的作品。1995年，美国所罗门·古根海姆博物馆馆长托马斯·克伦斯访华，正式向中国文化部提出在纽约举办中国古代和现代艺术展的请求，并得到中国外长钱其琛的接见。这年3月，中方派出谈判组，赴纽约与古根海姆博物馆协商谈判。经过多次磋商，最终在中国驻美国大使李道豫的斡旋和推动下，在美举办中国文物和艺术品展览的计划，得到中国政府的大力支持。

古根海姆博物馆是现代艺术馆，馆内没有专门研究古代艺术的专家，因此策展组特别邀请著名亚洲艺术研究学者、美国克利夫兰艺术博物馆原馆长李雪曼先生担任展览顾问，可以说，展览集结了中国和欧美数十位专家学者的心血。美国方面专门成立了一个展览荣誉委员会，荣誉主席是美国第一夫人希拉里·克林顿、中国驻美大使李道豫、美国前国务卿基辛格、古根海姆基金会主席诺德·佩雷曼、美洲国际组织（AIG）主席莫里斯·格林伯格。中国方面是由中国文物交流中心承担展览

的古代部分，中国展览交流
中心承担展览的现代部分。

这次参加展览 219 件
（组）文物是从 50 多家博物
馆和艺术馆的藏品中挑选出
来的，总保险估价为 3 亿美
元，是中国文物外展中保险
估价最高的一次。因保险估
价太高，美方专门向国会下
属的艺术品委员会申请了政
府担保。

1998 年 2 月 4 日，"中
华五千年文明艺术展"在纽
约隆重开幕。中国文化部部
长刘忠德、中国驻美大使李
道豫率中国代表团与联合国
秘书长安南和美国政界要员
等出席开幕式。由于要求参
加的各界名流太多，仅开幕
活动就举办了 3 天。

《中华五千年文明艺术展》图录介绍兵马俑的内页

开幕当天，古根海姆博
物馆大厅四面垂挂着青、白、黑、红四个中文条幅，上面用草书写着曹植《神龟
赋》中的四句："苍龙虬于东岳，白虎啸于西岗，玄武集于寒门，朱雀栖于南乡。"
每张桌子中间都摆着一个硕大的花瓶，花瓶里插满海棠。中国古代艺术品陈列在每
层展厅和螺旋走廊上，在精心布置的背景和灯光下显得神秘而华美。

美国纽约古根海姆博物馆是极负盛名的收集西方现代艺术品的博物馆，博物馆
拥有很多具有极高艺术鉴赏水平的会员。展览开幕后，吸引了很多艺术家和收藏
家前来观展。展厅按照文物质地分为玉器、青铜器、漆器、纺织品、字画、雕塑
品、陶瓷器等七大类予以分类。展品年代跨度 5000 年，从仰韶时代到清朝，集中

153

了 5000 年中国艺术的精品。为了做好展览，展厅的设计、展柜的形式、文物的摆放、灯光的亮度和照射角度等都是经过精心设计和反复调试的，因而吸引了众多名人前去观看。每天早上，在博物馆门外有很多人在等候。为保持展厅秩序，馆方严格控制人数，中午时分或者周末，博物馆前排队的人更多，人们拿着展览简介交流讨论，期待早点进馆看展。

美国古根海姆博物馆专门为展览编辑了精美的图录《中华五千年文明艺术展》。书中不仅收录所有参展文物的照片，还邀请俞伟超、马承源、徐苹芳、宿白、张忠培、王庆正等学者撰文，便于观众多方面了解参展文物的内涵与价值。

由于美国观众对中国文物的强烈兴趣，展览期间，参观者络绎不绝。美国文物博物馆界的纽约大都会艺术博物馆、华盛顿沙克东美术馆均派员到中国文物大省陕西、河南、河北等省调研，以开发和引进中国文物展。

"中华五千年文明艺术展"原定 5 月 31 日闭幕，应观众要求，又延长了 3 天时间，参观总人数达 45 万人次。正如美国驻华使馆文化参赞所说，1998 年中美文化交流有两大热点，在中国是放映美国大片《泰坦尼克号》，在美国是举办中华 5000 年文明艺术展。展览于 6 月闭幕，成为克林顿总统访华前的预热。当月，克林顿率领 1200 人的庞大代表团对中国进行国事访问，这是对江泽民主席 1997 年访美的回访。

展览期间，古根海姆博物馆为了扩大影响，深化展览效果，还推出一系列公众活动，如免费提供导览和手语翻译，举办中国艺术讲座，演出中国舞蹈，每月第三周周五，家长可带领 3—5 岁的儿童，在艺术教育学者指导下，参加讲故事、做手工和简单的艺术模仿创作活动，以引导儿童探索中国文化和艺术。组织"黎明，早期中国电影"周活动，放映 1926 年至 1949 年出品的中国电影。由于此次展览的成功举办，古根海姆博物馆馆长托马斯·克伦斯获得了极大的国际声誉，并获得了美国之家人文基金会颁发的 25 万美金的奖金。

126 1998 年西班牙展

展览名称：中华五千年文明艺术展

展期及展馆：1998 年 9 月 1 日—11 月 1 日，毕尔巴鄂古根海姆博物馆

展品总数：219 件（组）

1998 年 7 月，秦兵马俑随"中华五千年文明艺术展"到西班牙毕尔巴鄂古根海姆博物馆展出 2 个月。这是在美国纽约同名展览结束后，巡回到西班牙举办的一次展览。

本次展览的举办地毕尔巴鄂是西班牙的北部城市，人口只有 30 余万，但参观展览的人数竟然到达 54 万人，被西班牙媒体评价为"20 世纪最好的展览"。在 54 万名观众中，从欧洲各国和西班牙各个城市赶去参观的人数超过 30 万。

古根海姆博物馆专门为宣传展览编辑了图录《中华五千年文明艺术展》，封面是极富动感的唐鎏金铁芯铜龙，扉页是启功先生题写的展览名。图录印制考究，装帧典雅，深受欢迎。由于这次展览的轰动效应，美国各地博物馆纷纷提出举办中国文物展的申请。1999 年至 2005 年间，中国在美国多个城市举办了"中国考古黄金时代展""中国古代青铜乐器展""丝绸之路展""走向盛唐展"等一系列展览，

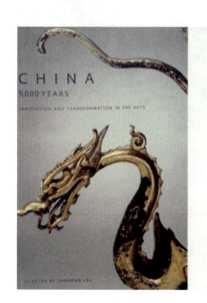

《中华五千年文明艺术展》图录封面与扉页

155

均达到或超过预估参
观人数。

　　"中华五千年文
明艺术展"在美国
和西班牙巡回展出获
得巨大成功，在美国
纽约有 45 万名观众
参观，在西班牙毕尔
巴鄂有 54 万人参观，
一个艺术展在 6 个月
时间接待 100 万名观
众，创造了世界展览
史上的奇迹。海外传
媒惊呼，这次展览是
"1998 年全球华人艺
术圈最受瞩目的一桩
大事"，是"西方第
一次对中国艺术投注
如此大的人力、财力
的展出"，并称"规
模之宏大，不仅东方
少见，在西方更是史
无前例的"。

布展工作照

撤展工作照

127 1998 年韩国展

展览名称：世界文明展
展期及展馆：1998 年 9 月 11 日—11 月 11 日，庆州市博物馆
展品总数：90 件（组）

1998 年 9 月 11 日至 11 月 11 日，秦兵马俑随"世界文明展"到韩国庆州市博物馆展出。"世界文明展"由韩国政府组织，分为"黄河文明展""印度文明展""埃及文明展""玛雅文明展""印加文明展""韩国文明展""美索不达米亚文明展"7 个部分，每个部分在一个展馆展出，旨在反映世界上各地区文明史的光辉篇章。秦兵马俑参加反映中华文明的"黄河文明展"，秦始皇陵文物中的高级军吏俑、跽坐俑、铺地方砖、秦俑坑出土的青铜长剑、青铜箭镞以及秦陵铜车马二号车复制品参加展出。

庆州是古朝鲜半岛三国时代和统一新罗的古都，地上地下文物十分丰富。中韩建交后，西安市和庆州市于 1993 年结为友好城市。"98 庆州世界文化博览会"是韩国庆尚北道主办的国际性大型文化活动，会期两个月。这届博览会的主题是"新的千年微笑"，副题是"创新、融合、参与"，以"世界文化影像馆""世界文明馆""各国民间工艺美术品展销""各国文化风俗"以及十多个演出场所等形式向到访者展示来自 48 个国家和地区的独特文化风貌。

韩国政府十分重视这次博览会，专门拨款 30 亿韩元予以资助，金大中总统夫妇出席了 9 月 11 日举行的开幕式，并发表热情洋溢的

随展人员导览

157

致辞，在开幕式后，同与会
的 400 余位嘉宾共进午餐。
中国陕西省文物局代表团应
韩国"98 庆州世界文化博
览会"组委会和所罗门株式
会社的邀请，派五人代表团
出席"98 庆州世界文化博
览会"的开幕式。

　　"世界文明展"的 7 个
分馆运用大量现代科技手段
将荟萃世界文明起源、体现
人类社会发展和灿烂物质文
明的文物及其复制品、模
型、图片、文字资料展现在
人们面前。陕西省对外文展
公司参展的 90 件（组）文
物上自新石器时代，下至
与定都庆州的新罗王朝同期
的唐代，文物品种多，等级
高，使同为汉文化圈、同受

图录内文

儒教文化影响的韩国民众备感亲切。博览会开幕的第二天（9 月 12 日）被组委会
定名为"中国日"，重点宣传"黄河文明展"以及同时参展的"中国少林寺武术艺
术演出团"和山东省组织的中国传统工艺美术展销活动。韩国广播公司（KBS）现
场采访了中国文物代表团，随展人员导览时专门介绍秦兵马俑及其发掘保护情况。

　　10 月 19 日、20 日，韩国前总统卢泰愚及夫人、全斗焕及夫人分别参观了"世
界文明展"。在展览即将结束的 11 月 3 日，韩国总理金钟泌到中国馆参观。为了
扩大影响，韩方专门为这次展览编印了精美的展览图录，介绍展览中的重要文物和
相关信息。展览图录特意刊登秦兵马俑一号坑军阵，以一个整页的篇幅介绍将军
俑，很受欢迎，成为博览会和"中国文明展"上的畅销书。

128—135　1999—2000年日本展

展览名称：兵马俑和秦汉帝国至宝展

展期及展馆：1999年6月5日—7月11日，岐阜市历史博物馆

1999年7月17日—8月15日，静冈博物馆

1999年8月21日—9月9日，仙台博物馆

1999年10月7日—11月7日，福井市美术馆

1999年11月12日—12月5日，石川县立美术馆

2000年1月14日—2月13日，熊本县立美术馆本馆

2000年3月25日—4月23日，冲绳浦添市美术馆

2000年5月1日—6月4日，宫崎县综合博物馆

展品总数：68件（组）

1999年6月至2000年6月，由陕西省文物局、陕西省对外文展公司和日本岐阜市历史博物馆、大广株式会社共同举办的"兵马俑和秦汉帝国至宝展"在日本岐阜、静冈等8个城市展出。这次展览的文物是由秦始皇兵马俑博物馆、陕西历史博物馆、陕西省考古研究所、咸阳市博物馆、茂陵博物馆、西安市文物保护考古研究所、临潼县博物馆、勉县博物馆、榆林地区文管会提供。

1999年6月5日，展览第一站在岐阜市历史博物馆隆重开幕，中国文物代表团参加开幕式并剪彩。兵马俑虽然多次到日本展出，但每一次的展品选择和布展方式各有特色，展览主办方通过不同的专题，组织相关辅助文物展品，使得展览的设计、展陈都有变化，令人耳目一新。本次展览集中秦汉两代陶器精华，尤以秦汉陶俑为代表。高大写实、严肃认真的秦俑，姿态生动、活泼可爱的汉俑引起日本观众的极大兴趣。

岐阜展览展出了身材魁梧的高级将军俑、严谨认真的中级军吏俑、形象逼真的跪射俑、英姿勃发的骑兵俑等，还有秦始皇陵出土的大型龙凤纹空心砖、四神

瓦当、珍贵的金银器等，以及按照原大仿制的秦陵一号铜车马都成为观众关注的焦点。本次展览精心选择的68件（组）展品，反映了秦汉时代不同的社会风貌。《朝日新闻》早在展览开幕前一个月

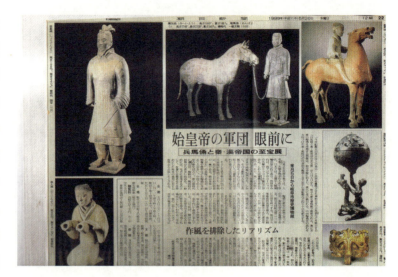

《朝日新闻》上的宣传报道

就发布了展览消息并介绍重点文物，《岐阜新闻》更是在开幕当天，用大幅版面发布展厅照片和观众参观的盛况。

1999年7月17日—8月15日，展览在第二站静冈博物馆开幕，因第一站宣传得力，引发很多民众的关注，因而在第一站没来及看展的民众，纷纷赶到静冈，参观兵马俑在静冈形成了热点话题。秦兵马俑二号坑出土的牵马骑兵俑和汉景帝阳陵陪葬坑出土的骑马俑在一个展柜展出，再现了秦汉社会的不同风貌。

1999年11月12日，展览在第五站石川县立美术馆隆重开幕。由于前四站岐阜、静冈、仙台、福井都非常成功，加之石川县立美术馆之前做了大量宣传推介工作，所以在开幕当天，就有很多民众闻讯而来参观。《北国新闻》报刊专门派记者采访，并在当天报纸刊登开幕盛况照片，介绍展品中的重点文物。

2000年1月14日，"兵马俑和秦汉帝国至宝展"第六站在熊本县立美术馆正式开幕。1月13日晚，主办方专门举行欢迎宴会，宴请所有参加布展的工作人员，感谢所有人员的辛勤付出，并预祝展览圆满成功。1月14日，在熊本县立美术馆展厅内举行了盛大的开幕式，500多位各界嘉宾兴致勃勃地参观了展览。

熊本展出期间，美术馆制作了精美的导览手册和展览简介。观众热情极高，主办方特意安排中方随展人员定时进行现场解说。有的观众在听完讲解后，还要到办公室与工作人员交谈，并提一些感兴趣的问题；有的观众不止一次到美术馆参观；

有的观众多次给美术馆打电话，询问展览的情况，特别问展场定时讲解的时间，以便听讲解；有的观众听完解说后，还专门寄来感谢信，表示获得了很多历史知识。他们说："兵马俑太逼真了！"

熊本县立美术馆为了配合展览宣传，与熊本电视台合作，开辟了"TV美术馆"专题节目，每周一至周五，由美术馆学艺员定时介绍展览中的重点文物。展品中的跪射俑、青铜宝剑等文物精品，受电视台节目组的一致推荐，作为展览的重点文物予以特别推介，由我方人员专门介绍。由于这次展览讲解多、时间长、宣传力度大，大大提高了观众的参观兴趣。2月13日，展览顺利结束，累计有3.6万人参观。这是熊本县立美术馆历年外展中参观人数最多的一次。

2月14日到16日，熊本县立美术馆结束展览后，文物撤展工作紧张有序进行。文物装箱后，由于冲绳展览不能马上开展，所以，文物一直存放在冲绳中央仓库，以保证文物安全。3月21日到24日，文物由冲绳中央仓库向浦添市美术馆转移并开始布展。

这是秦兵马俑第一次在冲绳岛举办展览，所以，早在布展阶段，冲绳电视台就策划了多场宣传报道活动，印制了精美的宣传手册。岛上的人们很早从电视台和报刊中得知兵马俑展览的消息。开幕的前一天，就不断有观众来到现场询问展览事宜。

3月24日，"兵马俑和秦汉帝国至宝展"在第七站冲绳浦添市美术馆开幕。当天下午，在美术馆举行盛大的开幕仪式，有70多人参加了开幕典礼。中方随展人员为各界来宾作了详细导览。当天出席开幕式的嘉宾们兴致很高，随展人员现场讲解，嘉宾在参观后与随展工作人员交流，一致赞扬中国古代雕塑艺术技艺高超，令人震惊。开幕当天，有多家电视台报道展览盛况。冲绳节目制作组专门制作采访报道，向美军驻地等单位播放，分别就秦汉雕塑的特点、社会背景以及反映的不同社会内容等

宣传海报

专题进行采访，还专门制作了兵马俑的发现、发掘经过、修复和保护情况等长篇报道，如此长时段、密集报道一个展览的情况，在冲绳历次外展中都是少有的。展览开幕的第二天是周日。这一天接待观众 1000 多人，这在美术馆的历史上也是罕见的。展览从开始到结束，观众一直表现出极大的兴趣，媒体报道也是连篇累牍。

5 月 1 日—6 月 4 日，"兵马俑和秦汉帝国至宝展"在第八站宫崎县综合博物馆展出。博物馆方提前发布展览消息，大街上、车站旁、人群聚集处都张贴着大幅宣传海报。中方的随展工作人员每天早早来到博物馆，热情接待观众，配合博物馆做好采访和宣传活动。

浦添市美术馆海报

"兵马俑和秦汉帝国至宝展"展览在日本 8 个城市巡回展出，每一站都受到日本民众的喜爱，主办方提前在媒体上发布消息，记者积极宣传报道，观众排队观看，展期内累计有 45 万名观众参观。展览图录《兵马俑和秦汉帝国的至宝》为参观提供翔实信息，以秦兵马俑坑出土的陶质鞍马为封面，极富特色，编辑印制都很用心，受到观众喜爱。

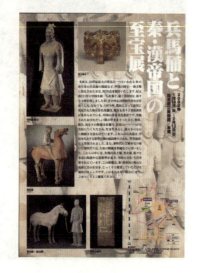

宣传手册

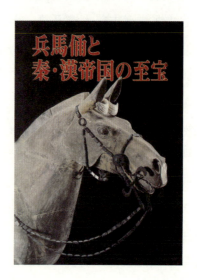

《兵马俑和秦汉帝国的至宝》图录封面

136　1999 年法国展

展览名称：'99 巴黎·中国文化周
展期及展馆：1999 年 9 月 1 日—15 日，巴黎联合国教科文组织总部
展品总数：8 件（组）

1999 年 9 月，中国政府在法国巴黎举办了 "'99 巴黎·中国文化周" 展览。这次展览的场地设在巴黎联合国教科文组织总部，展览内容广泛丰富，涵盖了中国文化的各个方面。兵马俑、铜车马作为中国重要的文物代表，受邀参加在巴黎的展出。展品共计兵马俑复制品 6 件，一、二号铜车马复制品各 1 套。

这届法国 "巴黎文化周" 的展场布置得很有特色，尽管展期只有短短 15 天时间，但主办方依旧非常认真地设计展板展牌、制作海报和宣传手册，'99 巴黎·中国文化周的红色展牌引人注目。在展牌之下，大门右侧是孔子立像，左侧是展览介绍。

这次展览主办方采取了多种展示方法和宣传手段突出不同的展示重点。街道上有众多的宣传海报。展厅门口红色的门头、醒目的文字张扬着中国元素。6 件兵马俑及 2 套铜车马复制品被安

"'99 巴黎·中国文化周" 展厅大门

嘉宾参观

排在了场地相对较宽敞的地方，方便观众的欣赏。这次展览吸引了众多观众，每天都有数千人前来参观，尤其是兵马俑和铜车马前观众每天络绎不绝，许多热情的观众纷纷围着铜车马拍照留念，仔细欣赏，并提出各种问题。为了接待好观众，中法友好协会派出志愿者前来帮忙，另一方面回答观众咨询提问，一方面主动为观众讲解兵马俑、铜车马的文化价值。

在15天的展期中，秦始皇陵铜车马出尽了风头，许多热情的观众围着铜车马拍照留念，驻足观赏，铜车马展台前总是围着闻讯而来的观众。不少刚刚学会走路的孩子，也想让大人抱着摸一摸马头，看它还会不会咬人。许多观众不相信在2200年前的秦始皇时代，竟然能制造出如此精美的铜车马，在得到随展人员的肯定回答后，观众往往露出惊讶的表情。人们三五成群或合影留念，或小声议论。媒体报道说："展场中每天都上演着让人激动的参观场面。"

137—139 1999—2000 年美国展

展览名称：中国考古的黄金时代

展期及展馆：1999 年 9 月 19 日—2000 年 1 月 2 日，华盛顿艺术博物馆

2000 年 2 月 13 日—5 月 7 日，休斯敦艺术博物馆

2000 年 6 月 17 日—9 月 11 日，旧金山艺术博物馆

展品总数：234 件（组）

1999 年 9 月到 2000 年 9 月，秦兵马俑随 "中国考古的黄金时代" 到美国华盛顿、休斯敦、旧金山 3 个城市巡回展出 1 年时间，深受欢迎。

这次展览由中国国家文物局、美国国家美术馆和美国堪萨斯市纳尔逊艺术博物馆共同主办，美国伊斯曼柯达公司、享利 – 露丝基金会协办。参展的 234 件（组）文物来自中国历史博物馆以及陕西、河南、河北、湖北、江西、四川、辽宁、广东、甘肃、浙江、山西、山东等省的 20 多个文博单位，从公元前 5000 年到公元 1000 年，时间纵跨 6000 年，既有史前彩陶艺术和玉雕品，有夏商周时期的青铜礼器、玉器、漆器、丝织品，也有秦始皇陵兵马俑，西汉诸侯王墓出土的玉衣，北朝时期的贴金彩绘造像，唐代佛教文物与王室供养品中的金银器等，是各地考古出土文物中精品，有些展品是首次在境外展出。

本次展览以前沿的学术构架和具有强烈艺术感染力的文物为特点，展示了中国古代文明研究的最新成果，其中新出土文物和一级品文物比例极高，主要反映在三个方面：一是秦兵马俑和曾侯乙墓出土文物等都是 1972 年以后的考古新成果，其中牛河梁红山文化遗址、浙江余杭反山和瑶山良渚文化墓地、陶寺龙山文化墓地、三星堆祭祀坑、新干大墓、晋侯墓、包山楚墓、南越王墓、青州龙兴寺遗址、法门寺地宫、王处直墓出土的文物都是首次展出。二是大体量文物比较多，如彩绘鹳鱼石斧图陶缸、三星堆青铜立人像、淳化青铜大鼎、下寺楚墓 26 件青铜编钟、包山楚墓漆绘龙凤纹木棺、秦兵马俑、金缕玉衣、丝缕玉衣、唐法门寺双轮十二环锡

展厅内景

杖、汉白玉彩绘舞乐图浮雕等，视觉冲击力强，令人目不暇接。三是邀请中国专家张忠培、邹衡、俞伟超、徐苹芳和英国专家罗森、韦陀，法国专家杜德兰，德国专家库恩，美国专家吉德炜、班宗华、丁爱博、杜朴、夏含夷、罗泰、夏德安等人撰文，中国专家宿白撰写后记，集中反映了中西方学者最新的研究成果。

这次展览得到中美双方高层的高度重视。中国国家主席江泽民、美国总统克林顿分别为展览题写贺词。江泽民主席的贺词是："值此中华人民共和国成立五十周年之际，在华盛顿特区国家美术馆举办题为'中国考古的黄金时代展'，意义重大。我谨代表中国政府、中国人民，并以我个人的名义，向美国人民致以诚挚的问候，祝愿本次展览取得圆满成功。中国是一个有着五千年悠久历史的伟大民族。

休斯敦艺术博物馆外的海报

中国人民勤劳智慧，创造了灿烂的古代文明，为人类文明进步作出了不可磨灭的贡献。我相信这次展览将增进美国人民从历史文化角度对中国的了解，增进相互了解和友谊，促进两国文化交流和中美关系的发展。祝愿中国考古的黄金时代取得圆满成功！"克林顿总统在贺词中写道："早在25年前，在美国已经举办过中华人民共和

国出土文物展。这次展出的
是最近几年发掘出土的文物
精品，足以代表中国考古的
辉煌成就"。

9月14日，"中国考古
黄金时代"展在美国华盛顿
艺术博物馆隆重开幕。中国
驻美大使李肇星等大使馆主
要官员、中国国家文物局局
长张文彬等7人组成的代表

《中国考古的黄金时代》图录内页

团参加开幕式，美国各界名流近两百人盛装出席展览开幕式。

9月15日，中国国家文物局外事办公室主任王立梅女士接受采访时说："此次
参展的文物珍品大多是最近20年发掘出土的，有80%的文物是第一次到美国展出，
生动展现了中华五千年的灿烂文明。"她还介绍说，1998年在纽约曾举办过为期4
个月的"中华五千年文明艺术展"，观众达到45万人次；而中国在美国的第一次文
物展，是1974年举办的"中华人民共和国出土文物展"。开幕式后，湖北省编钟
艺术表演团体，在华盛顿艺术博物馆连续演出10天，深受欢迎。

由于前期宣传力度很大，因而在华盛顿国家美术馆周边和城市主干道，随处可
见"中国考古的黄金时代"的宣传海报。展览被《华盛顿邮报》誉为"古埃及法
老"展以来，在美国首都举办的最令人震撼的古代艺术展。

为配合这次展览专门编辑出版《中国考古的黄金时代》图录，收录所有参展文
物照片等信息，并邀请俞伟超、邹衡、徐苹芳、宿白、张忠培等专家撰写《中国史
前史的新认识》《中国的青铜时代》《楚文化的形成与发展》《汉唐时代》，以深化
展览的学术影响。图录用大量篇幅介绍秦兵马俑的制作工艺、艺术特色、考古发
掘、文物保护成果。

2000年2月13日，"中国考古的黄金时代"在第二个展地休斯敦艺术博物馆隆
重开幕。展览举办前夕，休斯敦艺术博物馆外悬挂着醒目的海报，吸引市民和旅游者
前来参观。展览在华盛顿、休斯敦和旧金山3城市展出期间，参观人数均超过主办方
的预期。展览的宣传手册、展览纪念品印制精美，均受到欢迎，销售量十分可观。

140　1999—2000 年英国展

展览名称：陕西省文物精华展

展期及展馆：1999 年 10 月 20 日—2000 年 2 月 20 日，大英博物馆

展品总数：120 件（组）

为了庆祝中华人民共和国成立 50 周年和江泽民主席访问英国，经过紧张筹备，"陕西省文物精华展"终于在大英博物馆展出。这是陕西省首次在这座世界著名博物馆单独举办的文物展览。这次展览被驻英大使馆列为 1999 年两国重大文化活动，对于宣传陕西历史文化，弘扬中华文明都具有重大意义。

1999 年 10 月至 2000 年 2 月，兵马俑随"陕西省文物精华展"（又名"金龙展"）到英国伦敦大英博物馆展出，精选出的 120 件（组）都是反映周、秦、汉、唐时代文明发展的精品，其中 50％以上都是一级文物。

1999 年 10 月 21 日下午 4 时，正在英国访问的中国国家主席江泽民与英国女王伊丽莎白二世及女王的丈夫菲力浦亲王来到大英博物馆。展览开幕前，江泽民主席为英国女王介绍陕西省文物代表团人员时，专门说"他们都是来自秦兵马俑故乡的人"。下午 5 时，"陕西省文物精华展"开幕式在大英博物馆二楼大厅隆重举行，江泽民主席和伊丽莎白二世一起出席了开幕式并共同为展览剪彩。江泽民主席和伊丽莎白女王先后在贵宾簿上签名。仪式结束后，他们一同来到位于博物馆五楼的文物大厅，饶有兴趣地观看了展览。在历年文物外展中，展览双方最高领导人同时参加开幕式并剪彩极其罕见。

在开幕式上，博物馆董事会主席格林高度赞扬中国在保护文化遗产方面作出的努力，并说这些珍贵文物将再次激发人们对中国的兴趣。他还说，这次展览必将加深英中两国的交流与合作。

"陕西省文物精华展"分为三个部分。第一部分介绍了唐代之前的金、银、鎏金制品，其中有金柄铁剑、金马饰和汉代的鎏金铜马以及同一时期的一些珍贵瓷器

和玉器；第二部分展出的是唐代金银饰品、佛教塑像和陶俑，反映了当时的生活时尚、消遣方式以及精湛的制作工艺；第三部分展出的是庆山寺和法门寺出土的佛教文物精品。

这次参展的120件（组）文物，大多是当时中国考古发掘的重大成果，其中不少珍品系首次在海外展出。大英博物馆发表文章说，参展文物"制作之精美，保存之完好，实在令人叹为观止"。文章认为，这一展览将向英国观众"展示唐代人民丰富多彩的生活"，真实描绘了"中国历史上这一经济高度发达的黄金时代"。

这次展览是中国陕西省副省长贾治邦1998年访问英国时，由中国驻英大使马振岗提出后促成的。从1999年夏天开始，中英官方和专家多次协商，确定方案，签订协议，遴选展品，装箱起运，并进行了大量案头文字工作，仅仅用了10个月的时间，完成了这一大型展览的筹备工作。英方总负责人凯柔教授说："这在大英博物馆是从未有过的高速度，一般外展的筹办需要耗时3到5年。"大英博物馆东方部是本次展览的筹办部门。该部派出强有力的专家组成以凯柔教授为首的金龙展工作班子，从文物的选择、图录的编写、陈列的设计等方面，都显示了英方高水平的专业素质。凯柔、杰西卡、白珍、斯蒂文等专家，绝大多数人都通晓中文。他们不仅熟悉中国文物，而且熟知中国文献。中方也派出金银器、玉器、铜车马以及陈列方面的专家，尤其是参加或主持过参展文物发掘的考古专家组成随展组，在开展前进行布展工作。在编写文物说明牌时，双方往往从文献史料、考古实践等方面提出各自的依据，分析疑义，确定文案，可以说，这是一次高水平的合作。英方为放置本次展品的文物库房专门安

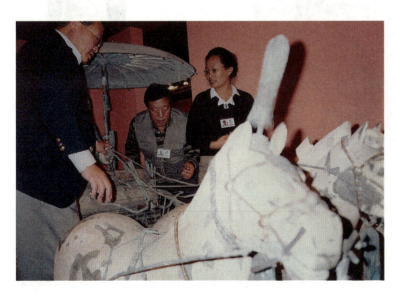

工作人员组装铜车马

中国国家主席江泽民祝词与英国女王伊丽莎白二世祝词

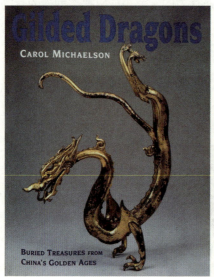

展览图录封面与内页

装了一套新的报警设备，用价值连城来估计毫不过分。因此，巨额的保险费用连世界级的大英博物馆也无力支付，最后只有英国政府出资保险。

本次展览受到了江泽民主席的高度重视和关怀。1999年7月29日，江泽民主席就为陕西文物精华展题写了祝词。他在致辞中指出："陕西省是中华文明诞生的重要摇篮……汉唐两代也是中国对外交往相当活跃的时期。这些艺术精品既体现了中华民族文化的历史和创新，又体现了对外来文化的吸收和消化……这次展览不但有助于进一步加强两国之间的文化交流，而且有助于增进两国人民的相互了解和友谊，推动两国友好关系的发展。"江泽民主席的题词不仅是对陕西省的殊荣，而且是给予中国文物考古界的殊荣。与此同时，英国女王伊丽莎白二世也为展览题写祝词，引起英国朝野振奋。英方专家说：接到英王的祝词，几乎不敢相信自己的眼睛。这是自1753年大英博物馆诞生至今将近250年中，第一次接受英国国王的祝词。中英两国首脑给予展览如此巨大的关怀，反映出中英对于相互发展两国关系的高度重视。因此，参与文物展览的工作人员都肩负着历史使命，认真设计，精心制作，高水平完成任务。

这次展览影响之大，大大出乎展览组织者的意料之外。许多媒体连篇累牍地介绍展出的文物。《三秦都市报》1999年10月22日头版大号标题登载题为"中华国宝辉映英国，陕西文物轰动伦敦——江主席和英女王为陕西文物展剪彩"的消息，报道展览盛况，当天报纸还特别配有江泽民主席和英国女王伊丽莎白二世出席展览的彩色图片。

为了庆祝展览的圆满举办，1999年12月28日晚，中国驻英使馆文化参赞丁伟设宴招待随展组全体工作人员。丁参赞称赞展览办得非常好，非常成功，并说，两国元首同时为一个展览剪彩，这是前所未有的，由此所产生的政治影响是无法估量的。

2000年1月31日，英方专门设宴招待随展组工作人员，英日协会主席、大英博物馆董事会主席、《泰晤士报》主编、英国保诚保险公司主席以及与西安结成友好城市的爱丁堡市市长夫妇、驻英使馆文化参赞、大英博物馆馆长等出席了宴会。主办方印制了精美的展览图录《金龙展》，图文并茂地介绍展览的文物及信息。

这次展览创造了多个第一次：大英博物馆为一个省的文物举办展览是第一次，文物数量之多、品位之高、制作之精是陕西外展第一次；两国元首共同为展览题词是第一次；大英博物馆出现中文说明卡是第一次。总之，这是中英文化合作的典范，也是新的合作的起点。展览结束后，1/4铜车马复制品留在驻英大使馆文化处永久陈列。它将肩负着中英文化交流的重要使命，成为在英国展现中国文化的窗口。

141—146　2000 年日本展

展览名称：秦始皇帝兵马俑展

展期及展馆：2000 年 3 月 24 日—4 月 23 日，山形美术馆

　　　　　2000 年 4 月 28 日—5 月 28 日，郡山美术馆

　　　　　2000 年 7 月 14 日—8 月 6 日，岩手县民会馆

　　　　　2000 年 8 月 11 日—9 月 10 日，青森产业会馆

　　　　　2000 年 9 月 15 日—10 月 15 日，秋田美术馆

　　　　　2000 年 10 月 21 日—11 月 19 日，松本市立博物馆

展品总数：90 件（组）

　　秦始皇兵马俑多次赴日展出，每一次展览都受到日本观众的欢迎。这次展览是
应日本山形新闻社等之邀而特意展出的。
主办双方均认为，在不断深入进行的考
古发掘中，随着新的收获的不断涌现，
亟待解决的新课题也层出不穷。因为举
办展览是了解历史、认识历史的良好媒
介，双方都愿意通过展览，及时向公众
展出新的考古发现并交流新的研究成果，
以便更好地推广宣传文物。

　　2000 年 3 月 24 日，展览在第一站
山形美术馆如期开幕。当天，山形新闻
社设宴招待中国文物代表团和随展组全
体人员，社长发表热情洋溢的讲话，感
谢代表团和随展组夜以继日的辛勤付出，
同时也感谢主办方选择山形作为展览的

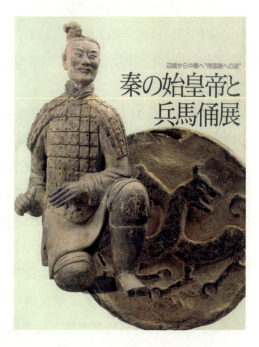

《秦始皇帝兵马俑展》图录封面

首办地。

4月23日，山形展顺利结束，观众人数超过预期估计。双方工作人员在撤展之前，激动地在展出现场合影留念，纪念这次意义非凡的展览和双方的精诚合作。

2000年4月28日，展览在第二展地郡山美术馆开幕。展览期间，许多日本观

青森产业馆内嘉宾参观情形

众不止一次到现场观看，看过兵马俑展览后，激动地对人讲："兵马俑太好了！"兵马俑已经成为人们的谈话主题，民众逢人就讲兵马俑。1个月的展期内，观众达到5万人，这是郡山美术馆临时展览馆中最多的一次。

7月14日，第三站岩手县民会馆展如期开幕。展览吸引了周边城市的观众前来参观。当地旅行社推出有奖知识问答和四日特色旅游，专门介绍陕西的风土人情和名胜古迹，推荐观众到兵马俑的故乡西安旅游。

8月11日，第四站在青森县产业会馆举办，更是盛况空前。在青森县产业会馆门前时常可见排着长队等候参观的民众。展览很受欢迎，现场时常人满为患，兵马俑展柜前挤满了热情的观众，展场外经常排着长队，来自青森附近的民众源源不断。这在日本展览史上都是前所未有的。

日本6城市巡回展览时间安排紧密，布置有序，中日双方工作人员加班加点工作，确保展览如期进行。6城市巡回展期8个月，观众累计有35万人。

这次展览图录《秦始皇帝兵马俑展》按照展览顺序，分为4个部分介绍了秦始皇帝和兵马俑坑，分别是：帝国的诞生、帝国的霸者、统一的时代、帝国的崩溃。图录中清晰的文物照片、典雅的设计风格、优质的印刷质量、详细的文字说明，帮助观众深入了解参加展览的文物及其价值，购买者众多，以至于主办方不得不临时加印图录，以满足观众的需求。

147   2000 年美国展

展览名称：中国帝王时代——中国古代马艺术

展期及展馆：2000 年 4 月 22 日—8 月 10 日，国际马博物馆

展品总数：164 件（组）

"中国帝王时代——中国古代马艺术"展览从 1997 年 4 月开始筹备，到 2000 年 3 月结束，历时整整 3 年。为此，中方专门成立了文物展览筹备小组，从陕西省内 20 多个博物馆中选调有关古代车马艺术的文物。美国也多次派出专业人员前往陕西考察，最终确定参展文物 164 件（组），时代跨越西周、春秋战国、秦、西汉、东汉、唐、宋、元、明、清 11 个朝代，档次之高、数量之巨、品类之丰，为历次出国文物展览所罕见。

早在 1999 年，国际马博物馆就开始各项准备工作，专门装修改造了 700 平方米的展厅，以保证安全设施和参观环境等达到一流标准。

2000 年 4 月 22 日，"中国帝王时代——中国古代马艺术"展览在美国肯塔基州国际马博物馆开幕。中国驻美大使馆文化参赞孙维学、肯塔基州州长保罗·派顿、莱克星顿市市长彭·米勒等在内的各界名流、专家学者、新闻记者将近 1000 人参加了开幕式。

肯塔基州位于美国东部偏西，面积 10 万平方公里，人口 300 多万。这里环境清新，牧野千里，是美国著名的天然养马场，以养马著称于世，所养马匹品种繁多。

《帝王时代的马》展览图录内文

州内有多处赛马场，吸引了
全世界各地的游客。州立肯
塔基骏马公园创建于 1978
年，位于莱克星顿市北郊，
占地面积 1000 多公顷，马
匹多达 40 个品种，是世界
上独有的以马为专题的公
园。此次举办的以马为主题
的中国古代马艺术展，在肯
塔基州乃至全国都是首次，

展厅内景

对美国人了解中国古代文化，尤其是有关古代马文化，具有重要的意义。

　　精美的文物展品使美国人大饱眼福，不少人接连观看 4 个小时，直到开幕式晚
会开始时，还有人在展厅里观看。州长激动地对记者说："展览办得十分壮观，十
分成功，这些精美的文物一定能吸引更多的人来参观。我最喜欢的是秦代的兵马
俑，它使我十分兴奋，2000 年前能制作如此精美的艺术品。"展览期间，中国驻美
大使李肇星专程观看展览，对展览给予极高的评价，并对工作人员表示慰问。

　　为吸引更多的观众，美国方面作了大量宣传。早在文物布展期间就有数十家电
视台、电台、报刊纷纷派出记者到现场采访报道，有一次竟然拍摄了 60 分钟的宣
传片，在全美 55 个大中城市都可见到有关本次展览的宣传报道，26 家全国性报刊
发表专题文章和大幅照片，介绍中国古代文明和中国古代马艺术，有 13 家电视台
为此作了大量免费广告，金额高达 13 万美金。随着新闻媒体的报道，中国古代马
艺术展已在肯塔基州乃至全美深入人心，引起人们的极大兴趣。

　　早在展览开幕的半年前，当本次展览消息刚一传出，就接到一些大学历史、考
古系师生打电话询问展览开放时间等情况。许多学校为了帮助学生观看展览，特地
将中国历史的课程提前讲授，有的学校还组织以"我所了解的中国"为主题的讲演
会，增强学生对中国古代历史文化的认识。

　　展期 4 个月，共接待观众 25 万人。为了进一步扩大影响，配合展览编辑了同
名图录《帝王时代的马》，印制精美，图文并茂，深受欢迎。

148—152　2000—2001 年日本展

展览名称：世界四大文明·中国文明展

展期及展馆：2000 年 8 月 5 日—11 月 5 日，横滨美术馆

　　　　　　2000 年 11 月 14 日—12 月 24 日，仙台市博物馆

　　　　　　2001 年 1 月 13 日—2 月 12 日，石川县立美术馆

　　　　　　2001 年 2 月 24 日—4 月 1 日，香川县历史博物馆

　　　　　　2001 年 4 月 12 日—6 月 17 日，广岛县立美术馆

展品总数：121 件（组）

2000 年 8 月 5 日至 2001 年 6 月 17 日，秦兵马俑随"世界四大文明·中国文明展"到日本横滨、仙台、石川、香川、广岛 5 个城市展出。这次展览是为纪念 NHK 放送 75 周年而举办的系列活动。"世界四大文明"展包括中国文明展、埃及文明展、印度文明展、美索不达米亚文明展。

中日两国政府高度重视"中国文明展"，筹展组聘请中日两国顶级专家推荐文物并撰写文章。121 件（组）展品中有 20 多件属于"国宝"级文物，由中国历史博物馆、陕西历史博物馆、秦始皇兵马俑博物馆、河南博物院、湖南省博物馆、西安碑林博物馆、四川省博物馆、安徽省文物考古研究所、中国社科院考古所提供。

2000 年 8 月，"世界四大文明"展同时在日本 4 个博物馆展出。由中国国家文物局主办，中国文物交流中心和横滨美术馆共同承办的"中国文明展"最具特色。参展文物年代自公元前 5000 年至公元 1000 年，纵跨 6000 年，汇集了自新石器时代到隋唐时期的文物精品，基本反映了中国古代文明形成、发展的

广岛县立美术馆外的海报

历程。

《中国文明展》图录封面与内页

　　2000 年 8 月 5 日，"中国文明展"开幕式在横滨美术馆隆重举行。中国驻日本大使陈健、中国国家文物局局长张文彬和中国文物代表团及日本各界人士、旅日华侨、留学生等 1500 余人出席开幕式。日本放送协会海老泽胜二会长、横滨市美术馆馆长阴里铁郎、中国国家文物局局长张文彬先后致辞，对展览开幕表示热烈祝贺。中国国家文物局局长张文彬在致辞中说："中国是世界四大文明古国之一，是东方文明的摇篮。中国文明历史悠久，源远流长，是四大文明中唯一延续至今的文明。中国人民为自己的古老文明而自豪，同时也不断学习世界上所有优秀成果。中日两国一衣带水，隔海相望，相信这次展览将在中日文化交流史上写下光辉灿烂的篇章。"

　　2001 年 4 月 12 日至 6 月 17 日，"中国文明展"在广岛县立美术馆举办。展览期间，正逢春夏旅游旺季，美术馆周边悬挂着醒目的宣传海报，吸引了很多到广岛旅游的观光客，还有一些未能在横滨等城市看展的民众，也纷纷赶在展览闭幕前来参观。

　　为了加大宣传，主办方编印了精美的展览图录《中国文明展》，介绍参展文物并邀请中日专家撰文。日本学习院大学教授村松弘一以《兵马俑的时代——秦汉文明》为题，介绍秦兵马俑的文化价值及其在秦汉文明中的作用。

《中国文明展》图录内页

153—154　2000—2001 年墨西哥展

展览名称：帝王时代的中国：西安诸王朝

展期及展馆：2000 年 9 月 20 日—12 月 20 日，墨西哥国立人类学博物馆

　　　　　　2001 年 1 月 1 日—3 月 30 日，蒙特雷市玻璃博物馆

文物总数：120 件（组）

2000 年墨西哥当地时间 19 日晚 8 时，以"帝王时代的中国：西安诸王朝"为题的陕西秦兵马俑等文物展览，在墨西哥城墨西哥国立人类学博物馆举行了盛大开幕式，应邀出席开幕式的各界人士达 1000 多人。墨西哥总统塞迪略和夫人、墨西哥外长、教育部部长和文化艺术委员会主任托瓦尔出席仪式，中国外交部长唐家璇和陕西省副省长赵德全一行应邀参加了开幕式。

中国外交部长唐家璇和墨西哥文化艺术委员会主任托瓦尔分别代表两国政府在开幕式上发表了热情洋溢的讲话，盛赞中墨两国互换文物展览是中墨两国文化交流史上里程碑，对于增强两国人民的了解与友谊具有不可估量的作用。这次秦兵马俑在墨西哥展出，在拉美国家还是首次。同时将在秦始皇兵马俑博物馆举办"玛雅文明展"也是玛雅文物在意大利罗马举办之外的第二次出国展览。

开幕式后，墨西哥总统一行和应邀出席开幕式的贵宾兴致勃勃地观看了展览。这些展品上至新石器时代，下迄宋元明清，包括陶器、青铜器、玉器、瓷器、金银器等。如此规模宏大、弥足珍贵的文物展览使嘉宾们惊叹不已。

墨西哥是美洲文明古国，墨西哥国立人类学博物馆是美洲印第安文明的一座宝库，位于占地面积 700 公顷的公园之中，交通便利，环境优美。主办方对举办这次展览非常重视，特意请专业公司设计了几套方案，不论是展柜布置，还是氛围营造，都典雅简洁，令人赏心悦目。展厅内的文物摆放形式、灯光照明的角度和亮度等都非常考究，展出效果十分理想。

中国是首次在墨西哥举办这种大型秦兵马俑展览，中墨政府和有关部门极为重

视。参加展出的文物精品集中，国宝荟萃，其中秦兵马俑达 17 件之多，包括秦俑二号坑出土的一件彩绘跪射俑。工作人员密切合作，圆满完成任务。

"帝王时代的中国：西安诸王朝"到墨西哥展出，使墨西哥观众大开眼界，通过展览观众了解了中国特别是西安的悠久历史。这些精美绝伦的文物，姿态多样的秦俑，引起墨西哥观众的极大兴趣，参观展览的人数超过了以往任何展览的几倍。

这次展览兵马俑随展览引起很大的轰动，人们对来自西安的兵马俑赞不绝口。逼真形象的兵马俑

布展工作照

和珍贵文物，映亮了观众的眼睛，增强了墨西哥人对中国的热切向往。2000 年 12 月 31 日，该展结束在墨西哥城为期 3 个月的展览，将移至墨西哥北部城市蒙特雷市继续举行。

2001 年展览移至墨西哥第二大城市蒙德雷市。1 月 6 日晚在蒙特雷市玻璃博物馆举行了隆重的开幕式，墨西哥教育部部长、新莱昂州州长、中国驻墨西哥大使和墨西哥驻华大使以及当地 1000 多名各界群众代表出席开幕式并参观了展览。这次展览在墨西哥举办期间，许多参观者纷纷称赞中国古代灿烂的文化，并高度评价中国政府在保护文物古迹方面所作出的巨大努力。在墨西哥期间，有 30 多万名观众领略了中国 5000 年的灿烂文明。创当地观看展览人数的最高纪录。

155　2000 年日本展

展览名称：中国国宝展

展期与展馆：2000 年 10 月 24 日—12 月 17 日，东京国立博物馆

展品总数：130 件（组）

　　为增进中日两国人民的相互了解与文化交流，庆祝 21 世纪的到来，中国文物交流中心、中国文物交流协会受国家文物局委托，与日本中日友好协会、朝日新闻社联合举办"中国国宝展"。

　　2000 年 10 月，兵马俑随"中国国宝展"到日本东京国立博物馆展出。本次参展文物共计 130 件（组），由中国历史博物馆、中国社会科学院考古研究所、秦始皇兵马俑博物馆等 29 个文博单位提供，其中有 5 件陶俑和 4 匹陶马参展。

　　这次展出的 130 件（组）文物，是在参加"中国考古的黄金时代展"后，直接从美国旧金山运来的，另有 30 件文物从北京运往东京，从而补充了展览的内容，展品更加丰富精彩。10 月 23 日为招待日，当天参观的嘉宾达到 1500 余人，远远超过主办单位的预料，以至于中午时

展览海报

分展场内总是非常拥挤。在 2 个月的展期内，共接待观众 10 万人。

156   2000—2001 年法国展

展览名称：中国考古发现展

展期及展馆：2000 年 11 月 1 日—2001 年 1 月 10 日，巴黎小皇宫博物馆

展品总数：170 件（组）

2000 年底，兵马俑随"中国考古发现展"到法国巴黎展出，引起了巨大轰动。参展文物来自陕西、内蒙古、河南等省文物部门，观众 30 万人。

经过中法两国文物工作者两年多精心策划和筹备，展现中国历史长河灿烂文化的"中国考古发现展"于 2000 年 11 月 2 日在巴黎小皇宫博物馆同观众见面。这次展览是由法国总统希拉克提议而举办的。是继 1973 年在巴黎举办的"中华人民共和国出土文物展览"之后 27 年来组织的又一项大型综合展览。

小皇宫博物馆位于巴黎香榭丽舍大道南侧，是一座气势宏伟而风格别致的建筑。2000 年恰逢小皇宫 100 年华诞，中国文物再次在这里展出。所有文物展品都是 1973 年以来的考古新发现。珍贵的展品不仅让法国观众先睹为快，也为巴黎小皇宫博物馆赠送了一份生日厚礼。

这次展览的文物来自一省三墓："一省"即陕西省，有秦陵兵马俑、汉阳陵陶俑、法门寺地宫秘宝等参与展览；"三墓"即河南三门峡市虢国墓、河南淅川县下寺春秋楚墓、内蒙古哲里木盟（今通辽市）辽代陈国公主驸马合葬墓。参展文物 170 件（组），年代跨越 2500 年，其中 60％是国家一级文物，尤其引人注目的是半数以上的文物都是首次在海外展出。秦陵兵马俑在展场内占据了突出的位置，展品中有军吏俑、武士俑、御手俑、战马等。展厅中的几面墙都涂成与陶俑陶马一色的土黄色，使观众有身临其境之感。

2000 年 12 月 10 日《中国文物报》登载"中国考古发现展吸引巴黎目光"一文，报道了本次展览的盛况。文章说："中国考古发现展"是正在巴黎举行的"中国文化季"活动的重头项目，为了使秦兵马俑和法门寺等国宝能到法国展出，酷爱

中国文化的法国总统希拉克曾给中国国家主席江泽民写信，表达了他和法国人民的愿望。可以说，展览的成功举办与中法两国领导人的关怀是分不开的。

2000 年 11 月 7 日下午 4 时，"中国考古发现展"在巴黎

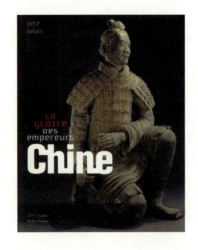

展览图录封面与内页

小皇宫举行了盛大的展览开幕仪式。巴黎市市长让·帝贝里和负责文化的副市长、市政府官员、艺术界人士和中国驻法大使吴建民及夫人、展览代表团成员文化部副部长潘震宙、国家文物局局长张文彬等共同参加了开幕式。参加开幕式的各界人士 1000 多名，展厅中的人流不时被驻足观看展览的人们阻断，场面十分热烈。直到晚上，法方另外邀请的 3000 余位嘉宾还在纷纷冒雨前来观看展览。

2000 年 12 月 4 日，刚刚赶回国的法国总统希拉克不顾旅途劳累，在中国驻法国大使吴建民夫妇的陪同下来到小皇宫博物馆参观。希拉克对中国历史和文物很感兴趣。他认真听讲解，不时贴近展柜欣赏文物。希拉克说，他很小就对中国文物产生了浓厚兴趣，经常去巴黎吉美博物馆观看那里展出的中国文物，还阅读了大量关于中国历史和文物的书籍。进入秦陵兵马俑展厅，仿佛置身于千军万马之中，这里有威仪的武官，也有披甲的士兵，有御手，还有战马。希拉克感慨地回忆道，1978 年，即秦陵兵马俑正式向公众开放的前一年，他作为巴黎市长访华，有幸在时任国务院副总理邓小平的陪同下，成为第一个参观秦陵兵马俑的外国人，今天兵马俑珍品来到法国展出，他感到非常高兴。一个半小时的参观结束后，希拉克对新华社记者表示，这是一个 50 年来最杰出的中国文物的系列展览之一。他要感谢中国政府和文物工作者让法国观众看到如此精美的展览。

巴黎的冬季是多雨的季节，法国人习惯在此时举办各种展览，以吸引不能进行户外活动的观众。"中国考古发现展"开幕后，观众如潮。展览期间，小皇宫门

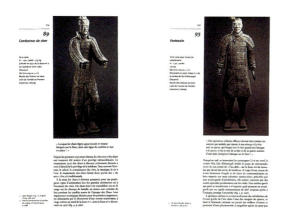

《中国考古发现》图录内文

前总能看到排起长队等候参观的观众。观众反响热烈，各界评价很高。一位卢浮宫建筑艺术专家认为展览非常好，与卢浮宫的展品有着完全不同的感觉。一对携孩子来参观的夫妇说，把孩子带到这里能开阔眼界，见识一下在法国文化之外还有同样优秀的中国文化。他感到这些文物纹饰和造型很漂亮。

展览期间，媒体和华文报纸均以较大篇幅介绍和报道这次展览。冬季的巴黎掀起了一股中国文化热潮。在法国报纸中发行量居前位的《费加罗报》《世界报》11月4日当天均以整版篇幅介绍了中国文化季的情况，其中有一半多的版面与"中国考古发现展"有关。《费加罗报》以黑体大号字单列了"参观者将领略异乎寻常的强盛文化的奥秘"。《世界报》以"中央帝国的考古发现"为主标题，以"170件考古珍品汇集在小皇宫，使人徜徉在中国3000年历史长河之中"为副标题介绍这次展览。《欧洲时报》将中国考古发现展称为"本世纪法中文化交流中最具规模和精品意识的展出活动。这次展览不仅展品本身价值连城，而且从考古学意义上说也十分重要。中国考古事业的近20年，以黄金时代誉之，绝非溢美之词。"

这次展览是"中国文化季"的一个组成部分。同时开展的活动还有中国京剧院演出的京剧"杨门女将"，中央民乐团演出的中国民乐，中国对外友协举办的"龙之声钟铃艺术展"、中国现代画展等。"中国考古发现展"是"中国文化季"系列活动中的重头项目，也最受欢迎的一个展览，珍贵的文物深受法国观众的赞赏，3个月的展期内，有30万名观众参观，被媒体称为20世纪中法文化交流的经典之作。

157—158　2000—2001 年中国台湾展

展览名称：兵马俑——秦文化特展
展期及展馆：2000 年 12 月 15 日—2001 年 3 月 11 日，台北历史博物馆
　　　　　　2001 年 3 月 22 日—5 月 10 日，台中自然科学博物馆
展品总数：120 件（组）

2000 年 12 月 15 日—2001 年 5 月 10 日，"兵马俑——秦文化特展"赴台展出，轰动了整个台湾。兵马俑台湾展是历年来所有文物展览中最具有轰动效应的一次，引起了台湾同胞的普遍关注，前去台北、台中两城市观看展览的人数达到创纪录的165 万人次。

展览主办单位台北历史博物馆馆长黄光男说："虽然兵马俑到过多处，以前也来过台湾，但这次展览规模大、文物等级高。兵马俑的选取也尽量各种造型兼备，不同身份，不同姿态，发型、胡须等诸多细节不同表现，完全可以反映出秦俑千人千面的灵活生动。"《联合报》发行人王效兰在回答记者提问为何举办这次展览时说："站在新旧世纪交替的关键，令我们兴起回顾与前瞻的心情，二十世纪的重大发现中，无疑秦兵马俑是最气势磅礴，拥有'世界第八大奇迹'美誉。秦兵马俑不仅让我们惊叹古人雕塑的出神入化，更深刻体会到——正是经由那样的制度与纪律，影响了中国两千多年的政治和社会——秦俑坚毅果决的形貌，则象征了我们面对二十一世纪，所应展现的进取从容"。

台湾民众参观热情极高，每天从上午 7 点起就有人开始排队，中午时分等候参观的队伍更

工作人员点交文物

长，往往要等 1 个多小时。他们毫无怨言，反而认为，排队等 1 个小时绝对值得。一位观众说：看过兵马俑以后，心情特别激动，完全忘记了排队等候的辛苦。另一位观众说，展场虽然小一些，但布置得相当好，如果要给展览打分数，可以打 80 分，也有人给 90 分，连几位外籍人士也竖起大拇指说"很棒！完全可以拿 90 分！"

台湾民众深深为源远流长而辉煌灿烂的祖国古代文化所感动，为自己作为中华民族的一员而感到无比自豪。在观众中，有一半以上是来自台湾各地的大、中、小学校的学生。兵马俑特展是中小学生课外教学的活教材，展览期间，各级学校师生团体络绎不绝，博物馆内天天人头攒动，从花莲包车赶去参观的华东大学历史系同学，尽管路途中连续奔波了十多个小时，却感到不虚此行。他们说，以前只在高中课本上读过兵马俑，现在可以亲眼看到，感到十分亲切，尤其是经过 2000 年，还能看到兵马俑身上的细部表现，由此可以想见祖先的智慧，因而感到震撼，同时心中充满着民族自豪感。"兵马俑——秦文化特展"的确抓住了台湾观众的心，连平时不进博物馆的老年人群，展览期间也包车从台湾各地来到博物馆，目的都是为了一睹"世界第八大奇迹"兵马俑的风采。

2000 年 1 月 6 日，参观人数突破 20 万，1 月 19 日突破 30 万人次，数字急剧攀升，进入 2 月后，每一周人数就会增加 10 万人。到 3 月 9 日突破 100 万人

《联合报》上的图文报道

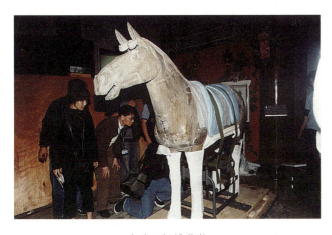

陶马运抵博物馆

次。展览之所以能取得如此成绩，与媒体宣传有很大关系。"兵马俑——秦文化特展"自筹备展览开始，一直备受媒体关注，报纸、杂志、电视、广播上的有关消息接连不断。为这次展览提供赞助的联合报系，在展览开幕之前，就安排专人作了宣传报道，派记者来到西

博物馆门口排队的观众

安，了解陕西地区的风土人情，拍摄文物点交、包装、运输经过，采访博物馆工作人员。报社利用自身优势，详细介绍展览的情况。尤其是到文物点交阶段，海峡两岸的媒体各自派出强大的记者阵容直接进行跟踪报道，采访双方博物馆的相关人员，拍摄文物点交、包装、入箱、运输、开箱、布置展览全过程的系列报道，这是史无前例的。一位参与文物宣传报道的记者，在拍摄文物运抵台北桃园机场时说："我的心情十分激动，好像要见情人一样。"

临近开展前夕，《联合报》《民生报》上用倒计时的方式介绍特展筹备进展，发布配合展览的有关活动消息如展览门票价格、乘车参观路线、登载与展览相关的文物、书籍、纪念品的说明，发布举办有奖征诗、儿童着色比赛、拼字收集门票、冬令营等活动的告示。生动形象、通俗易懂的《兵马俑探秘》向人们介绍了这次参展文物的详细情况，内容丰富，老少咸宜，很受民众的喜爱。适合幼儿的图书有画册《秦始皇和他的阿兵哥》、儿童漫画书《秦始皇和他的军队》等，都是专门为孩子编写的科普书籍。

《联合晚报》2000年11月21日用特大号字登出"17件兵马俑真品，下月中登台特展——重现秦文化，陕西外借数目最多的一次，文物124件，展现古艺术，展出3个月，保险金11亿元"。《联合报》上登出大幅广告"见识人类走过两个千禧世代的文化光辉，2200年前秦始皇的帝国雄兵来台展演"。《民生报》每天连载"秦小兵日记"，以日记的方式重点介绍展出的文物及历史背景知识。这些宣传使展览未举办先轰动，许多人翘首等待着到现场参观。台南市大成高中三年级600名学

博物馆外的巨幅海报

生，计划将于展览开幕当天分乘15辆旅游车北上参观，真可谓兵马俑未展先轰动。展览结束一周后，图文并茂的《秦小兵日记》正式出版，书中真实记录了这次展览的全过程，并简要介绍了重点文物。

为了宣传展览，海峡两岸和香港媒体派记者开专栏作系列报道。《联合报》更是派资深记者从西安出发，一路跟随拍摄。中央电视台"东方时空"、台湾TVBS、香港凤凰卫视台等媒体每天都发布展览资讯。特展开幕以后，《联合晚报》《联合报》《民生报》上的报道更是铺天盖地，连续不断，图文并茂地用整个版面报道特展的消息，各报社派出强大的记者阵容，记者们不惜笔墨详细介绍展场内外的盛况。报纸上的文字生动地介绍参观者的心得感受，照片形象地反映大排长龙的参观队伍。

据统计，展览期间，台湾各媒体宣传报道兵马俑的报刊、电视、广播达百余种，这在历年的展览中都是少见的。主要的报刊有《联合晚报》《联合报》《民生报》《星报》《历史文物月刊》《艺术家》《历史月刊》《艺术新闻》《中国文物世界》《新新闻周报》《典藏》《明日报》《人间福报》《自由时报》《台北时报》《台湾英语新闻报》等20余种。数十家电视台派出专题新闻记者等候在展场门口，随时报道当前参观人数、场外排队买票情况。《联合报》上用整版篇幅登出展场内人山人海、展场外争相购买纪念品、与兵马俑复制品合照的人群的图片。《民生报》连篇累牍地介绍展览信息。电子邮件上的消息更是不计其数。台湾报纸形容，秦兵马俑的魅力辐射所及，无论男女，无分老幼，均不能置身事外。

台北的冬季常常下雨，下雨的日子里，前来参观的人仍然很多。许多民众撑着雨伞站在雨地里排长队等候观看展览。大年初三，连绵的阴雨一直下了两天时间，参观的人们比大年初一、初二更多，排队买票的队伍弯弯曲曲绵延数百米，一直绕过重庆南路与南海路的立交桥，队伍穿过立交桥一直向南延伸，站在立交桥上望不到边。新华社记者赴台采访时第一个采访点就选择了兵马俑特展的现场，《人民日报》（海外版）2001年3月20日发表记者的报道文章说："去采访的那天正逢台北下雨，和台湾观众一起体验着宏大而厚重的历史所带来的冲击和感动，共同的文化背景将我们拉得很近、很近。"

3月11日是展览在台北闭幕的日子，《联合报》2001年3月11日一篇报道文章写道："在展览的最后一天，许多民众赶在最后一天冒雨前往历史博物馆参观，虽然是阴雨天气，仍有两万余民众涌进史博馆，展场内人挤人，离情依依，直至9时许，史博馆广场仍然有人群未散去。只为了把握最后机会欣赏'世界第八大奇迹'兵马俑。原本，售票时间在晚上7时10分结束，还是有观众匆忙赶到，有人为赶时间钱未带够，有人搭错车……为了不让到场的民众失望，主办单位不但通融全部放行，闭馆时间也延迟到晚上8点半。"

为宣传展览编辑的图录《兵马俑秦文化》收录所有参展文物并加以介绍，还邀请秦文化研究方面的学者撰写文章，内容丰富，图文并茂，深受欢迎，不得不加印了两次。

2001年3月22日，展览在台中自然

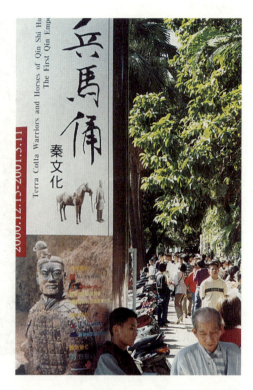

大街上的巨幅海报

《兵马俑秦文化》图录封面

科学博物馆隆重开幕。台中展同样吸引了民众的目光，许多在台北看过展览的民众
又赶到台中看展。台中市市长张温鹰专程赶往现场参观。台北、台中两地展期内共
有165万名观众。

媒体评论说："没有人能抗拒兵马俑的魅力，因为它抓得住我！""看兵马俑已
成为人们生活中的一件大事。"研究人员分析，像这样人潮涌动，观者逾百万的火
爆场面，没有出现在代表现代西方文明的美、英、法国和以古老文明著称于世的意
大利、希腊，却最终出现在中国台湾，绝非偶然。透视这种现象的文化背景，可以
看到台湾同胞对自己民族文化传统的心理认同是最主要的原因。台湾民众对秦兵马
俑的喜爱，正是对自己祖国现实与历史的关注，这是一种永远也割不断的文化脐带
和血脉亲情。

报刊上的宣传文章

159　2001年中国香港展

展览名称：陕西出土文物精华展

展期及展馆：2001 年 6 月 27 日—30 日，香港会议展览中心

展品总数：80 件（组）

2001 年 6 月，陕西省投资贸易洽谈会在香港会议展览中心隆重召开。为配合此次经贸会的召开，由陕西省文物局举办的"陕西出土文物精华展"于 2001 年 6 月 27 日在香港会议展览中心隆重开幕。展览全面展示了陕西的文物优势，是专门为陕西的经济腾飞摇旗呐喊而举办的。

陕西省政府极为重视这次展览，省政府领导多次亲临布展现场看望工作人员。陕西文物部门予以大力支持，抽出专人负责展品的选择、文物的包装、运输和布展。全体工作人员在时间紧、任务重的情况下，通力合作，圆满完成了布展任务。

这次展览集中了陕西近年来出土的重要文物 80 件（组），参展文物均为陕西省近年来出土的文物精品，基本反映了考古的新发现和重要出土物，文物等级高，规模大。尤其是秦陵百戏俑、石铠甲、秦陵大鼎首次亮相香港，引起人们的极大兴趣。

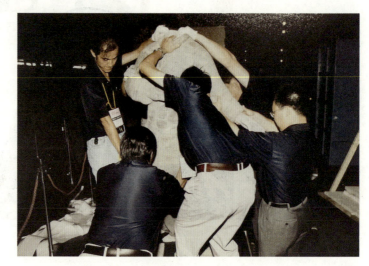

布展工作照

160 2001 年摩纳哥展

展览名称：秦始皇的世纪

展期及展馆：2001 年 7 月 17 日—8 月 31 日，格里马尔蒂会展中心

展品总数：120 件（组）

2001 年 7 月到 8 月，秦始皇陵 4 件兵马俑随"秦始皇的世纪"展览到摩纳哥展出。此次赴摩纳哥参展的文物还有杨家湾汉兵马俑、汉景帝阳陵出土兵马俑、周原出土青铜簋、茂陵阳信家的鎏金铜马等文物。

7 月 17 日晚上 6 点半，"秦始皇的世纪"展览开幕式在摩纳哥格里马尔蒂会展中心隆重举行。摩纳哥公国元首兰尼埃三世亲王、王储、总理大臣、中国驻巴黎大使馆公使、文化参赞、中国驻马赛领事馆领事、陕西省文物代表团以及各界名流1000 多人应邀出席。开幕仪式之后开始参观，秦汉时期不同形象的兵马俑给人们留下了深刻的印象，嘉宾们纷纷称赞这是一次精品荟萃的展览。

这次以秦汉兵马俑为主的文物展，是历年来陕西出国文物展中展品数量最多、展览规模最大、陈列水平最高的一次展览。陈列面积 5000 平方米，展线长达 3000 米。这是陕西文物首次在摩纳哥展出。共展出 17 尊兵马俑和 200多件其他文物。当晚，在中国陕西省文物局副局长张自鸣的陪同下，兰尼埃三世亲王及王储阿尔贝和摩纳哥政府内阁成员兴致勃勃地参观了兵马俑展。

《秦始皇的世纪》图录封面

专为展览发行的邮票

摩纳哥政府对这次展览十分重视，开展前，摩纳哥国家新闻中心专门召开记者招待会，为宣传文物展大造声势。摩纳哥在法国、意大利和当地电视台、报刊等媒体上连续报道，各类宣传招贴画发放到国内许多公众场所，就连法国巴黎的主要大街上也贴满了中国文物展的宣传画。法国、意大利、摩纳哥各大媒体对这次展览予以介绍和报道。《欧洲时报》《尼斯早报》《费加罗报》《美术杂志》《世界时装之苑》及摩纳哥、法国电视台都进行了详细报道。为了扩大宣传，专门印制了带有跪射俑的首日封和纪念邮票。

双方嘉宾在开幕式上交谈

这次展览的成功，充分展示了秦汉兵马俑的强大魅力。陕西赴摩纳哥举办的"秦始皇的世纪"文物展览历时1个半月，在欧洲产生了较大的影响，被媒体评价为欧洲比较成功的展览。在45天展期内，有10万名观众参观。

161　2001—2002 年以色列展

展览名称：中国珍宝展

展期及展馆：2001 年 8 月 13 日—2002 年 1 月 15 日，以色列国家博物馆

展品总数：100 件（组）

2001 年 8 月，中国文物交流中心和中国历史博物馆应以色列国家博物馆邀请，组织以"中国珍宝展"为题的文物精品包括玉器、金银制品、陶器和瓷器等，其中有秦始皇陵兵马俑坑出土的将军俑、跪射俑、御手俑、战车陶马一组 4 件参加展出，还有妇好墓出土青铜器、汉代陪葬玉衣等，着重展现中国 5000 年悠久的文化。这次展览由以色列博物馆主办，这是中国珍贵文物首次到中东地区展出，展期 5 个月，有 20 万名观众参观。

这次能够引进中国文物到以色列举办展览，从酝酿策划、操作实施到成功展出，凝聚着许多人的心血。两任驻华文化参赞都穿针引线，甚至参与具体工作。以色列主办方对中国文物展品要求很高，希望件件是精品。我方也很重视，从展览的主题到展品的挑选，都是颇费心思。这是第一次在中东地区举办展览，展品数量不一定多，但要有代表性，能够反映中国历史上各个重要时期的文化特色，体现中华文明的源远流长和博大精深。

以色列非常重视这次展览的开幕式，他们认为开幕式不只表示一个好的开端，而且是对中国文化的尊重。在博物馆后半部一处空阔的平台上搭建了可容纳近 2000 人的长方形白布帐篷，帐篷里挂着中国特有的京剧脸谱和大红灯笼，这是开幕式的会场，也是 8 月中国文化节的表演场地。从进博物馆大门到后面的帐篷，是一条夹在绿树花草中的长长的甬道。甬道两旁悬挂着两排鲜红的灯笼，突出了中国特色，更增添了喜庆的气氛。

夏夜的耶路撒冷凉风送爽，坐落在西耶路撒冷的博物馆依山而建，泉水叮咚的山道边是大红灯笼和中国装饰，古老的东方文化把夜幕下建筑奇特的博物馆装点得

更加美丽。"中国珍宝展"开幕式就在仿"老舍茶馆"的建筑里举行。2001 年 8 月 13 日,"中国珍宝展"在以色列国家博物馆隆重开幕。中国驻以大使潘占林、以色列外长佩雷斯、以色列科学文化体育部部长维勒纳依、耶路撒冷市市长奥尔默特以及 1000 多名各界嘉宾参加了开幕式,如此大规模的中国文物展览在中东地区是第一次。开幕式当晚,耶路撒冷山城凉风习习,博物馆庭院里回荡着中国民乐。沿走道拾级而上,人造溪流顺山势而下,长串的红灯笼把观众带往一个更具中国特色的会场:上百个大红灯笼挂满会场,中国民乐响彻耳畔,历代帝王画像被放大成真人的两倍悬挂在会场两侧。

开幕式别有情趣。先是北京京剧团的开场锣鼓,在紧锣密鼓的音乐伴奏下,蹦出手持金箍棒的孙悟空。他那一连串令人眼花缭乱的空中跟头,赢得了观众们的阵阵掌声。接下来是婀娜多姿的穆桂英的一段清唱,将开幕式前的气氛烘托到极致。当穆桂英向观众道万福后,便用飘柔的水袖将施耐德馆长引到话筒前,开幕式开始了。如此别致的安排,颇具设计者的匠心。

中国代表团团长、国家文物局局长张文彬对记者说:"展品相当精美,完全能够代表中国 5000 年文化。"以色列外长佩雷斯在开幕式上致辞说:"中国百件文物珍宝展给我们一个难得的了解中国文化的机会。以色列相对中国来说虽然是个小国,但并不妨碍两国人民的深厚友谊。两国人民靠彼此的文化接近对方。以色列人赞赏中国文化,希望此次展览能够增进以色列人对中国文化的了解,巩固两国人民的友谊。"以色列国家博物馆馆长施耐德致辞说:"这是中国和以色列建交 10 年以来长时间文化对话的一个高潮,反映了两国人民对对方文化的青睐。两国文化均有悠久的文明渊源,而且都深深根植于自己丰厚的历史传统,在亚洲大陆的两端形成鲜明的呼应。"以色列主办方充分运用 1999 年举办中国大型祭灯展的经验,广泛调动社会力量,搭起一个中国文化的大舞台,最大限度地宣传珍宝展。

嘉宾们在开幕致辞中热情赞扬中国悠久文化的魅力。他们说:文化根基深厚的中国过去和现在对世界文明发挥着重要作用,将来也将在国际舞台上发挥更重要的作用。这次展览是两国交流盛事,将推动两国人民的文化沟通。嘉宾们的讲话和穿插在其中的中国代表团的精彩演出,引起阵阵掌声。盛况空前的开幕式在北京杂技团优美惊险的"滚杯"表演中达到高潮,雷鸣般的掌声表明以色列人民对中国古老文化和传统艺术的喜爱和认同。开幕活动持续了 5 个小时,直到午夜,观众仍然不

《中国珍宝展》图录封面及内文

愿离去。一些观众明确表示，过些天，他还会带家人再来看展览。

这次展览中的百件文物构思奇巧、工艺娴熟，每一件都是难得的艺术珍宝。在陈列布展过程中，以色列人员下了很大功夫。以色列博物馆以丰富珍贵的藏品、典雅的环境、优越的位置而成为国家博物馆之冠。"中国珍宝展"安排在馆内的一座临时展馆。展馆上下两层，面积约500平方米。下层的大厅直抵上层的顶部，空间显得特别大。展品中体积最大的秦兵马俑就陈列在大厅内。下层大厅正面墙壁上是7米长的秦俑一号坑发掘现场照片，一侧是3尊武士俑，1匹驾战车陶马共置1座平台，俑两旁垂悬着16面战旗。站在上层平台俯视下方，颇有一种亲临秦俑坑现场的感觉，既能触发这个喜好考古的民族对秦俑这一震惊世界的考古发现的兴趣，又可以通过猎猎战旗、萧萧战马、虎虎战士、粼粼战车想见2000年前雄才大略的秦始皇横扫六合、统一六国的不朽业绩。由于设计者巧妙地利用展厅这一特殊布局，使得秦俑成为这次展览的标志，显得大气磅礴，具有一种震撼人心的力量。其余展品的布置，也是根据展厅特点，精心安排，颇见匠心。同时还采用一些现代展示手段，既新颖又素朴，既突出重点又浑然一体。

在古朴的博物馆，见多识广的以色列人，面对惟妙惟肖的文物精品，连连赞叹中国古文明的灿烂。以色列国家博物馆模仿老舍茶馆搭建了一个北京茶馆，观众可以像在老舍茶馆里那样边欣赏京剧、杂技和仿唐乐舞，边品味中国绿茶。展览期间，"老舍茶馆"里常常挤满了热情的观众。他们一边品尝醇香的中国清茶，一边欣赏精彩表演，并报以热烈的掌声和友好的喝彩。

这次参加展出的 100 件（组）文物珍品选自中国 8 个博物馆。许多展品早已名扬全球，展览开幕以来，以色列众多的报纸都刊登大幅广告，电视台播出专题节目，介绍中国文物展览。进入耶路撒冷市区的山路上，中国百件文物珍宝展的广告十分引人注目：大红色衬底、跪射俑、行书汉字，

中以双方人员在展厅合影

所有这些都与西方文化主导的以色列文化形成了鲜明对比。100 件（组）中国珍宝，充分反映了中华民族 5000 年璀璨的历史文化。从公元前 3000 年的陶器到明代的瓷器，从 3000 年前的青铜器皿到 2000 年前的金缕玉衣都是悠久历史的见证。

主办此次展览的比特曼女士认为参观的人虽然不是很多，但成效却是不容置疑的。她说："如果说以色列国家博物馆像一片文化绿洲，那么中国珍宝展就是人们来此徜徉的主要目的。当我听到一个十几岁的小姑娘在参观结束时对她母亲说'这个展览棒极了'，或者看到十五六岁的学生在老师的带领下仔细地观看展览，然后告诉我说他们希望了解中国的时候，那一刻，我真的难以用语言来表达我的成就感。"

为了配合展览宣传，在 5 个月的展览期间，陆续上演中国戏剧、古装歌舞、杂技节目，举行中国文化讲座、电影展、风筝展以及刻章、古装摄影、中国食品、中国工艺品展销等活动。这是在中东较全面地展示中国灿烂的古文化艺术。另外，还推出了极具个性化的活动，以满足不同观众的需要，如举办"家庭游览"，选择特定时间避开参观的高峰，由专人讲解；在博物馆内举办各种研讨会，进一步了解中国文化；举办由少儿参加的中国风筝放飞、灯笼扎制等手工制作班，培养孩子们对中国文化的兴趣；举办中国诗歌和神话传说讲习班，按照中国农历为以色列观众写家谱，举办中国茶道演示品尝会。此外，以色列国家博物馆还与耶路撒冷的希伯来大学东亚系合作，利用其师资和研究力量推出了 20 多个有关中国文化的系列讲座，其题材涵盖了中国的哲学、历史、医学、音乐、美术、传统、政治、烹饪等多种门类。以色列国家博物馆希望动员一切人员，充分发掘中国文化的各门类知识，在耶路撒冷实实在在掀起一轮"中国热"。

162　2001—2002年加拿大展

展览名称：永恒的西安——兵马俑的故乡

展期及展馆：2001年12月5日—2002年9月2日，魁北克市文明博物馆

展品总数：109件（组）

这次以"永恒的西安——兵马俑的故乡"为主题的展览，是西安市与魁北克市结为友好城市以来首次举办的大规模的文物展览，其中95%的展品来自西安市文物局、西安市文物考古所两家单位，集中展现了西安地区丰富的文物资源。主办方特别邀请秦兵马俑参加展览，以此作为西安文物的代表，显示出兵马俑故乡西安地区雄厚的文物优势。

虽然兵马俑以前曾随"中国文明展"赴加拿大展出，但此次展览的意义却非同一般。西安市和魁北克市双方政府都极为重视这项文化交流活动，力争为观众提供最精美、最有代表性的展品，以此表达西安市人民对魁北克市民的友好情谊。

为了办好这次文物展，西安市文物局、西安市文物保护考古所早在1999年就拿出初步方案，并与加拿大魁北克专家沟通，商讨展览细节和展品目录，魁北克市政府及魁北克市文明博物馆派驻北京办事处代表马元尚与米歇尔·高第、海伦那·贝尔尼等专家前来西安商讨与挑选文物展品，双方都表示，要把最好、最精、最具有代表性的文物选出来作为展品。加拿大两位主办方代表知识渊博，对中国历史与文化非常了解，三位中方筹展人员从事考古发掘和文物保管工作多年，熟悉西安地区各文物收藏单位的家底。中加双方人员均具有良好的专业基础，经过反复斟酌选出的109件（组）文物反映了陕西近年来考古发掘工作的主要成果，很有代表性。

中华文化源远流长，辉煌灿烂，西安是千年古都，件件文物都具有历史、科学、艺术价值。加拿大两位筹展人员工作敬业负责，在挑选展品过程中认真严谨，并说这是他们第一次近距离观赏中国文物，所有文物比之前在书本上看到的都要

精彩。双方最终确定的展品都是西安文物的精华，反映了古都西安的历史风貌，例如青铜器、陶器、瓦当、兵器等展示了古人在铸造、工艺、建筑、军事等方面的成就，尤其是秦始皇陵园出土的5件兵马俑形神兼备，栩栩如生，是这次文物展览中的主角。

展厅一角

　　魁北克市文明博物馆位于圣劳伦斯河南岸，建于1988年，是一座新式建筑，非常宽敞。在大厅里有早年圣劳伦斯河堤遗址，上面新布置的巨石等表示山崖冰川河流，大厅两侧分别是两层展室，大厅后面是宽敞的透明玻璃窗，可以清楚地看到隔壁庭院300年前的老屋，如今已将老屋作为办公室，颇有情调。博物馆内条件优越，工作人员精明干练，在文物挑选、点交与布展过程中，西安市文物工作者与加拿大方面的代表希微、马克、杰克等多位专业人员始终在一起工作，他们都是筹办、策划、设计展览的内行。双方人员先确定布展方案、绘制了展厅设计图，按照设计图纸进行布展，绘制图纸的是一位女设计师。她用简单速写形式，快速生动地把每一件文物描绘出来。展览分为4个部分，分别选择周、秦、汉、唐具有代表性的4件文物，突出西安在周、秦、汉、唐四个时期都城的准确位置，然后按先后顺序进行陈列。

　　2001年12月5日晚上，"永恒的西安——兵马俑的故乡"在加拿大魁北克市文明博物馆大厅举行文物展览开幕仪式。西安市政府代表团、西安市文物考古专家团应邀出席开幕式。双方嘉宾发表了热情洋溢的讲话，感谢各方支持并讲述举办文物展的意义。西安市人大常委会副主任张富春说："西安与魁北克虽然相距万里，可是古代的文物把我们拉近了。相信在两市人民的努力下，一定会有更加辉煌的未来。这次展览是西安市和魁北克市文化交流的开始，今后一定会有更加密切的合作机会。"接着，西安市文物局局长李天顺在讲话中表达了西安市文物考古工作者对这次文物展览寄托的殷切希望，并当场向魁北克市市长赠送一件仿制唐代彩绘原大女俑。在长达两个小时的开幕式上，人们在展厅内流连忘返，盛赞西安文物的精美，并预祝展览圆满成功。

163—165　2002—2003 年澳大利亚、新西兰巡展

展览名称：中华文明源流文物展

展期及展馆：2002 年 9 月 19 日—12 月 1 日，澳大利亚珀斯西澳博物馆

2003 年 1 月 16 日—3 月 9 日，新西兰奥克兰市美术馆

2003 年 3 月 29 日—7 月 20 日，悉尼澳大利亚博物馆

展品总数：120 件（组）

为庆祝中国和澳大利亚建交 30 周年，2002 年 9 月 19 日"中华文明源流文物展"在澳大利亚西部海滨城市珀斯的西澳博物馆隆重开幕。澳大利亚文化艺术部部长希拉·麦克海尔在致辞中说："中华文明源流文物展"是近十年来最重要的展览之一，西澳人将是首先参观本次中国秦汉时期两位皇帝与他们的珍宝的人。展览的副标题为"中国秦汉文物展"，就是为了体现这次展览是秦汉两个朝代的文物，并展示一些以前在中国以外看不到的新发现的珍宝。麦克海尔还说："这些文物包括秦始皇陵地区出土的兵马俑，以及中国古代的其他国宝，还包括复原的石盔甲和许多汉代的小物件。正是因为澳大利亚与中国有着紧密的文化联系，我们才能够举办如此精彩的展览。"

《中华文明源流文物展》图录

本次展览展品来自陕西省多家文博单位，以秦汉时期文物为内容，共计 120 件（组），包括 10 件兵马俑。该展在澳大利亚和新西兰两国

巡展3站。

2003年1月16日，"中华文明源流文物展"在新西兰奥克兰开幕。中国驻新西兰大使陈明明在开幕致辞中表示，此次展览是过去20年中两国文化交流中的一次非常重要的活动，为新西兰公众提供了一次难得的机会，参观100多

展厅现场

件（组）来自中国的历史文物。他说，展览中展出的文物和珍宝只是中国陕西考古宝库的一小部分。他希望这次展览能引起新西兰人更多的兴趣，希望他们有一天能去陕西，近距离观赏文物精品，感受中华文化的魅力。

2003年3月28日，"中华文明源流文物展"在澳大利亚第二站悉尼的澳大利亚博物馆举办了盛大的开幕式。澳大利亚博物馆董事会主席，向参加开幕式的200位来自政府、商业的嘉宾介绍展览情况。中国驻悉尼领事馆总领事向展览的举办表示祝贺，并按照惯例向各位嘉宾赠送展览简介、册页以及本次展览的明信片等。

展览期间，主办方组织了丰富多彩的配套活动，与展览交相辉映。博物馆组织200名中小学教师参加"教师之夜"，根据大纲为学生们制作的教学参观活动材料；播放英国BBC制作的纪录片《不朽的秦始皇》《永远的长城》，配合展览展出；当地社团组为观众表演中国传统舞蹈、太极拳表演；组织青少年现场描绘四神和瓦当图案的绘画；等等。

澳洲最大的新闻媒体SBS、主要报纸《悉尼先驱晨报》、澳洲电视广播有限公司（TVB）等，当地主流媒体几乎全部到场参与报道。因为展览备受广大观众欢迎，由原计划6月15日展览结束日，延期到7月20日。展出期间共有近6万人参观了展览，平均每天都有500多人。

166 2002—2003 年中国香港展

展览名称：战争与和平——秦汉文物精华展

展期及展馆：2002 年 12 月 4 日—2003 年 3 月 16 日，香港历史博物馆

展品总数：100 件（组）

本次展览由中华文物交流协会与香港康乐及文化事务署联合主办，陕西省文物局与香港历史博物馆承办。文物主要来自秦始皇兵马俑博物馆、汉景帝阳陵博物院、陕西历史博物馆、陕西省考古研究所等单位。

展览图录封面

100 件（组）展品包括秦代文物 31 件（组）和汉代文物 69 件（组）。秦兵马俑坑出土的军吏俑和铠甲武士俑、秦始皇陵出土的文官俑、百戏俑、石铠甲，汉景帝阳陵出土的塑衣式陶俑、陶猪、陶羊等都是秦汉时期的文物珍品，反映了秦汉大一统帝国形成时期的文化特色和社会风貌。

此次参观人数超过 23 万，每日平均约 2500 人次，为当年该馆参观人数最多的展览。展览期间，香港《大公报》《文化报》等，几乎所有香港主流媒体都对本次展览作了报道。

167　2003 年关岛展

展览名称：中国黄河文明展

展期及展馆：2003 年 1 月 15 日—4 月 15 日，国际机场展览中心

展品总数：120 件（组）

"中国黄河文明展"由中国陕西省文物局与关岛政府联合主办，陕西省对外文物公司承办，关岛国际机场（GIAA）、关岛博物馆、关岛大学、关岛旅游局等单位协办。120 件（组）文物来自秦始皇兵马俑博物馆、陕西省考古研究所、周原博物馆、榆林市文管办、临潼区博物馆等单位，主要有新石器时代的尖底瓶和陶塑人面像、商周青铜器、秦始皇陵兵马俑、汉代陶俑、北朝时期造像碑、唐三彩、耀州窑瓷器等，其中 20% 的展品是当时考古发掘出土的文物。

2002 年 12 月 5 日凌晨，中国文物抵达关岛。就在双方工作人员准备布展的前夕，一场时速达 290 公里的罕见强台风在 12 月 8 日突袭关岛，在一天一夜内摧毁了 1700 多幢房屋，导致关岛断水断电，城市设施破坏严重，汽车燃料及食品供应极为紧张，整个城市几乎陷入瘫痪。运送兵马俑等文物的专机在强台风中受到损害，为了保证文物安全，120 件（组）文物被请进了关岛总督的私人飞机库中，该飞机库非常坚实、安全。由于防护措施得当，兵马俑等文物在台风中毫发无损。

关岛灾后，在双方共同努力下，"中国黄河文明展"于 1 月 15 日开幕。陕西省文物局副局长张文、外事处处长李斌，以及关岛总督、旅游局局长、机场管理中心负责人等参加了开幕式。

在开幕式后的活动中，关岛大学的两位女生着唐装宣传展览。此举在关岛迅速兴起中国文化热，一时间兵马俑展成为人们茶余饭后的谈论话题。不久，又值中国的农历春节，关岛的华人华侨举办各种活动，庆祝展览在关岛举行，并纷纷到现场参观。兵马俑展览使这个春节变成了让华侨振奋开心的好日子，勾起了人们的爱国热情和对祖国的思念之情。

展场内参观的小学生

这批文物时代跨度大，新出土的文物多，展品从各朝代有典型意义的代表文物中选取，连缀起黄河流域最辉煌的一段历史，向人们讲述了黄河流域古老文明发祥地的文化渊源，命名为"中国黄河文明展"是极为恰当的。对弘扬中华文明起到极好的促进作用。

在3个月的展期内，当地的学校纷纷组织学生去参观。为了保证参观效果，学校需要提前一周预约。因展出场地面积有限，每批学生需要等上一批参观结束后再进入展厅参观。即使如此，学生的参观热情很高，提出各种各样的问题，显示了对中国古代文化的浓厚兴趣。为了加深印象，学校要求每位学生写一篇参观感受，有的同学当场作记录，拍照片，提问题。在展览现场，当地博物馆工作人员和关岛大学义工为观众提供中、英、日3种不同文字的展览简介和现场讲解。在展厅的最后有留言簿，观众纷纷写下自己的感想和对文物的赞美。有一位来自波多黎各的观众参观后，特意找到中方随展人员，提出希望在他的家乡也举办这样的展览。他说："这些珍宝太难得了，如果能将此展览直接移至我们国家，意义简直太大了！"

为配合展览，关岛大学的教授每个周末都要举办与展览有关的讲座，听众年龄从五六岁的小孩到七八十岁的老人，人们对中国古代文明有着极浓厚的兴趣，与司空见惯的学术讲座只有专业人员参加形成极大的对比。

为了配合展览宣传，当地多家电台邀请中国随展组人员做节目，现场回答观众提出的问题。当地电视台、报纸等新闻媒体都对展览作了详细的报道和介绍，既宣传了展览，普及了中华文化，还介绍了古都西安的风土人情，许多观众都表示一定要去中国、去西安看看兵马俑。

168 2003年巴西展

展览名称：永恒的中国——五千年文明展
展期及展馆：2003年2月20日—6月8日，圣保罗卢卡恩艺术馆
展品总数：120件（组）

2003年2月20日，由中国政府组织的首次大型文物展，在巴西最大的城市圣保罗隆重开幕。展览分为"永恒的中国——五千年文明展"和"来自东方的至尊——紫禁城帝后生活文物展"两大部分，贯穿中国的悠久历史，展现了华夏灿烂文化。

巴西总统卢拉和夫人出席开幕式并发表了热情友好的讲话。卢拉说："两年前我曾有幸应邀访华，有机会认识西安并参观了兵马俑。出席今天的开幕式是为了向世人表明，巴中两国应在政治、经济、科技、文化等方面成为亲密的战略伙伴。"他指出，中国有5000年的文明史，巴西应向世界上最精彩的文明学习，21世纪既属于中国，也属于巴西。

本次展览在圣保罗卢卡恩艺术馆下属的伊比拉普埃拉公园展览馆举办。中国外交部部长唐家璇和文化部部长孙家正为本次展览发来贺辞。中国文化部副部长郑欣淼在开幕式上致辞说，展览必将有助于巴西人民对中国古老文明的深入了解，为推动中巴两国人民的友谊起到积极作用。

"永恒的中国——五千年文明展"是中国文化部牵头组织的文物大展，分别由陕西秦始皇兵马俑博物馆、北京故宫博物院提供文物展品联袂展出，共计展出350件珍品。陕西的代表性文物12件（组）中有

展览街头海报

仰韶彩陶、青铜器、秦砖汉瓦、唐三彩马等，最引
人入胜的是秦始皇陵兵马俑：11 件陶俑或免盔束发，
或头戴冠帽，身披铠甲，神态各异，有的右膝跪地
似在射箭，有的手持缰绳驾驭战车，2 匹陶马中有
1 匹鞍马和 1 匹陶马。另外一部分是"来自东方的
至尊——紫禁城帝后生活文物展"的展品主要为清
代康熙、雍正和乾隆三朝精品，还有紫禁城的立体
模型，将皇城内的太和、中和、保和三大殿和午门、
神武门、乾清门及东西两侧宫室的雄伟建筑展现在
观众面前。

展览图录封面

　　"永恒的中国——五千年文明展"中文物的制作工艺、独特的造型深深吸引了
巴西观众。"神奇，中国兵马俑！"走出展厅，学生莉莎德拉赞不绝口。"太美了，
中国皇宫里的艺术珍品"，陪妻子女儿来看展览的医生卡洛斯也感慨道："我们从未
见过这么美的东西，真想再来欣赏一遍。"30 岁的装修设计师玛莉罗莎说："这已经
是我们第三次看展览了。""真漂亮，令人眩目！"28 岁的企业主特尔·杰克勒对中
国文化特别崇拜，以至于在自己身上都纹上了与中国文化有关的图案："我纹了一
个皇帝的图案和两条金龙。对我来说，这是最美的图案。""比这还要好的恐怕只有
到中国才能看到了。"49 岁的银行职员弗朗西斯科·古依玛雷斯说。他曾经去过中
国，非常喜欢中国的历史文化。他说："自新石器时代，中国人就会制造完美的尖
箭头，会使用弓箭，而西方人只是在中世纪才发明这些东西。"陪 84 岁老母亲吉莉
娅一同前来参观的玛莉娅索尔女士，有幸不用排队。身为律师的她言语较少，但对
文物却赞叹不已："中国文物珍品展了
不起！"

　　展览期间，以兵马俑为代表的中
国文物展轰动了足球飞旋、桑巴热舞
的国度，原定于 5 月 18 日结束的展览，
不得不延期展至 6 月 8 日闭幕，有 73
万人参观展览。

展览图录

169—171 2003—2004 年韩国展

展览名称：秦汉文物精华展

展期及展馆：2003 年 7 月 16 日—10 月 23 日，汉城展览中心

　　　　　　2003 年 12 月 5 日—2004 年 3 月 21 日，釜山国际会议展览中心

　　　　　　2004 年 9 月 10 日—10 月 30 日，大田市贸易展示馆

展品总数：120 件（组）

　　2003 年 7 月 16 日至 2004 年 10 月 30 日，陕西省文物局与韩国索达（SOLDAE）
株式会社，连续在汉城展览中心（COEX）、釜山国际会议展览中心（BEXCO）、
大田市贸易展示馆三地举办陕西"秦汉文物精华展"。展品以陕西各地近年来新出
土的文物为主，秦始皇陵百戏俑、乐舞俑、文官俑等精品文物参加展出。

 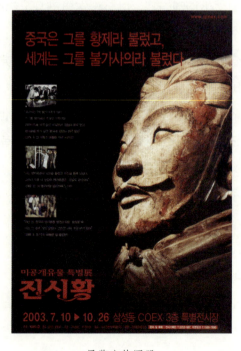

展览宣传图册　　　　　　　　　　　　　　展览宣传图册

为了宣传展览，主办方编辑了图文并茂的《秦始皇》展览图录，以文官俑作为封面，书中收录了所有参展文物，并简要介绍每一件文物。这次展览的成功举办，极大促进了中国历史文化在韩国的宣传，韩国几乎所有的媒体都对展览作了详尽报道。

学生等待进入参观

展览在汉城、釜山、大田举办时，当地教育局要求学校组织学生参观，展厅内外，经常可见在现场参观或在场外等候参观的学生团队。

展览图录

展览图录内页

172—177　2004 年日本展

展览名称：中国历代王朝展

展期及展馆：2004 年 4 月 24 日—5 月 30 日，静冈县立美术馆

　　　　　2004 年 6 月 5 日—7 月 4 日，前桥文化会馆

　　　　　2004 年 8 月 11 日—8 月 24 日，东京松坂屋上野店

　　　　　2004 年 8 月 27 日—9 月 20 日，石川县立美术馆

　　　　　2004 年 9 月 29 日—10 月 18 日，宇都宫购物中心艺术馆

　　　　　2004 年 10 月 23 日—11 月 23 日，长野市立美术馆

展品总数：100 件（组）

　　本次展览由中国国家博物馆（中国文物交流中心）集中了 9 个省（区、市），包括中国国家博物馆、秦始皇兵马俑博物馆、南京博物院、河北省博物馆等 10 家博物馆共 100 件（组）展品，在日本巡展 6 站。

　　展品中有陕西秦始皇陵出土的 3 件兵马俑和 1 件青铜剑，还有青铜器、玉器、陶器、石雕、木雕等，其中一级文物 24 件，展示了商、周、秦、汉、三国、魏晋南北朝、隋、唐、宋几千年的悠久历史。

　　中国驻日本大使武大伟在本次展览图录的贺词中写道："华夏文明、博大精深，中日交流、源古通今，承前启后、开拓创新。"本次展览展示一个中国历代王朝兴亡历史。通过展示具有中国各历代具有历史、科学、艺术、审美价值的文物，感受中国历代能工巧匠的精湛技艺，重新理解中日两国的历史、文化，以及整个东亚的文化是如何受到了中国的影响。

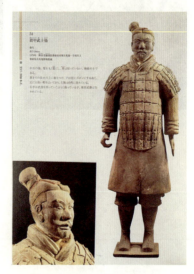

展览图录内文

178—180 2004—2005 年西班牙展

展览名称：*西安的勇士*

展期及展馆：2004 年 5 月 9 日—9 月 26 日，巴塞罗那环球文化论坛

　　　　　　2004 年 11 月 4 日—2005 年 1 月 30 日，马德里伊莎贝尔二世艺术中心

　　　　　　2005 年 2 月 17 日—4 月 6 日，瓦伦西亚费利佩王子科学博物馆

展品总数：104 件（组）

2004 年在西班牙巴塞罗那环球文化论坛举办的"西安的勇士"展，由联合国教科文组织、西班牙政府、加泰罗尼亚政府和巴塞罗那政府联合举办。环球文化论坛号称"文化奥林匹克"，不仅荟萃世界各国的优秀文化遗产，而且有众多国家的领导人和文化名人出席。中国文化部副部长郑欣淼、陕西省省长贾治邦参加开幕式。

本次以"兵马俑"为主题的中国秦汉时期文物展在巴塞罗那等三地的观众总人数达到了创纪录的 130 万人，本次展览的成功举办，影响波及全欧。展览期间，与西班牙相邻的葡萄牙、意大利、波兰、马耳他等国纷纷通过中国驻外使馆和文化机构发出邀请，希望兵马俑继续远足，沟通文化交往。

2004 年 11 月 3 日，"西安的勇士"巡展第二站在西班牙首都马德里的伊莎贝尔二世艺术中心隆重开幕，马德里自治区政府主席阿吉雷女士，西班牙参、众议员，中国驻西班牙大使邱小琪及各界人士 600 多人出席。

阿吉雷主席在致辞中盛赞中国文明的悠久历史和博大精深，对此次兵马俑展给予高度评价。西班牙主要媒体对此展进行大量报道，多家电视台、电台在当晚新闻节目中长时间播报有关开幕式情况。第二天各报刊刊登了长篇消息和多幅照片，西班牙三大报纸之一的《世界报》用了 4 个整版版面介绍本次展览。

伊莎贝尔二世艺术中心在 2004 年新近落成，特意选择用兵马俑展为该中心落成揭幕。该中心地处马德里市标志性建筑"欧洲门"附近，周边有 4.5 万平方米的公园绿地，展厅面积 2000 平方米。主办方考虑到上一站在巴塞罗那参观人数创纪

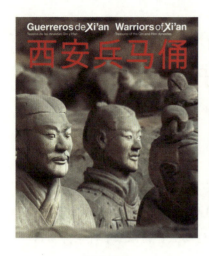

展览图录 　　　　　　　　　　　　　　巴塞罗那展厅

录的情况，特别把本次展览的开放时间每天从上午 11 点到至晚上 12 点，每天有 13 个小时对公众开放。最终统计每天参观人数有 6000 余人，马德里站参观人数达到创纪录的 43.5 万。

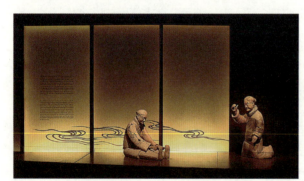

瓦伦西亚展览内景

瓦伦西亚展览内景

2005 年 2 月 17 日，"西安的勇士"展在第三站在西班牙第三大城市瓦伦西亚展出。瓦伦西亚与西班牙大部分城市不同，独特的魅力在于古典与现代并存。这座城市除了拥有历史悠久的古城，以及多个世界文化遗产点之外，还有一座西班牙极为前卫且耗资巨大的艺术科技城的建筑群（Ciudad de las Artesy las Ciencias），包括天文馆、海洋公园、索菲亚王后艺术歌剧院，以及著名的费利佩王子科学博物馆（Museo de las Ciencias Príncipe Felipe）。

西班牙小学生制作兵马俑

街头海报

本次"兵马俑"就在这个博物馆举办。展览开幕式由加泰罗尼亚政府主席的弗朗西斯科·坎普斯揭幕，瓦伦西亚市长丽塔芭芭拉主持开幕式。

双方布展人员在展场合影

"西安的勇士"在开幕前三天吸引了 17254 人次前来参观。为了保证观展的环境与效果，博物馆严格控制参观人数，规定每个小时观展人数在 500 人之内，因此排队和等待的人群经常在 2 个小时以上。《瓦伦西亚报》报道说，在漫长的排队等待之后，所有的参观者几乎一致地说："毫无疑问，这是值得的！"这次展览在西班牙的第三站瓦伦西亚不到两个月的展期，就吸引了 25 万名观众前来参观，获得了巨大的成功。

181　2004年日本展

展览名称：长安文物秘宝展

展期及展馆：2004年9月11日—10月20日，新潟市历史博物馆、新潟市美术馆

展品总数：80件（组）

2004年9月11日，"长安文物秘宝展"在新潟市美术馆开幕，新潟市市长筱田昭、中国驻日大使馆公使衔参赞赵宝智、新潟市议会议长桥田宪司先后发表了热情洋溢的致辞。这次展出的文物有青铜器、陶器、玉器等，有秦兵马俑、铜镜等许多具有浓厚中国文化特色的珍贵文物，其中最引人注目的当属初次在新潟市展出的兵马俑，通过展览交流见证两国的友好交往。

该展览由陕西省文物局、西安市文物园林局、新潟市政府主办，陕西历史博物馆、西安博物院共同承办。本次展览既是纪念新潟市历史博物馆开馆的特别展览，也是一次加深西安市和新潟市在各个方面交流的重要活动。

本次"长安文物秘宝展"分别在新潟市历史博物馆和美术馆两个会场同时举行。为了加深两市人民的相互了解，同时举办了"2004中国西安投资环境·旅游说明会"，标志着两市的经贸、旅游、文化等各个领域的交流与合作进入了一个新阶段。

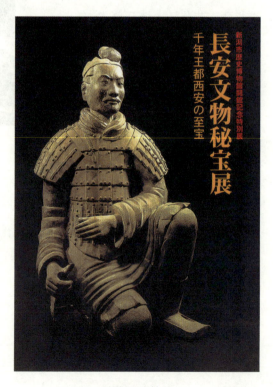

展览图录封面

182　2004—2005 年日本展

展览名称：大兵马俑展

展期及展馆：2004 年 9 月 25 日—2005 年 1 月 3 日，上野之森美术馆

展品总数：100 件（组）

2004 年 9 月 25 日，为了纪念中国西安兵马俑出土 30 周年，由中国陕西省文物局与日本产经新闻社联合举办的"大兵马俑展"在上野之森美术馆开幕。

为了扩大宣传效果，上野之森美术馆附近街道和商店橱窗里贴满了宣传海报。上野之森美术馆为逼真地表现出兵马俑击的雄伟气势和现场感，专门模拟秦始皇兵马俑一号坑遗址，在展厅新建一个地下秦兵马俑坑，让观众有如临现场之感。

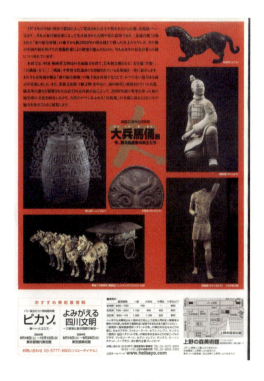

宣传海报　　　　　　　　　　　　展览海报

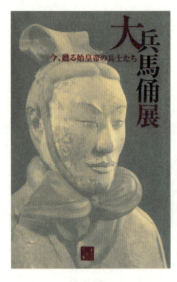

展览图录封面　　　　　　　　　　　　展览图录内文

主办方为了保证参观效果，不允许观众在展厅内拍照。为了满足观众拍照的要求，主办机构特地在"大兵马俑展"展厅的入口处陈列 3 个与兵马俑同样大小的复制品，免费供观众拍照留念。

183—184   2004—2005 年日本展

展览名称：中国国宝展Ⅱ

展期及展馆：2004 年 9 月 28 日—11 月 28 日，东京国立博物馆

2005 年 1 月 18 日—3 月 27 日，大阪国立国际美术馆

展品总数：171 件（组）

继 2000 年"中国国宝展"在日本展出获得巨大成功之后，"中国国宝展Ⅱ"于 2004 年 9 月至 2005 年 3 月在日本东京和大阪两地进行为期 6 个月的展出。

2004 年 9 月 27 日，"中国国宝展Ⅱ"在东京国立博物馆隆重举行。中国驻日本大使王毅、国家文物局局长单霁翔及日本东京国立博物馆馆长野崎弘、东京国立博物馆美术顾问平山郁夫、朝日新闻社社长箱岛信一、朝日电视台社长广濑道贞、日本文化厅次长加茂川幸夫等出席并为展览剪彩。

中国驻日本大使王毅在开幕式上致辞时指出，文化交流始终是连接中日两国人民的重要纽带，也始终是两国人民友好感情的深层支撑。他期望广大日本朋友通过这个展览会，能够领略到中国文化博大精深的底蕴，重温中日两国悠久的友好交流历史，并从中得到有益的启示。

中国国家文物局局长单霁翔在致辞中说，这次"中国国宝展Ⅱ"共展

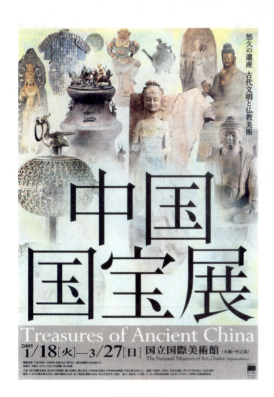

展览海报

出来自中国15个省市（自治区）近50家文博单位的171件（组）珍贵文物，其中一级品75件（组），一级品占展品总数的47.3%。展览规模和体量之大，展品等级和品质之高都是空前的。展览包括"中国佛教美术"和"中国考古新发现"两个部分。从公元前后到12世纪，跨越1000多年的佛教美术珍品，使人们在欣赏佛教美术的同时，对佛教在中国的发生、发展、变迁有所了解。中国考古发掘的许多重要文物都参与展览，其中有近年秦始皇陵出土的青铜鹤、石铠甲以及在

展览图录中的兵马俑

陕西眉县发现的青铜器，尤其是秦始皇陵出土的青铜仙鹤、战国时代的透雕香炉等。许多造型精美、制作精良、富有艺术魅力的文物，都是第一次在日本展出，有助于日本民众进一步了解历史悠久的中国文化。

185　2004 年中国香港展

展览名称：陕西考古新发现

展期及展馆：2004 年 11 月 21 日—29 日，香港会议展览中心

展品总数：102 件（组）

2004 年 11 月 21 日，"陕西——香港经贸合作周"在香港会议展览中心隆重开幕，这是内地西部地区近年来在港举行的规模最大的经贸洽谈活动。活动期间，陕西省推出 8 大类 105 个重点招商引资项目，寻求与香港及海内外客商开展投资和贸易方面的项目合作。此次陕港合作周的主题是"陕港合作，优势互补，共同发展"。在此期间将举办"2004 香港——陕西经贸展""陕西——香港中医药开发推介会""陕西特色农产品（果品）推介会"以及"中国陕西旅游活动日"等活动，促进陕港科技、文化、旅游、社会和民间的交流与合作。

"陕西考古新发现"展览是本次活动最受欢迎的项目。大会有关方面采取了严格的安全措施，特意聘请了多名荷枪实弹的当地武装护卫负责安全工作。参展文物包括陕西新近出土的眉县西周青铜器、西汉酒器等，还有法门寺出土的唐代香囊与银盘、秦公钟等。特别是秦始皇陵出土的御手俑、百戏俑、乐舞俑，尤为受到观众的青睐。时任香港政务司司长曾荫权率团在秦始皇陵出土文物展台前驻足长久观看，并对秦代陶俑巧夺天工的雕塑艺术赞不绝口，还说有机会一定到秦始皇兵马俑博物馆再去现场观看。

展厅内景

186—191　2005—2006 年日本展

展览名称：中国历代王朝展

展期及展馆：2005 年 3 月 26 日—5 月 8 日，熊本县立美术馆

2005 年 6 月 15 日—7 月 18 日，大分县立艺术会馆

2005 年 7 月 23 日—8 月 21 日，鹿儿岛县历史资料中心

2005 年 9 月 1 日—19 日，新潟市大和百货店美术馆

2005 年 10 月 6 日—11 月 6 日，京都市伊势丹百货店美术馆

2006 年 1 月 2 日—2 月 19 日，福冈亚洲美术馆

展品总数：102 件（组）

　　本次展览由中国文物交流中心组织，参展文物来自陕西、河北、甘肃、湖北、安徽、江苏、辽宁 7 个省的 10 家博物馆，102 件（组）文物在日本 6 个城市巡展。中国外交部副部长、驻日本大使武大伟专门为展览题写了贺词。秦始皇陵有 2 件武士俑、1 件文官俑，以及 1 件武士俑的残俑参与展出，特别受到观众的欢迎。

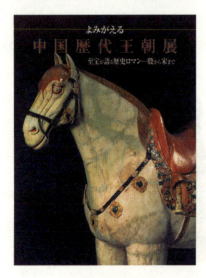

展览图录封面

展览图录内页

192 2005—2006 年德国展

展览名称：中国秦兵马俑
展期及展馆：2005 年 4 月 28 日—2006 年 3 月 31 日，莱比锡古典艺术博物馆
展品总数：80 件（组）

"中国秦兵马俑"展由中国陕西省文物局与德国莱比锡古典艺术博物馆联合举办。4 月 19 日上午 8 点半，中国文物布展组四人到达莱比锡机场，主办方福莱尔和托马斯到机场迎接。随后中德双方人员便直奔本次展览主办地中国文化艺术中心莱比锡古典艺术博物馆，清点所有集装箱，接待多家媒体记者，接受采访。自从文物运抵博物馆后，展览进入布展阶段，就有媒体记者前往博物馆采访，随时关注布展工作的进展，在布展的一周时间里，每天都有记者驻守博物馆拍摄采访，为展览宣传造势。

4 月 20 日，开始搬运集装箱，打开文物箱，将俑搬装到展台上。4 月 23 日，举行博物馆之夜活动，博物馆通宵开放。很多人在晚上来到博物馆参观，虽然同样需要买票，但说明这里的市民很喜欢参观博物馆。晚上在火车站附近的商场看到很多展览招贴画。4 月 26 日，完成组装二号铜车马，至此，展厅所有文物均放置到位。

2005 年 4 月 28 日，在莱比锡古典艺术博物馆举行了隆重的开幕仪式，现场有小提琴演奏，主办方介绍

布展工作照

展览筹备情况。6点整，展览开幕，以陕西省文物局副局长张自鸣为团长的陕西文物代表团出席了开幕式，德国莱比锡市议会议长格平女士、马克勒贝格市市长克劳斯分别致辞祝贺。之后是持续10分钟左右的焰火表演，博物馆上空及四周鞭炮齐鸣，烟花绽放，热烈又别致的场面充分显示了主办方的真诚热情。在五颜六色的礼花中夹带着焰火喷射出多姿多彩的花样，令在场的每个人都激动不已，最后是在这热闹非凡的气氛中，张组长和莱比锡市市长共同剪彩，随着展馆前的幕布徐徐拉开，英语和汉语拼音"SHAANXI"字样把庆典活动推向高潮，现场嘉宾依次进入展场参观。

参加开幕式的有政府官员、文化界名流及收藏爱好者，人们为东方古老灿烂文明的使者兵马俑赞叹不已。人民日报、光明日报驻柏林记者站、德国电视二台、广播电台、当地电视台及各大报社进行了现场采访及报道。

随展人员在博物馆前接受采访

观众参观

观众参观

193   2005 年美国展

展览名称：中国文化节——兵马俑
展期及展馆：2005 年 10 月 1 日—30 日，华盛顿肯尼迪表演艺术中心
展品总数：3 件（组）

这是中美首次合作举办的"中国文化节"活动，为期一个月。秦始皇陵兵马俑坑出土的两件陶俑和一匹陶马参与展览。文化节于 2005 年 10 月 1 日晚在美国华盛顿肯尼迪表演艺术中心隆重开幕。这是美国历史上规模最大的中国文化展示活动。中国国家主席胡锦涛和美国总统布什分别为中国文化节的举办致贺信，两国元首都认为这次活动有助于加深中美两国人民的相互理解，促进中美两国的交流合作。

文化节期间，中方派出的项目约 19 个，包括文化部部长孙家正主题演讲、壁画捐赠仪式、北京文化周、13 个团组的舞台艺术表演、兵马俑真品展示和当代室外装置与雕塑艺术展，以及小型电影节等内容，覆盖京剧、话剧、舞剧以及交响乐等多种艺术门类，中方派出人员逾 700 人。

带有中国结的展厅装饰

中国文化部部长孙家正在文化节开幕式上说："此次活动实际上是中国人以艺术为载体，向世界敞开胸怀。中美两国携起手来不仅对两国，而且对世界都具有十分重要的意义。中美各界为中国文化节所做的努力，正是两国民心所向。"他强调，任何国家关系的发展都必须以民众为基础，必须要

增进民众之间的了解。在沟通心灵的交流中，没有什么比文化的手段更有效。

"中国文化节"中文物展览选定了以秦始皇陵出土兵马俑为代表，2件俑、1匹马展厅设在表演艺术中心北展厅，兵马俑周围用红丝线悬挂着400个"中国结"，成为观众最受欢迎的展厅之一。中国的京剧、民乐、鼓乐齐奏、木偶戏、皮影戏、杂技等传统艺术精品，话剧、钢琴演奏、交响乐、现代舞、芭蕾舞、电影、现代打击乐、高科技烟花表演等现代艺术形式，在披挂着"中国红"装饰的肯尼迪中心轮番上场，向美国观众全面展示中国传统和现代的艺术精华，是一场规模空前、史无前例的文化盛宴。美国主流媒体《华盛顿邮报》，《纽约时报》和《华尔街日报》等都将对文化节活动作了密集和广泛的报道。据统计，有近40万名观众亲历在华盛顿举办的艺术展演活动，另有逾100万名美国观众通过电视转播和网络方式参与文化节。

中美两国国情不同，历史文化差异很大，但正因如此，才互有需要，才更具互补性。此次中美双方共同举办的"中国文化节"在美国取得圆满成功的例子再次表明，两国文化在许多方面可以相互借鉴和学习，和谐共处，共同为人类文明作出新的贡献。

此次文化节的成功，体现了中美两大文明的"和而不同"，为两国文化交流开启了新的篇章，给两国人民留下永恒的美好回忆。中国驻美大使周文重说，"中国文化节"必将对美国人民了解中国传统文化，促进两国人民的相互理解和友谊发挥积极作用。

194 2005—2006 年意大利展

展览名称：丝绸之路与华夏文明展

展期及展馆：2005 年 10 月 22 日—2006 年 5 月 14 日，特雷维索市卡拉雷兹宫

展品总数：120 件（组）

"丝绸之路与华夏文明"系列展览，是一次综合性、跨地域的大型文物展，由中华文物交流协会和卡萨马卡基金会联合举办，中国文物交流中心承办，在意大利北部的维尼托大区（Veneto）特雷维索（Treviso）的卡拉雷兹宫（Casa dei Carraresi）举行。

本次展览共展出 120 件（组）文物，展品来自陕西、甘肃、河南、湖南和江苏的 60 多家博物馆，时代从距今西周至唐朝，其中包括西周玉佩，春秋秦鼎，战国青铜龙，秦始皇帝陵兵马俑，汉代金缕玉衣、马王堆汉墓丝织品和漆器、汉阳陵的彩绘陶俑，隋唐佛教造像、唐三彩、玻璃器，东罗马金币、金银器等等，从不同侧面反映了的历史与社会现实，让欧洲国家人民更全面地熟悉中国这个文明古国的悠久历史。

这次展览是在意大利举行的 4 个双年展中的首个展览，展览的意方策划人是一位热爱中国历史文化、对中国有深厚感情、有"现代马可·波罗"之称的意大

展厅内景

利人亚德里亚诺·马达罗（Adriano Madaro），通过他的视角，西方人能够更真切感受到中国古代文明的辉煌成就，激发对中国的热爱。意中基金会副主席迪亚娜·布拉科说，希望这次展览不仅有助于意大利人民了解中国的悠久文明史，而且有助于推动意中两国关系的友好发展。

布展工作照

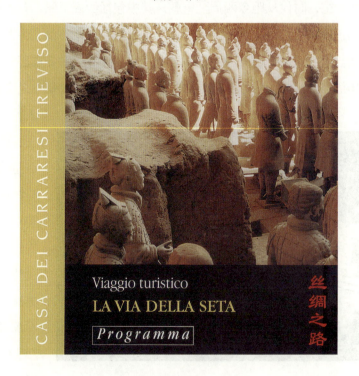

展览图录

195 2006 年德国展

展览名称：中德科技合作文物保护成果展

展期及展馆：2006 年 4 月 21 日—7 月 23 日，波恩艺术展览馆

展品总数：184 件（组）

2006 年 4 月，在中国政府和德国政府大力支持下，陕西省文物局在德国波恩艺术展览馆举办"中德科技合作文物保护成果展"，为展示 15 年来中德合作科研保护文物成果，这是中德两国将科学技术发展的最新研究成果应用于文物保护的一个成功先例。中国驻德国大使马灿荣出席了展览开幕式。

本次展览共展出文物 184 件（组），复制品 12 件（组），单件文物超过 200 件，其中国家一级文物超过三分之一，包括跪射俑、12 幅汉唐壁画、秦始皇陵墓出土的一组青铜水禽以及唐代组玉佩等，其中有许多文物都是第一次在境外展出。展览规格高、数量大、种类多，是中国陕西出土文物在境外的最大一次展览。特别值得一提的是，秦始皇陵兵马俑中唯一的一个"绿脸兵马俑"首次随"军"走出国门，让德国民众了解中德文物保护科技合作的重要成果，了解辉煌灿烂的中国古代文明，并从中得到美的享受。除文物外，展览还配有大量英文和德文说明，介绍古都西安的历史、13 个朝代的基本情况等。展览期间还播放 20 分钟的三维模拟电影，再现了古都西安汉唐时期的历史风貌、唐太宗昭陵和秦始皇陵文物状况等。

中国与德国从 1989 年就开始了文物保护方面的学术交流和科技合作。当时德国派遣了一个由著名考古学家组成的代表团访问中国，并促成了陕西省考古研究所与美茵茨罗马——日耳曼中央博物馆的合作。德方投资购置了最先进的设备和仪器，建立起一座中国国内最大的现代化文物修复和保护实验室。美茵茨博物馆是欧洲最大的文物修复中心，该馆派遣了经验丰富的文物保护专家到中国，传授德国现代化的文物保护技术及理念，特别是金属质文物、琉璃质文物保护的新技术和新工艺。中德专家共同合作 15 年来，修复和保护了大量中国珍贵文物，如法门寺

地宫出土的唐代金银器及鎏金青铜器珍贵文物；茂陵陪葬墓出土的汉代错金铜车马器、鎏金铜车马器、错金铁器及铅器；北周韦氏家族墓葬出土的墓室壁画、错银铁器、铁器和铜器等。

为了保护秦俑彩绘，秦始皇兵马俑博物馆自 20 世纪 90 年代初与德国巴伐利亚州文物保护局开始了彩绘保护合作。秦俑的彩绘保护和修复、土遗址保护、石铠甲修复和保护等方面也取得了显著成效，了解到秦兵马俑的彩绘有机底层材料是由生漆制作的，并在紫颜色层中发现了近代才被人们认识的硅酸铜钡颜料，弄清了彩绘的剥落机理，创造性地研究出了两种相当有效的保护方法，成功地保护了秦俑二号坑、百戏俑坑和 K0006 号坑出土的多件彩绘陶俑。

至 2006 年，中德双方卓有成效的科技合作已进行了 15 年，两国科技工作者一直遵循彼此尊重、友好协商的原则，就共同感兴趣的内容进行着密切的沟通与探讨。在此次展览会上，中德双方进一步确定了共同的合作项目，决定加强和开展考古发掘现场的文物保护，对陕西境内唐代帝王陵进行勘测，明晰帝陵的范围、布局及内涵，继续对金属文物和丝绸进行修复保护。

论文合集

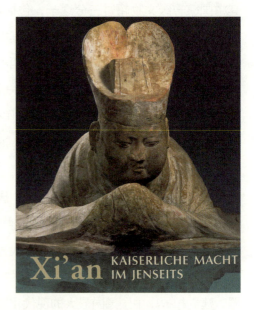

展览图录封面

中德双方在考古方面的合作已成为架构中德两国人民友谊的桥梁，这一成功的合作必将载入中德两国考古界的史册。

196 2006 年俄罗斯展

展览名称：中国秦兵马俑展

展期及展馆：2006 年 6 月 14 日—11 月 30 日，俄罗斯国家历史博物馆

展品总数：80 件（组）

2006 年 6 月 14 日，"中国秦兵马俑展览"作为"中俄国家年"活动的交流项目，在俄罗斯国家历史博物馆隆重开幕。这是被誉为"世界第八大奇迹"的秦始皇兵马俑首次在俄展出。俄罗斯文化和大众传媒部副部长布瑟金、中国驻俄罗斯公使程国平、陕西省文物局局长赵荣、俄中友好协会名誉主席齐赫文斯基院士、俄国家历史博物馆馆长什库尔科以及来自俄中文化、教育、学术、媒体等各界代表出席了开幕式。

程国平公使受刘古昌大使委托在开幕式上致辞说，中俄两国都有悠久的历史和灿烂的文化，同时又是好邻居、好朋友、好伙伴。在两国元首和政府的共同努力下，中俄友谊在新的历史时期得到不断发展，这符合两国人民的根本利益，对世界和平与发展也有十分重要的意义。文化和人文交流是人民间精神与心灵沟通的重要桥梁和纽带，希望中俄在该领域的合作不断深入发展，以使两国友谊代代相传。程公使指出，中国秦兵马俑在俄展出正值中国"俄罗斯年"之际，相信"中俄国家年"活动必将全方位、多角度地增进两国人民的彼此了

展览图录

解，并为进一步深化与加强中俄战略协作伙伴关系奠定更加牢固的社会基础。

俄罗斯文化和大众传媒部副部长布瑟金致辞说："中国是一个历史悠久、文明灿烂的国家，俄罗斯人民对中国的历史文明怀有浓厚的兴趣。秦始皇兵马俑展系40年来首次在俄举行，是一件十分难得和珍贵的大事。我相信，此次展览将为俄罗斯人民了解中国古老文明打开一扇新的窗户，并为进一步促进中俄人文交流与合作，深化两国人民友谊作出独特的贡献。"

陕西省文物局局长赵荣在开幕式上致辞并向来宾们

展厅内景

布展工作照

简要介绍秦兵马俑的考古发掘与保护情况、秦代历史文化背景等，表示愿与俄方同行继续努力，为进一步加强中俄文化交流作出新的贡献。

本次展览的俄罗斯国家历史博物馆是莫斯科最具代表性的博物馆和地标性建筑，优雅的红砖建筑上高耸着银白色的尖顶，在沉稳内敛的气质中凸显出俄罗斯的建筑风格。博物馆位于红场北侧的马涅什广场上，北面是列宁墓，列宁墓后的红墙内便是闻名世界的克里姆林宫。

俄罗斯国家历史博物馆和俄罗斯媒体，对这次展览给予高度重视。布展期间，博物馆馆长和其他有关领导多次到现场视察，俄罗斯多家媒体从布展工作开始就进行现场直播，采访中俄双方工作人员、展览策划人员等，一直到展览开幕、展览期间等，全方位进行报道。

197 2006年哥伦比亚展

展览名称：中国秦兵马俑展

展期及展馆：2006 年 6 月 15 日—9 月 17 日，哥伦比亚国家博物馆

展品总数：73 件（组）

2006 年 6 月 15 日晚，"中国秦兵马俑展"在哥伦比亚国家博物馆举行了隆重的开幕仪式。中国驻哥伦比亚大使吴长胜、哥伦比亚文化部长埃尔维拉·奎尔沃·德哈拉米略等各界人士共 600 多人参加了开幕式。

吴长胜大使在致辞中说："中哥两国是值得信赖的全天候的朋友。两国在政治上相互信任，经济贸易上互利互赢，在文化领域里不断加强合作，此次文物展览堪称两国友好合作的典范，期待此次文物展能帮助哥伦比亚人民进一步了解中国的历史和文化，不断巩固和加强两国的传统友谊。"哥伦比亚文化部长埃尔维拉·奎尔沃·德哈拉米略致辞说："中国秦兵马俑展览在哥举办是哥伦比亚文化生活中的重要事件，相信这次展览必将进一步加强两国的文化交流与合作。"

此次参展的 73 件（组）展品，主要是秦始皇陵出土文物，有将军俑、骑兵俑、跪射俑、百戏俑、铜车马复制品以及秦代建筑构件、青铜兵器以及秦汉时代的瓦当等。

在 95 天的展期内，观众达 203658 人次，平均每日接待 2144 人次，在展览最后几天，哥伦比亚国家博物馆门前人山人海，排队等候入场的观众队伍绵延长达 1 公里，可谓盛况空前。该展以其高质量的文化品位和内涵，吸引民众踊跃参观，观众人数打破了哥伦比亚国家博物馆自建馆以来的历史纪录。

为了扩大本次展览的影响，博物馆围绕举办了 43 项相关活动，其中包括文化讲座、青少年文化课堂、小学生教育日等活动，参加人数达 62113 人次。面对埋藏地下 2200 年后又重见天日的历史文物，一位哥伦比亚观众激动地说："真是像做梦一样！中国古老文化和当时的工艺水平如此高超给他们留下深刻的印象，中国文

化博大精深，令人钦佩和向往。"

哥伦比亚文化部部长德哈拉米略女士对该展给予了很高的评价，她说："我们从遥远的中国带来的兵马俑展览在哥产生如此大的轰动，令人感到非常欣慰。在国家博物馆的历史上，该展无疑是观众最多的一个。"哥伦比亚博物馆馆长玛丽亚·维多利亚·德罗巴约女士自豪地表示："对国家博物馆来说，秦陵兵马俑展无论在质量上还是在受欢迎的程度上都是史无前例的。"

本次展览在中国驻哥伦比亚大使馆大力支持下，由中国陕西省文物局

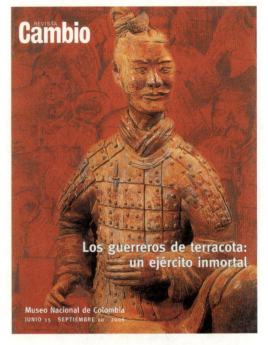

展览图录封面

与哥伦比亚文化部联合主办。这是"兵马俑"第三次走进拉美国家，此前分别是1999年在墨西哥和2003年在巴西展出。当地新闻媒体对展览进行了充分报道，主要电视台为展览制作了特别节目并在文化栏目中循环播放，多家电台争先恐后进行采访并随时向全国播出展览的消息，此次展览成为中国和哥伦比亚文化交流历史上的里程碑事件。

198—202　2006—2007 年日本展

展览名称：始皇帝和彩色兵马俑展——《史记》的世界

展期及展馆：2006 年 8 月 1 日—10 月 9 日，江户东京博物馆

2006 年 10 月 20 日—12 月 10 日，京都府文化博物馆

2006 年 12 月 19 日—2007 年 3 月 11 日，北九州市立自然历史博

物馆

2007 年 3 月 20 日—5 月 13 日，长野县信浓美术馆

2007 年 5 月 19 日—7 月 15 日，新潟县立万代博物馆

展品总数：120 件（组）

2006 年 7 月 31 日，由中国陕西省文物局和日本东京 TBS 放送株式会社、博报
堂株式会社以及东京博物馆等单位共
同举办的始皇帝与彩色兵马俑展——
《史记》的世界文物展在日本东京的江
户东京博物馆隆重开幕。这次赴日文
物展览开了历史文献与实物对比展览
的先河。

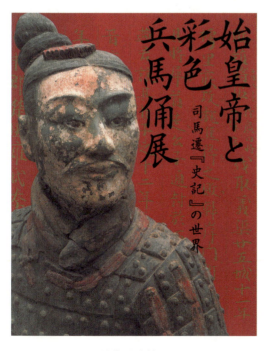

展览图录封面

中国驻日本大使王毅出席开幕式
并致辞说："在日本举办这样的展览，
对增进中日两国人民的了解和友谊具
有积极意义。"日方代表在讲话中表
示，《史记》在日本是一部人们耳熟能
详的中国历史文献，它所展示的儒家
文化色彩和人物传记给日本人留下了
深刻的印象。这次展览用出土文物展

现司马迁《史记》文献中的世界，是一个将历史文献与出土文物相结合的极其重要而有意义的展览，通过展览可以进一步增进日本人民对中华民族灿烂文化的了解。

"始皇帝与彩色兵马俑展"以司马迁"《史记》的世界"为副标题，以《史记》所表现的中国春秋战国时代至汉武帝时代大约700年的历史，按照历史朝代先后分为5章进行展出，共有120件（组）珍贵文物参展，汇集了陕西省多家文物收藏单位的文物珍品，包括秦始皇陵出土的彩色秦俑、文官俑、百戏俑、将军俑、跽坐俑、青铜水禽、石胄和汉帝陵陪葬区出土的珍贵文物，其中彩绘跪射俑和青铜仙鹤等文物是当时中国考古的最新发现，也是这些珍贵文物在日本的首次亮相展出。

随着现代科技飞速发展，留住兵马俑令人惊叹的绚丽色彩已经实现。本次展览在东京举办期间，由于前期做了大量宣传工作，因而展览吸引了很多民众。一位中年女士在秦始皇陵出土的瓦当前感叹："公元前2世纪中国就有了这样高的建筑水平，真了不起！"在专设的资料片放映室里，为配合展览放映着反映彩色兵马俑考古发掘与文物保护的过程，并用三维技术制作了还原场景的精彩宣传片，观看者络绎不绝。

主办方编辑了图文并茂的展览图录，以秦兵马俑二号坑出土的彩绘俑作为图录封面。书中收录所有文物并加以介绍，还有中日学者有关《史记》研究、文物研究的论文。

203　2006—2007 年意大利展

展览名称：中国秦汉文物精品展
展期及展馆：2006 年 9 月 22 日—2007 年 1 月 28 日，罗马总统府博物馆
展品总数：122 件（组）

为推动中意两国的文化交流与合作，在意大利前总统钱皮提议下，在双方政府的共同努力下，中国和意大利文物部门通力合作，由陕西省文物局主办的"中国秦汉文物精品展"赴罗马展出，向意大利人民介绍中国悠久灿烂的历史文化。

2006 年是"中意文化年"，"中国秦汉文物精品展"在意大利首都罗马总统府博物馆举行。意大利总统乔治·那波利塔诺参加开幕式并为展览剪彩之后，饶有兴致地参观了文物展。在参观过程中，对展览给予了高度评价，连连称赞展品"令人惊叹"。意大利副总理兼文化部部长鲁泰利、罗马市市长维尔特罗尼、意众议院前议长卡西尼，以及陕西省政府代表团团长李建国、中国驻意大利大使董津义等，陪同意大利总统参观。那波利塔诺总统说："感谢中国政府和陕西省把如此珍贵的文物带到意大利。相信通过此次展览，必将有助于意大利人民更多地了解中国，促进中意两国间的文化交流。"他祝愿展览取得圆满成功，并期待胡锦涛主席访问意大利。

"中国秦汉文物精品展"展品汇集了陕西秦汉时期的艺术文物珍品，有商周时期的青铜器 50 余件，均是经典之作；秦始皇陵出土的彩绘跪射俑、百戏俑、石铠甲及青铜水禽等数十件新出土文物是首次在意大利亮相，代表了当时中国考古界的最新发现成果；西汉景帝阳陵出土的彩绘骑兵俑及数十件各类文物，首次系统地展现了中国汉代社会生活的风采。特别值得一提的是，本

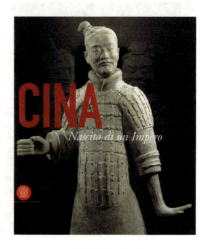

展览图录封面

次展览从湖北省博物馆和徐州市博物馆调借了曾侯乙联禁铜壶、楚王墓金缕玉衣等13件精品文物参加展出。122件（组）文物再现了西周到西汉大约上千年间中国社会的经济、政治、文化风貌，代表了中国古代精湛的制作工艺水平，反映了中国秦汉时期考古发现的最新成果。媒体报道说，"中国秦汉文物精品展"是中国文物在意大利展览史上规模最大、规格最高、展品最精的一次。

陕西省人大常委会主任李建国在记者招待会上说："陕西省是中华文明的重要发祥地之一，先后有14个王朝在这里建都，留下大量文物古迹，有'中国天然历史博物馆'之美誉。陕西不仅有着悠久的古代文明，也有着丰富的现代文明，欢迎大家到陕西旅游。"

从上世纪90年代初开始，意大利政府通过技术培训、提供设施、政府无偿援助或低息贷款等形式，多次对中国陕西文化遗产保护研究提供支持和帮助。2005年，中国陕西历史博物馆与意大利文化遗产部在西安联合举办"古罗马与汉长安东西方文明展"。之后，中国陕西省与意大利在各领域的交流合作不断深化，特别是在文物保护领域取得了丰硕成果。这次陕西选择最能代表秦汉时期辉煌历史的出土文物，到意大利罗马展出，是中意文化交流史上一件具有重大意义的事件。

中国和意大利都是世界文明古国，长安文明博大精深，与罗马文明遥相呼应。中国和意大利之间的友谊源远流长。东方和西方的统治者都以倾国之力建设首都，又以各自首都长安、罗马为中心创造了博大精深、影响深远的古代文明。在亚、欧大陆的两端出现了双峰并峙的兴盛局面，人类文明发展的进程因之而大大加速。

这次展览是意大利总统府博物馆建馆以来最成功、最有轰动效应的展览项目，意大利的主要媒体、中央电视台、人民日报等都作了报道。中国国家文物局也将其列为2006年重点外展项目，给予大力宣传和推广。

布展工作照

204—205 2006—2007 年中国台湾展

展览名称：秦代新出土文物大展——兵马俑展Ⅱ

展期及展馆：2006 年 12 月 1 日—2007 年 3 月 31 日，台中自然科学博物馆

2007 年 5 月 12 日—8 月 2 日，台北历史博物馆

展品总数：116 件（组）

"秦代新出土文物大展——兵马俑Ⅱ"是继 2000 年兵马俑在台湾参观人数创出 165 万人次的纪录后，再一次举办以"兵马俑"为主题的陕西文物展览，在台中自然科学博物馆、台北历史博物馆两站巡展。

本次参展文物 116 件（组），主要是 1994 年以后考古新发掘出土的文物，其中包括将军俑、军吏俑、武士俑、骑兵俑、跪射俑、御手俑，还有弥足珍贵的"绿面跪射俑"以及秦陵地区出土的青铜仙鹤等。特展展示内容有四大主题："空前绝后的始皇陵"、"独特的魅力——内涵丰富的兵马俑"、"帝国的梦想——秦始皇陪葬坑"及"文化保存与世界文化遗产"。

为了让民众有身临其境的观感，展场以秦兵马俑军阵图片为背景，参观其中有如亲临秦始皇陵陪葬坑现场，更能了解 2000 多年前秦帝国气势与文化面貌。现场还有一座小型复原坑，呈现陶俑出土原状，配合播放发现者访谈录影带。展场依文物发现位置，分为一号坑、二号坑、百戏俑坑、水禽坑、铠甲区、世界文化遗产介绍等区，并以恒温恒湿环境保护文物。这次展览主办单位还邀请了 300 位偏远校区的学童免费参观，让他们有机会领略到中华文化的辉煌璀璨。

2007 年 5 月 12 日—8 月 2 日，展览在台北历史博物馆展出，这是秦兵马俑时隔 6 年后第二次在该馆展出，此次展出，增添了不少新的文物，吸引了很多民

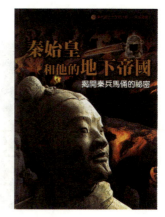

展览导览手册

众。展览已在台中展出 3 个月，有 32 万人参观。有很多民众早已得知展览信息，并在台中参观过展览，但仍然有人愿意再看一次。在台北历史博物馆门前，经常会出现百米的人龙，很多民众带着小孩顶着大太阳排队等候参观。

主办方为了吸引更多年轻人参观本次历史题材类展览，举办了两场大型文化创意设计竞赛，包括兵马俑时尚服饰设计竞赛及兵马俑创意工艺设计竞赛，推动全民对文化创意产业的参与活动，让兵马俑成为时尚设计的素材。在"美学经济"蓬勃发展的国际趋势下，博物馆已成为各国文化创意产业的最佳推手，而国际性大展更是文化创意的摇篮，通过此次兵马俑特展在两岸文化交流之际，能以"文化时尚"贴近民众生活与产业发展需求，促进创意产业人才培育与产值，成为全球文化创意产业资源整合开发运用的典范。

当地媒体报道说，兵马俑的文化艺术形式蕴含着丰富的时尚密码，相貌各异、千人千面的兵马俑服装有皱褶上衣、铠甲背心、云纹片裙、袴裤及靴子等，身上的各类佩饰也是花样多元，就连生活用品也相当有设计感。展品中的一件陶制米格纹花纹砖，乍看之下几乎与国际知名精品的经典图腾相似，不仅让人惊艳当年的工艺科技，更感叹古今中外的美学细胞竟是如此的相似，因此，在欣赏兵马俑大展丰富的文化飨宴之余，观众可以观赏精美实用的兵马俑文化创意商品。

为了配合展览宣传，主办方围绕兵马俑制作的创意文化产品琳琅满目，年轻人和孩子们穿梭在展览和文化创意产品之间，在饱览中华文化之余，也能带回一些兵马俑的鼠标垫、书签、记事本、文件夹、胶带纸，尤其是兵马俑造型的巧克力、饼干、布偶、饰品等，非常受欢迎。3D 立体摄影即可让民众与秦兵马俑合影，满足了观众多方面的需求。现场还有展出秦始皇兵马俑博物馆特制的将军俑矿泉水、秦俑牌奶粉等商品，但只展不卖，让民众艳羡不已。

台北展开幕式

台北的媒体报道说："兵马俑的出土引领世人了解秦文化的精致与丰富，这次兵马俑新近考古文物的展出，让国人再度有机会一窥二千年前的盛世。如此精品在台中成功展出后，有机会来本馆续展，共同为社会大众尽一份文化教育的心力，达成博物馆社会教育功能的使命。"

206 2007 年马耳他展

展览名称：中国秦兵马俑展

展期及展馆：2007 年 3 月 4 日 — 7 月 20 日，马耳他国家考古博物馆

展品总数：80 件（组）

"中国秦兵马俑展"是庆祝中华人民共和国与马耳他共和国建交 35 周年的庆典活动之一，也是中国文物珍品在马耳他的第一次登场亮相。"秦军"远涉重洋出巡地中海的心脏，这是古代长安的秦汉文明与地中海的古代文明在历史名城瓦莱塔的汇合与碰撞，是两种文明的交相辉映。

"中国秦兵马俑展"由陕西省文物局与马耳他遗产委员会联合主办，马耳他中国文化中心协办。此次展览的参展文物共有 80 件（组），其中一级文物 14 件。展品汇集了陕西出土的以秦兵马俑为主的秦汉时期文物精品，不仅代表着秦汉时期中华文明的最高水平，同时也是世界文化遗产的奇葩。

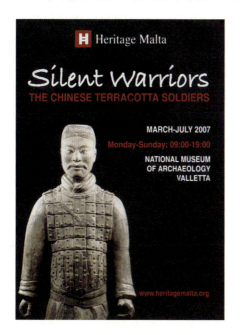

展览海报

2007 年 3 月 3 日，"中国秦兵马俑展"在马耳他国家考古博物馆隆重开幕。马耳他总理劳伦斯·冈奇出席开幕式并致辞。他表示很高兴能够在马耳他看到兵马俑展，这个展览使马耳他民众有机会亲眼看到兵马俑、亲身体验悠久灿烂的中国历史与文化。

中国驻马耳他大使刘正修在致辞中指出，适逢中马建交 35 周年，两国政府相关部门积极努力，促成兵马俑展在马耳他举办，不仅为纪念中马建交献上了一份厚礼，而且也为中马文化交流史写下浓重的一笔。

他说，这个展览的成功举办，必将进一步增进中马两国人民的了解与友谊，并为加强两国友好关系的深入发展注入新的活力并带来深远的影响。

开幕式之后，中国文物代表团团长吴晓丛为嘉宾现场讲解秦兵马俑。马耳他总理劳伦斯·冈奇在听到吴晓丛团长介绍秦统一货币半两钱时，幽默地说："欧盟刚刚完成了统一货币，而中国的秦始皇在两千多年前就统一了六国货币。"在参观到青铜之冠铜车马时，劳伦斯·冈奇得知铜车马是由3000多个零部件组装而成的时，又一次发出赞叹。

"中国秦兵马俑展"举办期间，马耳他总统、代总统、议长等人先后参观展览。2007年7月13日上午，马耳他总统芬内克·阿达米夫妇专程到国家考古博物馆参观"中国秦兵马俑展"，中国驻马大使柴玺、夫人张茹芬女士和中国文化中心主任郑浩陪同参观。阿达米总统在观看展览过程中，兴致勃勃地回想起访问中国时到西安实地参观的情景，他说："秦俑军阵的壮观景象令人难忘。"阿达米总统对悠久灿烂的中华文明深表赞叹，他向柴玺大使表示感谢，感谢中方为马耳他人民带来如此精彩的文物展览。代总统乔治·海兹勒参观时表示，文物展览在增进两国人民相互了解与友谊方面发挥着独特而重要的作用。议长安东·塔博恩参观时说："感谢中国政府送来这么精美的文物展览，期待与中方开展更广泛的文化交流与合作。"

展览在马耳他取得空前成功，引起强烈反响，很大因素就是当地媒体对此进行了大量报道，从不同角度宣传介绍，媒体轮番播放展览资讯，介绍重要文物。观众总人数超过8万，日均参观人数达到罕见的500人。

"中国秦兵马俑展"在马耳他共和国的首次展出，堪称是中马两国文化交流史上的一件盛事。马耳他《时报》评价称该展是马耳他百年历史上最成功、最轰动的一个展览。

207 2007 年中国香港展

展览名称：中国考古新发现

展期及展馆：2007 年 7 月 25 日—9 月 24 日，香港历史博物馆

展品总数：120 件（组）

为庆祝香港回归 10 周年，由国家文物局与香港康乐及文化事务署主办的"中国考古新发现"展在香港历史博物馆展出。中联办秘书长赵广廷、国家文物局副局长张柏、香港民政事务局局长曾德成、中国文物交流中心主任罗伯健，以及香港康文署署长周达明出席了开幕式。香港历史博物馆总馆长明基全表示，这个展览是香港回归祖国十周年的庆祝活动之一，所展现的正是近十年来中国考古发现的丰富成果。

"中国考古新发现"展品精选了全国 9 个省份 20 多个重要遗址出土的 120 件（组）文物精品，上起新石器时期，下迄明清。展品有很多是首次出境公开展出，年代跨越 5000 多年，其中 50％以上为国家一级文物，弥足珍贵。展览包括"文明探源"、"王陵风采"、"大唐风韵"及"水下珍宝"四个部分。陕西省秦始皇陵出土的兵马俑受到观众的青睐，秦始皇陵水禽坑出土的青铜仙鹤造型优美自然，堪称秦代艺术的巅峰

开幕式

之作，为本次展览中的最大亮点之一。

香港同胞感叹道："回归祖国眼福多！"考古新出现题材的文物展览，不仅见证祖国辉煌历史，更标志着国家考古事业的蓬勃发展。香港市民通过展览，对中华文明的演进历程有更加直观的深刻体会，为祖国历史而感到自豪。很多人表示，一定要到这些文物的收藏单位去参观，欣赏更多的文物精品，感受古人的伟大创造和聪明才智。

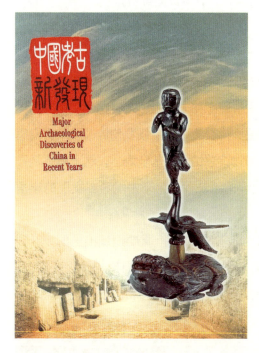

展览图录封面

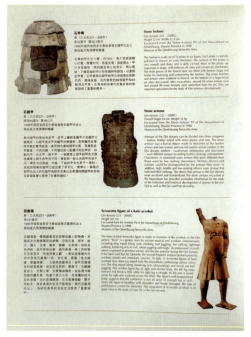

展览图录内文

208   2007 年韩国展

展览名称：陕西文物精华展

展期及展馆：2007 年 8 月 31 日—9 月 9 日，首尔历史博物馆

展品总数：91 件（组）

2007 年是中韩建交 15 年，也是中韩两国政府确定的"中韩交流年"，为进一步增进韩国人民对中国陕西的了解，推动双方全方位、多领域的交流合作，由陕西省文物局主办的中国陕西—韩国合作周"陕西文物精华展"于 2007 年 8 月 31 日至 9 月 9 日在韩国首尔历史博物馆举办。文物展览展品主要由展示盛唐风貌的文物壁画、金银器以及再现秦汉风貌的新出土秦汉陶俑两部分组成，共有参展文物 91 件（组）。除文物展览外，中韩双方还举办了一系列投资贸易、旅游推荐、文化交流等活动，让前来参观的韩国民众感受中国古代灿烂的文化。

2007 年 8 月 30 日下午，"陕西文物精华展"在韩国首尔历史博物馆开幕。中国驻韩国大使馆公使刘少宾、首尔历史博物馆馆长金右临出席开幕式，陕西省政府副秘书长梁和平、陕西省文物局局长赵荣在开幕式上分别致辞。展览期间，陕西省省长赵德全来到首尔历史博物馆，详细询问韩国媒体和市民对展览的反应。

本次参展的文物为陕西近年来的考古新发现，91 件（组）文物涵盖了中国秦、汉、唐 3 个历史朝代。有秦兵马俑中的精华跪射俑；有汉阳陵陪葬区出土的武士俑、侍女俑、动物陶塑

工作人员在馆外合影

以及西安北郊出土的盛放西汉美酒的酒器；有唐代的三彩骆驼、骏马和牵马俑、石雕佛头等。这些文物代表了陕西乃至全国文物中的精华，受到了韩国民众的极大欢迎，每天的参观人数超过1000人，反响热烈。在跪射俑前，人们惊奇不已、赞不绝口。其他展品也都引起了韩国观众的极大兴趣，很多人表示一定要到陕西旅游，深度了解中国的历史文化。《朝鲜日报》《东亚日报》《倾向新闻》等多家韩国媒体纷纷报道了数千民众前往博物馆观展的盛况。

郑玉景女士是首尔一所中学的历史老师，她带着儿

新闻发布会

观众参观照

子和几个学生参观了本次展览。她说："韩国文化的根在中国。感觉中国文物比韩国文物更精致更华丽。韩国还是受到了中国文化的影响。看韩国的历史题材电视剧，如果不懂中国历史很难了解当时的时代背景。韩国古代史紧紧跟中国连在一起。即使对中国不太了解的人，也可以通过观看展览，认识韩中文化的同质性，对中国产生亲近感，喜欢上中国。"

这次活动以"友谊、合作、发展"为主题，举办了系列投资贸易促进、旅游推介、文化交流等活动。在文物展览的同时，还配有陕西旅游图片展示，包括兵马俑、法门寺、华清池、黄河、壶口、秦岭、华山等著名人文、历史、自然景观的图片，还展出具有浓郁陕西文化特色的剪纸、泥塑、皮影、布艺、马勺脸谱、木版年画等民间艺术品，所有展览和展示都面向韩国公众免费开放。

209 2007—2008 年英国展

展览名称：中国秦代文物精品展

展期及展馆：2007 年 9 月 12 日— 2008 年 4 月 6 日，伦敦大英博物馆

展品总数：120 件（组）

经过中英双方的共同努力，2007 年 9 月 11 日晚，"中国秦代文物精品展"开幕式在大英博物馆隆重举行。中国驻英国大使傅莹，全国政协副主席、中国社会科学院院长陈奎元，陕西省人大常委会副主任潘连生与英国首相戈登·布朗，英国文化、媒体和体育大臣詹姆斯·珀奈尔等嘉宾出席开幕式，全国政协副主席陈奎元与英国首相戈登·布朗先后致辞，傅莹、陈奎元一道陪同布朗参观了展览。

陈奎元在致辞中说："当前中英关系发展势头良好，各个领域交流与合作增多，相信展览定将增进英国各界对中国文化的了解，祝愿展览圆满成功。"布朗在致辞中说："对英国而言，今天是伟大的一天，兵马俑展得以在英国展出，是中国送给英国的'跨越大陆的礼物'，是大英博物馆与中方文化交流的巅峰之作。"布朗表示，此次展览闭幕前的最后一名幸运观众将代表英国参加 2008 年北京奥运火炬传递活动，所以此次展览也是一场"文化奥运会"。他还提到 2008 年英国将举办的"时代中国"大型文化活动，表示兵马俑展与时代中国活动相继在英国举行，很好地印证了中英两国日益紧密的友谊与合作关系。

布朗还饶有兴致地与大家分享了参观展览的感受。

展场内景

大英博物馆外景

他表示，每件展品都经过精雕细琢，栩栩如生。展品的艺术价值很难用现代标准衡量，件件都是"伟大的艺术品"。对中国政府以及两国有关部门为筹备展览所付出的努力表示感谢。布朗还说："这次展览标志着英中两国关系越来越好，不管是在发展问题、气候变化，还是在国际贸易问题上，现在是有史以来英中两国加强理解与合作的最重要时刻。为了庆祝两国在文化、社会和政治方面富有成果的合作，我十分高兴为这次展览正式开展揭幕。"布朗随后为中国狮点睛，展览正式开幕。布朗与陈奎元进行了友好交谈，感谢陈奎元转达温家宝总理的问候，说他期待着对中国的访问。

大英博物馆馆长尼尔·麦格雷戈说："我们先前已预计到，人们会对这一展览感兴趣，但中国秦始皇兵马俑展还是在各个方面超出了我们预计。"大英博物馆亚洲部副主任简·波特尔表示，大英博物馆与中国博物馆界有着长期的友好合作关系，这次展览是大英博物馆有史以来最大的有关中国兵马俑的展览，有利于英国观众更好地了解中国和中国的历史。

"中国秦代文物精品展"集中了陕西文物收藏单位的精品文物 120 件（组）。内容分两部分：秦始皇生前统一六国的伟业及死后的"辉煌"。前一部分是介绍秦始皇如何灭掉六国建立统一王朝。观众可以看到香炉、玉器、酒器等稀世珍品，阅读关于"书同文、车同轨、统一度量衡"等简明扼要的介绍，2000 多年前辉煌的秦帝国便出现在你的脑海之中。后一部分是介绍秦始皇死后的"永恒世界"，也是此次展览的精华所在。此次展览是秦兵马俑在国外展出时文物数量最多的一次，十几件兵马俑巧妙排列，组成了一个精致的战车队列。参观者围绕而行，可与 2000 多年前秦始皇麾下的这些将士进行面对面近距离交流。与此同时，还有秦始皇陵文官俑、百戏俑等文物精品。

为了宣传展览，大英博物馆院内一字排开数十幅 5 米高的兵马俑黑白招贴画，异常醒目。12 英镑一张的门票在 11 日内部开放的当天就已卖出了 10 万张。早在开展前，门票就已销售一空，不少认为当天可直接买票入场的观众只能买到三四天以后的门票。这种"一票难求"的局面，让博物馆的工作人员也始料不及。"没办法，场内地方比较紧张，我们只能限制进场人数"，在展览入口大约 15 米处为维持入场秩序而忙碌的一名工作人员说。

为了接待更多的参观者，在 6 个月的展期内，大英博物馆每天都将延长开放时间。为了保证文物的安全，防止拥挤，观众按照每隔 10 分钟放行 60 人左右的流量进行参观。也许是"先睹为快"的心理作用，开展最初几天的门票销售特别火爆。14 日下午 2 时许，在拥有 4 台电脑的售票点前排队购票的队伍竟然一直保持近 10 米长，这对文物展览来说是少有的。一位英国老妇人指着自己刚刚从纪念品商店购买的兵马俑复制品对记者说，她是一个"博物馆虫"，近 50 年来大英博物馆的重大展览几乎都没有错过，只是这次吃了"经验主义"的苦头，大老远赶到这里竟然没有买到当天的门票，所以只好先买纪念品，过两天再来参观。

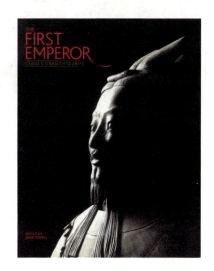

I welcome the initiative which has brought about this exhibition of some of the finest archaeological objects from Shaanxi Province, held at the British Museum on the occasion of the State Visit by President Jiang Zemin, in the year of the fiftieth anniversary of the founding of the People's Republic of China. I am confident that such close cultural co-operation will lead the way to a deeper mutual understanding and will strengthen the existing ties between China and the United Kingdom.

Our two countries share the traditions both of valuing the past and of maintaining careful stewardship of national treasures. We share the belief that museums provide a means by which this past can be preserved and brought to the attention of the broadest public. I am delighted that, through this exhibition, visitors to the British Museum from all over the world will benefit from the opportunity to increase their knowledge of China's ancient and rich heritage and to appreciate her people's outstanding artistic accomplishments and technological skills.

I congratulate the People's Government of Shaanxi Province, the Bureau of Cultural Relics, Shaanxi Province, the State Bureau of Cultural Relics and the British Museum on their remarkable collaboration. I wish the exhibition every possible success.

ELIZABETH R.

英国女王伊丽莎白二世为展览题词

展览图录封面

展馆门前几乎每天早晨 7 时 30 分起就会排起长龙，最早一批观众甚至在早上 5 时 20 分时就前来等候。博物馆一般每天上午 9 时 15 分开始发售 500 张当日门票，而 50 万张预订票早已抢购一空。本次展览最终参观达到 85 万人，兵马俑展成为大英博物馆有史以来最受欢迎的展览之一。

大英博物馆是世界最著名博物馆之一。为了迎接此次殿堂级兵马俑文物展览。大英博物馆用半年的时间，对处于该馆中心位置的原大英图书馆阅览大厅重新设计

排队买票的观众

展厅中的铜车马

改造，一幅精妙的秦始皇时代全景图出现在阅览大厅。当你一踏进阅览厅，一股威严的气势扑面而来：幽暗的灯光、巍峨的穹顶、闪动的视像，让人好像置身于秦始皇的巨陵之中。

中国香港凤凰卫视、陕西电视台和英国天空卫视新闻频道首次合作，现场直播文物展品装箱、起运、布展、展览和观展情况的全过程向全球观众直播传送。凤凰卫视董事局主席、行政总裁刘长乐到达英国时，中国驻英国大使傅莹女士专门介绍了此次展览，并建议由凤凰卫视、陕西电视台和英国主要媒体，以三方合作的方式进行广泛宣传，共同完成《秦始皇：中国兵马俑》大英博物馆展览的全球直播报道。她希望以此提升中国陕西——世界历史古都的重要地位，正确引导世界媒体的关注焦点。此后由凤凰卫视创意、策划，最终完成了三大地区全球直播报道的工作安排：天空卫视新闻频道对应全球英语观众直播，凤凰卫视对应全球华语观众直播，而陕西电视台负责中国的观众。

为配合展览，英方组织学术研讨会。受大英博物馆邀请，省文物局委派两位专家参加会议。11月9日，学术会议开始。大英博物馆亚洲部主任简·斯图尔特主持学术会，300余人参会。参会人员绝大部分是爱好中国文化的特邀嘉宾。大英博物馆展览部副主任简·波特尔（中文名白珍）、大英博物馆展览部木下弘美、剑桥大学迈克尔·路威、剑桥大学菲兹威廉博物馆詹姆斯·林、伦敦大学亚非学院卢卡斯·尼克尔、大英博物馆亚洲部凯萝·迈蔻森及中国陕西省考古研究院段清波研究员与秦始皇兵马俑博物馆朱学文副研究员先后发言。

首先由简·波特尔讲述展览的前期策划、设计构想、展览制作及在秦始皇兵马俑博物馆等文博单位挑选展品、拍摄资料等工作。木下弘美介绍展览筹备过程中文物包装、运输情况及典型文物的基本情况。剑桥大学迈克尔·路威讲述了秦帝国在中国封建社会中的地位以及秦朝对中国封建社会的影响；詹姆斯·林通过对"石铠甲"予以解读，认为秦陵出土的石铠甲不是用来作战的，也不是单纯意义上的随葬品，而是用来吓唬妖魔鬼怪的；卡斯·尼克尔以"秦兵马俑的军队"为题演讲。大英博物馆亚洲部凯萝·迈蔻森运用大量的资料诠释了秦代的竹简、兵器、文字，汉代的丝绸、漆器等，以此展示中国秦汉时期的繁荣强盛；段清波研究员以"秦始皇陵的最新考古发现"为题，运用丰富资料阐述了秦始皇的中央集权制思想及秦陵地区百戏俑、石铠甲、文官俑、青铜水禽等考古新发现；朱学文以"秦俑二号坑彩绘兵马俑的考古发掘"为题，着重讲述了秦俑二号坑彩绘兵马俑的考古发掘、现场保护及兵马俑的彩绘工艺、彩绘手法等。

学术演讲完毕后，博物馆安排了一个小时的现场提问，在答疑会上，与会者踊跃提问、气氛异常热烈，所提问题紧扣主题，如：秦始皇陵何时发掘？它被盗过吗？秦俑面部颜色代表什么？秦兵马俑在彩绘过程中为什么大量运用朱砂？石铠甲的作用是什么？这些问题显示了观众对秦始皇、秦陵出土文物的关注。

"中国秦代文物精品展"正如英国首相布朗所说，展览是"中英文化交流日益加强的又一个见证"。他还说："这样的文化交流就像奥林匹克运动会的火炬一样，在中英人民之间传递。"

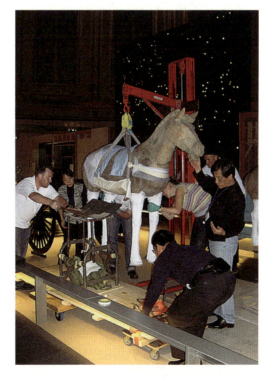

布展工作照

210 2008 年美国展

展览名称：黄河文化展
展期及展馆：2008 年 1 月 19 日—4 月 13 日，米德兰埃尔顿陶氏科学艺术博物馆
展品总数：50 件（组）

2007 年 5 月，中国陕西神华集团与美国陶氏化学公司（Dow Chemical Company）在美国芝加哥正式签订了神华陶氏煤化工程项目合作协议。该协议的正式签订，标志着全球最大的煤化工程项目在陕西省落户，这个项目也是陕西省改革开放以来利用外资数额最大的项目。

2007 年 6 月，陕西省省长袁纯清访问美国期间，特别访问了位于米德兰市的陶氏集团，在与陶氏集团总裁会谈的过程中，总裁提出拟于 2008 年 4 月在米德兰市举办"中国文化艺术节"，邀请陕西省政府组团赴美配合该活动。袁纯清省长同意届时安排陕西文物展览和艺术表演参加活动。

在美国举办以陕西文物为主的"黄河文化展"申请经国家文物局批准后，2008 年 1 月 19 日至 4 月 13 日，展览在美国米兰德埃尔顿陶氏科学艺术博物馆成功举办。虽然展览时间不长，展品规模也不大，但此展览在米德兰这个以石油工业为主的工业化城市里，

展览海报

掀起了一股中国
文化热。

这次"黄河
文化展"展览
的文物共有50
件（组），其中
一级品文物8件
（组），文物来自
陕西省考古研究
院、秦始皇兵马
俑博物馆等文博
单位，包括了周
秦汉唐各朝代的

博物馆外的海报

精美文物，其中最引人注目的是两件出土于秦兵马俑坑的武士俑。本次展览的宣传
海报、街头广告和宣传折页都是以秦俑为主题而设计的。

1月18日上午，以陕西省文物局副局长张文为团长的中国代表团冒雪赶往埃
尔顿科学艺术博物馆，随即与埃尔顿科学艺术博物馆馆长温斯洛会谈。在馆长办公
室，双方互致问候，并愉快地回忆了这次展览的筹备经过，还就这次展览的主要特
色、典型文物等进行交流。温斯洛特别讲述了他的中国之行，还给代表团展示了他
从中国带回的印有中国古代帝王画像的扑克牌。在交谈过程中，温斯洛多次谈到他
对秦兵马俑故乡陕西的美好印象。之后，在馆长温斯洛的陪同下，代表团前往展厅
察看文物布展工作。在察看场地的过程中，双方就展览中文物保护、文物陈列等应
注意的事项、开幕式议程等细节进一步沟通。

在代表团察看文物展览场地时，正好有米德兰市两家电视台拍摄宣传节目，
中国文物代表团团长、陕西省文物局副局长张文就这次文物展览的特色、意义等
接受了电视台采访，秦始皇兵马俑博物馆副馆长田静、陕西省考古研究院副院长
张建林就这次展出的典型文物进行了专门介绍。

这次文物展览期间，正值隆冬季节，米德兰更呈现出一派北国风光，漫天的雪
花迎风飞舞，刺骨的寒风呼啸而过，开幕式当日，风雪交加，异常寒冷。但很多民

观众参观照

观众参观照

媒体采访中方专家

众已经通过报刊、电台、网络以及宣传招贴画得知展览的消息，展览开幕前就有很多人到博物馆询问。陶氏化学董事长兼首席执行官利伟诚与陕西省文物局副局长张文共同揭幕米德兰中国文化节。陶氏董事长兼首席执行官利伟诚接受采访时说："陶氏作为一家全球企业，我们的业务在中国不断拓展，在这一过程中我们时刻体验着东西方文化的精彩互动。我们非常高兴能赞助这次中国文化节，与美国民众分享重要的中国文化遗产。"有多家媒体现场报道并采访随展工作人员。陶氏科学艺术博物馆馆长温斯洛接受采访时说："兵马俑是人类在20世纪最伟大的考古发现之一，这次的展示对很多美国人来说都是千载难逢的机会，走近源远流长的中国文化。我们已接待来自芝加哥、底特律以及其他中西部地区的数以万计的参观者，包括美国本土人士和在美华人以及众多中小学生团体前来领略中国文化。"

211　2008 年荷兰展

展览名称：中国秦汉文物展

展期及展馆：2008 年 2 月 1 日—9 月 1 日，阿森市德伦特博物馆

展品总数：120 件（组）

　　荷兰德伦特省将 2008 年定为"中国年"，希望借北京奥运会之机，举办多项活动介绍中国文化，促进两国交流与合作。荷兰德伦特省省长（女王特使）奥里陆斯·路易斯·特·贝克为团长的代表团，于 2007 年 4 月参加了西安东西部贸易洽谈会，就文化、旅游、体育、文物展览等各方面的合作与交流与陕西省有关方面进行了会谈。受中国陕西省文物局的委托，陕西省文物交流中心与荷兰德伦特博物馆馆长马塞文签署了举办展览的协议书草案，袁纯清省长和荷兰德伦特省省长出席了签字仪式。

　　2008 年 2 月 2 日，荷兰"中国年"活动在格罗宁根省博物馆拉开序幕，"中国年"活动正式开始。"中国秦汉文物展"是作为陕西省与友好省荷兰德伦特省、格罗宁根省 2008 年"中国年"活动的重要内容，这是以秦兵马俑为主题的文物首次在荷兰举办展览。参展文物主要来自秦始皇兵马俑博物馆、汉阳陵博物馆、陕西省考古研究院等 12 家文物收藏单位，展出的文物共有 120 件（组），其中有秦始皇兵马俑博物馆的将军俑、彩绘跪射俑、铜仙鹤和汉阳

展场内景图

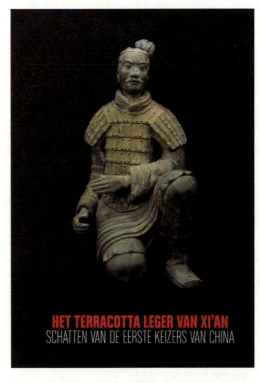

展览图录封面

陵博物馆的塑衣式彩绘男俑等国家一级文物 24 件（组）。中国驻荷兰大使张军、荷兰外交部长以及陕西省文物局局长赵荣等嘉宾在开幕式上分别致辞。当晚，西安市歌舞团在开幕式上表演了"秦风唐韵"的精彩演出，得到了全场 1000 多名观众的热烈欢迎。

　　早在 2003 年 10 月，陕西省与荷兰格罗宁根省正式结为友好关系。2007 年 4 月，以荷兰女王特使、德伦特省省长贝克为团长的代表团前往陕西参加东西部贸易洽谈会，并专程参观了秦始皇兵马俑博物馆和汉阳陵博物馆。代表团对两个博物馆留下了美好印象，并认为汉阳陵博物馆是世界一流的博物馆之一。荷兰代表团参观陕西的博物馆后认为，欧美对陕西的了解主要是秦兵马俑，如果将汉阳陵文物在欧美推出将产生轰动。德伦特博物馆馆长米歇尔·马塞文亲自致函有关国际组织，推荐汉阳陵参加 2007 年世界最佳博物馆评选。

　　本次"中国秦汉文物展"在荷兰德伦特博物馆、比利时马塞克博物馆共计展出两站。在阿森市以北 30 公里的格罗宁根市，来自上海博物馆的中国古代青铜器展也同时拉开帷幕。特别值得一提的是德伦特博物馆地处荷兰北部德伦特省的阿森市，该城市人口为 7 万人，而本次为期半年的"中国秦汉文物展"参观人数竟达到 35 万，创造了该馆 80 年来文物特展参观人数的历史最高纪录。

212　2008年南非展

展览名称：华夏瑰宝展

展期及展馆：2008年3月27日—6月30日，南非国家文化历史博物馆

展品总数：90件（组）

为庆祝中国和南非建交10周年，由中国国家文物局和南非艺术文化部联合主办的中国大型出土文物展"华夏瑰宝展"，于2008年3月27日南非行政首都比勒陀利亚市国家文化历史博物馆正式拉开帷幕。由于这是新中国成立以来，中国首次在非洲举办文物展，因此受到两国政府的高度重视。

本次展览参展文物90件（组），来自中国古代上起商周下至清代4000多年来各个不同历史时期的文化风貌，而且文物的品级之高实为罕见，堪称华夏瑰宝。其中包括两件"秦兵马俑"在内的陕西省参展文物共计15件（组）。特别值得一提的是"秦兵马俑"第一次到非洲国家去展出。兵马俑全球展览也从本次展览算起，已经遍及世界五大洲。

"华夏瑰宝展"中的国家一级文物占40%。秦始皇陵出土的陶铠甲军吏俑、陶铠甲武士俑、石铠甲等精彩亮相，还有绚丽多姿的唐三彩、造型逼真的陶塑以及工艺精湛的金银器，有江西新余县大洋洲出土的虎耳虎形扁足铜鼎、伏鸟双尾铜虎、方内铜钺等，是迄今为止在中国华南地区发现的最南端的商文化墓葬品，独具地方特色；有河北战国中山王墓出土的错银铜双翼神兽、络带纹铜扁壶等反映了2400多年前古代贵族的生活；有河北汉代中山简王刘焉墓出土的金缕玉衣，是根据死者体型用金丝将玉片编缀而成的华丽葬服；河北定州市静志寺塔基地宫出土的鎏金錾花铜函是公元7世纪的隋朝用于盛放佛教创始人释迦牟尼舍利而特制的容器；有河南洛阳市偃师唐恭陵出土的红釉双龙瓶等反映了唐代以三彩等低温釉陶随葬的风俗；有江西明代益宣王和明益端王出土的双龙戏珠金帽檐、金凤簪等装饰体现了明代皇族生活的奢华；有明代瓷器景德镇窑青花缠枝莲纹夔耳瓶，表现了清代高超的

制瓷技术，景德镇窑粉彩堆塑八宝九龙盒，纹饰复杂，表现了清代的工艺水平，也反映了当时人们的审美情趣。

中国驻南非大使钟建华、中国国家文物局副局长童明康、南非艺文部部长乔丹、南非北方博物馆机构总裁马浩洛、南非各界代表和各国驻南非使节以及在南非的华人华侨代表共 400 多人出席了开幕式。钟建华在开幕式上致辞表示，本次展览是庆祝中南建交 10 周年的系列庆祝活动之一，同时也是内容最为绚丽精彩的活动。参展的每一件展品都是中华文化、中华艺术和中华传统的结晶，是古老华夏文明的集中体现。他希望大家在欣赏这些文物瑰宝的同时，从中体会中华民族的祖先在长达 5000 多年的历史长河中所创造出的灿烂文化。

"华夏瑰宝展"是新中国成立以来首次在非洲举办的文物展，国家一级文物达到 40％。作为庆祝两国建交的互换展览项目，根据对等原则，展出国应承担文物保险费用。由于中国文物所具有的特殊价值，保费高昂。为确保展出的顺利进行，中方主动承担了全额保费，加上空运展品的费用，中南双方的经济支出比例产生了巨大变化。因此，有学者说中方在此次文物外展中的角色已经由"主演"变身为"制片"，而不仅仅是身份单一、责任对等的合作者。

"华夏珍宝展"陈列设计是在保留传统风格的基础上，加入南非文化的元素得以更加夺目。从设计主题的确立到展厅装饰，从展柜制作到布展实施，南非设计师充分发挥了自己的创作灵感，用非洲大陆独具魅力的装饰语言呼应中国文物的华彩精美，呈现别样的视觉效果。设计师选用了黑、红主色，以白作为调节色，序言厅墙壁、展厅顶部、展柜、背板及大部分展台均运用黑色，展厅地面铺设红毯，其间放置黑色皮质休闲软凳

工作人员检查文物保护罩

进行呼应；红色和白色出现在展题、展柜饰框和少量展台中，在整体的沉稳中实现了提亮和变换的目的，简洁醒目。小面积的原色松木地板则将序言厅、结语厅与重点展区区别开来。

从序言厅到展厅，再到展柜外形，圆润的弧形成为参观主线。展柜内主要采用了顶部主光、顶光加中段补光及侧光、顶光加底光构成主光源。设计师还运用若干旋转的底部柔光台来强调展品的外形、质地、色彩和工艺。步入展厅，庄重稳定又个性鲜明的格调与展品和谐统一起来，有很好的视觉效果。

历时 3 个月的"华夏瑰宝展"参观总数为 22893 人。初看起来，这个数字似乎不是很多，但对于人稀地广的南非来说却是空前的，远隔千山万水的南非民众有一次难得的机会亲睹来自遥远东方文明古国的文物瑰宝，充分领略有着 5000 多年文明史中华民族的灿烂文化。

29. TERRACOTTA SOLDIER

Qin dynasty (221-206 BC)
Height 188 cm; width 70cm

Museum of Terracotta Warriors and Horses of Emperor Qin Shihuang, Shaanxi Province

Excavated 1974, Lintong County, Shaanxi Province.

Qin Shihuang or the First Emperor of the Qin dynasty was the first emperor that unified China. His mausoleum is located in Lintong County, Shaanxi Province. In 1974, an accidental discovery of life-sized terracotta figures and horses exposed the underground regiments, which have been interred for over two thousand years. The terracotta army pit was a funerary pit and includes the mausoleum of the Qin Shihuang, in which about eight thousand ceramic figures and horses stand in rows and form a magnificent battle array. The "Terracotta Warriors and Horses" have been praised as the world's eighth wonder.

This piece was uncovered in the army pit mentioned above. His clothing imitates that of a Qin soldier. His hair is tied in a tight round coil at the back of his head. He wears a knee-length robe covered by a half-sleeved armoured top. It seems as if he is holding a long weapon in his right hand.

30. TERRACOTTA WARRIOR

Qin Dynasty (221-206 BC)
Height 190 cm; width 60cm

Museum of Terracotta Warriors and Horses of Emperor Qin Shihuang, Shaanxi Province

Excavated 1977, Lintong County, Shaanxi Province.

This funerary clay figure, dressed as a Qin soldier, was unearthed from the terracotta army pit of the Qin Shihuang mausoleum. He wears a knee-length robe covered with a half-sleeved armour top, short trousers, puttees, and flat slippers. It seems as if the soldier is carrying a long weapon in his right hand. The left hand suggests he is forcing down a sword.

宣传海报

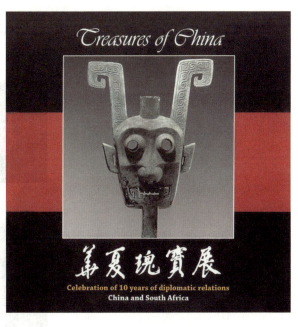

展览图录封面

213　2008 年法国展

展览名称：中国秦兵马俑展

展期及展馆：2008 年 4 月 15 日—9 月 15 日，法国巴黎美术馆

展品总数：120 件（组）

2008 年 4 月 14 日晚，"中国秦兵马俑展"在法国巴黎美术馆隆重开幕。中国驻法国大使孔泉、文化参赞蒲通，法国总统外交助理让·大卫（Jean-david Levitte Cédric Goubet）、法国外交部副部长简·诺艾尔（Jean-Noêl Poirier）出席开幕式。参加展览开幕的各界人士 400 余人，均来自法国历史、考古、世界文化遗产方面的专家学者，有卢浮宫、奥塞博物馆、吉美博物馆、蓬皮杜艺术中心的同行，也有巴黎索邦大学、法兰西学院、巴黎高等科学院、美国加利福尼亚大学的专家。

在展览现场，一对法国夫妇对记者说："我们清楚地记得秦俑一号坑的雄伟壮阔。现在看到这些展品，又勾起了那些美好而珍贵的记忆。"据了解，这对夫妇曾在 20 多年前到过中国陕西，参观过秦始皇兵马俑博物馆。前来参观展览的还有一些华侨华人，其中有些人没有去过陕西，也没有参观过秦始皇兵马俑博物馆，端详着在巴黎美术馆展出的每一件展品，他们说："希望从中体会到秦陵秦俑文化的精髓。"

中国驻法大使馆对本次展览十分

观众排队场景

展厅内景

观众参观照

重视，在展览筹备期间多次现场视察布展情况，并对法方提出要求及建议。该展览得到中法两国政府机构和学术界众多专家的大力支持，法国各大媒体对"中国秦兵马俑展"都很重视，《费加罗报》（Le Figaro）、《世界报》（Le Monde）、法国电视一台（TF1）等法国主要媒体都对展览进行了现场采访和相关报道。

巴黎美术馆每天门口都有等待参观的人群排着长队。馆长马克介绍说，"每天都会有2000多名观众前来参观，可见兵马俑展览有多受欢迎"。参观人

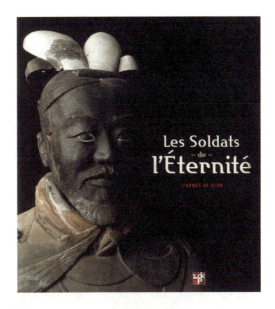

展览图录封面

数40万人次，是该馆历史上展览中参观人数最多的一个。这次以文物展览为桥梁拉近了两国人民的距离，增进了彼此的了解，促使两国的外交关系进一步向着和谐共赢的方向发展。

214　2008 年美国展

展览名称：中国秦兵马俑展
展期及展馆：2008 年 5 月 16 日—10 月 16 日，美国洛杉矶宝尔博物馆
展品总数：100 件（组）

为增进中国与美国的友好关系和文化交流，陕西省文物交流中心受省文物局的委托，于 2008 年 5 月至 2010 年 3 月，在美国洛杉矶宝尔博物馆、亚特兰大海伊博物馆、休斯敦自然科学博物馆和华盛顿美国国家地理协会博物馆举办了"中国秦兵马俑展"文物巡回展览。洛杉矶宝尔博物馆是这次文物巡展的首站，文物从包装、运输到抵达博物馆开箱、布展等过程，均得到人们的极大关注。

2008 年 5 月 18 日晚，中华人民共和国驻洛杉矶总领事馆总领事张云、圣安娜市市长及洛杉矶地区各界人士 600 多人参加"中国秦兵马俑展"开幕式。张云为展览剪彩并参观了展览。张云盛赞了陕西省文物局对此次展览的支持。陕西省文物局代表团成员在展厅接受了中央电视台的采访，介绍了举办此次展览的意义和陕西辉煌灿烂的历史文化。

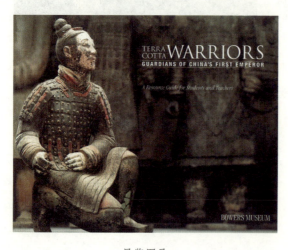
展览图录

展览筹备期间，中国四川汶川发生强烈地震，中美双方克服困难，使得本次展览能够如期举办。在展览开幕式，中国驻洛杉矶总领馆与宝尔博物馆为四川地震灾区进行现场募捐，通过国际红十字会对四川灾区捐款 10 万美金。

宝尔博物馆位于美国南加州著名旅游胜地橙县的圣安娜市，基于其"为观众开启一扇欣赏世界

文化之窗，致力于推广不同文化展览"的宗旨，举办过 30 多个来自世界各地的特展。宝尔博物馆馆长彼得·凯利说："我们很荣幸能在中国政府的支持下，在北京奥运会举办前后，将这些'文化大使'介绍给全美观众。秦始皇兵马俑是中国悠久历史文化的代表，博物馆投入数百万美元、历时 4 年筹备，终于促成兵马俑真品来美展出，预料这一展览将在美国艺术爱好者中掀起一场新的'中国热'。"宝尔博物馆董事长施刘秀枝女士接受采访时说，为了保证"国宝"在展出期间万无一失，宝尔博物馆的安保措施堪比美国白宫。宝尔博物馆是全美知名的艺术博物馆，曾成功举办中国宫廷珍宝展、中国西藏文物展、中国艺术与文化展等多个中国题材的文物展览。为了让更多的人参观展览，来自中国台湾的郑奇昌扮演秦兵马俑真人秀亮相预展，吸引观众纷纷上前互动合影。

展厅内景

观众参观百戏俑

观众与"真人"兵马俑互动

　　本次展览共计 100 件（组）文物展品，主要来自秦始皇兵马俑博物馆、陕西历史博物馆、陕西省考古研究所、咸阳市博物馆等多个文物收藏单位。最受美国观众欢迎的是来自秦始皇帝陵及兵马俑坑出土的将军俑、武士俑、立射俑、跪射俑、文官俑等 17 件文物，阵容强大。早在展览开幕前，宝尔博物馆的门票已经预售 1.3 万张。展览期间的参观人数达 24 万人次，创造了该馆参观人数的新纪录。

215 2008 年意大利展

展览名称: 秦兵马俑与丝绸之路展

展期及展馆: 2008 年 7 月 11 日—11 月 16 日, 都灵国家考古博物馆

展品总数: 185 件（组）

2007 年, 中国文物交流中心与意大利佛罗伦萨市斯特罗奇宫基金会联合举办的 "从汉风到唐韵" 展览取得很大成功, 观众反响热烈。受此展览影响, 意大利都灵国家考古博物馆向中国文物交流中心又提出举办 "秦兵马俑与丝绸之路展" 的请求。

这次展览的场地是由意大利彼埃蒙特大区都灵国家考古博物馆提供, 建筑是意大利 16—18 世纪皇宫的一部分。展馆面积 500 平方米, 门前是古罗马剧场遗址, 周围有古罗马城墙、凯撒雕像、大教堂、16 世纪建成的钟楼等不同时期的遗迹遗物, 在这个遗迹密布、具有浓郁历史文化气息的地方举办中国古代文物展览是非常有意义的。

2008 年 7 月 10 日上午, 中国文物交流中心与意大利圣保罗艺术基金会联合主办的 "秦兵马俑与丝绸之路展" 举行新闻发布会, 都灵国家考古博物馆馆长、展览策划人萨布丽娜·拉斯泰利（Sabrine Rastelli）博士向记者通报展览筹备情况及重要展品, 邀请媒体采访报道。下午 6 点, 在都灵国家考古博物馆举行隆重的开幕式, 中国大使馆文化处人员、意大利政界

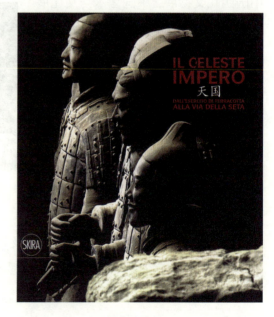

展览图录封面

名流等 200 余人参加。圣保
罗艺术基金会主席、中国文
物代表团团长、展览策划人
依次致辞，现场气氛轻松而
热烈，能感受到人们对中国
文化充满敬意。

本次展览有文物 185 件
（组），其中陕西省参展文物
60 件（组）。秦始皇兵马俑
坑出土的 6 件兵马俑参加了
本次展览。

展厅内景

"秦兵马俑与丝绸之路
展"展品的种类丰富，包含
了陶、石、金属等相关种类
的珍贵文物；跨越历史时空
较大，包含了从中国的第一
个封建王朝秦直到中国的鼎
盛时期唐的展品，展览规模
大，其中一级文物 68 件。
这些文物展示了从秦至唐
古代中国在建筑、军事、生

开幕式

活、思想、科技、雕塑与军事艺术等诸多方面的研究成果和中华民族悠久而博大精
深的历史文化传统。展览取得了巨大成功，吸引了意大利及周边国家的民众前来参
观，展览期间有 121243 人次参观。这一人数在都灵国家考古博物馆展览史上都是
很少见的。

216 2008 年中国香港展

展览名称：天马神骏——中国马的艺术和文化
展期及展馆：2008 年 7 月 16 日—10 月 13 日，香港历史博物馆
展品总数：60 件（组）

2008 年 7 月 15 日，由国家文物局主办"天马神骏——中国马的艺术和文化"展在香港历史博物馆举行展览开幕式。国家文物局副局长董保华、香港民政事务局局长曾德成、信和集团有限公司董事总经理何超琼、中国香港体育协会暨奥林匹克委员会会长霍震霆、第二十九届奥林匹克运动会马术比赛（香港）有限公司行政总裁林焕光，以及香港历史博物馆总馆长梁洁玲等 300 余人出席了开幕典礼。

本次展览是配合北京 2008 年奥运会马术项目比赛在香港举办。参展展品共计 60 件（组），来自 14 个省、区、市的多家博物馆，时代从新石器时代晚期至清末，包括殷墟的车马坑，秦始皇陵出土的骑兵俑、鞍马俑，汉代青铜马，唐代三彩马，金代的双骏图，元代饮马图，清代圆明园马首铜像，等等，以马为题材的书画、雕塑、金银器以及三彩陶俑，造型准确，刻画细致，形象逼真，把马的艺术表达手法推向顶峰。

本次展览以出土文物和书画作品为主，从马具演变、政治发展、社会生活、宗教信仰和书画艺术等各方面，

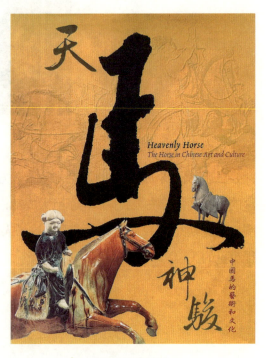

展览图录封面

展示当时战马和骑手的装备，让市民认识马文化在中国历史及艺术上的丰富内涵。
香港历史博物馆还进行系列专题讲座及活动，详细介绍马在中国历史和文化上扮演
的重要角色。

展厅内景

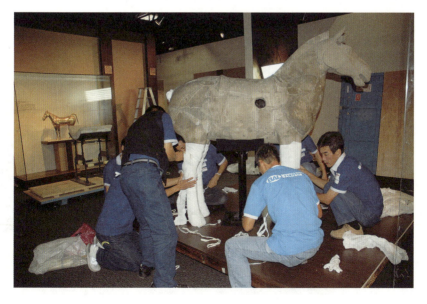

布展工作照

217　2008—2009 年比利时展

展览名称：中国秦汉文物展

展期及展馆：2008 年 10 月 1 日—2009 年 3 月 31 日，比利时马塞克博物馆

展品总数：120 件（组）

"中国秦汉文物展"比利时展是 2008 年 2 月至 9 月在荷兰德伦特博物馆展出之后的第二站。2008 年 9 月 28 日，在比利时林保省马塞克市政厅礼堂举行了隆重的开幕仪式。中国驻比利时大使张援远与林保省省长共同为开幕式剪彩。之后，张援远大使接受媒体采访，林保省省长激动地对媒体说："这是我目前见到的最好的展览，太神奇了！"

比利时马赛克博物馆举办的以秦兵马俑为主要文物的展览，自 2008 年 10 月 1 日开展以来，受到比利时民众热烈欢迎。负责此次展览的马塞克市官员马丁·戈森斯说，比利时从未举办过如此规模的中国文物展，特别是与真人一般大小的秦兵马俑，形态各异、栩栩如生，令人叹为观止。5 个月中观众已达到 19 万人次，创下该馆观展的历史纪录。对于人口不足 3 万人的小城马塞克来说，"如此成功的展览不仅是空前的，也很可能是

街头海报

绝后的"。

展览吸引了比利时内阁部长、议员等众多要人慕名前来，媒体和观众对展览好评如潮。马塞克市市长扬·克雷默斯表示，举世闻名的秦始皇兵马俑展能够在马塞克展出是该市的荣幸。他希望今后能有更多机会与中国进行文化交流与合作，将博大精深的中国文化介绍给比利时民众。

博物馆外的海报

布展工作照

撤展工作照

218 2008—2009 年美国展

展览名称：中国秦兵马俑展

展期及展馆：2008 年 11 月 11 日—2009 年 4 月 19 日，亚特兰大海伊艺术博物馆

展品总数：100 件（组）

海伊艺术博物馆是美国亚特兰大著名的文化中心之一，博物馆以其古典艺术品和现代艺术品的收藏闻名于世，由理查德·梅尔和伦佐·皮亚诺设计的著名馆舍建筑，成为美国东南部博物馆的翘楚。"中国秦兵马俑"美国巡展的第二站是亚特兰大海伊博物馆。

美国当地时间 2008 年 11 月 11 日，"中国秦兵马俑"在亚特兰大海伊艺术博物馆举办了隆重的新闻发布会。美国前总统卡特和夫人，中国驻美国大使周文重夫妇、陕西省副省长景俊海，全美华人协会主席李秀兰女士等贵宾参加了新闻发布会。

周文重在讲话中认为，文化交流是对外交往的重要平台。他特别提及当年邓小平和卡特签署联合公报的时候，他就站在邓小平的身后，见证了中美关系正常化的特殊时刻。在中美关系正常化 30 周年之际，中国陕西的"中国秦兵马俑"在亚特兰大举办意义特殊。希望通过文化交流，加深两国人民的理解。

陕西省副省长景俊海在讲话中介绍了陕西概况以及文物旅游资源，为陕西能够在中美关系正常化 30 周年的特殊时候，奉献一个精品展览感到骄傲和自豪。此次

展厅内景

展出的展品不仅是中华文明的重要标志，也是世界文化遗产的重要组成部分。这次展览必将进一步促进中美两国民众之间的理解、友谊和交流。景俊海还热情邀请更多的美国朋友到陕西旅游观光，感受博大精深的中华文明，寻找共同发展的合作商机。

展览图录

为配合展览宣传，应亚特兰大海伊艺术博物馆邀请，陕西省文物局派出四人学术团参加本次展览的学术活动。2 月 27 日，海伊艺术博物馆馆长迈克·E.萨皮尔、陈列保管部主任戴维·A.布伦内曼（David A. Brenneman）、公关部副主任弗吉尼亚·希勒（Virginia Shearer）女士以及牛津大学莫顿学院院长杰西

学术研讨会

卡·罗森教授、波士顿美术馆木下弘美女士等参加学术研讨。陕西省考古研究院研究员王占奎作了题为《陕西考古新发现》，陕西历史博物馆张铭洽研究员作了题为《秦始皇与兵马俑》，陕西省考古研究院王望生研究员作了《秦始皇陵考古回顾》，秦始皇帝陵博物院容波研究员作了题为《出土彩绘秦俑的科学保护》的学术报告。在近 4 个小时的学术交流活动中，吸引了 260 余名观众参与，原定 25 分钟的自由问答，交流互动持续了一个多小时。海伊艺术博物馆对此次学术活动制作了影像资料，在展厅和该馆官网线上播放。

美国有线新闻网、美国全国广播公司、美联社、亚特兰大电视台第四频道和第十一频道，中国中央电视台、中国日报等 40 余家中美新闻媒体的记者参加了新闻发布会、开幕式等活动的报道。本次展览参观人数达到 403469 人次，创该馆建馆以来的历史最高纪录。

219 2009 年突尼斯展

展览名称：华夏瑰宝展
展期及展馆：2009 年 5 月 8 日—8 月 8 日，国立迦太基博物馆
展品总数：78 件（组）

2009 年 5 月 8 日，由中国国家文物局与突尼斯文化和遗产保护部主办，中国文物交流中心和突尼斯国家遗产研究院承办"华夏瑰宝展"，在突尼斯国立迦太基博物馆拉开帷幕。该展览是庆祝中突建交 45 周年和新中国成立 60 周年的重要文化活动，是中突建交以来最高水平的文化交流项目，是中国第一次在突尼斯，也是首次在阿拉伯国家和地区举办的文物展览。中国国家文物局副局长董保华、突尼斯参议长卡拉勒、文化和遗产保护部部长巴斯提、总统部长级顾问哈米德、外交部国务秘书施蒂维、突尼斯市市长摩森、中国驻突尼斯大使李蓓芬以及突尼斯政治、文化、经济等各界人士、部分国家驻突使节等 300 余人出席了开幕式并兴致勃勃地参观展览。

中国国家文物局副局长董保华致辞说："'华夏瑰宝展'在突尼斯举行是中突两国文化交流史上的一件盛事。两国人民在漫长的历史进程中创造了灿烂的文化，为人类文明作出了重要贡献，希望两国不断加强在文化遗产领域的交流与合作。"

中国驻突尼斯大使李蓓芬致辞说："此次'华夏瑰宝展'恰逢中突建交 45 周年和中阿合作论坛第三届

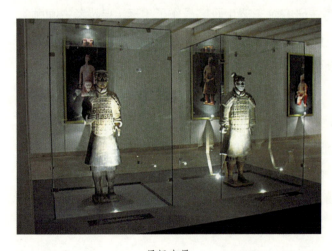

展场内景

中阿文明对话研讨会举行之际，这一重要活动将载入中阿特别是中突文化交流的史册，相信此次展览将会进一步加强双边文化和文明交流，加深彼此了解，推动两国各领域友好合作与发展。"

突尼斯文化和遗产保护部长阿卜杜勒·拉乌夫·巴斯提致辞说："这些精美展品展示了伟大的中国文明的一些侧面。展地特别选在地中海地区古城迦太基，让我们联想起同时期迦太基所孕育的灿烂文明。突尼斯和

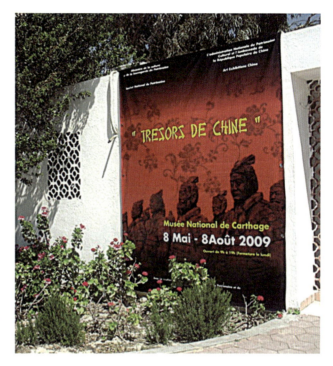

展览海报

中国都为世界文明作出了贡献，希望此次展览为双边关系注入特殊的内涵。'华夏瑰宝展'就是两国文化往来日益密切的具体体现，标志着中突文化关系进入新的纪元。"

本次展出的文物78件（组），包括从商代至明代3000年间中国主要历史时期出土、具有代表性的各类文物珍品，是从河南、河北、湖南、江西、陕西等省的十几家文博单位精选出来的，其中陕西文物11件（组）。根据展品材质，展览分为铜器、陶瓷器、金银器及玉器4个单元。此外，还专门设置了1个展厅，展出两件秦始皇陵兵马俑坑的军吏俑和武士俑。突尼斯主办方对秦兵马俑格外关注，展厅内还以大量文字和照片对秦始皇陵兵马俑的考古工作作了详细介绍。无论是商周青铜器、秦始皇陵兵马俑、汉代金缕玉衣，还是唐三彩、宋瓷、明代金银器，每一件珍品都构思奇巧、工艺精湛，凝聚着华夏先民的勤劳和睿智，展示了中国辉煌的历史和灿烂的文明。在5个月展期内，有1.06万人参观展览。

220 2009 年美国展

展览名称：中国秦兵马俑展

展期及展馆：2009 年 5 月 22 日—10 月 18 日，休斯敦自然科学博物馆

展品总数：100 件（组）

2009 年 4 月 22 日，休斯敦自然科学博物馆和中国驻休斯敦总领事馆在中国驻休斯敦总领事馆活动大厅联合举办"中国秦兵马俑展"新闻发布会。中国驻休斯敦总领事馆总领事乔红、博物馆馆长乔柏奇（Joel Bartsch）、休斯敦多家媒体和华人华侨代表等近百人出席新闻发布会。

乔红在致辞中说："'中国秦兵马俑展'将在休斯敦自然科学博物馆展出，规模空前，令人期待。文化是人们了解不同国家的窗口，文化遗产是每个民族宝贵的精神财富。"

5 月 20 日晚，"中国秦兵马俑展"在休斯敦自然科学博物馆隆重开幕。中国驻休斯敦总领事馆总领事乔红、得克萨斯州及休斯敦市的各界政要及社会名流共 300 余人出席了当晚的开幕仪式。乔红在致辞中对促成此次展览成功举办的机构、单位和个人表示衷心的感谢。她说："这个展览用文物这个特殊载体向美国公众介绍了中国古代优秀的传统文化，并赋予中国传统文化以生命力，有助于促进中美两国之间的文化交流和民众之间的相互理解。展览的成功举办也是我国改革开放 30 年丰硕成果的体现。此次展览必将加深中美两国人民的友谊，促进双边的友好合作。感谢陕西省文物部门与休斯敦自然科学博物馆为展览的举办所做的努力，祝愿展览取得圆满成功。"

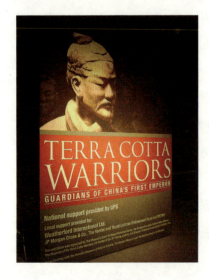

休斯敦展览海报

为了宣传这次展览，休斯敦自然科学博物馆使用了如下的广告语："用320万磅黏土制成！经华氏2000度高温烧成！花了2000年才找到！你一生只有一次机会看到！"这些宣传语言不仅印制在海报上，同时也印在参观券上，以此吸引观众。一位名叫内斯特·杜布的观众在一个武士俑前感慨不已，他说："这是一次非常迷人的展览。它展示的是一个不同的文化、不同的历史和不同的时代。它让我们了解到，在另一个时代，在这个世界的另一面，曾有如此伟大的东西存在过。"一对意大利年轻夫妇是在来休斯敦旅游时才知道秦兵马俑展快要落幕了，于是匆匆赶来参观。"大理石雕刻

展厅内景

展厅内景

是意大利文艺复兴时期的代表艺术，而中国的陶制艺术也是别具一格。今天一看，果然与众不同，可以说是绝无仅有"，学历史的妻子挽着丈夫的胳膊满足地说。这位意大利丈夫则表示争取同妻子一起到兵马俑的故乡——中国西安去参观地下兵马俑军团。

休斯敦自然科学博物馆馆长乔柏奇说："兵马俑是世界第八大奇迹。衷心感谢中国政府和人民把自己的国宝借给美国博物馆展出，使美国不计其数的参观者有如此难得的机会目睹中国文明的神奇"，"让美国观众有如此难得的机会目睹中国文明的神奇和伟大"。

本次"中国秦兵马俑展"先在美国加利福尼亚州洛杉矶宝尔博物馆、佐治亚州亚特兰大海伊艺术博物馆展出并引起轰动，休斯敦是展览的第三站，之后将移师美国首都华盛顿。在休斯敦自然科学博物参观人数达到20多万人次，是该馆建馆以来最成功的单项展览，美国《时代》周刊也将该展览评选为美国最有影响的十大展览之一。

221　2009—2010 年比利时展

展览名称：中国古代帝王珍宝展

展期及展馆：2009 年 10 月 8 日—2010 年 2 月 14 日，比利时布鲁塞尔美术宫

展品总数：160 件（组）

"欧罗巴利亚艺术节"是著名的欧洲主流文化艺术节之一，1969 年在比利时创办，每两年举办一次，每次邀请一个国家在比利时举办各类艺术活动，展现其文化遗产的精髓和艺术发展的现状。

2005 年 6 月，比利时国王阿尔贝二世访华期间向中国国家主席胡锦涛提出，邀请中国参加 2009 年"欧罗巴利亚艺术节"，胡锦涛主席愉快地接受了阿尔贝二世国王的建议。因此，中国成为唯一受邀国，与比利时共同庆祝艺术节 40 年华诞。胡锦涛主席和阿尔贝二世国王担任艺术节的监护人，习近平副主席出席本届艺术节。

本届艺术节围绕"古老的中国，当代的中国，多彩的中国，中国与世界"四大主题，通过 50 个涉及表演艺术、文学、电影等领域的项目，共 450 余场活动，全面展现中国悠久文化传统和当代中国生机勃勃的艺术创作。来自北京、上海、广东等 19 个省、区、市的 58 家博物馆、美术馆、图书馆、考古研究机构、公共和民间文化机构以及 1000 余名艺术家参与了艺术节活动，其

艺术节开幕式会场

中既反映了中国 5000 年历史文明，也体现了当代中国艺术创新的当代艺术，其中还包括部分中国香港和中国台湾地区的文化机构和艺术家。整个中国艺术节覆盖了比利时各大城市主要展示和演出场馆，并将辐射到德国、法国、荷兰、卢森堡、芬兰等其他欧洲国家。

中国国家副主席习近平和阿尔贝二世国王及王室全体成员共同出席了艺术节开幕活动，一起视察"中国古代帝王珍宝展"文物展览。该展由国家文物局组织，全国十个省参加在比利时布鲁塞尔美术宫举办的文物展览，各类文物 160 件（组），其中陕西文物 46 件（组）。

秦始皇陵出土的武士俑、跪射俑，是观众参观"中国古代帝王珍宝展"文物展览的重中之重。该展由中国文物交流中心与欧罗巴利亚艺术节国际协会共同策划，通过宗教祭祀、贵族礼乐、盛世帝国和宫廷生活 4 个部分的内容，全面展示中国古代帝王的威严、皇权的至高无上，也从历史、文化、艺术的不同角度向人们展示了中华文化的博大精深。

"中国古代帝王珍宝展"以欧洲主流艺术节为依托，全方位、多角度、动态地展示中国 5000 年的文明发展史，是"中华文化走出去"的又一重要举措，为比利时乃至整个欧洲民众更好地了解中国提供了平台，进一步增进了中比和中欧人民之间的相互了解和友谊，并在中比关系史上书写了重要一页。

2009 年，上承奥运之壮丽，下启世博之辉煌，因新中国 60 周年华诞而熠熠生辉。在这样一个特殊时刻，"欧罗巴利亚艺术节"在布鲁塞尔举办，向比利时和欧洲公众展示一个古老而年轻、迸发勃勃生机、发展日新月异的中国，对于树立民族形象、提升国家软实力产生了深远影响。

222 2009—2010 年美国展

展览名称：中国秦兵马俑展
展期及展馆：2009 年 11 月 19 日—2010 年 3 月 31 日，国家地理协会博物馆
展品总数：100 件（组）

2009 年 11 月 19 日，"中国秦兵马俑展"在美国华盛顿国家地理协会博物馆隆重开幕。开幕式由地理协会博物馆馆长苏珊·诺顿主持，中国驻美国大使馆公使谢锋、美国及华盛顿 200 多名各界人士出席了开幕式。谢锋和陕西省文物局副局长、代表团团长张自鸣分别在开幕式上致辞。

中国驻美国大使馆公使谢锋在致辞中说："美国总统奥巴马对中国的访问是历史性的，'中国秦兵马俑展'在华盛顿的开展也是历史性的。这两件同时发生的事件，充分说明中美之间的交流正日益加强。当奥巴马总统在北京参观完故宫和长城回到华府之后，中国大使馆将特别邀请他来参观展览。'中国秦兵马俑展'在美国的政治文化中心华盛顿举办，充分体现了中美文化交流正日益向深层次发展，必将为促进两国友好往来发挥了更加积极的作用。"

陕西省文物局副局长张自鸣说："今年是中美建交 30 周年，也是秦兵马俑发现 35 周年及秦始皇兵马俑博物馆建馆 30 周年，当年，也正是美国《国家地理》杂志最早向世界报道了秦兵马俑发现的消息。在这一特殊时刻，

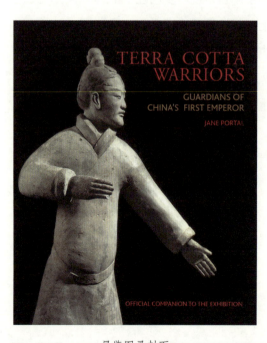

展览图录封面

秦兵马俑再次作为中国文化的名片，来到美国国家地理协会博物馆，这对于加强中美文化的交流和两国民众的友谊必定会发挥积极的作用。"

"中国秦兵马俑展"在当地引起强烈反响。美国《华盛顿邮

展厅现场

报》、ABC网络电视等多家媒体对展览进行了报道。众多当地市民和外地游客也被秦兵马俑的神奇魅力所吸引，纷纷希望能早日参观展览。因此，展览未展先轰动，在开幕前就已经预售票9.6万张。美国国家地理协会博物馆还专门为"中国秦兵马俑展"举行展品开箱记者招待会、展览新闻发布会等相关活动。中国驻美国大使馆专门为展览开幕举行了隆重的庆祝酒会。

美国国家地理协会博物馆馆长苏珊·诺顿说："展览结束前的最后一个星期六，晚上9点，我带着我的家人来到展厅，那么晚了，可展厅里还是人头攒动。我突然就哭了。我在想，如果我们24小时都不关门，还会不断地有观众进来。因为我们每次延长开放时间，门票总是很快卖完，想到马上要与这些中国国宝作别，我不禁悲从中来。"

1978年第4期美国《国家地理》杂志发表了题为"秦始皇帝大军——中国令人难以置信的考古发现"。这篇文章长达万字，以图文配合的方式介绍了当时新发现的兵马俑坑，秦始皇陵的修建经过，秦咸阳宫、阿房宫与长城的修建情况，以及秦始皇的身世、业绩和功过是非。凭着《国家地理》的声誉，隆重推出这样世界瞩目的独家报道，在美国以至西方引起人们的极大兴趣。在本次展览的同时，2010年第1期《国家地理》再次以"不朽的军队"为题，向读者介绍秦始皇陵地区30

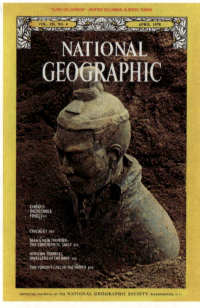

《国家地理》1978 年第 4 期封面

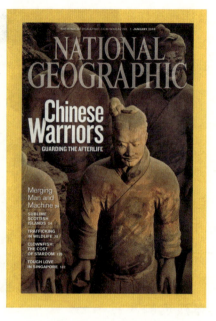

《国家地理》2010 年第 1 期封面

年来，科学考古的最新发现、最新研究成果。同时还有多篇研究文章，全面介绍中国历史文化遗产。

　　本次在华盛顿市中心国家地理协会博物馆举办的""中国秦兵马俑展"，是自 2008 年 5 月开始的秦兵马俑美国巡回展览的最后一站，本站共有 20 多万人参观。这一持续两年的美国巡展，并非秦兵马俑首次现身美国，但实实在在是历史上阵容最强大、参观人数最多的一次展览。美国 4 站累计接待观众 105 万人，远远超过了主办方的预估人数。

223 2009—2010 年智利展

展览名称：古代中国与兵马俑展

展期及展馆：2009 年 12 月 4 日—2010 年 5 月 30 日，圣地亚哥总统府文化中心

展品总数：80 件（组）

2009 年 12 月 3 日，为庆祝中国和智利建交 40 周年和智利独立 200 周年，由陕西省文物局和智利总统府文化中心共同举办"古代中国与兵马俑展"在总统府文化中心隆重开幕。智利总统米歇尔·巴切莱特，中国驻智利使馆大使刘玉琴，文化部长乌卢蒂亚，智利著名企业家，文化、教育、新闻等社会各界代表 400 多人出席了展览开幕式。

智利总统米歇尔·巴切莱特在致辞中说："此次中国文物展时逢智利庆祝独立 200 周年和中智建交 40 周年两大重要的历史事件，因此具有非同寻常的意义。此展的举办将显示出中智双方在文化以及其他各领域合作深化的又一巨大成果，一定能够赢得智利人民的热烈欢迎和喜爱。"巴切莱特总统特意邀请智利青少年前来观看展览，希望通过此展览了解中国灿烂的文化与悠久的历史，为两国友谊作出贡献。

刘玉琴大使在致辞中对兵马俑等重要中国文物能够在庆祝智利独立 200 周年活动期间在智展出表示热烈祝贺，希望展览不仅能增进智利人民对中国 5000 年文明和历史的了解，而且将进一步提升两国文化交流事业的发展水平。刘玉琴还简要介

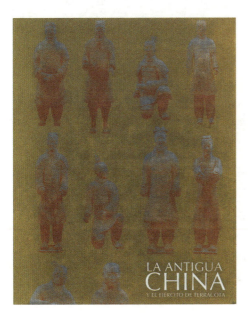

展览图录

绍了秦、汉两个朝代在中国
历史上的地位和作用。

　　智利总统府文化中心位
于总统府前广场地下，是一
所设施完善的现代化文化机
构。为提高此次展览档次与
规格，文化中心专门聘请了
欧洲著名的国际展览方面专
家为展览的布局进行了精心
设计。进入文化中心大厅，
首先映入眼帘的是位于高台
上的两尊3米多高的复制跪
俑，大厅周围点缀着宫灯等
各种中国文化元素。

　　此次展览汇集了来自秦
始皇兵马俑博物馆、汉景
帝阳陵博物院、陕西省考古
研究院等单位的80件（组）
秦代和汉代的艺术珍品，并
得到了智利桑坦德银行、智
利空军以及《信使报》等单
位的大力赞助和支持。总统
府文化中心主任塞拉诺女士
激动地表示，在文化中心成
立以来举办的无数次展览开
幕式中，从未像今天"古代
中国与兵马俑展"有如此多
的观众和记者。

　　智利各电视台、报刊和

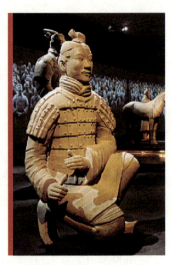

宣传海报

报刊上的展览信息

278

展厅一角

开幕盛况

博物馆外排队的观众

电台对展览开幕式进行大量报道，中国驻智利使馆不断接到友人的祝贺电话。"古代中国与兵马俑"展轰动了圣地亚哥。在5个月的展期内，参观人数达到24.6万人。正如智利文化部部长乌卢蒂亚所说："中国兵马俑等珍贵文物能在智利展出感到由衷的喜悦，智利政府和人民终于实现了在自己国家观看兵马俑展出这一良久夙愿。感谢中智两国相关部门为促成兵马俑在智展出所作的不懈努力。中智两国相距遥远，文化的沟通是促进两国人民相互了解的重要途径，相信这次展览将为智利独立200周年的庆祝活动锦上添花。"

224　2010 年意大利展

展览名称：秦汉——罗马文明展

展期及展馆：2010 年 4 月 16 日—9 月 5 日，米兰市皇宫博物馆

展品总数：214 件（组）

2009 年至 2011 年，"秦汉——罗马文明展"展览在中国和意大利两国分别展出，其中 2009 年 7 月至 2010 年 1 月在北京世纪坛和河南洛阳博物馆展出；2010 年 4 月至 2011 年 1 月在意大利米兰和罗马两个城市展出。

"秦汉——罗马文明展"由中国国家文物局和意大利文化遗产与艺术活动部联合举办，是中国与意大利政府间国家级文物交流合作项目，为 2010 年意大利"中国文化年"正式拉开序幕。本次展览续写了中意两国友好交往的历史，开启了两国文化遗产部门交流与合作的新篇章，具有里程碑意义。

2010 年 4 月 14 日，"秦汉——罗马文明展"在米兰王宫拉开帷幕。中国驻意大利临时代办陈国友、中国国家文物局副局长顾玉才和意大利米兰市市长莫拉蒂、意大利文化遗产部国际合作司司长罗萨娜等，出席在米兰市皇宫博物馆举办的展览开幕式。

中意双方精选了秦汉王朝与罗马帝国时期的 500 件（组）文物参展。中方的 214 件（组）展品来自国内 20 个省、自治区和直辖市的 61 家文博单位，其中陕西省参展的文物有 42 件（组）。意方参展的 278 件（组）文物，分别来自意大利罗马、那不勒斯、庞贝等地区的 10 家博物馆。通过这些距今已有 2000 多年的文物再现了公元前 3 世纪到公元 2 世纪之间，雄踞世界东西的秦汉、罗马帝国的辉煌文明。

展览分为序幕（遥相辉映的文明）、帝国的建立、物质文明、日常生活、精神世界、尾声（日益融合的世界）等 6 部分，展出大量文物与辅助的模型、图片、视频组合，铺陈出浩瀚的历史画卷，以开疆拓土的"帝国军团"方阵显示出气势恢宏的都城；罗马皇帝随着由他们铸造的金币一一亮相；普通大众通过当时的雕塑、

展厅内景

街头海报

绘画、石刻讲述着不同的衣、食、住、行。秦汉的丝绸、玉器、漆器和造纸工艺精彩纷呈；古罗马的雕塑、壁画、玻璃器、银器、铸币璀璨耀眼。

秦始皇陵地区出土的兵马俑，占据展览中最重要的位置，受到观众的青睐。南越王墓出土的错金虎节、若羌楼兰墓地出土的长寿光明锦、兰州博物馆珍藏的东汉书信纸、马王堆一号西汉墓出土的"信期绣"丝绵袍等，与曾经装饰在庞贝古城最精致住宅中的亚历山大和罗珊娜壁画、罗马博物馆珍藏的女孩与鸽子雕像等，生动再现了公元前3世纪到公元2世纪之间，雄踞世界东西的秦汉、罗马帝国的辉煌文明。展览通过珍贵文物、模型、图片、视频等的巧妙组合，呈现出浩瀚的历史画卷。

展览得到民众的喜爱，同时也引发媒体的集中报道。报刊发表文章称："这个独特的展览将古代相距遥远的两个文明融会在一起，展厅里反映秦汉文明与古罗马文明的文物消除了人们的距离感，人们通过直观就可体会到两个文明的不同特点。"文物展品中既有反映古罗马时代人们的衣食住行雕像、器皿，也有反映秦汉时代中国的丝绸、玉器、漆器和造纸工艺，珍贵的雕塑、绘画、石刻、壁画、玻璃器、银器、铸币等文物，带领观众认识古代帝国的物质文明、百姓的日常生活与精神世界。

225 2010—2011 年加拿大展

展览名称: 中国秦兵马俑展

展期及展馆: 2010 年 6 月 26 日—2011 年 1 月 2 日, 多伦多皇家安大略博物馆

展品总数: 120 件 (组)

2010 年 6 月 25 日, 为纪念中加两国建交 40 周年, "中国秦兵马俑展" 展览在加拿大皇家安大略博物馆举办盛大的开幕式。中国驻加拿大多伦多总领事朱桃英女士、加拿大安大略省文化旅游部部长代顿·麦克桂腾、陕西文物代表团团长郭宪曾等 300 余人参加开幕式。

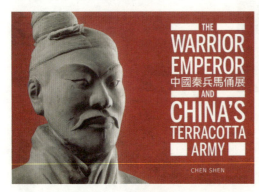

展览海报

陕西文物代表团团长郭宪曾接受采访

本次展览是兵马俑赴加拿大展出规模最大的一次, 在加拿大巡展两个城市, 加拿大皇家安大略博物馆是展览的第一站, 第二站是在蒙特利尔艺术博物馆。

中国驻多伦多总领事朱桃英在开幕式上致辞说: "本次展览恰逢 G20 峰会在加拿大召开, 这个展览将对此后中加两国文化乃至在更广泛领域内的合作产生积极的推动作用。" 威廉姆·罗瑟尔介绍展览的筹备过程, 向陕西省文物局在内的中方合作单位和人员表示诚挚的感谢。代顿·麦克桂腾部长及沈辰博士则重点介绍了展览中的重要文物及其特点。陕西文物代表团长郭宪曾在致辞中介绍陕西省深

厚的历史文化积淀、文物古迹和本次展览的特点，并预祝展览成功。

加拿大皇家安大略博物馆（Royal Ontario Museum，简称 ROM），是一座综合性的博物馆，也是加拿大最大的博物馆，在全北美排名第 5，馆藏文物 600 万件，是一座世界级的博物馆，常年举办丰富多彩的展览，以满足不同层次、不同年龄观众的需求。皇家安大略博物馆与中国文化部、国家文物局等文物行政管理部门保持长期合作关系，是中国文物行业在北美的一个重要合作伙伴。

加拿大皇家安大略博物馆东亚考古研究主任、资深

布展工作照

开幕式

研究员沈辰博士负责策展工作。他认为本次展览是以中国秦汉文明为主题，用出土文物来贯穿中国古代从分裂到统一、从战争到和平的一段历史，时间跨度约 1000 年。他接受采访时说，这次展览实现了自己多年的梦想。1997 年，沈辰第一次来到西安，参观了秦始皇陵兵马俑，被秦俑军阵的气势所震撼，当时就有了将兵马俑搬到多伦多举办展览的想法。此后，他做了大量调查和准备工作，参观了秦兵马俑在海外的展览，与策展人交流，了解借展流程，花费 3 年时间研究与秦人秦文化秦始皇有关的文物展品信息，并写出展览大纲。2007—2010 年之间，沈辰和同事连续 6 次到访西安，并用一周时间参观 3 个兵马俑坑，几乎给展厅中能看到的所有兵马俑都拍了照片，其实就是在选择文物展品，提炼展览主题。沈辰说："我们想让参观者

博物馆外的海报

展厅内景

知道，中国是一个拥有灿烂文化、悠久历史的国度，中国各地丰富多样的文化遗产是世界文化遗产的一部分。"功夫不负有心人，展览获得很大成功。

为了扩大展览的影响，皇家安大略博物馆举办学术讲座，邀请中外专家学者围绕兵马俑、中国战争史、考古、文化展开研讨并向观众、历史文物爱好者介绍展品的历史背景、文化价值等。

展览期间，皇家安大略博物馆门外一直悬挂着醒目的绛红色底上白色字体的巨幅展览海报，博物馆附近的车站、街头、大型商场的醒目位置，都张贴着巨幅展览海报。"中国秦兵马俑展"参观人数达 35.5 万人次，创出该馆建馆以来临时展览参观人数的最高纪录，也是该馆最成功的展览之一。

226 2010—2011 年瑞典展

展览名称：中国的兵马俑展
展期及展馆：2010 年 8 月 27 日—2011 年 2 月 20 日，斯德哥尔摩东方博物馆
展品总数：120 件（组）

中国和瑞典建交于 1950 年，此后，两国一直保持着良好的外交关系，在中瑞建交 60 周年之际，中国在瑞典举办一个大型文物展览意义非同一般。

2010 年 8 月 27 日，由中国陕西省文物局和瑞典东方博物馆共同举办的"中国的兵马俑展"在瑞典斯德哥尔摩东方博物馆隆重开幕。瑞典国王卡尔·古斯塔夫十六世、中国驻瑞典大使陈明明、国家文物局副局长顾玉才、陕西省文物局局长赵荣等 300 余人出席了展览开幕式。

古斯塔夫国王参加开幕式并致辞说："瑞典与中国的文化交往源远流长，感谢瑞典东方博物馆为庆祝瑞中建交 60 周年举办了这样一个非同寻常的展览。"开幕剪彩后，古斯塔夫国王与西尔维娅王后一道饶有兴趣地参观了展览。

中国驻瑞典大使陈明明致辞说，早在 2008 年，中国驻瑞典大使馆就将"中国的兵马俑展"展览列为重点文化交流项目，并得到了中国文化部、中国国家文物局的大力支持。之后，中瑞双方人员多方协商，终于促成本次展览的成功举办。国家文物局副局长

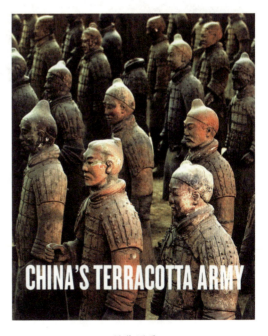

展览图录

街头海报

街头巨幅海报

顾玉才在开幕式致辞中，高度评价了中瑞两国长期友好的历史文化交流与合作，并祝愿两国今后的合作更加密切、关系更加友好。

本次展览汇集了陕西11家博物馆收藏的秦汉代时代艺术珍品，不少文物展品是首次到境外展出，其中的10件秦兵马俑特别引人注目。东方博物馆独特的地下坑道展厅设计，氛围酷似古代中国皇家地下宫殿，是海外文物展览中设计最有特点的一个。瑞典媒体称其为"与中国古代将军面对面的接触"。瑞典著名汉学家林西莉说："这是一个非常好的展览，兵马俑展品精美绝伦、高大美观、让人惊叹。"

瑞典东方博物馆是瑞典著名考古学家、地质学家安特生（Johan Gunnar Andersson）于1926年创建的，以收藏远东，特别是中国自新石器时代至晚清民国的文物为主要特色，馆藏文物约10万件。该馆收藏的中国文物总数在西方博物馆当中排名第二位，仅次于大英博物馆。中文图书收藏量为北欧第一，该馆也因此成为北欧汉学研究的中心。

1984年，"兵马俑展"就曾在瑞典东方博物馆展出，当时瑞典国王和王后亲临会场参加开幕式，展览在当年获得巨大成功。时隔26年，"兵马俑"再度来到瑞典东方博物馆"故地重游"，引发瑞典各界的极大关注。媒体对本次展览作了大量报道，展览在瑞典民众间引起轰动，也成为瑞典历史上最受欢迎的展览之一。通过这个展览，使更多的瑞典民众、北欧民众，乃至欧洲民众对中国古代优秀历史文化遗产有了更多了解和认识，扩大了中国古代优秀历史文化遗产在瑞典的传播和宣传。

在瑞典方面的多次请求下，经我方申请并报中国国家文物局同意，将展览的闭幕日期从原定的 2011 年 1

展场内景

月 16 日延长至 2 月 20 日。瑞典东方博物馆馆长尼尔森女士高兴地说："原本预计展览会吸引到场观众 15 万人次，而实际人次却高达 35.8 万，创下了瑞典东方博物馆自上个世纪 40 年代开馆以来的最高纪录。在瑞典乃北欧地区产生了轰动效应，也为中瑞两国建交 60 周年系列庆典活动画上了圆满的句号。"

227 2010—2011 年意大利展

展览名称：秦汉——罗马文明展

展期及展馆：2010 年 10 月 7 日—2011 年 1 月 6 日，罗马元老院威尼斯宫博物馆

展品总数：214 件（组）

为庆祝中意建交 40 周年暨"中国文化年"开幕式活动，由中国国家文物局和意大利文化遗产与艺术活动部共同主办的"秦汉——罗马文明展"选定在古罗马文明发源地、政治文化的核心——古罗马元老院遗址举办。为了突出元老院遗址的象征意义，意大利将代表东西方两大文明的雕塑珍品布置在元老院内展出：一是象征着中国古代王权和高超工艺水平的秦始皇兵马俑；二是古罗马帝国鼎盛时期屋大维皇帝全身像、全身甲胄的古罗马士兵、古罗马市祭祀神兽浮雕等展品联袂同台展出。

2010 年 10 月 7 日，"秦汉——罗马文明展"在古罗马元老院遗址举行隆重的开幕式。中国文化部部长蔡武、意大利文化遗产部部长邦迪、中国文化部外联局局长董俊新、中国国家文物局副局长宋新潮、意文化遗产部文化遗产开发司司长马里奥·雷斯卡等及中意媒体约 500 人参加开幕式。

嘉宾在展场交流

中国文化部部长蔡武在致辞中说："公元前 3 世纪到公元 3 世纪，雄踞东、西方

的秦汉王朝与罗马帝国开创了人类社会发展的两大不同模式。两大文明虽然相距遥远，却交相辉映，共同对人类社会产生了极其深远的影响。'秦汉——罗马文明展'是两大文明的超越时空，亲密握手，友好对话，对于进一步促进两国在博物馆与文化遗产保护领域的合作，推动两国文化交流，增进两国人民的相互理解，意义重大。"

意文化遗产部部长邦迪致辞说："在温家宝总理访意之际，在两国总理共同见证下，中意双方签署了《关于促进文化遗产合作的谅解备忘录》，以推动建立两国博物馆交流的合作伙伴关系。两国文物主管部门、博物馆携手合作，互办文物展。更重要的是，两国还约定在中国国家博物馆中设立永久性的意大利文明展厅，在罗马威尼斯宫博物馆内设立永久性的中国文明展厅。这标志着两国在文化遗产保护、博物馆领域的合作又迈上了新的台阶。"

"秦汉——罗马文明展"是"中国文化年"的重要项目，经中国国家文物局和意文化遗产部数年努力，终于在意大利开幕。"秦汉——罗马文明展"选自两国50家博物馆214件（组）古代文物珍品，内容从雕塑、石刻、绘画、壁画，到青铜器、玉器、银器、漆器、丝绸，包罗万象。携两个古代文明的珍宝，分别在北京世纪坛、米兰皇宫的展出后，来到罗马与观众见面。文物来自陕西、河南、河北、江苏、辽宁、湖南、广东、广西、甘肃等省61家文博单位，很多展品系首次出国展出。两大文明超越时空，亲密握手，友好对话，对于推动两国文化交流，增进两国人民的相互理解意义重大。

228　2010—2011 年澳大利亚展

展览名称：秦始皇及其地下大军

展期及展馆：2010 年 12 月 2 日—2011 年 3 月 13 日，悉尼新南威尔士艺术博

　　　　　物馆

展品总数：120 件（组）

2010 年 12 月 1 日下午，中国陕西省文物局与澳大利亚新南威尔士艺术博物馆共同主办的"秦始皇及其地下大军"展览在悉尼新南威尔士艺术博物馆一楼大厅举行开幕式。澳大利亚新南威尔士州总督玛丽·巴希尔夫人、中国驻澳大利亚大使陈育明及夫人、中国驻悉尼总领事胡山及夫人和陕西省文物局代表团团长张自鸣及澳大利亚当地各界人士共 1700 余人参加了开幕式。

陈育明致辞时说，文化交流拉近了中澳两国的距离，这次展览是中澳文化年的第一批活动项目，将架起中澳文化交流的桥梁。2009 年 11 月，中澳两国政府共同确定了 2010 年 6 月至 2012 年 6 月互办文化年活动的计划，这次展览是中澳文化年活动的组成部分。

玛丽·巴希尔在致辞中说，这次展览是澳中文化年的一件盛事，对促进澳中两国文化交流有着非常积极的作用。澳大利亚年轻一代希望更多地了解中国和中国 5000 年悠久的历史文化，此次展览为澳大利亚人民提供了一次绝好的机会。

张自鸣在致辞时说："具有独到和敏锐眼光的新南威尔士艺术博物馆早在 1983 年就把'中国秦代兵马俑'展带到了这里，深受欢迎。为了向年轻的澳大利亚民众介绍这一世界著名历史文化遗产，丰富中澳文化年活动，27 年后的今天，

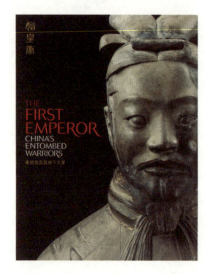

展览图录

展览内景

展场外景

展场内景

陕西省文物局和新南威尔士艺术博物馆再度联手，共同举办这次展览，将会为中澳文化年活动增色添彩。"

　　这次展览的亮点是设计展陈形式独特新颖，特别是采用了高科技反光材料对秦兵马俑坑出土的铜车马和青铜水禽等珍贵文物进行重点展示，通过灯光反射达到了上下四层的立体展示效果。观众们被精美的文物和精巧的设计深深吸引，沉浸在展场中，流连忘返，不时发出啧啧称赞。

　　澳大利亚国家电视台、SBS电视台、澳大利亚电视台第七频道和中国中央电视台、新华社等众多新闻媒体报道了开幕式的盛况和观众们的反响。在3个多月展期之中，参观人数创纪录超过了32万人次。

229　2011 年加拿大展

展览名称：中国秦兵马俑展

展期及展馆：2011 年 2 月 11 日—6 月 26 日，蒙特利尔艺术博物馆

展品总数：120 件（组）

为庆祝中加两国建交 40 周年而举办的"中国秦兵马俑展"结束在多伦多皇家安大略博物馆第一站之后，转场至第二站蒙特利尔艺术博物馆继续展出。

当地时间 2011 年 2 月 7 日晚，由中国陕西省文物局主办，陕西省文物交流中心承办的"中国秦兵马俑展"，在加拿大蒙特利尔艺术博物馆隆重开幕。陕西省文物局代表团、魁北克省文化部等文化文物博物馆界人士约 300 人，参加了此次名为"馆长圈"的开幕式活动。

蒙特利尔艺术博物馆馆长娜塔丽说："2010 年是蒙特利尔艺术博物馆建馆 150 周年，但我们专程等待一年时间，以'中国秦兵马俑展'作为我们博物馆 150 年纪念活动的开始。"

陕西省文物局代表团团长张文致辞说："'中国秦兵马俑展'是为纪念中国和加拿大建交 40 周年而举办的巡展，意义非比寻常。展览在加拿大历史悠久、馆藏丰富和颇具影响力的蒙特利尔艺术博物馆举办，必将进一步增进加拿大人民对中国古代文明的了解，增强中加两国文化的交流与合作。"

展场内景

"中国秦兵马俑展"展出陕西省14家文博单位的120件（组）秦汉时代文物，再现了当时中国社会生活和文化艺术成就。参展文物种类丰富、质量上乘，除举世闻名的秦兵马俑外，还有来自秦始皇陵出土的青铜水禽和石铠甲等数十件文物。展览分为"秦的崛起"、"秦始皇的地下军阵"与"和谐的汉代"三部分，展陈设计新颖时尚，富有创意：变幻的灯光和多棱镜的效果，使每个展厅仿佛都有历史的厚重回声，栩栩如生的陶俑陶马与参观者对望，时空交错，令人震撼。展览还通过放映纪录片《兵马俑》、影片《英雄》以及举办学术研讨会、学术讲座，帮助观众进一步了解中国秦汉时代社会风貌。

蒙特利尔艺术博物馆外的海报

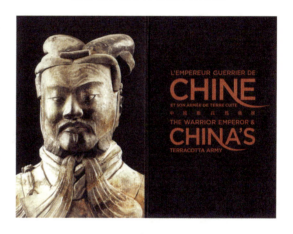

展览图录

蒙特利尔艺术博物馆为了加大对展览的宣传力度，特意在开幕前安排了多次正式对公众开放前的宣传推广活动，专门举办了新闻发布会。当地最大的法语报纸 *LE DEVOIR*、英语报纸 *THE MONTREAL GAZETTE* 和加拿大最大电视 CTV 等40余家媒体参加了这次新闻发布会。2月8日晚，博物馆专门邀请对博物馆提供赞助和支持的社会名流、企业家、捐助者提前参观展览并举办盛大晚宴，2月9日，为博物馆会员举办专场预览等活动。

蒙特利尔是加拿大第二大城市，也是世界上除巴黎以外的最大的讲法语的城市。蒙特利尔艺术博物馆（Montreal Museum of Fine Arts），位于市中心舍布鲁克大街上，是蒙特利尔最著名、最大且最古老的博物馆。本次受到当地和周边民众的热烈追捧，共有24.7万人参观了该展览，创出该馆文物临时展览的最高纪录。

230—233 2011 年印度展

展览名称：华夏瑰宝展

展期及展馆：2011 年 2 月 18 日—3 月 20 日，新德里国家博物馆

2011 年 4 月 7 日—6 月 6 日，孟买威尔士王子博物馆

2011 年 6 月 23 日—8 月 22 日，海德拉巴萨拉江博物馆

2011 年 9 月 8 日—11 月 7 日，加尔各答国立图书馆

展品总数：95 件（组）

2010 年是中国与印度建交 60 周年，经中国国家文物局与印度考古局磋商，以举办"华夏瑰宝展"作为 2006 年印度来华文物展的交换展。本次展览是我国赴印度举办的第一个文物展览。2006 年"古代印度瑰宝展"先后在北京、郑州、重庆和广州等 4 个城市展出。

2011 年 2 月 19 日，由中国国家文物局与印度考古局联合主办的"华夏瑰宝展"在印度国家博物馆隆重开幕，中国驻印度大使张炎、中国国家文物局副局长宋新潮、印度文化部部长库马里·赛尔加女士、印度文化部常秘西卡尔、印度考古局局长森古普塔、印度国家博物馆代馆长波斯和印度各界人士及新闻媒体约 400 人参加开幕式。开幕式上还举行了印度传统的点灯仪式和展览图册拆封仪式。

张炎大使在开幕式的讲话中指出，中国国务院总理温家宝 2010 年 12 月访问印度时宣布 2011 年为"中印文化交流年"，此次"华夏瑰宝展"即是其中重头戏之一，将此展称为 2011 中印交流年的一大盛事。他回顾了过去一年中印双方为庆祝建交 60 周年所进行的高层互访及各领域友好交往的成果，此后两国还将有数百名青年互访以及印度媒体访问中国等文化交流活动，以增进中印两个文明古国之间的相互了解。期待在新的一年中两国将进一步开展人文及其他各方面的交流与合作，为两国友好关系的发展增添新的动力。

印度文化部部长库马里·塞尔加在开展式上致辞中高度评价本次展览的重要意

义以及两国在文物交流领域
开展的卓有成效的合作。他
说："历史上印中两个文明
古国已通过丝绸之路进行了
数百年的文化交流。2000
年前印度的高僧就将佛经传
到中国，此后法显和玄奘
等中国高僧也到访印度，深
植于两国历史的文化交流将
通过今天开幕的展览得以
展现。"

观众参观照

宋新潮副局长在致辞中
表示，此展作为在印度举办
的首个中国大型文物展和印
度在华举办的"印度古代珍
宝展"的巡回展，将向印度
人民展示中华文明的灿烂历
史，促进两国人民的相互了
解和友谊。

观众参观照

此次展出的文物共计 95 件（组），包括上自距今约 7000 年的新石器时代下至
明清时期出土的极具代表性的各类文物珍品。无论是蜚声世界的秦始皇陵兵马俑、
龙门石窟佛教造像，还是美轮美奂的唐三彩、宋瓷、明代金银器等，每一件都凝聚
着华夏文明的璀璨与多姿，以及中国古人的睿智。

印度考古局局长森古普塔介绍说，展览续写中印两国文化与博物馆领域友好交
往的历史，也将成为当代中印文化交流史上的又一华美篇章。展览设计了体验活
动，鼓励观众积极参与。印度国家博物馆配合展览专门印制了明信片和画册，举办
专家讲座、书法比赛等，邀请学生参观，以扩大影响。

展览先后在新德里、孟买、海德拉巴、加尔各答四地展出，展期共计 10 个月。
《印度时报》《教徒报》《印度斯坦时报》等印度主要英文媒体均刊登了此展的大幅

广告及介绍文章。观展的萨尔加夫妇对展出的文物赞不绝口,特别是对来陕西省参展展品13件(组)中的两件兵马俑令其啧啧称奇。在印度政府内任职的萨尔加曾于1994年至1997年期间3次前往中国交流访问,其中一次就曾到访位于中国陕西省的秦始皇陵遗址。他告诉记者:"一切只能用震撼二字来形容当年观看兵马俑时的心情,而现如今,没料到能够在印度再次看到,心情更是兴奋。"

中印两国山水相连,文化交流源远流长。观众在此次展览中,可以清楚看到中印两大文明自古至今的文化交流与联系。正是这种交流与合作,促进和加深了中印两国人民的传统友谊。

观众参观照

观众参观照

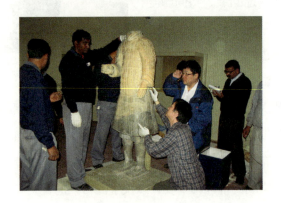

撤展工作照

234 2011 年新加坡展

展览名称：千秋帝业：兵马俑与秦文化

展期及展馆：2011 年 6 月 24 日—10 月 16 日，亚洲文明博物馆

展品总数：102 件（组）

为了增进中国与新加坡两国之间的文化交流与合作，同时配合 2011 年新加坡国庆节的相关庆祝活动，由中国陕西省文物局与新加坡国家文物局共同主办，陕西省文物交流中心与新加坡亚洲文明博物馆筹办的"千秋帝业：兵马俑与秦文化"展览于 2011 年 6 月 24 日至 10 月 16 日在新加坡亚洲文明博物馆举办。

6 月 22 日上午 10 点，"千秋帝业：兵马俑与秦文化"新闻发布会在亚洲文明博物馆陈列大厅举行，来自新华社驻新加坡记者以及新方媒体《联合早报》等 30 余家报刊、电台、电视台的记者近百人参加。新闻发布会由亚洲文明博物馆市场营销与公共关系处经理何斌瑾女士主持。首先由亚洲文明博物馆馆长张亚伦介绍展览的筹备情况和重点文物。中国文物代表团团长、陕西省文物局副局长郭宪曾致辞说："感谢大家将展览积极介绍给新加坡民众。本次展览的文物都是首次来到新加坡出展，展览地点放在东南亚负有盛名的亚洲文明博物馆，是非常好的选择，相信通过双方的共同努力，展览一定会取得圆满的成功。"

6 月 23 日下午 6 点，东南亚首个兵马俑展"千秋帝业：兵马俑与秦文化"在新加坡亚洲文明博物馆举行开幕式。中国驻新加坡大使魏苇、新加坡新闻通讯及艺术部高级政务部部长傅海燕、高级司长廖俊文、新加坡国家文物局局长许顺华、陕西省文物局副局长郭宪曾等各界人士

展览图录封面

600 余人出席开幕式。

新加坡新闻通讯及艺术部高级政务部长傅海燕女士致辞说:"新加坡和中国文物部门已合作推出多项重要的文化艺术展览,本次展览也是一项具有重要意义和令人期待的展览。"亚洲文明博物馆馆长张亚伦致辞说:"1974 年出土的兵马俑是当代最伟大的考古发现之一。亚洲文明博物馆希望通过令人惊叹的兵马俑展览,增加人们对秦代文明的兴趣和了解。秦俑有真人一般大小,服饰、发型、面部表情和手部细节的塑造逼真生动。兵马俑仍有许多未解之谜,希望展览能够激发参观者的兴趣。"

参展展品共计 102 件(组),由陕西省文物局与亚洲文明博物馆联合举办,展品分别来自秦始皇帝陵博物院、陕西省考古研究院、汉阳陵博物馆、宝鸡青铜器博物馆省内 12 家文物收藏单位。展品以秦文化为核心,向上回溯到春秋时期,向下

亚洲文明博物馆外景及展览海报

开幕式

开幕当天嘉宾在展厅留影

延伸到东汉时期。除了秦代
兵马俑，还包括汉代陶俑和
青铜器等珍贵文物。10件秦
代兵马俑尤其引人注目，其
中包括将军、军吏、骑兵、
步兵、立射、跪射、百戏俑、
1匹马等。本次展览以9个
不同兵种的兵马俑来展示秦
代军队的全貌。观众能在一
米多的近距离欣赏这些展品。
除了陶制兵马俑，本次展品
还包括秦代兵器、玉器和金
银器等等。

为了扩大展览的影响，
新加坡亚洲文明博物馆还
特别为本次展览设计了App
应用程序，手机用户只要下
载这个程序，就可以和兵马
俑合影，看秦兵操练，甚至
让兵马俑在手机上走动。精

观众参观照

美的展品、新颖的设计、多样的互动活动，使得展览非常成功。在3个半月展期
内，接待了17万名观众，创下该博物馆历史上单项展览参观人数纪录。

235 2011—2012 年美国展

展览名称：中国秦汉唐文物精品展

展期及展馆：2011 年 10 月 1 日—2012 年 3 月 4 日，洛杉矶宝尔博物馆

展品总数：121 件（组）

2012 年 9 月 30 日，为庆祝中华人民共和国成立 62 周年，"中国秦汉唐文物精品展"在美国洛杉矶圣安娜市宝尔博物馆隆重开幕。中国驻洛杉矶总领事馆总领事邱绍方，圣安娜市市长普雷多，宝尔博物馆董事长施刘秀枝、馆长彼德·凯利，陕西省文物局局长赵荣等各界人士约 1000 人参加了开幕式活动。

邱绍方总领事在讲话中指出，"在中华人民共和国成立 62 周年之际，陕西省文物局和宝尔博物馆合作举办文物展览，这种特殊形式对推动中美文化交流，具有重大的积极意义"。

宝尔博物馆馆长彼德·凯利向公众介绍了此次展览的初衷："随着中国国际影响力与知名度的不断提高，民众想了解中国的兴趣也不断上升。2008 年宝尔博物馆举办'兵马俑展'，让数以百万计的南加州民众一饱眼福，但仍意犹未尽。本次展览将通过这些首次亮相美国的珍贵文物，进一步把灿烂辉煌的中国秦汉唐文化展现给美国观众。"

开幕式

宝尔博物馆通过举办各种文物展览，与中国文博界特别是陕西省文物系统形成了信任、理解和友谊。陕西省文物局局长赵荣还向宝尔博物馆董事长施刘秀枝颁发了"陕西文化遗产大使"的荣誉证书，以表彰她对积极宣传陕西文化遗产作出的突出贡献。普雷多和圣安娜市参议员代表分别向陕西省文物局局长赵荣、秦兵马俑博物馆馆长吴永琪颁发荣誉证书，以表彰他们为推动展览成功举办所作出的杰出努力。

施刘秀枝获得"陕西文化遗产大使"称号

双方嘉宾与现场兵马俑行为艺术家合影

本次展览的文物共计121件（组），分别来自秦始皇兵马俑博物馆、陕西省考古研究院、汉阳陵博物馆、西安博物院、法门寺博物馆等陕西省内9家文博单位。1999年秦始皇兵马俑二号坑出土的绿面跪射俑更是弥足珍贵，还有法门寺地宫五重宝函等文物，反映了唐朝的繁荣富足景象。

这次展览获得了巨大成功，有近11万人参观展览。在当地闭幕后，转场至休斯敦自然科学博物馆继续展出。

236 2012 年美国展

展览名称：中国秦汉唐文物精品展
展期及展馆：2012 年 4 月 1 日—9 月 3 日，休斯敦自然科学博物馆
展品总数：121 件（组）

2012 年 3 月 28 日，由中国陕西省文物局和美国休斯敦自然科学博物馆联合举办的"中国秦汉唐精品文物展"在美国第四大城市休斯敦隆重开幕。休斯敦是此次美国巡展的第二站。中国驻休斯敦总领事馆副总领事谢云亮、休斯敦自然科学博物馆馆长乔柏奇参加了开幕式活动，并在开幕式上致辞。

中国驻休斯敦副总领事谢云亮高度赞扬了"中国秦汉唐精品文物展"在休斯敦自然科学博物馆的成功举办，并指出 2009 年和 2012 年，陕西省文物局两次与休斯敦自然科学博物馆联合办展，堪称是中美两国文博界友好交流的范例。他说："中美建交 30 多年来，文化交流合作，对于增进两国人民的相互了解和友谊发挥了极其重要的作用。"中国驻休斯敦总领事馆副总领事谢云亮、陕西省文物局副局长张文、休斯敦自然科学博物馆馆长乔柏奇分别在开幕式上致辞，对通过合作举办文物展览这种特殊形式积极促进中美文化交流充满了肯定和期待。

陕西省文物局副局长张文接受中新社记者采访时说："中国文化在美国非常受欢迎，正是基于上次的良好合作，美国休斯敦自然

布展工作照

科学博物馆和加利福尼亚州宝尔博物馆提出和我们再次合作。秦汉唐3个朝代，是中国历史上最鼎盛的黄金时期，社会经济繁荣，对外交往和文化交流频繁，包容性和开放性是主要特点。这121件（组）文物是中国古代辉煌时期历史成就的结晶，美国观众可以从中感知

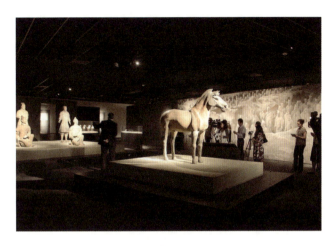

展厅内景

遥远的历史，加深美国公众对中国文化的了解，今后中美两国这种文化层面的交往将会越来越多。"

2009年曾在休斯敦自然科学博物馆成功举办秦兵马俑展，除5件兵马俑外，此次展览新增了中国汉唐两个朝代的文物，并以"勇士、陵墓和庙宇——中国的不朽遗产"为展览副标题，能够全面展示中国古代文明，反映当时人们的日常生活和丧葬礼仪等情况。秦汉唐是中国古代历史3个鼎盛时期，集中展示这3个时代的文物精品，有助于美国民众认识中国的悠久历史和灿烂文明。

休斯敦自然科学博物馆人类学馆长德克对秦始皇兵马俑先进的保养技术赞不绝口，更向媒体隆重推介此次参展的"重头展品"绿脸俑说："该陶俑为跪姿弓箭手，其脸被涂成绿色，至今色彩保持完好。"他进一步介绍说："这次的展览跨越三个朝代，观众可以由此探索中国古代精英阶层和普通市民的生活，了解他们的吃穿住行、如何交易、如何修建陵墓，甚至还有非凡的艺术作品能够展现出古代法庭上颇具争议的紧张情节。所有文物多出土于皇室和王室墓葬，包括法门寺展品在内的多件文物都是第一次在中国以外的地区展出。"

主办方精心安排装扮成兵俑的行为艺术家进行表演，将现场气氛推向高潮。一位单膝跪地的秦代"兵俑"突然从展厅一角站起身，引起人群一阵骚动，行为表演艺术家扮成兵俑，与现场观众跨时空近距离接触。他缓缓踱步，与围在身边的人击掌、作揖、合影，还拉出一个会自己走路的秦俑木偶娃娃，引发一片惊叹。本次展览在5个月的展期内，参观人数达到7.5万人次。

237   2012—2013 年荷兰展

展览名称：中国秦兵马俑展
展期及展馆：2012 年 4 月 5 日—2013 年 3 月 13 日，荷兰国立民族学博物馆
展品总数：17 件（组）

2012 年 4 月 5 日至 2013 年 3 月 13 日，"中国秦兵马俑展"在荷兰莱顿国立民族学博物馆展出，参展文物共计 17 件（组），展品来自秦始皇帝陵博物院、西安碑林博物馆、商洛市博物馆，其中有 3 件兵马俑。

中国驻荷兰大使馆文化处主任陈亚军出席本次开幕式并致辞中说："当今中国在世界上的地位日益重要，除了经济发展之外，与欧洲文化交流也越来越多，特别是最近几年与荷兰的文化交流日益增多。"接着，他通过自己的亲身体会，讲述荷兰人民对中国文化的热爱。中荷两国互派留学生、互派访问学者，自己的家人也毕业于莱顿大学，中国与荷兰之间相互旅游的人越来越多。同时介绍说："本次展览选取了中国历史上最重要的时代——秦代，以及秦陵出土的兵马俑珍品为主要展品，一定会受到荷兰广大民众的欢迎。"

布展工作照图

国立民族学博物馆馆长史蒂芬·安哥勒斯曼（Dr. Steven Engelsman）在致辞中说："感谢中国陕西省文

观众参观照图

物局和荷兰国立民族学博物馆同事积极努力，共同促进本次展览的成功举办，通过合作举办文物展览这种特殊形式，对推动中荷文化交流，加深荷兰人民对中国历史文化的了解，荷兰国立民族学博物馆感到非常自豪。"

"中国秦兵马俑展"精美的文物、新颖的设计、广泛的宣传，吸引了很多观众，参观人数达到 13.28 万人次。

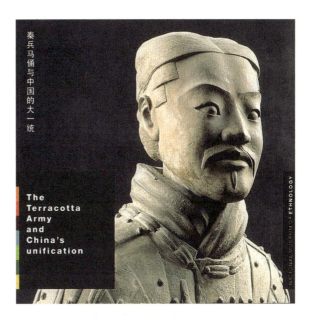

展览图录封面

观众参观照

305

238   2012 年美国展

展览名称：中国秦兵马俑展

展期及展馆：2012 年 4 月 27 日—8 月 26 日，纽约探索时代广场展览馆

展品总数：111 件（组）

2012 年 4 月至 8 月，由陕西省文物局主办，陕西省文物交流中心与纽约探索时代广场、华美协进社共同承办的"中国秦兵马俑展"在纽约市探索时代广场展览中心举办。4 月 27 日，中国驻纽约总领事馆总领事孙国祥、华美协进社社长江芷若、陕西省文物局副局长刘云辉等社会各界 200 多人出席了展览开幕式。

纽约市探索时代广场的首席执行官詹姆斯·桑纳（Mr. James Sanna）说："我们非常荣幸能有这次难得的机会来展现这些珍贵的文物，对公众来说，这将是了解中国历史的最佳体验。我们十分荣幸地与纽约华美协进社、陕西省文物局一起合作，并在时代广场的中心地带呈现这些精美文物。"华美协进社社长江芷若女士说："成立于 1926 年的华美协进社旨在通过教育、文化和艺术的展览及项目来加强对中国的深入理解。我们非常高兴能合作参与这个开创性的展览，把兵马俑及其历史介绍到纽约来。"

4 月 28 日是开展的第一天，当天有 1500 名观众购票

时代广场的海报

参观。来自俄亥俄州克利夫兰的乔安娜·博达来自科罗拉多州丹佛的简·博达当日出现在展览现场，在接受中新社记者采访时，乔安娜称她们姐妹俩在时代广场游玩的时候，看到了展览广告，立刻决定要看一下这个展览。两姐妹说："展览太令人惊叹了，完全超出我们的预期，在这里看到的古钱币2000多年了居然还能保持这么好的形状，这多么令人惊讶，我不知道过去的中国人到底怎么处理这些东西的。"她又指着一个兵马俑说："你能想象过去的中国人都是怎么做出这些东西来的么？居然一下子就做了8000多个，简直无法想象。"当日参观展览的一对西班牙夫妇，即便语言不通，也向中国记者竖起了大拇指。此外，还有很多人是看了广告特地来参观这一展览的，他们纷纷表示不虚此行。

观众参观照

本次展览的举办地探索时代广场是位于纽约时代广场附近的一家大规模的展览中心，通过探索世界各国的文化、艺术、历史和事件带给观众具有教育意义的展览体验。为了进一步扩大这次展览的影响，主办方专门组织了学术研讨会，邀请陕西文物、考古、博物馆

展场内景

展览海报　　　　　　　　　　　　报刊上的展览介绍

方面专家到展览现场，举办学术讲座，解答观众疑问并与热心观众互动交流。

　　该展览参展展品共计 111 件（组），分别来自秦始皇帝陵博物院、汉阳陵博物馆、陕西历史博物馆、陕西省考古研究院、咸阳博物馆、西安博物院、商洛市博物馆、宝鸡青铜器博物馆等省内 16 家文博单位。全部展品中包含将军俑、武士俑、立射俑、跪射俑等 9 件，参观人数 12.3 万人次。

239 2012年中国香港展

展览名称：一统天下：秦始皇帝的永恒国度

展期及展馆：2012年7月24日—11月26日，香港历史博物馆

展品总数：123件（组）

为庆祝香港回归及香港特别行政区成立15周年，由陕西省文物局和香港康文署及联合主办，陕西省文物交流中心及香港历史博物馆承办的"一统天下：秦始皇帝的永恒国度"，于2012年7月24日在香港历史博物馆展出，展览得到香港赛马会慈善信托基金独家赞助。

香港特别行政区政务司长林郑月娥，中央人民政府驻香港特别行政区联络办公室副主任李刚，文化部副部长、国家文物局局长励小捷，外交部驻香港特别行政区特派员公署办公室主任马占岭，陕西省文物局局长赵荣，香港民政事务局局长曾德成，香港康乐及文化事务署署长冯程淑仪，香港赛马会董事李国栋以及各界人士400余名嘉宾出席了开幕式。

香港特区政务司司长林郑月娥在开幕式的致辞上表示，秦兵马俑雄伟壮观，是20世纪中国以至全世界极其伟大的考古发现之一。此次展览突破了国家文物及兵马俑出境的数量限制，规格之高，前所未有。林郑月娥说："秦朝在中国历史上出现划时代的发展，既开创了国家大一统的局面，秦朝建立的典章制度、郡县制度、统一的文字、货币和度量衡制度等，亦为巩固统一奠下了坚实的基础，对中国往后的历史发展影响深远。

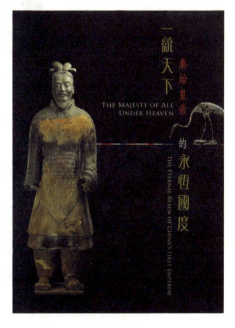

展览图录封面

就是在 2000 多年前，国家走向统一的时期，包括香港在内的岭南地区，亦正式被纳入当时中央政府的管治范围。在庆祝香港回归祖国 15 周年时举办这个展览，具有特殊意义。"

"一统天下：秦始皇帝的永恒国度"的展品来自秦始皇帝陵博物院、陕西历史博物馆、陕西省考古研究院等文物收藏单位。这是兵马俑历次出境展览中，原大俑数量最多的一次。

这次展览主要分为文物展区和多媒体体验区两部分，总展览面积 1850 平方米。在文物展区，公众可以通过丰富的文物、解说和录影资料了解秦国从

博物馆外景及 3D 广场画

博物馆外的海报

崛起到统一六国的过程，并了解秦始皇陵的结构与出土文物。在多媒体体验区，公众则可通过"秦人与马""军人本色""发现地下王国""地下兵团的秘密""飞越秦始皇帝陵""兵俑工坊"六组互动项目，深入了解秦代历史、文化、文物和兵马俑背后的故事。

展览的特点是多媒体展示在手法上多种多样，与以前见过的方式方法有很大不同。第一是互动，从一进入展览大厅开始，观众可以通过大银幕看到虚拟现实兵马俑军队与观众自己本人，互相打招呼，并告知参观展览的注意事项，很有新意。第二，主办方专门新建了一个 200 平方米类似环幕电影的多媒体展厅，使观众直接置身于兵马俑坑之中，再用 24 台投影机展示兵马俑发现及博物馆展示的过程。第三，用

塑料制作了几个光面无色的原大兵马俑模型，然后用投影仪和声音展示它的制作过程，不仅能观看，并且还可以互动，观众可以自己给兵马俑上色，引人入胜。

香港历史博物馆特别注意对未成年人的教育和宣传。据统计，大部分香港小学生都参观了本次展览，由博物馆与学校合作，在学校老师带领之下，组织学生集体参观，现场有专门的义工讲解。这次展览中的精美文物、丰富的展陈形式，同样吸引了众多学龄前儿童参观。展场中各种各样的多媒体互动项目，让学生们流连忘返。

为配合此次展览，香港历史博物馆还举办了专题讲座、国际学术研讨会等 20 项多元化教育活动；举办了四

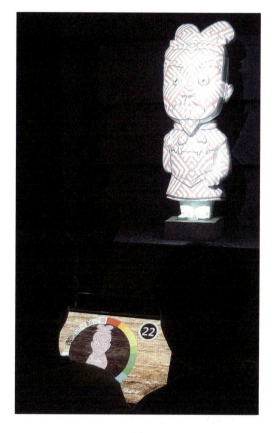

互动投影

项以秦兵马俑为主题的公共艺术活动，激发青年人的创意，鼓励他们更多认识历史；特别邀请内地知名 3D 立体绘画艺术家，以秦兵马俑坑为主题设计并绘制一幅大型立体地画，让观众体验秦兵马俑坑的震撼场面。

本次展览参观人数达到 42.5 万人次，日均观众 3750 人次，打破了香港历史博物馆专题展览的参观人次纪录。据了解，香港历史博物馆第二高入场率的专题展览是 2002 年举行的"战争与和平——秦汉文物精华展"，每日平均有 2500 人次参观。"一统天下：秦始皇帝的永恒国度"展览荣获 2013 年公务员优质服务奖励计划"队伍奖（一般公共服务）"金奖，并获评为 2014 年"中国博物馆教育项目示范案例"其中 43 个优秀教育案例之一。

240—243　2012—2013 年日本展

展览名称：中华大文明（中国王朝瑰宝特别展）

展期及展馆：2012 年 10 月 10 日—12 月 24 日，东京国立博物馆

　　　　　　2013 年 2 月 2 日—4 月 7 日，神户市立博物馆

　　　　　　2013 年 4 月 24 日—6 月 23 日，名古屋市博物馆

　　　　　　2013 年 7 月 9 日—9 月 16 日，九州国立博物馆

展品总数：172 件（组）

　　为纪念中日邦交正常化 40 周年，由中国国家文物局、中国文物交流中心与日东京国立博物馆等合作举办的"中华大文明"展于 2012 年 10 月 10 日至 2013 年 9 月 16 日在东京国立博物馆、神户市立博物馆、名古屋市博物馆和九州国立博物馆四地举办。

　　经过中日双方人员的积极努力，2012 年 10 月 10 日，"中华大文明"在首站东京国立博物馆隆重开幕，中国驻日本大使馆文化参赞何静在开幕致辞中指出："文化交流是中日两国人民心中的纽带，发挥着不可替代的作用。我坚信此次展览将在中日文化交流史上掀开崭新的一页。"东京国立博物馆馆长钱谷真美在开幕致辞中说："希望此次展览能加深日中两国真正意义上的相互理解和交流，开辟两国关系的新局面。"中国文物交流中心主任王军说："展览的成功举办，让我们看到了日本民众对中华文化和中国元素的浓厚兴趣，以及日本各界有识之士对中日两国交流一如既往的热情和始终不渝的信心。"

　　这次展览主要展出夏朝至宋朝 3000 年间的历代王朝中的重要文物，从多元角度诠释中国文明诞生和发展的历程，体现了中国王朝文化的多元性以及地域文化的多样性。展品来自陕西、山东、河南等 11 个省、市 29 家文博单位，共计 172 件（组）文物，其中有跪射俑、阿育王塔、金面具等难得一见的重量级文物，涵盖了中原文明、巴蜀文明、齐鲁文明、荆楚文明、吴越文明、辽河文明等。展览的中文

街头海报

观众参观照

名称最终定为"中华大文明"展，而其对应的日文名称"中国王朝の至宝"则更为直观地表明了本次展览的分量。陕西参展文物 28 件（组），有秦始皇陵出土跽坐俑、秦兵马俑坑出土的跪射俑以及一套秦始皇陵铜车马复制品。

"中华大文明"展引起了日本朝野的普遍关注。日本前首相福田康夫前往东京国立博物馆观看了"中华大文明"展，欣赏了秦始皇陵跪射俑等展品，感慨道："原来公元 5 世纪中国就使用高脚酒杯了。做工真漂亮，能让人切实感受到 4000 年历史的流逝，真不简单。"2013 年 9 月 6 日，日本前首相村山富士和日中友好协会的十余人前往九州国立博物馆观看该展，九州国立博物馆学艺部长谷丰信陪同讲解。村山前首相在一个小时的观展过程中对展品很感兴趣。他说："这么多好东西被发掘展示出来，真是太好了。当时的艺术历史久远，就凭这一点已经弥足珍贵了。我感受到了中国悠久的历史。"

NHK 作为世界著名的公共传媒机构，在展览宣传方面具有得天独厚的优势。博物馆与传媒联合办展也已成为现代日本文博行业的一大特色。日本 NHK 电视台拍摄的"中国文明之谜"大型纪录片。NHK 专程来中国陕西、山东、河南、四川等 12 个省、市进行了二十余次拍摄，著名演员中井贵一担任纪录片导游，三集展览宣传片《中国文明之谜》于展期之中在日本主流电视台同期上映播出。

"中华大文明"展历时四年筹备、一年展出，顺利落下帷幕。展览从立意、筹备、到举办过程克服了重重困难，显示了中日双方推动两国文化交流的信心和能力。展览为中华文化走进日本搭建了一座新的桥梁，也为中日文博界发挥各自所长、共筑文化交流大业创建了一个成功的合作模式。在日本四地展出近一年时间，共接待 36.45 万名观众。

244　2012—2013 年美国展

展览名称：中国秦兵马俑展
展期及展馆：2012 年 10 月 28 日—2013 年 1 月 20 日，明尼阿波利斯博物馆
展品总数：120 件（组）

2012 年，为庆祝中国陕西省和美国明尼苏达州建立友好省州关系 30 周年，应美国明尼阿波利斯博物馆的邀请，中国陕西省文物局主办、陕西省文物交流中心承办的"中国秦兵马俑展"览再次亮相明尼苏达州。

2012 年 10 月 28 日，"中国秦兵马俑展"在美国明尼苏达州明尼阿波利斯博物馆正式开幕。明尼阿波利斯博物馆董事会主席约翰·希米勒（John Himle）主持开幕式，他感谢陕西省文物局对此次展览的支持，同时热切期待兵马俑展览的成功举办。

展览图录封面

陕西省文物局代表团团长陈长奎在致辞中说，早在 1985 年，为庆祝陕西省与明尼苏达州缔结友好省州关系 3 周年，陕西省文物局曾与明尼阿波利斯博物馆合作举办过"秦始皇兵马俑展览"，取得了很好的社会效益。时隔 27 年之后，双方又再次携手，精心策划了此次展览。他希望这次展览能促进两国文化交流，让美国人民更好地了解中国、了解陕西，并代表陕西省文物局向所有参与这个展览的中美双方工作人员表示诚挚的谢意。

这次展出的 120 件（组）展品来自秦始皇帝陵博物院、陕西历史博物馆、陕西省考古研究院、咸阳博物馆、西安

博物院、商洛市博物馆、宝鸡青铜器博物院等省内 13 家文博单位，集中了从秦始皇陪葬坑和陕西其他墓葬出土的珍贵文物，展示了从秦国的崛起到秦始皇时期的政治、经济、文化、社会生活等方面，体现了陕西地区秦文化的主要特点。秦兵马俑坑出土的 10 件陶俑参加展览，特别是"绿脸俑"的展出，引起观众的极大兴趣。

为了进一步扩大展览的社会影响，明尼阿波利斯博物馆在展览开幕前组织召开学术讲座，陕西省文物学术交流团徐进一行 5 人应邀参加。11 月 18 日，学术团在明尼阿波利斯博物馆学术报告厅开展专题讲座，徐进讲述《陕西的文明史》，杨亚长介绍《陕西考古新发现》，朱思红以《秦俑二号坑绿面俑》为题讲述了秦兵马俑二号坑彩绘绿面俑考古发掘与文物保护情况，申茂盛以《秦俑一号坑第三次发掘与百戏俑坑发掘的收获》为题，介绍秦兵马俑一号坑 2009 年以来考古发掘工作，兰德省介绍《秦俑一号坑新出土兵马俑的保护修复》。5 位专家精彩的讲述、丰富的资料，吸引了很多听众，讲座现场气氛热烈，理事会主席约翰·希米勒进行总结，盛赞学术团为市民讲述了兵马俑的故事。

明尼阿波利斯博物馆是一座百科全书式的博物馆，拥有各类藏品 8 万余件，较

观众参观兵马俑展览

全面地反映了史前到当代世界文化。该馆也是美国最重要的中国艺术品收藏单位之一，14 个展厅陈列着约 6510 件中国艺术品藏品。近年来，该馆先后多次成功举办以中国藏品为主题的展览。此次展览为美国两站巡展的第一站，第二站为旧金山市亚洲艺术博物馆。

本次展览参观总人数为 14.6 万人次，进一步增进了中美两国之间在文化领域的交流与合作，对中国古代优秀文化遗产在美国的宣传和推广发挥十分积极的作用。

展场内景

245　2012—2013 年土耳其展

展览名称：华夏瑰宝展

展期及展馆：2012 年 11 月 20 日—2013 年 2 月 20 日，伊斯坦布尔托普卡帕老皇宫博物馆

展品总数：101 件（组）

　　2012 年是中国和土耳其两国领导人确定的土耳其"中国文化年"。中国和土耳其两国分处亚洲大陆两端，作为土耳其 2012 年"中国文化年"的压轴大作，由中国文化部、国家文物局、驻土耳其大使馆和土耳其文化旅游部合作主办，中国文物交流中心组织承办的"华夏瑰宝展"在土耳其伊斯坦布尔托普卡帕老皇宫博物馆举行。

　　2012 年 11 月 20 日晚，作为 2012 土耳其"中国文化年"高潮之一的"华夏瑰宝展"，在伊斯坦布尔托普卡帕老皇宫博物馆隆重开幕。土耳其文化旅游部部长居纳伊，中国文化部副部长、国家文物局局长励小捷，中国驻伊斯坦布尔总领事张清洋，伊斯坦布尔省省长穆特鲁，土耳其文化旅游部文化遗产及博物馆司总司长苏士卢，托普卡帕老皇宫博物馆馆长杜尔松，中国驻土耳其大使馆文化参赞余建应邀与现场 500 余名当地文化界知名人士共同出席了该开幕式。

　　励小捷在开幕式致辞中表示："中国和土耳其都是历史悠久的文明古国，对人类的文明都作出过各自突出和不可磨灭的贡献。近些年，特别是 2009 年两国元首达成进一步加强文化交流的共识以来，两国间的文化活动频繁举行。今天的'华

展览陈列

316

夏瑰宝展'可以说是土耳其
中国文化年的圆满收官之
作。"励小捷表示，公元前
138 年，中国汉朝皇帝派遣
张骞出使西域，开辟了自黄
河流域延伸至中亚腹地的丝
绸之路，中土两国世代交往
的历史由此开启。2000 多
年后的今天，"华夏瑰宝展"

展厅外的海报

将跨越数千年的中国文物精品带到土耳其。希望土耳其伊斯坦布尔的市民喜欢中国
文化，也欢迎更多的朋友们来参观展览。相信"华夏瑰宝展"将带着中国人民的友
好，在中土文化交流的古老长卷上续写新的篇章。

土耳其文化旅游部部长居纳伊在展览开幕式上发表讲话时，对此次展览给予高
度评价。他说："5 件兵马俑来到土耳其，这种高规格的展出在世界上都是不多见
的。我相信，作为亚洲东西两端的两大文明——中华文明和根植于安纳托利亚平原
的土耳其文明，在 21 世纪能够为亚洲崛起和构建世界和平起到引领作用。"

在开幕式上，土耳其皇家军乐队演奏的奥斯曼军乐响彻整个托普卡帕老皇宫，
这在老皇宫历史上还是首次给予外国文物展览如此殊荣。土耳其各大主流媒体蜂
拥而至，对展览开幕式进行了密集的全方位报道和采访。多安电视集团、ATV、
NTV、TRT 等各大电视台在现场进行了实况直播。

"华夏瑰宝展"按照中国历史发展顺序，分为文明诞生、天下一统、丝路繁盛、
王朝盛世等 4 个部分，力求向土耳其人民全面展现中国悠久的历史与丰富多彩的文
化面貌。5 件秦始皇陵兵马俑精彩亮相，成为全场焦点。设计师通过展厅特别安置
的镜子，将兵马俑幻化成千军万马，为观众营造出秦王地下军队的慑人气魄。

秦始皇帝陵博物院、故宫博物院、上海博物馆、陕西历史博物馆、陕西省考古
研究院等 11 家文博机构提供了 101 件（组）展品，其中 40% 均为国家一级文物。本
次展览向土耳其民众全面展现中华文明 5000 多年的悠久历史和灿烂文明，其中有彩
陶、青铜器、兵马俑等，陕西参展文物展品 38 件（组）。展览期间，共有 9.1 万人
参观。

246　2013 年美国展

展览名称：中国秦兵马俑

展期及展馆：2013 年 2 月 22 日—5 月 27 日，旧金山亚洲艺术博物馆

展品总数：120 件（组）

2013 年 2 月 22 日，由中国陕西省文物局和美国旧金山亚洲艺术博物馆联合举办的"中国秦兵马俑"展览在旧金山亚洲艺术博物馆隆重开幕。中国驻旧金山领事馆总领事高占生等 500 余位嘉宾出席了展览开幕式。

高占生在致辞中指出，中国历史悠久，文化灿烂，"中国秦兵马俑"展在旧金山的展出必将会增进中美两国的文化交流，会让中国优秀的文化遗产得到广泛的社会认同。

亚洲艺术博物馆馆长许杰表示，为庆祝亚洲艺术博物馆从金门公园迁至旧金山市政府广场，特与陕西省文物局合作举办题为"中国秦兵马俑"特展。美国民众不仅得以近距离欣赏真人大小的兵马俑、镶有黄金绿松石的青铜剑、秦始皇追求长生之道的祭祀用品和青铜水鸟及华丽车马等罕见出土文物，也为学术机构提供信息，探索秦始皇一统天下的宏图伟略及其对神仙之道、长生之术的执着。

本次展览陈列分为"求仙之道"、"法制统一"和"地下军阵"3 个主题，除展出 10 件兵马俑外，还有青铜兵器、青铜水禽、小型

展览海报

金制兽形饰件等文物。文物展品来自陕西 13 个博物馆和文物收藏单位，汇集了以秦始皇兵马俑、青铜水禽、石铠甲等为代表的秦代文物精品，共计 120 件（组），其中一级品 23 件，占文物展品总数的 19.49％。

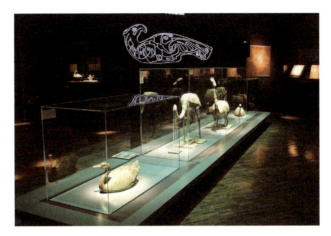

展场内景

旧金山亚洲艺术博物馆为本次特展做足准备。负责设计的意大利裔艺术家马可·幸廷对中新社记者说，为预防旧金山万一发生地震，专门为陶俑陶马量身制作了加固避震的保护设施。首次使用绘画和 3D 图像的形式复原秦朝的兵器和车马，使观众对展品中的金质马饰、青铜剑的金质剑柄和铜剑镞等一目了然。为吸引

博物馆外的巨幅海报

民众关注，馆方早在两周前就在旧金山本地聘请一位演员，以秦朝兵马俑装束在至少 50 个公众地方出现，引起不小轰动。文物展与媒体见面当天，这位"活着"的兵马俑也在博物馆内四处巡走，观众争相与他合影。

展览期间，新华社、旧金山第七频道、《观察家》等多家媒体报道了这次展览，产生了强烈的社会反响。本次展览为在美国的两站巡展，第一站在明尼阿波利斯博物馆举办，第二站在旧金山亚洲艺术博物馆展览，本站参观人数为 23.8 万人次，创造了该博物馆单项展览参观人数的新纪录。

247　2013 年瑞士展

展览名称: 兵马俑军队与统一的秦汉王朝——中国陕西出土文物展

展期及展馆: 2013 年 3 月 15 日—11 月 17 日, 伯尔尼历史博物馆

展品总数: 120 件 (组)

2012 年 3 月 14 日, 由中国陕西省文物局主办的"兵马俑军队与统一的秦汉王朝——中国陕西出土文物展", 在瑞士首都伯尔尼历史博物馆举办盛大开幕式。中国驻瑞士大使馆代办、公使衔参赞杨小茸女士, 瑞士外交部国务秘书罗西尔, 副国务秘书兼亚大司司长诺布斯, 陕西省文物局局长赵荣, 瑞银集团执行总裁埃尔默蒂, 伯尔尼历史博物馆董事会主席吕克·蒙达、馆长雅各布·梅斯里, 伯尔尼市市长柴佩特等瑞士各界人士共约 1200 人参加了开幕式。

中国驻瑞士大使馆代办、公使衔参赞杨小茸在致辞中表示, 1987 年, 秦始皇陵及兵马俑坑被列入联合国教科文组织世界遗产名录, 世人誉之为"世界第八大奇迹"。在这一重大历史考古发现 39 年之后的今天, 兵马俑来到了瑞士。秦兵马俑及 120 件艺术珍品在伯尔尼历史博物馆展出, 将为瑞士观众提供一个与中国历史"面对面"直接交流的机会, 为大家更好地了解中华文明打开一扇大门。

杨小茸指出, 文化是心灵沟通的桥梁, 近年来, 随着中瑞双边关系迅速发展, 两国文化、教育等各领域的合作和人员交流也不断扩大。中国的

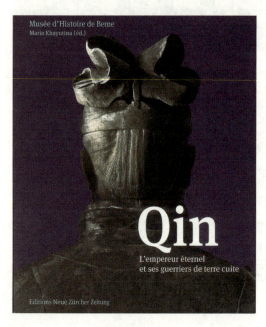

展览图录法文版

"瑞士文化热、旅游热"和瑞士的"中文热"都在不断升温。相信随着两国人民之间的交往不断深化,中瑞友好将更加深入人心。此次展览是中国和瑞士建交63周年以来首次举办的、规格最高的秦兵马俑展览。希望以此次展览为起点,中瑞两国间的人文交流和友好合作将会取得新的更大的进展。

瑞士外交部国务秘书罗西尔表示,兵马俑是全世界最重要的考古发现之一,大量弥足珍贵的文物首次在瑞士展出,令人感到高兴。"兵马俑军队与统一的秦汉王朝——中国陕西出土文物展"的成功举行,不仅是今年两国文化交流合作的一件盛事,也体现了瑞中两国关系发展的高水平,相信此次展览将取得圆满成功。

陕西省文物局局长赵荣在致辞中说:文物是文明的载体,也是文化交流的桥梁。此次展览向瑞士观众展示了中国古代历史上最关键时期——秦汉时代的历史文化,是中瑞建交60多年来在瑞士举办的最大规模的文化展览活动。吕克·蒙达和卢卡斯·加维尔分别从各自角度阐述了他们支持举办此次展览的原因。不仅因为兵马俑是全世界最重要的考古发现之一,也因为中国在全球事务中愈来愈重要的影响,伯尔尼历史博物馆董事会才作出举办此次展览的决定,瑞银集团也在赞助埃及图坦卡蒙墓文物展和梵高画展后,选择赞助此次以兵马俑为主题的展览。雅各

市区有轨电车车身广告

车站海报

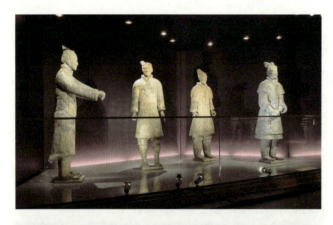

展厅陈列

布·梅斯里则向在场嘉宾勾勒了展览的内容框架，生动阐述了秦人从蕞尔小邦发展壮大直至统一六国，以及对后世中国的深远影响。

此展览参展展品包括秦俑、陶器、青铜器、金银器、玉器等。展品分别来自秦始皇帝陵博物院、陕西省考古研究院、陕西历史博物馆、汉阳陵博物馆、西安博物院、咸阳博物馆、宝鸡青铜器博物馆等陕西省内多家文博单位。

展览开幕后，中国驻瑞士大使馆致电外交部、文化部、国家文物局、陕西省人民政府，对展览在配合国家外交大局、宣传中华文化方面的积极作用表示赞赏。展览结束后，中国驻瑞士大使馆随后致电外交部、国家文物局和陕西省文物局，对展览的成功举办给予了高度评价。5月，国务院总理李克强访瑞期间，也参观了伯尔尼历史博物馆，对兵马俑展览的重要影响给予肯定。

该展览是中瑞建交60多年来在瑞士举办的最大规模的文化展览活动，大家对历史悠久的中华文化和秦俑等中华文明瑰宝赞叹不已，纷纷盛赞这次珍贵的文物展览是瑞士民众更好地了解中国文化的有利契机，在瑞士社会各界掀起新一轮"中国文化热"。在历时8个月的时间里，吸引了瑞士国内外318273名来访者的光顾，博物馆平均每天接待1440名参观者，这对一个人口仅为13万的城市来说，秦兵马俑展览受到无数钦羡目光的洗礼和由衷的慨叹，是前所未有的。

248 2013 年罗马尼亚展

展览名称：华夏瑰宝展

展期及展馆：2013 年 4 月 29 日—8 月 1 日，罗马尼亚国家历史博物馆

展品总数：101 件（组）

本次"华夏瑰宝展"是 1973 年中国赴罗马尼亚展出的"中华人民共和国出土文物展"和 1985 年"中国宋元明清瓷器展"之后的第三次展览，是中罗建交 64 年以来在罗马尼亚举办的规模最大中国文物展览。

2013 年 4 月 29 日，由中国国家文物局、中国驻罗马尼亚使馆、罗马尼亚文化部联合举办的"华夏瑰宝展"在罗马尼亚国家历史博物馆隆重开幕。罗马尼亚总理蓬塔、议会众议长兹戈内亚、外长科尔勒采恩、文化部部长巴尔布、总统顾问福塔、前总统伊利埃斯库、参议院文化、艺术和大众传媒委员会主席塞韦林、参议院男女平等委员会主席瓦西列夫、新闻媒体以及驻罗使节等 350 余人出席开幕式。

中国驻罗马尼亚大使霍玉珍在致辞中说："感谢罗马尼亚政府、议会及社会各界对举办本次展览给予的大力支持。这是中罗两国建交 64 年来共同举办的规模最大一次大型展览，这不仅是中罗两国人民的共同期待，亦充分体现了世界各国人民推动文明互鉴的愿望。此展拉近了中罗两国的距离，是东西方文明一次超越时空的对话，将作为两国文化交流史上的一座里程碑载入史册。"霍玉珍还表示，相信通过此展，罗民众将更深入地了解和认知中国的过去和现在，欢迎更多罗马尼亚朋友到中国旅游，感受真实的中国。中国国家文物局副局长董保华感谢罗方为展览顺利举办付出的辛勤劳动，表示相信此展必将为促进中罗文化交流发挥重要作用。

罗马尼亚总理蓬塔在致辞中表示，"华夏瑰宝展"为罗马尼亚及中东欧国家民众特别是罗年轻人了解伟大中国的历史和文化提供了难得机遇。蓬塔强调，罗马尼亚是此次兵马俑海外巡展唯一的中东欧国家，这充分体现了中国政府对中罗传统友好关系的高度重视，罗政府和人民将对中方的友好情谊铭记在心。罗文化部部长巴

尔布表示，此展的举办再次证明，文化交流可超越国界，在不同国家民众间产生共鸣，这正是"华夏瑰宝"的魅力所在。

本次展览以中国历史沿革为顺序，从"文明诞生"到"天下一统"，从"丝路繁盛"到"王朝盛世"，101件（组）华夏瑰宝珍品栩栩如生地展现在观众面前。古朴庄重的陶器和青铜器；工艺精湛、精美绝伦的皇家珍藏；5件最具代表性的国宝级兵马俑，或站立巍然如山，或半跪如奔箭灵动，姿态各异，形象逼真，彰显东西方文化交流与融合的丝路沿线文物，体现出中华文明历史沉淀的厚度和海纳百川的气度展览力求用生动易懂的方式向罗马尼亚人民展现中华文明5000年悠久的历史文化。

观众参观照

展场外景

展览历时3个月，接待观众5万余人，打破了罗马尼亚外国文物展览的历史纪录，被罗马尼亚国家通讯社、国家电视台、国家广播电台等主流媒体誉为"中罗建交64年来共同举办的规模最大、持续时间最长、展品价值最高、参观人数最多的一次大型文物展览"。罗马尼亚国家历史博物馆馆长欧内斯特，曾作为考古专业的大学生参观1973年的中国赴罗马尼亚文物展。他动情地说："能在有生之年，亲身参与筹备这样一个规模大、举世无双的展览，是人生只有一次的大事，是任何博物馆学专家向往的机会。文化交流的种子已深植中罗人民心中。"

249　2013 年芬兰展

展览名称：当传奇与历史相会：陕西西安兵马俑——来自中国的始皇帝宝藏
展期及展馆：2013 年 6 月 14 日—12 月 1 日，坦佩雷市瓦普里克博物馆
展品总数：102 件（组）

2013 年 6 月 14 日下午，由中国陕西省文物局主办的"当传奇与历史相会：陕西西安兵马俑——来自中国的始皇帝宝藏"在芬兰坦佩雷市瓦普里克博物馆隆重开幕。中国驻芬兰大使黄兴以及当地的博物馆界同行、市民、社团和媒体代表等 700 多人共同出席了开幕式。

中国驻芬兰大使黄兴、坦佩雷市市长安娜凯萨·伊科宁以及本展览学术顾问卡罗·迈克尔森等先后发表讲话，盛赞了秦汉时期的辉煌成就，评价了秦汉文化在中国文化发展中的重要地位，对兵马俑展览的成功举办表示热切的期待和祝贺。

陕西省文物局副局长张文在致辞中说："陕西省文物局曾于 1997 年在芬兰拉赫地市成功举办了秦兵马俑展览，从此拉开了中芬两国文物交流活动的序幕。16 年之后，为了让新一代芬兰民众了解这一世界著名文化遗产，特别是近些年秦汉文化的考古新发现，两国文博工作者再度合作了此次展览。希望此次展览能再一次受到对历史文化有浓厚兴趣的芬兰人民的欢迎，能为芬兰人民和北欧地区的观众增添丰富的文化与美的享受。"

本次展览展出了包括秦兵马俑在内的陶器、青铜器、金银器和玉器等各类文物 102 件（组），分别来自秦始皇帝陵博物院、陕西省考古研究院、陕西历史博物馆、咸阳博物馆、宝鸡青铜器博物馆等省内 9 家文博单位。通过春秋、战国、

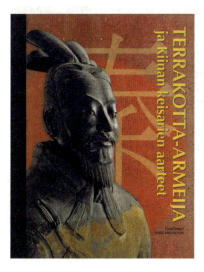

展览图录

秦、汉等几个历史时段，展览集中讲述了秦人从发展壮大到统一六国波澜壮阔的历史进程，探究了秦汉文化对中华文明形成作出的重要贡献。

坦佩雷市是芬兰第三大城市，被誉为欧洲"北方的曼彻斯特"。瓦普里克博物馆作为该市的市立博物馆，曾在 2007 与中国河北省博物馆合作举办过展览，该馆还曾与俄罗斯圣彼得堡国立冬宫博物馆、莫斯科克里姆林宫、德国不来梅海外博物馆，奥地利维也纳人类学博物馆等很多重要博物馆举办过合作展览。

该展览深受当地民众的欢迎，共有 12.7 万人次参观了展览，远远超过了主办方的预期。该展览为进一步增进中芬两国之间在文化领域的交流与合作，扩大中国特别是陕西古代优秀文化遗产在芬兰及北欧地区的宣传和推广产生了重要影响。展

展厅外景

展场内景

观众参观照

览期间，适逢西安至赫尔辛基直航开通，此次展览的成功举办为两个城市的进一步交流奠定了良好的基础，陕西省商务厅还组织了相关商务推介活动。

250 2014 年美国展

展览名称：中国陕西秦兵马俑：始皇帝的彩绘军阵

展期及展馆：2014 年 5 月 10 日—11 月 2 日，印第安纳波利斯儿童博物馆

展品总数：118 件（组）

2013 年，经中美两国政府磋商，"中国陕西秦兵马俑：始皇帝的彩绘军阵"展览被确定为第四轮中美人文交流的重点项目之一。之后，中美博物馆人员多方沟通，选择重点文物和辅助展品，确定展览日期。美方多位工作人员到秦始皇帝陵博物院参观，寻找设计灵感，商讨展陈方案。

2014 年 5 月 9 日晚，"中国陕西秦兵马俑：始皇帝的彩绘军阵"在美国印第安纳州印第安纳波利斯儿童博物馆举行隆重的开幕式。中国驻美国大使馆大使崔天凯、驻美国芝加哥总领馆总领事赵卫平、陕西文物代表团团长贾强、美国印第安纳州副州长乔伊·艾里帕曼、印第安纳波利斯市市长格瑞·柏拉德、印第安纳波利斯儿童博物馆董事会主席戴维·格雷、印第安纳波利斯儿童博物馆馆长兼首席执行官杰夫·潘辰及赞助商代表、印第安纳州议员代表等各界人士共 300 余人出席开幕式。

中国驻美国大使崔天凯在致辞中表示，中美两国关系的基础在于双方之间的文化交流与人民之间的相互理解，而这种交流与理解对于儿童尤其重要。

戴维·格雷和杰夫·潘辰首先分别代表董事会和博物馆，向参与展览工作

陕西文物代表团团长贾强致辞

的各方表达了诚挚的谢意。他表示，能在美国中西部地区举办"中国陕西秦兵马俑：始皇帝的彩绘军阵"展感到骄傲和自豪。

本次展览的文物来自秦始帝陵博物院、陕西省考古研究院以及西安市、咸阳市、宝鸡市、商洛市等18家文博单位，其中兵马俑8件，复制品4件（组）。儿童博物馆通过设置多种便于儿童及其家庭互动和参与的活动，重点介绍了秦始兵马俑的制作、发掘和保护，突出了秦俑彩绘的科技保护成果及研究现状。

博物馆还安排了许多内容丰富、形式多样的活动，还另

观众参观图

观众参观照

设专门展厅，设计《带我去中国》向美国儿童及其家庭介绍世界优秀文化遗产的主题展览。集中展现中国当代的家居生活、艺术、自然环境及人文环境，以此来向美国观众特别是儿童及其家庭，全面介绍中国古代以至当今社会发展概况，增强他们对中国古代和当代社会的了解，促进双边人文交流。

印第安纳波利斯儿童博物馆号称世界最大最好的儿童博物馆，始建于1925年。博物馆主题涉及物理、自然科学、历史、世界文化和艺术等多个方面，拥有超过11万件藏品。这是兵马俑出国第一次在全球顶级的儿童博物馆举办的展览，在5个半月的展期内，参观人数达到17万人次。中国驻美国大使馆对展览成功举办给予充分肯定，民众对展览的高规格文物和高水平展陈设计给予一致好评。

251　2014 年捷克展

展览名称：华夏瑰宝展

展期及展馆：2014 年 8 月 8 日—11 月 9 日，布拉格城堡皇家马厩博物馆

展品总数：90 件（组）

"华夏瑰宝展"在中国国家文物局、捷克文化部和中国驻捷使馆的大力支持下，于 2014 年 8 月 7 日在布拉格同捷克观众见面，这是中国赴捷克的首次文物大展。展览得到捷克总统泽曼、中国驻捷克大使馆和捷克文化部的名誉支持。此次展览是两国建交 65 周年的重要庆典活动之一，是增进两国间文化交流的典范。

2014 年 8 月 7 日，中国"华夏瑰宝展"开幕式在捷克布拉格城堡皇家马厩博物馆展厅隆重举行。中国驻捷克大使马克卿、捷克总理府国务秘书布鲁萨、工贸部长姆拉代克、文化部副部长卡利斯托娃、外交部副部长考斯基、捷克电视台副台长弗里德里赫等中捷嘉宾兴致勃勃地参加了开幕式。

中国驻捷克大使马克卿在开幕式上致辞说："中华文明绵延 5000 多年，始终没有中断。中华民族在漫长的历史发展中，注重以民为本，追求和谐，兼容世界不同文明，形成自己独具特色的传统文化，为人类文明的繁荣和进步作出了重要贡献。今年是中捷建交 65 周年，此时此刻举办'华夏瑰宝展'对庆祝两国关系的顺利发展、增

展览海报

展场内景

进两国人民的传统友谊有着十分积极的意义。希望展览不仅成为捷克人民了解中国的一个窗口，而且成为加深两国人民友谊的桥梁和纽带。"

捷克文化部副部长卡利斯托娃在讲话中表示，"华夏瑰宝展"是中捷两国建交65周年的重要庆典活动之一，捷克观众在经历过漫长等待后，终于有机会通过这次展览对中国历史长河中的艺术作品有一个全面了解。近年来，中捷两国在文化领域的合作日益频繁，两国在文化价值观方面的相互交流和对话对双边各个领域的合作，无论是教育、经济还是其他方面，都有着重要意义。中捷文化交流为双方的相互了解和理解提供了机会，为推动文化领域的全面双赢合作提供了更多内在动力。

中国文物交流中心副主任姚安致辞说："展览将使捷克民众更好地了解中华传统文化的博大精深，初步领略中华传统文化的丰富内涵和独特魅力。"据了解，此次展览所在地布拉格城堡始建于公元9世纪，1992年被列入世界文化遗产名录，现在仍然是捷克总统的居所和捷克国家机关所在地。

本次展品来自陕西历史博物馆、南京市博物馆和承德避暑山庄博物馆等文博单位，共计90件（组），涵盖了从史前文化到明清时期的漫长历史时段，涉及日常生活、礼仪制度、宗教信仰等多个领域，其中既有大气古拙的商周青铜礼器、气势逼人的秦兵马俑、堂皇富丽的唐三彩等出土文物，又有工艺高超、精美绝伦的皇家收藏。陕西历史博物馆的展品包括有兵马俑、陶俑、陶器、青铜器、玉器、编钟、钱币等，风格多样，异彩纷呈。

展览将以历史沿革为序，分为 3 个部分进行展示：第一部分"华夏伊兴，礼乐定制"，通过新石器至秦代的陶器、青铜器等，展示中国早期文明的礼仪制度、生活状况等；第二部分"汉唐盛世，海纳百川"，通过秦汉兵马俑、汉唐随葬陶俑、金银器等，展示秦代至唐代——中国最具开创性、塑造民族性格的伟大时代：第三部分"明清宫廷，文化传承"，通过明清南京、清代承德避暑山庄两地传世、出土的陶瓷器、金银器、珐琅器、丝织品以及厅堂陈设文物等，作为明代繁盛的江浙地区和清代宫廷珍宝的写照。展览力求用生动易懂的方式向观众展现中华文明悠久的历史和灿烂的文化，参观观众达到 5 万人。

252　2015 年匈牙利展

展览名称：华夏瑰宝展

展期及展馆：2015 年 2 月 6 日—4 月 19 日，匈牙利工艺美术馆

展品总数：90 件（组）

2014 年是中匈建交 65 周年，由中国国家文物局与匈牙利人力资源部签订了《关于合作举办展览的备忘录》多个合作项目，其中一个项目就是举办"华夏瑰宝展"。

经过中匈双方人员的艰苦努力，2015 年 2 月 6 日，"华夏瑰宝展"在匈牙利工艺美术馆开幕。匈牙利人力资源部部长鲍洛格·佐尔丹、中国驻匈牙利大使肖千、文化参赞郭晓光、匈牙利工艺美术馆馆长赛罗夫斯基、中国文物交流中心副主任周明以及多国驻匈牙利使节等中外嘉宾 200 余人出席了开幕式。

中国驻匈牙利大使肖千在开幕式致辞说，博物馆领域的交流是中匈文化交流的亮点，是两国文物交流历史上又一个划时代的事件。这种交流合作契合了匈牙利政府向东方发展政策，契合了中国政府"一带一路"倡议。

匈牙利人力资源部部长鲍洛格在致辞中表示，中国的圣贤孔子说过"知之为知之，不知为不知"。我们对中国还知之甚少，"华夏瑰宝展"为我们生动地展示了中国的文化、中国人的伟大智慧。中匈两国文化差异很大，但两国人民的情感交融互通，直达内心。

中国文物交流中心副主任周明表示，中匈两国友好往来的历史源远流长，2000

展场内景

展场外景

多年前的"丝绸之路"已开启了两国民众的商旅往来和文化交流，"华夏瑰宝展"的成功举办，必将为两国的文化交流增添新的色彩，为中匈两国的传统友谊、为新世纪"丝绸之路"建设谱写新的篇章。

本次"华夏瑰宝展"展览是 2014 年在捷克展览之后的第二站。展品来自陕西、河北、江苏三省，共计 90 件（组），其中最受关注是秦始皇陵出土兵马俑，观众围着秦俑展柜驻足观看。

新中国成立后，匈牙利是最早同中国建交的国家之一。中匈双方在积极发展政治和经贸关系的同时，在文化领域的交流合作也日益活跃。本次"华夏瑰宝展"的成功举办，为两国的文化交流增添新内容，为中匈两国的传统友谊、为"一带一路"建设谱写新的篇章。展览广受好评，观众近 2 万人次。

253　2015年丹麦展

展览名称：秦始皇——中国陕西兵马俑
展期及展馆：2015年4月1日—9月30日，摩斯盖德博物馆
展品总数：104件（组）

2015年4月1日，由中国陕西省文物局与丹麦摩斯盖德博物馆联合举办的"秦始皇——中国陕西兵马俑"展览在摩斯盖德博物馆隆重开幕。丹麦女王玛格丽特二世、亨里克亲王夫妇和丹麦文化部部长玛丽·安娜耶维德、中国驻丹麦大使刘碧伟、陕西省文物局代表团团长郭宪曾及各界嘉宾300余人共同出席了开幕式。

展厅内景

这次展览是中丹建交65周年的重要活动之一。中国驻丹麦大使刘碧伟转达了习近平主席就此次展览致玛格丽特二世的口信：很高兴女王和亲王出席展览开幕式，庆祝中丹建交65周年，对女王和丹麦王室积极推动中丹友好与人文交流表示高度赞赏，并希望中丹双方共同努力，办好中丹建交65周年系列庆祝活动，推动中丹全面战略伙伴关系不断向前发展。

玛格丽特女王感谢习近平主席的口信，并请刘大使转达她对习近平主席和中国人民的问候，同时表示对此次展览十分期待，称其为丹麦公众提供了了解中国和中国文化的机会，对于促进中丹文化交流，进而加深两

国关系具有重要的意义。

刘碧伟在致辞中说："这次展览向丹麦、北欧乃至世界展示了中国悠久的历史、灿烂的文化，对于促进中丹两国之间的友好关系将起到非常重要的积极推动作用！"刘碧伟在致辞中回顾了中丹两国友好交往的历史，以及近年来包括高层互访在内的各领域的交流与合作，特别指出两国文化交流已成为双边关系的新亮点。

开幕式之前，玛格丽特二世与亨里克亲王两次走进了展厅，饶有兴趣地参观了展览。亨里克亲王

陕西省文物代表团团长郭宪曾致辞

展厅内景

看完展览后，高兴地握住陕西省文物局代表团团长郭宪曾的手说："展览非常成功，非常感谢你们！"

摩斯盖德博物馆位于丹麦第二大城市奥胡斯市近郊，丹麦女王玛格丽特二世是该馆的保护人。2012 年底，该馆就与陕西省文物局洽谈联合举办兵马俑展，并将展览作为新馆落成之后引进的第一个展览。本次展览展出了陕西出土的 104 件（组）文物珍品，其中一级文物 20 件。展品以秦汉兵马俑为主，以及反映这一时

335

期代表性陶器、青铜器、金银器、玉器等，选自秦始皇帝陵博物院、陕西省考古研究院、陕西历史博物馆、汉阳陵博物馆等省内13家文博单位。

玛格丽特二世出生于1940年，曾在哥本哈根大学、奥胡

观众参观照

斯大学、剑桥大学、伦敦政治经济学院和巴黎大学等多所大学攻读法律、哲学、政治、经济、外语等专业，精通多国外语。女王兴趣广泛，在考古、美术和文学方面颇有造诣，她在12岁时就第一次参与一项考古发掘活动，此后一直致力于考古事业，还曾在英国剑桥大学专门学习考古学。亨里克亲王也对中国文化颇有研究。1979年，玛格丽特二世女王与亨里克亲王首次访华时曾赴西安参观兵马俑，女王曾经走到俑坑中间，近距离观赏兵马俑，一时传为佳话。刘碧伟说："希望此次展览能够唤起女王陛下36年前的美好回忆，也能让还没去过西安的丹麦朋友们先睹为快。"

展览受到普遍好评，年逾花甲的伊娃·索密特第一次看到兵马俑。她惊叹道："太棒了！我可以花一整天时间在这里欣赏这些精美的雕塑，了解他们背后的故事，探索中国的历史和文化。""与丹麦相比，中国在公元前就已经有了这么灿烂的文化，真是让人难以置信！"索密特虽然还没去过中国，但对中国心向往之，也一直有去中国参观的打算。"这些展品仅是全部兵马俑的一小部分，如果能去看看兵马俑全貌就更好了。"

观众最终参展人数达到39万人，创造了丹麦历史上引进文物临时展览的最高纪录。丹麦几乎所有的媒体对本次展览进行了报道，中国新华社、中央电视台对展览也进行全方位的报道。

254　2015—2016 年日本展

展览名称：始皇帝和大兵马俑

展期及展馆：2015 年 10 月 27 日—2016 年 2 月 21 日，东京国立博物馆

展品总数：120 件（组）

 2015 年 10 月 26 日，由中国陕西省文物局主办、陕西省文物交流中心承办的"始皇帝和大兵马俑"展开幕式在日本东京国立博物馆举行。中国驻日本大使馆大使代理、公使刘少宾，陕西省文物局副局长周魁英，日本文化厅副厅长有松育子，东京国立博物馆馆长钱谷真美，日本放送协会（NHK）专务理事塚田祐之各类代表共 1600 余人，参加了展览开幕式。

 中国驻日本大使代理刘少宾在致辞中说："秦兵马俑是一个文化使者，是来传播中华民族友谊的。中日之间有 2000 多年的友好交往历史，彼此尊重对方的历史和文化，以后无论发生什么变化，中日友好的信念都不能改变。希望这种增进两国友好交流的活动越搞越多，越搞越好。"

 东京国立博物馆馆长钱谷真美代表日方主办单位致辞，简要介绍了秦人发展的历史及秦兵马俑与众不同的特点，并回顾了秦兵马俑在 1976 年发掘的两年后，曾首次在日本展出。此次展览结合了秦文化的最新研究成果和富有创新性的一些展示手段，一定

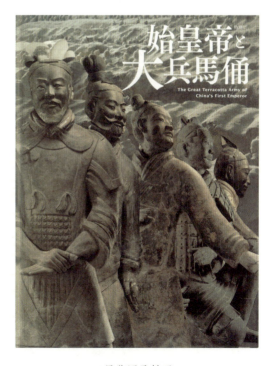

展览图录封面

337

观众参观照

会给广大观众带来不一样的体验。

陕西省文物局副局长周魁英在致辞中说："本次展览的展品是从陕西省 19 家文博单位精心遴选的，基本上涵盖了秦人发展历程上各个时段的文化面貌。此次展览是兵马俑等出土文物首次在日本三大国立博物馆展出，借助日本国家级的宣传平台必将使展览大放异彩。"

本次展览的 120 件（组）展品来自秦始皇帝陵博物院、陕西省考古研究院、西安博物院、宝鸡青铜器博物院等 19 家文博单位。展览分为三个部分，分别为"秦王朝的发展轨迹——从西陲方国到统一帝国""真实的秦始皇——帝都与陵寝周边的考古发掘""不朽的地下王国——兵马俑与铜车马"，全面系统地展示了秦人从边境小国到最终统一六国的历史脉络，以及秦文化的最新研究成果。

中国驻日使馆文化处陈诤参赞以及东京国立博物馆策展人川村佳男介绍了此次"秦始皇和大兵马俑"展的三大看点。

第一大看点：利用高科技和现代手段再现了西安秦始皇兵马俑一号坑的震撼效果。此次展览借用将军俑、骑兵俑、百戏俑等 10 件陶俑，但展览中同时采用了 70 件复制的兵马俑和影像技术，营造了气势恢宏的兵马俑阵势。日本公众不仅可以近距离地欣赏 2000 多年前制作的兵马俑的姿态和细节，也可以身临其境般感受在真正的兵马俑坑的奇妙体验。

第二大看点：东京国立博物馆在策划这次展览时将主题定为"秦始皇和大兵马俑"，希望通过秦时代的文物，带领日本观众从不同角度去看待完成了统一六国的秦始皇。从秦始皇宫殿使用的陶制水管、壁画残片，以及统一度量衡使用的两诏权等展品，可以窥看一代帝王秦始皇的理想。

第三大看点：展览将引领日本观众去探寻秦王朝的历史轨迹。通过文物的展示和文字图像的介绍，突出秦作为中国甘肃南部的一个小国如何完成统一六国成为巨大帝国的故事性。

川村佳男曾经在山东大学考古系学习，中文流利，他还提到了自己与兵马俑和中国文化的渊源。5岁时他第一次在日本的展览上看到了兵马俑，半跪的俑人鞋底雕刻着防滑的精致花纹，这个细节深深地烙印在了儿时的记忆里，也影响了他今后的人生职业选择。

中国驻日使馆文化参赞陈诤则表示，希望通过此次展览唤起更多日本观众对中国文化的兴趣，更希望通过文物展能吸引他们去真正的西安兵马俑实地参观。也就是通过文化交流带动旅游，增进两国人民的了解，从而促进中日友好关系的发展。

由于中国文化对日本影响深远，日本人对中国文化的欣赏和接受程度都很高。日本学者曾说"了解中华文明史，就是了解日本文明史"。中国文物在日本进行展出，是中日双方都非常欢迎的文化交流形式。

陈诤参赞特别讲到日本由于受中国文化的影响很深，可以称为"文化走出去"的试验田。他指出中国文化对日交流的领域非常广泛，潜力也非常大。今后需要探索双方都能接受的新模式，双赢的模式。文化交流可以宏大如史诗，也可以润物细无声，只有我们抱着自信而谦虚的态度，细心研究受众国的特点，不拘形式拓展思路，才能让中国文化走得更远。本次展览吸引了48万名观众。

255　2016—2017 年美国展

展览名称：中国秦始皇兵马俑

展期及展馆：2016 年 3 月 1 日—2017 年 1 月 8 日，芝加哥富地自然历史博物馆

展品总数：120 件（组）

2016 年 2 月 29 日，由陕西省文物局主办的"中国秦始皇兵马俑"展览开幕式在芝加哥市富地自然历史博物馆举行。中国驻芝加哥总领事赵卫平，陕西省文物局副局长周魁英，富地自然历史博物馆馆长理查德·拉维利，以及中美双方主办单位、承办单位、协办单位代表，博物馆董事会成员和赞助单位、媒体代表共 400 余人出席了展览开幕酒会。

中国驻芝加哥总领事赵卫平在致辞中说，兵马俑反映了中国人民的伟大智慧，这些兵马俑是时隔 30 年再次来到芝加哥市和大家进行的又一次对话，将会讲述2200 年前古老的历史文化故事，它的展出将会把"中美旅游年"推向新的高潮。中美之间的文化联系将会进一步加深和拓展。

陕西省文物局副局长周魁英在致辞中说："陕西作为中华民族和中华文化的重要发祥地之一，在长达 1100多年的岁月中，一直是中国的政治、经济和文化中心，从而拥有极其丰富的文物资源。秦朝是中国历史上最重要和最有影响的朝代之一，奠定了中国封建社会的发展模式。不了解秦朝就很难了

展场内景

解中国历史，希望这个展览能帮助更多观众了解中国文化与中国历史。

富地自然历史博物馆馆长理查德·拉维利表示，用"人生难得一见的体验"来形容这次展览。他说："这一展览是多年来与我们中国同行合作努力的结果。我们找不到适当的词句来表达我们对于中国陕西省文物局、陕西省考古研究院和秦始皇帝陵博物院的感激，没有他们的指导和合作，这一展览就不能实现。秦始皇陵兵马俑的考古发掘是 20 世纪人类最重要的文物发现之一，相信此次展览是芝加哥民众千载难逢的一次好机会，一定

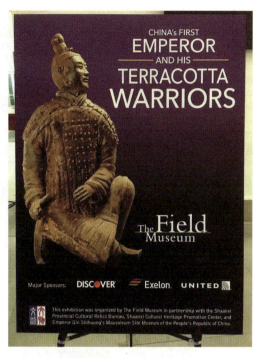

博物馆内的展览海报

会为芝加哥民众了解中国秦朝历史文化打开一扇窗户。"馆长还透露，1980 年富地自然历史博物馆举办中国青铜文化展时，就展出过秦始皇陵的兵马俑，但就规格和水准来说，此次展览无疑是北美地区有史以来最大最全面的一次。

参加本次展览的 120 件（组）展品，来自秦始皇帝陵博物院、陕西历史博物馆、陕西省考古研究院、西安博物院以及宝鸡、延安和商洛市 16 家文博单位，其中延安市 5 家文物收藏单位的文物是首次出国展出。这些展品全面地展示了秦朝发展的历史脉络，以及陕西秦文化的最新研究成果。秦始皇陵出土的有 9 件兵俑和 1

博物馆外的展览海报

展厅内景

展馆外景

匹马、铜车马复制品展出，其中有两件展品是首次赴美展出，一件是缺首的百戏俑，一件是秦陵出土的青铜大鼎，都是在 1999 年出土。这两件展品反映了近年来秦始皇陵最新出土文物的研究和保护成果。

富地自然历史博物馆成立于 1893 年，拥有 1500 万件藏品，在全美同类博物馆中名列前三名，特别是其在人类学、生物学、地质学和动物学等方面的收藏和研究堪称世界一流。

展览期间，秦始皇的大幅画像也随处可见。博物馆商店出售各种富有兵马俑文化特色的纪念品，有明信片、图录、小复制品、文具、饰品、巧克力等，琳琅满目，价格不一。博物馆会员杂志的封面，就是一个醒目的大兵马俑，内页第一篇文章图文并茂地介绍秦朝历史和秦始皇统一六国的事迹等。在十个月的展期内，参展人数达到创纪录的 48 万人，近年来该馆参观人数的最高纪录。芝加哥作为美国经济标杆城市，也是世界金融中心之一，近 1/6 的市区人口参观了本次展览，足见兵马俑展览的影响力之巨大。

256 2016 年日本展

展览名称：始皇帝和大兵马俑

展期及展馆：2016 年 3 月 15 日—6 月 12 日，九州国立博物馆

展品总数：120 件（组）

2016 年 3 月 14 日，赴日本巡展"始皇帝和大兵马俑"在第二站九州国立博物馆隆重开幕，中国驻福冈总领馆、NHK 福冈放送局、朝日新闻社等单位代表约 1000 人参加了开幕式。

中国驻福冈总领事李天然在开幕式上致辞表示，九州地区与秦始皇颇有渊源，佐贺至今流传着徐福东渡的传说。兵马俑规模宏大，震撼人心，象征着中国悠久的历史和辉煌的文明，是中华民族的骄傲，相信此次展出的珍贵文物会让九州的民众大饱眼福，更希望此次特别展能够加深日本民众对中国历史文化的了解，为促进两国民间交流发挥积极作用。李天然表示，特别展在东京取得了巨大成功，而九州地区素来对华交流积极，相信此次特别展将再创佳绩。

展场外海报

展厅中铜车马复制品

陕西历史博物馆馆长、陕西省文物交流中心主任强跃代表陕西省文物局对展览开幕表示热烈祝贺，向莅临开幕式的各位嘉宾表示感谢。他指出，秦兵马俑是 20 世纪最重要的考古发现之一，被誉为"世界第八大奇迹"，持续至今的考古工作为全面展示秦代文化与艺术魅力提供了实物资料。这次展览结合了最新研究成果和最先进展示手段，内容、形式都有很大的创新与突破，一定会让日本广大观众更好了解 2000 多年前秦人的真实生活和秦文化的深厚底蕴，必将进一步促进中日文化交流，增进两国民众之间的理解和友谊。

九州国立博物馆馆长岛谷弘幸讲话高度评价了秦兵马俑在福冈的展出。他说："为了办好这次展览，我们全馆高度重视，从文物保护技术、展示手段等方面不断创新，为高规格、高质量的兵马俑展创造条件。"城本胜代表 NHK 致辞说："在中日两国的积极努力下，经过多年的组织筹备，今天伟大的兵马俑展终于与观众见面了，这将为日本观众提供一份丰富的文化大餐。"

展出期间，九州地区虽发生了 6.5 级的强烈地震，但由于展馆设施良好，建筑物结构具备超强抗震能力，安全预防措施得当，不仅文物安全无恙，还吸引了 19 万多名观众前去观看该展览。

257—258 2016 年中国台湾展

展览名称：大秦文化特展

展期及展馆：2016 年 5 月 6 日—8 月 31 日，台北故宫博物院

2016 年 9 月 15 日—12 月 18 日，高雄科学工艺博物馆

展品总数：189 件（组）

2016 年 5 月 6 日，由陕西省文物局主办、陕西省文物交流中心、甘肃省文物信息数据中心承办的"大秦文化特展"在台北故宫博物院隆重开幕。台北故宫博物院副院长何传馨、陕西省文物局副局长罗文利、甘肃省文物局副局长肖学智、高雄科学工艺博物馆馆长陈训祥，以及台湾各界人士共 300 余人出席了此次开幕式。

陕西省文物局副局长罗文利在致辞中说："中华文明源远流长，博大精深。作为中华文明的摇篮，陕西、甘肃地上地下文物遗存非常丰富、浩如烟海，我们从众多文物收藏单位中，精选了 189 件（组）展品，集中展现秦人从地处西陲的小国发展壮大直至走向天下一统波澜壮阔的历史轨迹，同时与公众分享学界关于目前考古的最新发现和最新研究成果。展品范围广，类别多，内涵丰富，是近年来以秦兵马俑为主题的展览中少有的一次，特别是有些珍贵的文物更是首次离开陕西、甘肃展出。相信这个展览对于促进两岸文化交流、增进海峡之间民众的理解和友谊，必将

台北故宫博物院外的海报

产生十分积极的作用。"

台北故宫博物院院长冯明珠在新闻发布会上介绍说，从2011年开始台北故宫就和陕西筹划本次"大秦文化特展"，经过陕西、甘肃两省通力协作才促成本次展览的成功举办，作为故宫博物院院长，感到非常荣幸和自豪。她说："台北故宫特展室与大陆各省市博物馆，乃至欧美包括卢浮宫、大英博物馆都有过合作，但没有哪一次展览的规模如此盛大。"

台北故宫博物院副院长何传馨在开幕式致辞中说，在中华文化5000年历史中，秦国是一统六国、车同轨书同文，对后世产生最重要影响的历史朝代，并感谢陕西、甘肃组织

开幕式

陕西文物代表团团长罗文利接受采访

如此精美文物展览，为台湾民众带来了一场丰盛的视觉盛宴。

这次展览分为秦与周戎、东进称霸、变法革新、秦始皇帝、汉承秦制五大展区。文物类别有青铜器、金银器、陶瓷器、玉石器、漆木器等，包括陶俑陶马、车马器、兵器、杂器等，全方位展示了秦人多姿多彩的文化艺术和秦王朝对后世的深远影响，其中秦兵马俑、杜虎符、金柄铁剑、金怪兽、玉羽人带翼神马等文物最受欢迎。

近年来，台北故宫博物院与大陆多家博物馆合作，成功举办过很多有重大影响的展览。2012年10月至2013年1月，由陕西省文物局与台北故宫合作举办的"赫赫宗周——西周文化特展"在该院正馆展出，受到了台湾民众和到台湾旅游人士的喜爱，参观人数超过了100万人次，创出台北故宫文物特展历年参观人数之最多，

在台湾以及海外华人社会中产生了巨大反响。台北故宫博物院策展人员说，希望把周、秦、汉、唐逐步举办成为系列合作展览。

2016 年 9 月 15 日 至 12 月 18 日，"大秦文化特展"在本次展览的第二站台湾高雄科学工艺博物馆展出。中国新闻社、中国时报、联合报、中天电视台等多家媒体对两站进行全方位的报道。每一次兵马俑展出都深受台湾民众的喜爱。本次展览其亮点有三，一是展品数量多，等级高；二是展品历史跨越时间长，完整地展现了秦人发展历史；三是筹划精心，项目启动历时 3 年，展厅布置精彩。本次展览在台湾南部的高雄举办，当地媒体以"是场值得期待的文化盛宴"作为展览的宣传词。很多参观完展览的台湾民众都表示希望在未来有机会走进陕西、甘肃等文物大省，领略更厚重的中华文化遗产。

两岸同胞同根同族，血浓于水，陕西作为文物资源大省，更应该有责任、有担当，通过文物展览交流，促进文化认同、民族认同、国家认同，增强民族凝聚力、向心力，实现中华民族伟大复兴。

台北故宫展厅内景

台北故宫展厅内景

高雄场馆内景

259 2016 年日本展

展览名称：始皇帝和大兵马俑

展期及展馆：2016 年 7 月 5 日—10 月 2 日，大阪国立国际美术馆

展品总数：120 件（组）

7 月 4 日下午，由中国陕西省文物局主办、陕西省文物交流中心承办的"始皇帝和大兵马俑"展第三站开幕式在日本大阪国立国际美术馆隆重举行。中国驻大阪领事馆总领事李天然、陕西省文物局副局长罗文利、大阪国立国际美术馆馆长山梨俊夫、NHK 大阪放送局局长角英夫以及中日双方主办单位、承办单位、合作单位代表和日本多家新闻媒体代表共 1000 余人参加了开幕式。

中国驻大阪领事馆总领事李天然在致辞中表示，陕西作为中华文明的发源地和十四朝古都所在地，拥有非常丰富的文物资源。陕西省文物局及文物交流中心多年来一直致力于与世界各国的文化交流，这次"始皇帝和大兵马俑"在日本三地巡展，为日本民众提供了深入了解中国历史和文化的平台，对于中日友好关系将起到进一步的推进作用，希望今后能够将更多的文化遗产带到日本。

陕西省文物局副局长罗文利在致辞中说："秦兵马俑是 20 世纪最重要的考古发现之一，被誉为'世界第八大奇

展场内景

开幕式

迹'，持续至今的考古工作为揭示秦代文化内涵与艺术魅力不断提供着新鲜的实物资料，而秦文化研究也因这些考古新发现日益成为学界的热点。此次展览结合了最新研究成果和最先进的展示手段，一定会让日本广大观众更好了解 2000 多年前秦人的真实生活和秦文化的深厚底蕴，必将进一步促进中日文化交流，增进两国民众之间的理解和友谊。"

　　大阪国立国际美术馆馆长山梨俊夫致辞说："我馆长期以来主要举办以欧洲和日本近现代美术作品为主的展览，此次应广大市民的要求，首次引进了历史类展览，并且是历史非常悠久、备受瞩目、极具魅力的兵马俑展，对此感到非常荣幸。希望今后能够和中国开展更广泛的合作，让更多的日本民众了解丰富悠久的中国历史文化。"

　　本次大阪国立国际美术馆展览参观人数为 23 万人，为此次巡展的最后一站。三站总计参观人数达到 91 万人。

260　2016—2017 年卡塔尔展

展览名称：华夏瑰宝展

展期及展馆：2016 年 9 月 6 日—2017 年 1 月 6 日，多哈伊斯兰艺术博物馆

展品总数：85 件（组）

2016 年 9 月 6 日，在 2016 "中卡文化年" 开幕之际，"华夏瑰宝展" 在卡塔尔首都多哈的伊斯兰艺术博物馆隆重开幕。这是由中国国家文物局和卡塔尔博物馆管理局合作的展览，是中卡两国建交后，中国在卡塔尔举办的规模最大、展品价值最高的一次展览。中国驻卡塔尔大使李琛、卡塔尔博物馆管理局代理首席执行官曼苏尔及卡各界人士、各国驻卡塔尔使节等出席开幕式。

中国驻卡塔尔大使李琛在开幕式致辞中对展览的成功举办给予高度肯定。他表示，作为 2016 中卡文化年的重要项目之一，"华夏瑰宝展" 的举办为中卡两国文化交流掀开了新的一页。

卡塔尔博物馆管理局代理首席执行官曼苏尔在秦兵马俑前久久驻足，对中国悠久历史和传统文化艺术赞不绝口，感谢中方将如此高水平的展览带到多哈，表示相信此展将进一步增进两国人民相互了解与友谊，推动双方文化艺术领域交流合作，为中卡友好关系发展作出贡献。

为了充分展现来自中国的 "华夏瑰宝"，5 件秦兵马俑首次在海湾国家展出，占据展厅的最中央的位置，观众最为关注。本次展览从故宫博物院、秦始皇帝陵博物院、西安博物院、西安半坡博物馆、汉景帝阳陵博物院等 5 家单位选取了 85 件（组）精美文物，包括陶器、青铜器、玉器、瓷器、珐琅器等。

展览按照华夏文明的发展脉络，涵盖了从史前文化到明清时期的漫长历史岁月并分成 "文明伊始·礼乐邦国""雄浑一统·丝路盛唐""翰洋雅器·宫廷华韵" 三个单元，展览以生动形象的方式向卡塔尔人民展现了中华文明的博大精深和薪火传承。展品中还特别选取了一些见证丝绸之路的珍宝，让当地参观者近距离观赏凝结

展厅内景

嘉宾参观

在文物之上的中阿文明交流。

为配合此次展览，主办方策划了一系列具有教育意义的项目和工作坊向学生、家庭及学校开放体验。伊斯兰艺术博物馆还在 2016 年 11 月举办 4 个工作坊，孩子们可以通过参观此次展览得到的启发，进行泥塑创作，学习使用陶泥工具进行微型花卉雕刻及制作其他装饰品。在展览期间，博物馆还开放其他工作坊，学生们可以从著名的兵马俑中获取灵感，用陶泥制作士兵泥塑，同时了解兵马俑的历史和意义。

展览正如主办方评价的那样，这场独一无二的展览充分体现了 2016 卡中文化年旨在推动两国间相互理解的初衷。尽情享受此次中国"华夏瑰宝"展览，并在观展后能够更加深刻地体会，尽管卡塔尔与中国相距甚远，但两国间的共通之处超乎想象，中卡两国在教育、旅游和文化领域长期以来保持着稳固的合作。

261 2016 年秘鲁展

展览名称：天涯若比邻——华夏瑰宝秘鲁行
展期及展馆：2016 年 10 月 7 日—12 月 8 日，国家考古人类学历史博物馆
展品总数：121 件（组）

2016 年是中国和秘鲁两个国家建交 45 周年。"天涯若比邻——华夏瑰宝秘鲁行"展览作为"中拉文化交流年"的重要展览项目，重在表现秦汉唐时期（约公元前 221 年至 907 年）社会生活和清代（公元 1636 年至 1911 年）宫廷生活及中西交流的情况等。

"天涯若比邻——华夏瑰宝秘鲁行"展览是中国赴秘鲁的首次大型综合性文物展览。展览引发秘鲁社会极大关注和观众热烈响应，智利、阿根廷、厄瓜多尔等多个拉美国家观众专程前来参观。众多秘鲁官员、考古学家及当地民众和华侨华人，他们对精美的展品赞不绝口，有的在精美的瓷器、玉器前端详许久，有的对照展品认真看说明，还有不少人争相与兵马俑合影留念。

展览图录

中国驻秘鲁大使贾桂德在开幕式上致辞说，"华夏瑰宝秘鲁行"这一宏大艺术展的举行，再次诠释了"万里尚为邻"的精神内涵。这背后是中秘两国政府部门、艺术机构长达一年的共同努力，不仅打造出"中拉文化交流年"系列活动里最浓墨重彩的一笔，也是新中国成立以来，中国同拉美及加勒比地区共同举办的最大规模年度文化盛事。秘鲁文化部部长在致辞时表示，中国与秘鲁都是世界闻名的文化古国，"华夏瑰宝秘鲁行"文物展就是两国千年文明的一次对话，是中秘文化的一次交流。

11月21日下午6时10分，中国国家主席习近平和夫人彭丽媛同秘鲁总统库琴斯基夫妇共同出席了在秘鲁首都利马国家考古人类学历史博物馆举行的"中拉文化交流年"闭幕式，并参观"天涯若比邻——华夏瑰宝秘鲁行"文物展览。中国和秘鲁两国元首在闭幕式上分别致辞。

习近平主席致辞说："2014年7月我访问拉美期间，提出举办2016年中拉文化交流年倡议，得到拉美各国政府和人民积极响应。中国和拉丁美洲丰富多彩的文化艺术宛如色彩绚丽的鲜花绽放在双方广袤的土地上，将中拉文明互鉴推向新高度。中拉文化交流源远流长。近年来，中拉文化交流蓬勃发展。中拉人民虽然相隔万里，但心灵相通，情深谊长。双方都有着悠久历史和灿烂文化，都在历史上遭受过外国入侵和社会动荡的苦难，当前都在致力于发展经济、改善民生的伟大事业。共同的梦想和共同的追求，将中拉双方紧密联系在一起。实现我们的伟大梦想，不但要有经济发展，更要有文化繁荣。我们应该在相互尊重、平等互利基础上，继续深化中拉文化对话，让文明互鉴成为增进中拉人民友谊的桥梁、推动人类社会进步的动力、推动世界和平的纽带。"

秘鲁总统库琴斯基表示，秘中两国都拥有几千年文化历史的古老文明，长期以来互学互鉴，近年来双方文化交往更加密切。秘方愿意加强同中方人文交流，以更好地促进两国关系发展。

巨幅宣传海报

文化部部长雒树刚、国家文物局副局长关强陪同习近平主席参观展览。关强向习近平主席和各位嘉宾重点介绍了西周"师载"鼎、秦兵马俑、唐三彩牵骆驼俑、唐鎏金铁芯铜龙以及明清时期与中外交流有关的文物。

中央电视台、新华社、秘鲁新闻电视台及新闻广播电台RPP、Willax电视台、秘鲁文化部电视台、议会电视台、秘鲁太阳电台、秘鲁爱乐台、《秘鲁商报》、《秘鲁21世纪报》、《秘鲁人报》、侨报《秘华商报》、《国际日报》、《新世界》等媒体纷纷报道了展览盛况。

展场内景

262 2017 年美国展

展览名称：秦汉文明

展期及展馆：2017 年 3 月 27 日—7 月 16 日，纽约大都会艺术博物馆

展品总数：164 件（组）

2017 年 3 月 27 日，中国国家文物局与美国大都会艺术博物馆共同主办的"秦汉文明"展在纽约举办了盛大的开幕式。中国国务院副总理刘延东专门为展览开幕式发来贺词。文化部部长雒树刚、中国驻美国大使崔天凯、驻纽约总领事章启月、国家文物局副局长顾玉才和美国大都会艺术博物馆馆长康柏堂（Thomas P . Campbell）等中美政府和文化艺术等各界人士共 500 余人出席并参观了展览。

中国文化部部长雒树刚在开幕式上，首先宣读并向康柏堂馆长转交刘延东副总理的贺词。贺词中说，"秦汉文明展"是 2016 年中美元首杭州会晤成果之一，也

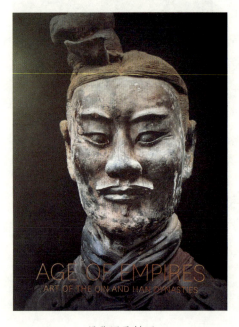

展览图录封面

是第七轮中美人文交流高层磋商机制达成的重要项目。希望通过这个展览，让更多美国民众欣赏到中国的艺术珍品，进一步增进中美两国人民间的了解与友谊。2017 年是中美上海联合公报发表 45 周年。中美友好，希望在民间，根基在民众。希望双方将成功举办"秦汉文明"展作为新的起点，持之以恒加强中美人文交流，促进文明互鉴，厚植两国友好的社会和民意基础，为中美关系发展作出新贡献。美国大都会艺术博物馆馆长康柏堂表示，此次展览是 2017 年在美国举办的最大规模、最重要的中国艺术项目，相信将成为中美文化交流

新的里程碑。展览期间，基辛格博士专程赶到博物馆展厅，兴致勃勃地参观了展览。

"秦汉文明"特展是2017年全美规模最大、影响最深远的中国文化艺术展览，164组282件展品来自陕西、湖北等13个省市的32家博物馆，其中有近半数展品是首次在境外展出。展品类别包括书法、绘画、雕塑、陶瓷、金银器、漆器、玉器、纺织品和建筑石刻等，向全球艺术爱好者展示中国历史悠久、灿烂辉煌的古代文明。2000多年前的秦汉时期，是中国古代文化大发展时期，其创造的文明对当今世界仍影响深远，儒家思想也传承至今。

展览聚焦秦汉，用文物讲述了跨越4个世纪的秦汉两代这个中国历史上的重大变革时期。秦始皇陵兵马俑是本次展览的重量级展品，跪射俑作为展览海报出现在街头及橱窗中。4个立俑、1个跪射俑，以及2辆铜车马复制品——共同拉开序幕。除了秦始皇陵跪射兵马俑、汉代中山靖王刘胜

观众参观照

展场内景

博物馆外的海报

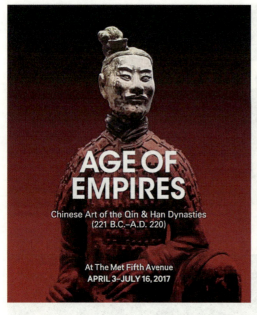

美国大都会展览网上海报   布展现场

妻窦绾缕金缕玉衣之外，观众也有机会欣赏到秦代青铜宝剑、盔甲和汉代九枝灯、博山炉等文物。

大都会艺术博物馆亚洲部主任研究员孙志新评价说："这些文物可以让观众看到秦汉时期人们的生活，不论（文物）大小，背后都有一段引人入胜的故事。秦汉两朝之于中华文明，相当于古希腊罗马对于西方文明的重要意义。我十分高兴能通过这次展览向全世界的观众展示中国文明这一重要的历史时期，展现近五十年来有关秦汉王朝议题的考古发现与史学研究成果。"本次展览力图既体现艺术审美，又兼顾历史意涵，通过大体对应秦、西汉、东汉的 3 个部分，带领美国观众走近秦汉，走近中国。

基辛格博士作为中美关系的开拓者和见证人，同时也是纽约大都会艺术博物馆的理事，他对该展览一直予以积极支持，并称赞"秦汉文明"展堪称近年来最重要的中美文化交流项目，也将成为 2017 年中美关系正常化 45 周年和两国文化交流的新高峰，呈现了秦汉时期的艺术盛宴，为世界了解中国打开一个新的窗口。近 4 个月的展期，参观人数达到 35 万人，为近年来东方文物展览参观人数之最。

263　2017 年美国展

展览名称：兵马俑：秦始皇帝的永恒守卫
展期及展馆：2017 年 4 月 8 日—9 月 3 日，西雅图太平洋科学博物馆
展品总数：125 件（组）

2017 年 4 月 6 日，由陕西省文物局主办"兵马俑：秦始皇帝的永恒守卫"展在西雅图太平洋科学博物馆开幕。中国驻旧金山总领事馆文化参赞肖夏勇、美国华盛顿州前州长骆家辉、陕西省文物局副局长周魁英、西雅图太平洋科学博物馆馆长威尔·多尔蒂以及西雅图当地 300 余人参加了开幕式。

美国驻中国前任大使、美国华盛顿州前州长骆家辉作为本次展览的名誉主席，他在开幕式的致辞中指出，中国是世界上文化历史最悠久的国家之一，象征中国文化的兵马俑来到西雅图市，是我们华盛顿州的荣幸，这种文化交往对于中美两国关系至关重要。

中国驻旧金山总领事馆文化参赞肖夏勇参赞指出，该展览是践行文化外交的重要举措，是增进两国人民友谊和相互了解的重要平台。陕西省文物局副局长周魁英向来宾们介绍了秦始皇的"大一统"的文化观念及其对中国人民传统观念和价值观的影响，他同时指出，了解中国历史和传统文化是深入了解中国人民和中国文化的前提，展览的成功举办为中美两国民众搭起一座相互了解的文化桥梁。太

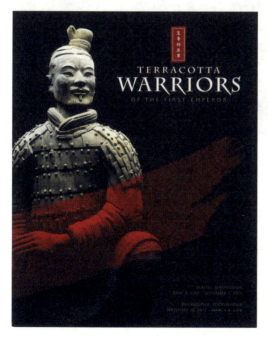

展览图录

平洋科学博物馆馆长多尔蒂介绍了展览的筹备情况，并对陕西省文物局能够将如此珍贵的中国文化展现给西雅图人民表示感谢。

"兵马俑：秦始皇帝的永恒守卫"展集中了陕西16家文博收藏单位的125件（组）文物珍品。展品以秦代兵马俑为主，包括10件大型兵马俑在内，兼有西周及汉代时期的陶器、青铜器、金银器、玉器等。展品选自秦始皇帝陵博物

代表团考察展厅

双方工作人员在铜车马前合影

院、陕西省考古研究院、陕西历史博物馆、汉阳陵博物馆等文博单位。

本次展览的突出特点是科学博物馆从科学探索的角度举办此次文物大展，除了让观众一睹"世界第八大奇迹"的风采之外，还特别安排了一系列实践活动，如观看陶俑的制作过程、兵马俑彩绘的颜料的分析、青铜器的制作工艺等，了解古代中国的创新、工程和技术以及考古学家如何保护和研究这些文物等。此外，太平洋科学博物馆还放映IMAX纪录片《中国的奥秘》，帮助观众更好地了解本次展览。本次展览参观人数超过20万人次。

264　2017 年哈萨克斯坦展

展览名称：中国秦始皇兵马俑文物展

展期及展馆：2017 年 6 月 9 日—9 月 10 日，哈萨克斯坦国家博物馆

展品总数：60 件（组）

　　2017 年世界博览会在哈萨克斯坦阿斯塔纳举办，"中国秦始皇兵马俑文物展"作为世博会的重要展览精彩亮相。这是陕西文物第一次在中亚举办展览，60 件（组）展品，均来自秦始皇帝陵博物院。展览吸引了众多国家政要的目光。哈萨克斯坦总统纳扎尔巴耶夫、国务秘书阿普德卡利科娃、总理萨金塔耶夫以及孟加拉国总统阿卜杜勒·哈米德、拉脱维亚总统莱蒙德斯·韦约尼斯、韩国前总统李明博、阿富汗副总统阿卜杜勒、斐济总理乔萨亚·沃伦盖·姆拜尼马拉马等外国元首分别参观了展览，彰显了中国文化的魅力。

　　2017 年 6 月 9 日，由中国陕西省文物局和哈萨克斯坦文化体育部共同主办的"中国秦始皇兵马俑文物展"在哈萨克斯坦国家博物馆隆重开幕。哈萨克斯坦文化部秘书长瓦里也夫·库阿特占、中国陕西省文物局局长赵荣等，哈萨克斯坦文化界名流、历史考古专家以及中外多家媒体等 500 多人出席。特别值得一提的是，哈萨克斯坦东干协会负责人安胡赛也带领族人专程前来参加展览开幕式。

　　中国文化部部长雒树刚亲临展览现场，检查陕西省文物局工作组的布展情况。陕西省文物局局长赵荣在致辞中说："这次展览是陕西文物珍品兵马俑第一次在中亚地区展出，展览受到中国

开幕式

国家文物局和中国驻哈萨克斯坦
大使馆的高度关注与支持，它的
展出必将如同古代连接我们两国
的丝绸之路一样，会成为当代
两国继续友好交往与合作的极
好桥梁，也会为在阿斯塔纳举
办的能源领域世博会以及中哈
两国政府和人民之间的相互理
解和文化交流，增添浓墨重彩
的一笔。"

观众参观

哈萨克斯坦国家博物馆执行馆长坷切托夫表示，作为一名考古学家，他对秦兵
马俑情有独钟，每一个秦兵马俑都不同，在他看来，每一个兵马俑都在讲述着不一
样的故事。通过此次展览，当地居民对陕西及中国的历史文化都有了更加生动形象
的了解，秦兵马俑就如同古代连接我们两国的丝绸之路一样，架起了中哈友好交往
与合作的重要桥梁。

馆方为此次展览做了充分的准备，不但针对各国游客配备了几位讲解员，馆内
还配有哈萨克斯坦语、汉语、俄语和英语四种文字说明。哈萨克斯坦国家博物馆外
事部主任扎娜儿介绍说："我之前去过中国，在西安留过学，虽然现在回国了，但
是依然很想念西安的美景和美食，大雁塔、钟楼我都去过，最想念西安回民街的美
食，有机会我还会带着家人再去陕西的。"

本次展览也是陕西省文物局为落实习近平主席在哈萨克斯坦发出的共建"丝绸
之路经济带"的倡议，配合国家外交大局，积极与哈萨克斯坦相关部门合作的一次
成功典范。2015 年 10 月，在中国驻哈萨克斯坦大使馆的积极帮助下，哈萨克斯坦
文化体育部及哈萨克斯坦国家博物馆代表团访问陕西，与中国陕西省文物局共同签
署了《关于文化遗产领域交流合作备忘录》。根据协议，2016 年 6 月 4 日至 18 日，
双方合作在哈萨克斯坦国家博物馆举办了"丝路之都——陕西省文物精华图片展"。
基于这个双方首次的良好合作，双方又举办了本次"中国秦始皇兵马俑文物展"。
通过展览，陕西与哈方还将在丝绸之路研究、考古发掘、文物保护修复领域开展更
加深入的交流合作。

265　2017—2018 年美国展

展览名称：兵马俑：秦始皇帝的永恒守卫

展期及展馆：2017 年 9 月 30 日—2018 年 3 月 5 日，费城富兰克林科学博物馆

展品总数：125 件（组）

2017 年 9 月 28 日，由陕西省文物局主办、陕西省文物交流中心承办的"兵马俑：秦始皇帝的永恒守卫"展在费城富兰克林科学博物馆正式开幕。中国驻纽约总领事馆总领事章启月，陕西省文物局副局长贾强，费城市市长吉姆·肯尼，费城富兰克林科学博物馆董事会主席唐纳德、馆长拉里·杜宾斯基及费城当地 800 余人参加了开幕相关活动。

中国驻纽约总领事章启月在致辞中表示，文物展览是中美文化交流的重要平台，中美关系是当今世界上最为重要的双边关系，两国也一直不断加强合作以促进共同发展，希望未来可以多举办文化交流相关活动，也希望出席此次活动的各位嘉宾也可以去中国切身感受兵马俑的雄伟壮观。

陕西省文物局副局长贾强向前来采访的 50 余位电视台、电台、报纸的媒体记者们介绍了陕西和秦代在中国历史上的重要

费城报纸上的宣传报道

地位以及秦始皇兵马俑的相关情况，并表示结合了最新的研究成果及科技手段展示兵马俑，将为美国民众提供一个了解 2000 多年前中国历史文化的机会，也将对加强中美文化交流、增进两国人民的理解和友谊起到积极的促进作用。

富兰克林科学博物馆馆长拉里·杜宾斯基介绍了展览的筹备情况，并感谢陕西省文物局能够将如此珍贵的中国文物展现给费城人民。他表示此次展览不仅让美国人民感受博大精深的中国文化，而且可以发现文化交流互鉴中的相通与区别。他认为，通过兵马俑文物展览的形式，把中华传统文化带到全世界各地，有利于文化交流和民心相通。

青少年参观展览

266 2017—2018 年美国展

展览名称：辉煌大秦——兵马俑

展期及展馆：2017 年 11 月 14 日—2018 年 3 月 11 日，里士满弗吉尼亚艺术博物馆

展品总数：121 件（组）

2017 年 10 月 30 日，由中国陕西省文物局，美国弗吉尼亚艺术博物馆、辛辛那提艺术博物馆主办的"辉煌大秦——兵马俑"展新闻发布会在美国华盛顿特区驻美大使馆召开。弗吉尼亚州政府、议会、文化界、中美媒体等约 150 名嘉宾出席了发布会。本次展览将在美国巡展两站，分别是弗吉尼亚艺术博物馆、辛辛那提艺术博物馆。这也是在第一次驻外使领馆机构内举办"兵马俑展"的新闻发布会。

中国驻美国公使吴玺在致辞表示，国之交在于民相亲，社会和人文领域的交流有利于中美两国人民不断增进相互理解、拉近距离。"这 121 件（组）展品千里迢迢来到美国，展示了中国古代的灿烂文化，让美国民众了解中国古代艺术和文化"。通过此次展览，美国观众将不仅领略中国灿烂的古代文明，也将对当代中国的历史传承和精神风貌有更全面的理解。她指出，刚刚举行的中国共产党第十九次全国代表大会为中国未来的发展描绘了宏伟蓝图。在新的时代，中美在双边、地区和全球层面拥有更加广泛的共同利益和合作基础，两国关系总体保持稳定发展的积极势头。应习近平主席邀请，特朗普总统不久后将对中国进行国事访问。这是中美关系中的一件大事，将为两国关系发展注入新的动力，为两

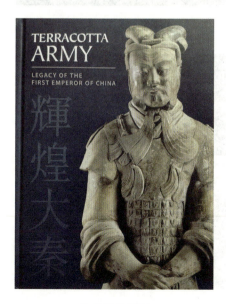

展览图录封面

国人民带来更多福祉。

2017年11月14日，"辉煌大秦——兵马俑"在美国弗吉尼亚州首府里士满市弗吉尼亚艺术博物馆开幕。中国驻美大使馆公使衔参赞李鸿、弗吉尼亚艺术博物馆亚历山大·纳哲斯馆长、陕西省文物代表团团长钱继奎、弗吉尼亚当地政商和文化界名流200余人参加开幕式。

纳哲斯馆长向为促成展览成功举办的各方人士表达诚挚的谢意，并介绍了展览筹备、当前的进展、展品数量和构成等展览基本情况，他在介绍这个展览时，高度评价了展览的价值："这个展览表现了中国古代艺术和相关的考古学成果"。"兵马俑是20世纪最重要的考古发现之一"，弗吉尼亚艺术博物馆亚力克斯·涅尔盖什日前在接受新华社记者采访时说，"在弗吉尼亚艺术博物馆80年历史中，这是第一次举办有关古代中国艺术和考古发现的展览"。

陕西省文物局副局长钱继奎向来宾介绍了策展背景和参展文物的基本情况，他说本次展览采用全新理念的展陈方式组织举办，不仅很好地展示了秦文化的最新研究成果，为美国民众了解秦人的崛起发展历程提供了难得的机会，也将对加强中美文化交流、增进两国人民的理解和友谊起到积极的促进作用。

"辉煌大秦——兵马俑"

博物馆外的巨幅海报

展厅内景

集中了陕西14家文博单位的121件（组）珍品。展品以秦始皇帝陵园出土兵马俑和青铜器为主，兼有西周、春秋战国时期相关文物。展览围绕秦人和秦始皇，重点介绍了陕西近年来对秦陵、秦文化进行的研究成果。最为吸引人的是10件兵马俑真品，包括将军俑、铠甲俑、陶马俑、立射俑、跪射俑和文官俑等。

展览分为"大秦之崛起、天下一统、千年永恒"3部分，除了兵马俑之外，还有各式青铜兵器、礼器、祭器、金银器、玉器等秦始皇陵出土文物，同时还展示了来自雍城秦公大墓、宝鸡益门宝藏、韩城芮国国君墓及陕北地区的出土文物，时间跨越西周至秦近500年历史，充分展示秦国发展崛起的历史进程，以及在这一过程中与东周各国及戎狄游牧民族的交汇与融合。

钱继奎代表陕西省文物局授予纳哲斯馆长"陕西文化遗产大使"荣誉并颁发证书，以表彰他在陕西文化遗产推介和保护以及促进中美文化交流方面所作出的杰出贡献。这是陕西省在文化遗产领域的最高荣誉奖项，是颁发给海外为陕西文化遗产推介和保护作出杰出贡献的国际友人的奖项。

纳哲斯是陕西文博界的老朋友，自上世纪90年代起就与陕西省文物局建立了良好的合作关系。在他的积极推动下，双方先后在美国合作举办了"中国秦汉雕塑展"（1998年）、"丝绸之路：辉煌的中国古代艺术展"（2003年）和"辉煌大秦：兵马俑展"（2017年）。这3个展览为增进美国民众对中华文明的了解，特别是对陕西历史文化的认知起到了非常积极的作用。获此殊荣后，纳哲斯表示会珍惜这一荣誉，发挥好文化大使的作用。

纳哲斯说，美国和中国博物馆界有着巨大的合作空间，美国的博物馆可以做的是，通过展览和文化交流，让美国人了解到，中国是世界上唯一有着几年前绵延不绝的艺术和文化的国度，而不是总纠缠在社会制度上的差别。

展览海报

纳哲斯说："文化交流打破因误解或缺乏理解产生的隔阂。人们会欣赏中国的一切。当然，人们会来看展览，他们会想要去中国，他们会想浏览和了解更多的信息。在学习钻研中国文化的过程中，我们两国之间的障碍就会消失。"

这次展览吸引了络绎不绝的参观者，不论是成群结队的美国中、小学生，还是结伴而来的美国民众，甚至是坐着轮椅前来的老人，都被这历经 2000 多年保存下来的文物所震撼。"是的，我对这个展览非常非常感兴趣，我非常喜欢看兵马俑，我想去中国，我对那里非常感兴趣，兵马俑背后有趣的历史和文化超级迷人。"

展厅内景

学术团人员在研讨会上发言

为了加强中美学者之间的交流，深化本次展览的学术影响力，主办方组织了同名学术研讨会，邀请陕西文物、考古、博物馆方面专家与会作学术报告。通过学术交流会，不但向美国研究中国历史的专业人员介绍了秦始皇陵、秦都咸阳、秦都雍城的重要考古发现，而且向参会人员分享了中外科学家联合开展秦陵文物保护研究的最新成果，对于展示辉煌大秦在中华文明发展进程中的地位起到了积极的宣传推介作用。

267 2018年英国展

展览名称：秦始皇与兵马俑展
展期及展馆：2018年2月9日—10月28日，利物浦国家博物馆
展品总数：125件（组）

2018年2月8日下午，由中国陕西省文物局与英国利物浦国家博物馆共同举办的"秦始皇和兵马俑展"，在利物浦国家博物馆隆重开幕，中英双方政要和陕西省政府、西安市政府、陕西省文物局代表团及当地社会名流600余人，伴随着传统的中国舞狮锣鼓表演出席了开幕活动。

英国首相特蕾莎·梅专门为本次展览发来贺词说："在我上周访华期间，与习近平主席讨论了我们两国文化交流的重要性，特意向习近平主席介绍了此次展览的有关情况，这也是我们双边关系黄金时代的中心内容。我非常高兴地欢迎这个举世瞩目的秦兵马俑今年能够来到英国著名的利物浦市，"秦始皇和兵马俑展"展出的是这个世界历史上最重要的考古发现之一，本次展览的举办是我们两国人民之间持久友谊的美好象征。我向李克强总理赠送了来自利物浦小学生的一封信，他们说能够看到来自中国古代的这个精彩展览是多么激动人心。我相信他们和成千上万的其他参观者将重新认识中国历史和文化的丰富和深度。"

中国驻英国大使刘晓明在开幕式上以"传承历史文明，践行未来梦想"为题致辞。他指出，秦兵马俑是中国的国宝，被誉为"世界第八大奇迹"。兵马俑展览的举办就是架起了一座中英了解与友谊之桥、讲述了一堂生动的中国历史课、打开了一扇了解"一带一路"的窗户。从历史深处书写未来的光荣与梦想，共同为实现人类命运

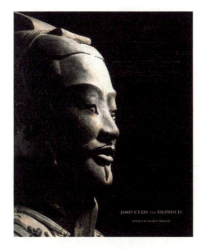

展览图录封面

共同体的"世界梦"贡献力量。

陕西省副省长魏增军在致辞中指出，陕西是中华文明的摇篮，也是 2000 多年前"秦"的发祥地。作为古丝绸之路起点，陕西自古就是中国与世界联系的窗口，秦兵马俑的发现为中华文明和世界艺术增添了光辉的篇

展馆外立面海报

章。今年将在中国西安举办的第三届丝绸之路国际博览会，邀请并确定了英国担任主宾国。

陕西省文物局局长赵荣在致辞中指出，秦代是中国历史朝代中重要的里程碑，秦的制度和文化对后代中华文化有着深刻的重要影响。本次展览力求通过内容和展览形式上的创新与突破，给英国广大民众呈现出一个了解秦文化和中国文化的窗口，以促进中英文化交流理解。

利物浦国家博物馆馆长大卫·弗莱明说："兵马俑展览无疑是我们在这里举办过的最重要的展览之一。我们迫不及待地想与这座城市的人们分享这一壮观的展览，欢迎来自英国各地的游客近距离观看兵马俑，这是一个不容错过的机会。"

英国文化大臣马特·汉考克表示："兵马俑是中国古代的标志性文化宝藏。这次展览将促进该地区的旅游业，并吸引来自英国和欧洲的游客。"英国默西赛德郡女王代表马克·布伦德尔和英国数字文化媒体体育部政务次官迈克·埃利斯也分别在开幕式上致辞。

本次展览参展展品共 125 件（组），其中 120 件（组）是文物展品，5 件（组）是辅助展品，展览内容以 10 件大型秦代兵马俑为主，并兼有春秋战国及汉代的陶器、青铜器、金银器、玉器等，展品历史跨度近 1000 年，集中展现秦在统一六国前后以及汉代的政治、经济、军事、文化等社会面貌。展品来自秦始皇帝陵博物院、陕西历史博物馆、陕西省考古研究院、汉景帝阳陵博物院等陕西 13 家文博单位。

展厅设计极具创意，采取中国元素色彩和图案作为辅助展示，凸显中国特色。同时采用专题片方式来体现对秦文化背景的诠释和说明，展览还增加很多互动内容吸引观众参与。展览开幕适逢中国春节，展场中还特地增加年节装饰，让观众感受中国年的喜庆氛围。1200平方米的展厅内为观众打造了一个"穿越式"的观展路线，清晰讲述数千年前的中国历史。布展团队采用了中国典型的历史文化元素来装饰展厅，例如使用设计成灯笼形状的门廊、以中国红为底色的展柜和秦朝小篆文字等。

展览现场的两块大显示屏播放的视频也非常引人入胜，生动形象地向观展者讲述中国历史，视频制作人员专门制作了一段动画介绍战国时代的中国。最难得的是，展厅内还包含了一段秦始皇陵的立体模拟场景。这一场景的制作者介绍，中国政府出于最大限度保护文化遗产的目的，至今没有发掘秦始皇陵，此次展出方特意根据从史料有限记载中所提炼出的信息，制作了秦始皇陵的模拟场景，让观展者对这段历史有更直观的认识。

博物馆在宣传此次展览时称，这一"不可错过"的展览，展出"世界最伟大考古发现之一的物品"，从战国时期的冲突和纷争，到秦汉时期的成就和遗产，跨越中国近千年的历史阶段。展品不仅将让人们了解秦始皇如何追求长生不老以及他为死后所做的准备，也会让观众理解2000多年前中国人日常生活的样子。

英国ITV电视台报道称，"兵马俑从中国来到利物浦进行大片式展示"，"观众将有机会与陪葬秦始皇的人物形象面对面"。报道介绍说，这些人物形象在地下埋

新闻发布会

藏2000年都无人知晓，直到1974年才被一些农民偶然中发现。报道称，兵马俑现在被视为"兼具艺术和历史价值的与众不同的文物"，它们走进利物浦，为英国民众提供了在中国之外见到这些人物形象的难得机遇。利物浦《回声报》以《兵马俑向利物浦行进》为题进行报

369

道，将此展称为利物浦的"城市重大事件"，称此次展览是利物浦国家博物馆历史上举办的最大规模的展览，来自世界各地的人们都将买票前来参观。报道强调，超过半数的展品此前都没有在英国展出过。

从利物浦市中心的莱姆街火车站下车，很难不被这座城市现在洋溢的"中国气氛"所感染。火车站前的莱姆街两侧，挂满了中国红灯笼，车站出口左前方的一座建筑上，张贴着兵马俑展览的巨幅宣传海报，而位于车站右前方的地标建筑圣乔治堂门前，悬挂着"中国梦"大型条幅。

大卫·弗莱明表示，利物浦拥有欧洲最古老的华人社区，在这里举办展览绝对是一个正确的选择。利物浦在中英交往历史中一直扮演着举足轻重的角色。1834

街头海报

年，第一艘来自中国的商船驶入了利物浦码头，这是最早登陆欧洲的第一批中国人。19世纪60年代，利物浦的阿尔弗莱德·霍尔特公司大量雇佣中国船员，使这座城市有了欧洲最早的华人社区和中国城。而今天，利物浦大学是全欧洲中国留学生数量最多的大学之一。在过去的近两个世纪里，中国人和中国文化就一直是利物浦城市历史的组成部分，而兵马俑展的举办，又将为利物浦的历史添上难忘的一笔。

展厅实景

展览开幕前不久，英国作家爱德华·伯曼撰写的《兵马俑——秦代历史、秘密与最新考古发现》在英国出版。该书是英语世界最重要的一部介绍秦代历史的著作，在陕西省文物局的支持和帮助下，爱德华用了近3年的时间，遍访中国秦文化文物古迹，采访了几十位秦史学者和考古专家，写下了大量采访笔记。

本次展览期间，利物浦国家博物馆为当地中小学送出2万张门票，让孩子们有机会体验中国文化。

博物馆外排队的观众

观众参观

这些小学生参观兵马俑展之后，还有可能被邀请去首相府和特蕾莎·梅见面。兵马俑展还未开始，门票预售已经超过12万张，创下该馆临展预售纪录。利物浦人口不足50万，如此出色的预售票纪录足以显示此次展览的轰动效应。由于展品等级高，加之宣传得力，本次展览最终参展人数达到创纪录的610890人。

268 2018 年美国展

展览名称：辉煌大秦——兵马俑
展期及展馆：2018 年 4 月 18 日—8 月 12 日，辛辛那提艺术博物馆
展品总数：121 件（组）

2018 年 4 月 18 日，"辉煌大秦——兵马俑"展在美国辛辛那提艺术博物馆开幕。该展览是本次巡展的第二站，第一站在弗吉尼亚艺术博物馆举办。中国驻纽约总领馆总领事章启月，辛辛那提艺术博物馆馆长卡梅隆以及陕西省文物局代表团、赞助商及新闻媒体代表近 300 人出席了在该馆举办的展览开幕式。

中国驻纽约总领馆总领事章启月在致辞中说：本次展览在促进和加深中美两国和人民之间的友好交流与相互理解方面的重大作用和积极意义。她说："中美两国都是本世纪和下一世纪的大国，希望我们彼此把对方看作合作伙伴，我们一直珍视中美已经建立的友好关系，并希望这种关系通过我们的努力持续下去。希望本次展览是一个开始，能让更多的美国民众对中国历史和文化产生更加浓厚的兴趣，并带自己的孩子和孙子们多去中国，了解中国，特别是现代的中国。"

辛辛那提艺术博物馆馆长卡梅隆感谢了所有支持本次展览成功开幕的基金会、赞助商、捐款人及双方的工作人员，特别感谢了章启月总领事及陕西省文物局，感谢中方的努力工作

展览海报

和无私慷慨地提供展品，才使博物馆有机会举办如此重要的介绍中国古代文化的展览。

章启月总领事和陕西文物局代表团在辛辛那提市政厅拜会了辛辛那提市市长约翰·克兰利（John Cranley）。约翰·克兰利说："我们交流思想、文化和历史的次数越多，世界就会越富裕。中国的历史远比美国的历史长。我相信，通过研究过去，我们可以创造一个更美好的未来。"他说："在辛辛那提分享中国令人惊叹的历史文物，让我们的公民有机会接触更长的历史，增进他们对中国的了解。"

展馆外景

展厅内景

正如章启月总领事所说：中美两国在人文领域特别是文博领域的交流与合作日益密切，去年以来，纽约、费城、旧金山、弗吉尼亚等地先后举办多个以中国文物为主题的艺术展览，而此次"辉煌大秦——兵马俑"特展，也正是去年首轮中美社会和人文高层对话行动计划的重要项目之一。如此看来，作为世界上最重要的两个经济大国，只有加强合作交流才是共赢的基础，才是未来发展的方向。

269 2018年沙特阿拉伯展

展览名称：华夏瑰宝展

展期及展馆：2018年9月12日—11月23日，利雅得国家博物馆

展品总数：173件（组）

"华夏瑰宝展"是中国文物交流中心的品牌展览，以介绍中国历史为内容，通过文物展览将中华文明的"金色名片"送往世界各地。本次"华夏瑰宝展"是在沙特首次举办的中国文物珍宝展览，根据朝代和历史进程，展示自先秦至清代的时代风貌、社会生活、文化艺术和中外交流，向沙特观众展示了中国的悠久历史和丰富文化。展览在利雅得国家博物馆展出两个半月时间，接待观众54264人。

在2016年1月，中国国家主席习近平对沙特阿拉伯王国进行国事访问期间，双方共同宣布建立中沙全面战略伙伴关系。在中国共建"一带一路"和沙特"2030愿景"背景下，中沙之间经济文化合作不断深化。

2017年3月16日，中国国家主席习近平同沙特阿拉伯王国国王萨勒曼，在中国国家博物馆共同出席了沙特来华展览的闭幕仪式。此次"华夏瑰宝展"是对"阿拉伯之路——沙特出土文物展"的回访展览。

展览海报

2018年9月12日，由中国国家文物局、沙特阿拉伯国家旅游与民族遗产总机构主办"华夏瑰宝展"，在沙特利雅得国家博物馆举行隆重的开幕仪式。国家文物局副局长胡冰、中国驻沙特大使李华新、沙特旅游与民族遗产总机构主席苏尔

坦·本·萨勒曼亲王，利雅得国家博物馆馆长贾迈勒，沙特多位王室政要，阿联酋、科威特、苏丹、法国、意大利等20余国驻沙使节多国驻沙特使节，以及各界嘉宾数百人出席了开幕式。

中国国家文物局副局长胡冰表示，展览是在"一带一路"倡议和"2030愿景"下，中沙两国在文化领域合作的重要行动之一，对于促进中华文明与阿拉伯文明之间的对话交流具有重要意义。胡冰致辞说："早在2000多年前，横贯亚欧大陆的丝绸之路就将中国与阿拉伯地区紧紧联系在一起。2017年3月，中沙联合考古队对沙特塞林港遗址的考察发掘，为海上丝绸之路考古研究提供了十分珍贵的实物材料，再次证明古代中国与红海地区有密切的海上交往。"

沙特旅游及民族遗产总机构主席苏尔坦亲王表示，中国是文明古国，传统文化悠久灿烂，沙特在阿拉伯世界中处于核心地位，自古便是文明间交流的关键节点，也是古丝绸之路的重要一站。沙中交往历久弥新，在"一带一路"倡议背景下，双边政治互信和务实合作离不开两国民心相通的支撑，两国文化交流至关重要。

中国驻沙特大使李华新对"华夏瑰宝"开幕表示热烈祝贺，对苏尔坦亲王和胡冰副局长及展览筹备人员表示感谢。李大使表示，中沙两国领导人都高度重视、十分关心，大力支持两国文化合作。

此次"华夏瑰宝展"其中近半数展品为首次出境。此次展出的173组264件展品分别来自秦始皇帝陵博物院、北京故宫博物院等13家文博机构，秦始皇帝陵博物院参展文物8件（组），包括5件秦兵马俑。展览由"文明伊始与礼制建立""一统盛世、巩固与发展""包容多元的对外交往""商业萌芽与海洋贸易""宫廷气度与宫廷艺术"5个部分组成，覆盖秦、汉、唐、宋、元、明、清等中国古代历史中重要的发展阶段，展示了中华文明的起源、发展与传承。展品选择上不但跨度大、范围广，更囊括了诸多享誉世界的重量级藏品、蕴含浓厚东方艺术风格的珍贵文物、展现"一带一路"文化交流的珍稀遗存，以及首次中沙联合考古的最新成果。

270 2018—2019 年新西兰展

展览名称：秦始皇兵马俑：永恒的守卫
展期及展馆：2018 年 12 月 13 日—2019 年 4 月 22 日，新西兰蒂帕帕国家博物馆
展品总数：121 件（组）

2018 年 12 月 13 日，由中国陕西省文物局、新西兰蒂帕帕国家博物馆主办"秦始皇兵马俑：永恒的守卫"展在新西兰蒂帕帕国家博物馆开幕。中国驻新西兰大使吴玺、陕西省文物局副局长钱继奎和新西兰旅游部部长凯尔文·戴维斯、新西兰商贸部部长戴维·帕克、惠灵顿市市长贾斯丁·莱斯特、新西兰国家博物馆董事会主席埃文·威廉姆斯出席开幕式并致辞，惠灵顿市当地政商、文化界名流和华人社团共约 700 人参加开幕式。

中国驻新西兰大使吴玺在开幕式上致辞说，秦兵马俑是世界八大奇迹之一，是中国古代文明的代表。2000 多年前秦始皇统一六国，形成了中国人向往统一的精神传统。秦兵马俑是中国的国宝，被誉为"世界第八大奇迹"。秦兵马俑展的举办，架起了一座中新了解与友谊之桥，是古老的中华文明与新西兰文明之间一次"穿越千年、跨越万里"的交流互鉴，也是"中新旅游年"最好的序章。

中国陕西省文物局副局长钱继奎介绍，陕西是中华文明的摇篮，作为古丝绸之路起点，陕西自古就是中国与世界联系的窗口，秦兵马俑的发现为中华文明和世界艺术增添了光辉的篇章。本次展览通过内容和展览形式上的创新与突破，很好地展示了秦文化的最新研究成果，为新西兰民众了解秦人的崛起和发展历程以及秦的制度与文化对后代中华文化的深刻重要影响提供了难得的机会，也必将对加强中新文化交流、增进两国人民的理解和友谊起到积极的促进作用。

新西兰旅游部部长凯尔文·戴维斯表示，与新中双边经贸合作相比，作为文化交流的兵马俑展同样是加强两国交流和增进理解互信的有效方式。他相信这一展览必将吸引更多新西兰人去了解中国。

蒂帕帕博物馆董事会主席埃文·威廉姆斯在开幕式上介绍了展览筹备情况，对能够在惠灵顿举办如此规模的兵马俑文物特展感到无比自豪，并对陕西省文物局能够将如此珍贵的中国文化展现给新西兰人民表示感谢，同时还对展览赞助商、中新双方相关工作人员表示谢意。

"秦始皇兵马俑：永恒的守卫"展集中了陕西20家文博单位的121件（组）珍品，内容以大型秦代兵马俑为主，兼有春秋战国及汉代时期的陶器、青铜器、金银器、玉器等，展品历史跨度近1000年，集中展现秦在统一六国前后和汉代繁荣历史的政治、经济、军事、文

展厅外景

展厅内景

化等社会面貌。整个展览包括3个展厅：第一展厅主要介绍从西周开始的先秦文化；第二展厅讲述主题兵马俑，集中了10件兵马俑真品；第三展厅则延续到中国的汉代。参观者可顺序了解西周至汉代的中国历史脉络。

开幕式当天凌晨5点，新西兰国家博物馆毛利事务资深事务官阿拉帕特·哈克外博士带领毛利人部落代表及博物馆员工举行了庄重的祈福活动。参加祈福活动的全体人员在毛利事务官带领下穿过展厅，毛利族人及惠灵顿当地华人社团分别以毛利语及汉语颂唱歌曲，表达对中国文化的敬意，祈福展览取得圆满成功。

蒂帕帕国家博物馆策展人丽贝卡说："这样规格的展出，新西兰一代人只有一

次。这些珍品有 2300 年历史，不是那么容易离开他们的国家，更不那么容易来到新西兰。"她表示，能把秦皇兵马俑请到新西兰来，也是她个人的一次"朝圣之旅"。丽贝卡去中国不止一次，但在 2017 年 5 月那次，当她亲眼看到一个刚刚从泥土中挖掘出来的陶俑。"我的目光无法离开，注意着结构细节，他的发型，鞋子上的系带，以及垂落的长袍。这次我们将为游客提供身临其境的体验，近距离观赏兵马俑令人惊叹的细节……我希望人们能够像我在西安时一样，和古代战士有一次面对面的相遇。"

专程从 600 多公里外的奥克兰赶来观展的观众拉塔纳说："作为新西兰的毛利人，我发现中国古代的许多图案和线条与毛利文化有相似之处。而中国人对待逝者和先人的态度以及祭祀的习俗，也是与毛利人相通的。"中国文化与毛利文化之间有相通之处，这也是展览主策展人灵感之一。"我从不怀疑这个展览会取得巨大成功，因为展品实在太棒了。展出的兵俑都彼此不同，他们的细节表现展示了不可思议的个性和想象力。每次注视这些细节，我都会被那种魅力感染到不能呼吸"，莱斯说，"这个展览最大的挑战就是对展品的解读，从概念到内涵都涉及太多文化和历史。怎样解读可以帮助新西兰人了解中国？我一直在思索这个问题。"

展厅内景

展厅内景

来自英国伦敦的贝利携全家五口人一起来看兵马俑展。他告诉记者，多年前，他曾在伦敦大英博物馆看过兵马俑展。今天的展览不仅规模更大，更重要的是，通过观展他明白了其中的历史脉络，对中国古代有了更多了解。"兵马俑是世界伟大的艺术品，如果有第三次第四次，我还会再来。"

这是秦始皇兵马俑第三次亮相新西兰。第一次是在 1986 年，覆盖了克莱斯特彻奇、惠灵顿、奥克兰 3 个城市，第二次是 2003 年短暂到访奥克兰。本次展览的 10 件秦始皇陵兵马俑在惠灵顿展出长达 5 个月，则是第一

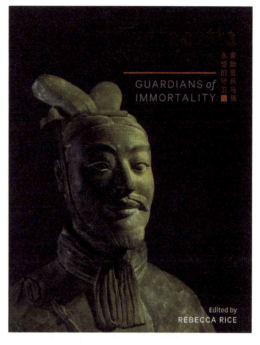

展览图录封面

次。在新西兰策展人丽贝卡·赖斯看来，这是新西兰观众"千载难逢"的机会，因为惠灵顿是一个地震多发城市，能够请来这些珍贵文物实属不易。为此，蒂帕帕国家博物馆不得不特别定制了防震支架，并反复调试修改，以确保每一件文物的安全。

此外，这次展览的成功举办为当地带来不错的经济价值。作为 2019 中国——新西兰旅游年的重头戏，展览吸引了 19.8 万名观众，给惠灵顿市带来 6000 万新西兰元的收益。新西兰商贸部长戴维·帕克说："希望这个展览能鼓励更多的新西兰人开始或进一步了解中国——我们最重要的合作伙伴之一。"中国是新西兰最重要也增长最快的游客来源国，也是新西兰人第五大旅游目的地。但是，中新关系的内涵要比互相贸易广阔得多，除了开展自由贸易、合作推动国际机构改革，还可以在旅游、教育等领域建立起纽带，增进两国人民的逐步了解。

国之交在于民相亲，民相亲在于常交流。从人文交流的层面看，秦始皇兵马俑是了解中国历史发展脉络一个很好的切入点。正如蒂帕帕国家博物馆的广告词所说，不仅可以感受到中国古代艺术的魅力，还可以了解秦始皇统一六国的伟业，正是他的统一造就了今天的中国。

379

271　2019年澳大利亚展

展览名称：秦始皇兵马俑：永恒的守卫

展期及展馆：2019年5月23日—10月13日，墨尔本维多利亚美术馆

展品总数：121件（组）

2019年5月23日，由中国陕西省文物局、澳大利亚墨尔本维多利亚美术馆主办的"秦始皇兵马俑：永恒的守卫"展在澳大利亚墨尔本隆重开幕。中国驻墨尔本总领事龙舟、陕西省文物局副局长周魁英和澳大利亚维多利亚州州长丹尼尔·安德鲁、美术馆董事会主席珍妮特·海汀出席开幕式并致辞，墨尔本市当地政商、文化界名流和华人社团共约1000人参加开幕式。

中国驻澳大利亚大使成竞业在致辞中表示，兵马俑来自世界四大文明古都之一——西安，西安也是古代丝绸之路的起点。4月举行的第二届"一带一路"国际合作高峰论坛开启了共建"一带一路"新阶段。今年是中华人民共和国成立70周年，新时代的中国将以更加开放的姿态去拥抱世界，坚持"开放、绿色、廉洁"理念，实现高标准、惠民生、可持续目标，为各国人民创造更多福祉，同各国一道推动构建人类命运共同体。

本次展览是兵马俑第二次做客墨尔本维多利亚美术馆。作为中澳两国文化艺术交流的盛事，本次展览精选陕西地区20家文博收藏单位的文物精品，时代从西周至汉代的1000多年，包括陶器、青铜器、玉器、金银器等，维多利亚美术馆同时在另一个展厅中还展出了中国当代艺术家蔡国

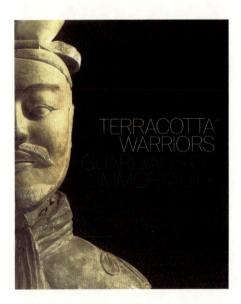

展览图录封面

强的火药绘画展览，两个展览同时
为澳洲民众提供了一次了解中国古
代文明和当代艺术难得的文化盛宴。

陕西省文物局副局长周魁英在
开幕式讲话中时指出，早在 1982
年，我们的前辈就在墨尔本维多利
亚美术馆举办了以秦兵马俑为代表
的中国文物展，时隔 37 年后的今
天，我们又带着更精美的秦兵马俑
和更丰富的文物，再次与澳大利亚
人民见面。他希望更多的澳大利亚
民众特别是年轻一代和当地华人，
可以更好地了解中国古代文化，进
而了解当代中国，推动两国人民的
文化交流和友谊像接力赛一样一代
一代传承下去。

本次"秦始皇兵马俑：永恒的
守卫"展览，在大洋洲巡展两站。
第一站在新西兰蒂帕帕国家博物馆
展出。第二站在墨尔本展出引起了
高度关注和强烈反响，近 1/10 的墨
尔本市人参观本次展览，参观人数
再一次达到创纪录的 37.6 万人次。
时隔 37 年后，来自中国的兵马俑再
次在同一个博物馆展览，不但展示

博物馆外景

展览海报

观众参观照

了中国传统文化的无穷魅力；另一方面来看，实践证明以文物交流展览的形式，是
文化可持续发展最重要的表现形式。

272　2019 年泰国展

展览名称：秦始皇——中国第一个皇帝与兵马俑

展期及展馆：2019 年 9 月 15 日—12 月 15 日，曼谷国家博物馆

展品总数：86 件（组）

2019 年 9 月 15 日 16 时，由中国陕西省文物局、泰国文化部艺术厅主办"秦始皇——中国第一个皇帝与兵马俑"展览在泰国曼谷国家博物馆隆重开幕。这是秦陵兵马俑首次在泰国展出，泰国副总理维萨努、泰国副总理兼卫生部部长阿努霆、中国驻泰国大使吕健、泰国文化部部长伊缇蓬、泰国文化部艺术厅厅长阿南、中国陕西省文物局副局长钱继奎组成的中方代表团以及各界嘉宾 300 余人出席了开幕式并参观了展览。

泰国副总理维萨努在致辞时说，受巴育总理的委托来为展览揭幕，并向组织此次展览的单位表示感谢。泰中两国之间的交往历史悠久，这个展览不仅能够展示中国伟大的历史文化，同时验证了泰中之间的友好历史。中华文明源远流长，泰语等语言中对中国的称呼"chin"，或正来源于"秦"，可见秦始皇影响之大。他感谢中方将兵马俑等文物送到泰国展出，希望广大泰国民众珍惜机会，仔细观看。他说，本次展览有助于在中华人民共和国成立 70 周年和泰中建交 44 周年之际进一步推动双边友好。

中国驻泰国大使吕健表示，2019 年是中华人民共和国成立 70 周年，在这

代表团考察展厅

一特殊的年份里举办此次高水平的秦兵马俑展，符合习近平主席提出的"一带一路"的倡议，加强不同文明交流互鉴，促进世界和平，生动反映了中泰两国文化交流达到了一个新高度。泰国是中国的友好邻邦，是共建"一带一路"的重要国家，希望此次展览成为泰国朋友了解中华文明的窗口，成为推动中泰"民心相通"、世代友好的窗口。

泰国文化部部长伊缇蓬说：中国与泰国人民亲如兄弟，很多泰国人都有华人血统。本次展览作为促进中泰文化交流的活动之一，希望中泰两国加强紧密联系、共同繁荣，在交通、经济等领域都能有更多的交流，实现双赢。

陕西省文物局副局长钱继奎在致辞时表示，中泰两国的友谊源远流长，陕西省也一直与泰

排队参观的人群

展场内景

展场内景

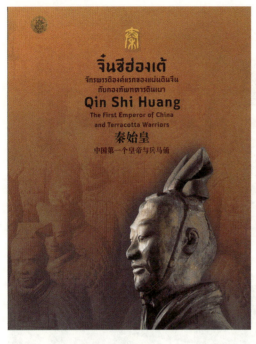

展览图录封面

国保持着良好的交流关系。中国陕西是中华民族和中华文明的重要发祥地，在近 3000 年的历史长河中，曾有 14 个王朝在此建都，文化遗存丰富，文物古迹众多。期望这个展览为泰国民众提供一个了解中国历史与文化的机会；也希望通过本次展览，促进两国之间的文化交流，增进两国民众的理解和友谊。

此次展览集中了陕西 14 家文博单位的 86 件（组）文物珍品，内容以秦代兵马俑为主，兼有春秋战国及汉代时期的陶器、青铜器、金银器、玉器等，展品历史跨度近 1000 年，展览分为先秦、秦始皇统一六国后的秦代、兵马俑、汉承秦制 4 个部分，力图从秦代的发端、繁荣以及对后世的影响来全面展示秦代历史文化。吸引最多眼球的当然是位于中间大厅的兵马俑。高大明亮的展柜内，3 尊真人尺寸的兵马俑或站或蹲，神态各异，栩栩如生。人们换着角度不停地和它们合影，正面看完了再去背面看，似乎看不够。那么多观展的泰国民众都很投入，每一件文物、每一份说明、每一段视频前，都有人在驻足观看和倾听。

秦兵马俑展在泰国引起空前的关注。所有的媒体，不管是泰语、英语还是汉语的，不管是电视、报纸、广播等传统主流媒体还是新兴的社交媒体都在传播展览信息，分享参展感受。展览更是在曼谷掀起一股博物馆潮，始终保持高人气、高关注，成为曼谷最亮丽的一道文化风景线。为了能让更多泰国民众一睹兵马俑的神秘风采，展览开始后不久，曼谷国家博物馆就顺应民众呼声，近距离感受兵马俑展览的热度，将闭馆时间由 16 点延长至 18 点。排队的人群通常绵延数百米，一直排到博物馆外的大街上。在 3 个月展期内，参观人数达到 27.15 万人次，创出泰国国家博物馆引进展览的最高纪录。

泰国方面给中方信中这样写道："这次展览对曼谷国家博物馆来说收获颇大。

通过举办中国兵马俑展这样的顶级文物展览，曼谷国家博物馆积累了管理和办展经验，对举办此类大型活动更加胸有成竹。更为重要的是，通过这次展览的大热，曼谷国家博物馆认识到民众对博物馆文化的热情和潜力，他们对自己从事的事业更有信心。"

一位刚刚参观完展览的大学教授对记者说："以前只听说过秦始皇和兵马俑。感谢中国安排实物来曼谷展览，使我们对中国这段历史有了更加直观的感受。"14岁的中学生李天和父母来参观过一次，今天是和同学来二次刷馆。"我对兵马俑印象最为深刻，它们神采各异，各不相同，太神奇了！它们激发了我对中国的好奇，我想到中国去看一看。"曼谷一所中学将汉语课堂搬到了博物馆，一位女学生感慨地说："我知道中国是大国，但不知中国曾这么强大；知道中国是文明古国，但看过展览才知中国的历史这么悠久！"

展览闭幕前一天，12月14日，泰国王室诗琳通公主参观本次展览，中国驻泰国大使吕健、泰国文化部部长易缇蓬现场陪同。泰国王室诗琳通公主与中国的关系非常密切，她年轻时曾经来到中国留学，这也让她对这个国家有了更深了解，此后的诗琳通公主开始喜爱中华文化，更是练成了一口非常好的汉语，这位公主长大之后更是积极推动两国关系，她也是泰国王室访问中国的第一人。诗琳通公主是杰出的中泰友好使者，为促进中泰两国人民的相互了解和传统友谊，推动中泰教育、文化、科技等领域务实合作作出了积极贡献，是中国人民的老朋友。本次展览期间，2019年9月17日，国家主席习近平签署主席令，授予诗琳通公主"友谊勋章"。

273—276　2022—2023 年日本展

展览名称：兵马俑与古代中国——秦汉文明的遗产

展期及展馆：2022 年 3 月 25 日—5 月 22 日，京都市美术馆

　　　　　　2022 年 6 月 18 日—8 月 28 日，静冈县立美术馆

　　　　　　2022 年 9 月 10 日—11 月 6 日，名古屋市博物馆

　　　　　　2022 年 11 月 22 日—2023 年 2 月 5 日，东京上野森美术馆

展品总数：121 件（组）

　　2022 年 3 月 25 日，为庆祝中日邦交正常化 50 周年，由中国陕西省文物局、日本中日新闻社主办的"兵马俑与古代中国——秦汉文明的遗产"展览在日本京都市美术馆开幕。中国驻日本大使孔铉佑在发给本次展览的致辞中说："今年是中日邦交正常化 50 周年的重要历史节点。两国领导人就以 50 周年为契机，推动构建契合新时代要求的中日关系达成重要政治共识，为两国关系下一步发展指明了方向。作为 50 周年中日两国重要的文化项目之一，希望更多的日本民众能走进博物馆，观赏本次展览，了解中国历史及中国文化，也相信该展会进一步促进中日两国人民的相互了解、深化两国之间的友谊与合作。"日本主办方在展览致辞中表示："看完整个展览后，您

布展工作照

东京站展厅内景

可以通过探索兵马俑之谜，体验从西周到东汉 1000 余年的古代中国历史。我们衷心希望此次展览能够成为加深中日两国进一步友好的绝好机会。"

本次展览共展出来自陕西省 16 家和湖南省 1 家文博单位的共 121 件（组）文物精品，主要包括秦始皇帝陵兵马俑、汉景帝阳陵陶俑和陶塑动物、茂陵博物馆的鎏金马、陕北榆林地区的汉画像石、湖南里耶的秦简等。展品时代上启西周，下至东汉，时间跨度达 1000 余年。展览按照"统一前夜"、"一统天下"和"传承与发展" 3 个主题展开，采用通俗易懂、深入浅出的方式，重点介绍中国自西周历经春秋战国直至

观众参观照

观众参观照

京都站展览海报

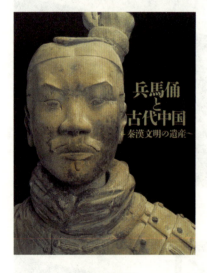

展览图录封面

秦汉这一历史时期发展的特点，以及近年来以秦始皇帝陵、汉景帝阳陵为代表的秦汉历史文化研究的成果。

展览在京都开幕后，不仅吸引了大量游客参观，而且还引发国际媒体的关注。据统计，有450家主流媒体、门户网站第一时间转载报道展览消息，全球访问总量超过2.5亿人次。中国新华社、日本东京新闻社在内的数百家媒体，对本次展览进行了全方位的报道。本次展览在静冈县立美术馆、名古屋市博物馆及东京上野森美术馆举办，共计在日本巡展四站。

6月18日，展览在静冈县立美术馆开幕，美术馆为了丰富日本地方民众文化生活，积极推动"大展"进"小城"活动，当地居民田中与家人前来观展后表示，得知在家门口举办兵马俑展览，感到非常高兴，绝不能错过如此近距离欣赏秦兵马俑的大好机会。他还说："能够亲眼看到以前只能在教科书上学到的内容实物，精妙的制作工艺实在令人赞叹。"

11月22日，"兵马俑与古代中国——秦汉文明的遗产"文物展第四站在日本东京上野森美术馆隆重开幕。东京新闻社、富士电视台开展密集的宣传报道。展览策展人唐启山介绍说："这场文物盛宴是西安历史文化的一次有力展示，也是西安故事的生动讲述。人们在品读文物的同时，对文物的家乡同样充满向往。"

本次展览是在中国国家文物局的大力支持与精心指导下，中日双方密切合作，克服重重困难、艰苦努力的结果。这次"破冰之旅"是陕西省落实"让文物活起来，扩大中华文化的国际影响力"的重要实践。

277 2023—2024 年西班牙展

展览名称：中国秦汉文明的遗产

展期及展馆：2023 年 3 月 28 日—2024 年 1 月 29 日，阿利坎特考古博物馆

展品总数：124 件（组）

经过中国和西班牙两国文物工作者的不懈努力，2023 年 3 月 28 日，"中国秦汉文明的遗产"展览终于在西班牙阿利坎特考古博物馆隆重开幕。28 日举行开幕仪式。中国文化和旅游部部长胡和平、中国驻西班牙大使馆代办屈浔、陕西省省文物局局长罗文利、西班牙阿利坎特省省长马索恩等人参加开幕式并致辞。中国驻西班牙大使馆及当地政要及文化界重要人士、中西主要媒体约 200 人参加了开幕式。

中国文化和旅游部部长胡和平在致辞中指出：举办"中国秦汉文明的遗产"展览，是 2023 年"中西文化和旅游年"重点打造的精品活动，是赓续传统友谊、深化文明互鉴的务实举措。中国和西班牙相隔万里、国情各异，但都是历史底蕴深厚、文化遗产丰富的文明古国。中西文明在亚欧大陆两端交相辉映、相互吸引，为推动人类文明进步作出了重要贡献。

陕西省文物局局长罗文利在致辞中说："陕西省简称秦，是中华文明的重要发祥地之一，历史上曾经有周秦汉唐等 14 个王朝或政权在这里建都，时间长达 1100 余年。悠久的历史给陕西留下大量珍贵的文化遗产。这些伟大的遗产见证着历史的变迁，见证着人类文明进步

开幕式

的足迹。秦朝和汉朝是中国历史上两个重要的时代，这一时期创造了灿烂的物质文明，实现了从血缘政治向地缘政治的伟大转变，开启了古代中国统一的多民族国家的新纪元，对古老的东方世界产生深远的影响，促进了东西方文明的交流互鉴。"

嘉宾参观展览

阿利坎特省省长马索恩在致辞中说："中国是世界上文化历史最悠久的国家之一，象征中国文化的兵马俑和以秦汉文明主题的文物来到阿利坎特考古博物馆，是我们阿利坎特的荣幸，更是中西文化与交流的友好见证。这种文化交往对于两国关系至关重要，希望通过本次展览更加加深两国的友谊。"

陕西文物代表团与西班牙工作人员合影

阿利坎特考古博物馆始建于 1932 年，位于西班牙瓦伦西亚大区阿利坎特省首府阿利坎特市，是阿利坎特

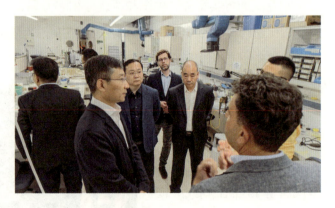

代表团与主办方交流

省政府的公立博物馆。博物馆藏品约 8 万件，主要展示地中海沿岸地区多个文明的考古遗产，内容包括史前、罗马文化、伊比利亚人、中世纪、现当代文化 5 个展厅以及教堂、水下和洞穴 3 个考古挖掘模拟展区。近年来，该馆与大英博物馆、卢浮宫、艾米塔什博物馆等世界知名博物馆合作举办过一系列重要展览，广受赞誉。

阿利坎特考古博物馆外的海报

布展工作照

该馆被欧洲博物馆论坛评为"2004年度欧洲最佳博物馆"。

从2017年开始，阿利坎特考古博物馆工作人员就多次来西安考察与洽谈，原定2020年的开幕的展览，受疫情的影响一直推迟到2023年才开幕。考古博物馆的同行坚定地认为，以兵马俑为代表的中国文化一定能受到西班牙人的喜爱，阿利坎特决定无限期保持了该项展览预算，在新冠疫情期间与我们紧密联系，直至展览开幕。这也是也是新冠疫情之后，中国的文物第一次大规模到西方国家展出，并作为"中西文化与旅游年"活动项目的重中之重。

此次展览阿利坎特考古博物馆专门聘请了来自英国剑桥大学的西班牙人马科斯教授作为西方的学术顾问，他长期从事中国历史文化研究，也曾在中国参加过秦陵地区考古发掘，特别专注秦陵出土文物的科技分析领域，学术上有着相当高的造诣。经过双方文物策展专家讨论后，认为本次展览要着重突出中国秦汉文明时期文化与科技工艺，以此展现历史上一个强大国家的建立，背后是强大的科技力量作为支撑。

展览期间，陕西4位研究员应邀在阿利坎特博物馆、马德里中国文化中心举办两场秦兵马俑的学术讲座。4位研究人员长期工作在秦汉考古发掘、文物保护修复的第一线。他们以秦陵地区最新考古发现为主题，向西班牙热爱中国文化的听众们

深入浅出地介绍了秦兵马俑
出现的历史背景及原因。通
过秦俑地下军队讲述了秦
始皇陵 3 个俑坑的发现和发
掘过程，并从陶俑的不同表
情、仪态和服饰角度阐述了
秦兵马俑的制作方法和雕塑
艺术，深度解读了其背后的
军事意义、文化思想、艺术
成就。

博物馆外排队的观众

阿利坎特考古博物馆为了确保观展的环境与最佳效果，确定每小时每个展厅参
观人数不能超过 80 人，整个展览每小时观众人数小于 240 人，因此博物馆门口总
是排长队。暑假期间，博物馆为了方便更多的家长和孩子们参观，专门设计了亲子
专场，更将展览的时间由之前的 19 点闭馆延长至 22 点闭馆。至 2024 年 1 月展览
结束，参观人数已超过 28 万人次。

附录 "兵马俑"出国（境）展览场次一览表

	展览名称	展览时间	国家（地区）	展出城市	展品总件（组）数	展出博物馆
1	中华人民共和国出土文物展览	1973年5月8日—9月2日	法国	巴黎		法国小皇宫博物馆
2	中华人民共和国出土文物展览	1973年6月9日—7月29日	日本	东京		东京国立博物馆
3	中华人民共和国出土文物展览	1973年8月11日—9月30日		京都		京都国立博物馆
4	中华人民共和国出土文物展览	1973年9月28日—1974年1月23日	英国	伦敦		伦敦皇家艺术学院
5	中华人民共和国出土文物展览	1973年12月28日—1974年2月28日	罗马尼亚	布加勒斯特		布加勒斯特国家艺术博物馆
6	中华人民共和国出土文物展览	1974年2月21日—4月20日	奥地利	维也纳		维也纳奥地利工艺美术博物馆
7	中华人民共和国出土文物展览	1974年4月3日—6月2日	南斯拉夫	贝尔格莱德		贝尔格莱德人民博物馆
8	中华人民共和国出土文物展览	1974年5月12日—7月16日	瑞典	斯德哥尔摩		斯德哥尔摩国家远东古物博物馆
9	中华人民共和国出土文物展览	1974年7月5日—10月3日	墨西哥	墨西哥城		墨西哥国立人类学博物馆
10	中华人民共和国出土文物展览	1974年8月8日—11月16日	加拿大	多伦多		多伦多安大略皇家博物馆
11	中华人民共和国出土文物展览	1974年12月4日—1975年1月26日	荷兰	阿姆斯特丹		阿姆斯特丹国家博物馆
12		1974年12月13日—1975年3月20日	美国	华盛顿		华盛顿国家美术馆
13	中华人民共和国出土文物展览	1975年4月20日—6月8日		堪萨斯		纳尔逊艺术博物馆
14		1975年6月28日—8月28日		旧金山		旧金山亚洲艺术博物馆
15	中华人民共和国出土文物展览	1975年2月19日—4月6日	比利时	布鲁塞尔		布鲁塞尔艺术宫

注：1-15为跽坐俑出访，大型兵马俑未出访。

序号	展览名称	展览时间	国家（地区）	展出城市	展品总件（组）数	展出博物馆
1	中华人民共和国古代青铜器展	1976年3月30日—5月23日	日本	东京	130	东京国立博物馆
2	中华人民共和国出土文物展	1976年6月15日—8月8日	日本	京都		京都国立博物馆
3	中华人民共和国出土文物展	1976年11月27日—12月27日	菲律宾	马尼拉	100	马尼拉媒体展览中心
4		1977年1月19日—3月6日	澳大利亚	墨尔本	136	墨尔本维多利亚国立艺术馆
5	中华人民共和国出土文物展	1977年3月25日—5月8日		悉尼		悉尼新北威尔士艺术馆
6		1977年6月9日—7月29日		阿德莱德		阿德莱德南澳大利亚艺术馆
7	中华人民共和国出土文物展	1977年10月2日—11月13日	日本	名古屋市		名古屋市立美术馆
8	中华人民共和国出土文物展	1977年11月22日—12月18日		北九州市	100	北九州市立美术馆
9		1978年1月2日—2月26日		东京		东京西武美术馆
10	中华人民共和国出土文物展览	1978年4月18日—6月11日	中国	香港	100	香港中国文物馆
11		1980年4月12日—7月9日	美国	纽约		纽约大都会艺术博物馆
12		1980年8月20日—10月29日		芝加哥	105	芝加哥富地自然历史博物馆
13	伟大的青铜器时代展览	1980年12月10日—1981年2月18日		沃兹堡		沃兹堡艺术博物馆
14		1981年4月1日—6月10日		洛杉矶		洛杉矶艺术博物馆
15		1981年7月22日—9月30日		波士顿		波士顿艺术博物馆
16	中国珍宝展	1980年5月24日—9月7日	丹麦	哥本哈根	97	路易斯安那博物馆
17	中国珍宝展	1980年10月2日—1981年1月6日	瑞士	苏黎世	97	苏黎世美术馆
18	中国珍宝展	1981年2月6日—4月26日	联邦德国	柏林		柏林东亚艺术博物馆
19	中国珍宝展	1981年5月29日—9月7日		希尔德斯海姆	97	罗默和佩利泽乌斯博物馆
20		1981年10月2日—1982年1月3日		科隆		科隆市东亚艺术博物馆
21	中国珍宝展	1982年1月22日—4月18日	比利时	布鲁塞尔	97	布鲁塞尔美术馆
22	中国秦俑和长城砖展览	1982年5月1日—10月31日	美国	田纳西州诺克斯维尔	22	田纳西州诺克斯维尔世界博览会
23		1982年12月—1983年6月		佛罗里达		佛罗里达州

序号	展览名称	展览时间	国家（地区）	展出城市	展品总件（组）数	展出博物馆
24	中国秦代兵马俑展览	1982年12月21日—1983年2月12日	澳大利亚	墨尔本	22	墨尔本维多利亚美术馆博物馆
25		1983年2月25日—4月10日		悉尼		悉尼新南威尔士艺术博物馆
26		1983年4月20日—6月10日		布里斯班		昆士兰艺术博物馆
27		1983年6月25日—7月10日		阿德莱德		阿德莱德南澳博物馆
28		1983年7月20日—8月30日		珀斯		珀斯西澳博物馆
29		1983年9月10日—30日		堪培拉		堪培拉澳大利亚国家博物馆
30	中国古代文明展	1983年8月20日—12月30日	意大利	威尼斯	153	威尼斯王宫博物馆
31	中国珍宝展	1983年9月1日—10月10日	菲律宾	马尼拉		马尼拉展览城中心
32	中国秦兵马俑展	1983年10月1日—12月30日	日本	大阪	22	大阪城公园
33		1984年1月2日—2月11日		福冈		福冈县文化会馆
34		1984年2月20日—4月15日		东京		东京东方博物馆
35		1984年4月21日—5月22日		静冈		静冈产业馆
36	中国古代文明展	1984年9月2日—1985年1月6日	南斯拉夫	萨格勒布	160	萨格勒布布市博物馆东方博物馆
37	中国历代陶俑展	1984年9月22日—12月21日	日本	名古屋	105	名古屋市博物馆
38		1985年1月1日—2月20日		福冈		福冈市美术馆
39		1985年3月1日—4月10日		京都		京都国立博物馆
40		1985年4月20日—5月6日		东京		东京国立博物馆
41	中国秦代兵马俑展览	1984年12月3日—1985年2月17日	瑞典	斯德哥尔摩	33	斯德哥尔摩东方博物馆
42	中国秦兵马俑展览	1985年3月2日—4月28日	挪威	奥斯陆	26	海涅·昂斯塔德艺术中心
43	中国秦兵马俑展	1985年5月23日—8月4日	奥地利	维也纳	33	奥地利人类学博物馆
44	中国秦代兵马俑展	1985年8月30日—9月30日	美国	明尼阿波利斯	10	明尼阿波利斯博物馆
45		1985年11月8日—12月7日		洛杉矶		洛杉矶帕萨提那国际文化使节学院
46	中国秦兵马俑展	1985年9月10日—11月1日	英国	爱丁堡	33	爱丁堡艺术中心

	展览名称	展览时间	国家（地区）	展出城市	展品总件（组）数	展出博物馆
47	中国秦兵马俑展览	1985年11月26日—12月30日	爱尔兰	都柏林	33	都柏林文化艺术中心
48	秦始皇兵马俑展览	1986年2月1日—6月1日	中国	香港	33	湾仔中国文物展览馆
49	中国文明史—华夏瑰宝展	1986年5月18日—11月19日	加拿大	蒙特利尔	113	蒙特利尔市文明宫
50	中国陕西省秦兵马俑展	1986年6月22日—9月15日	日本	岩见泽	20	北海道岩见泽市21世纪博览会
51		1986年9月22日—11月30日		荒尾		荒尾市博物馆
52		1986年8月29日—10月12日		奥克兰		奥克兰市艺术馆
53	中国秦代兵马俑展览	1986年10月24日—12月7日	新西兰	克赖斯特彻奇	33	克赖斯特彻奇市艺术馆
54		1986年12月19日—1987年2月3日		惠灵顿		新西兰国家艺术博物馆
55		1987年3月22日—5月24日		费城		费城艺术博物馆
56	永恒的探索——中国历代陶俑展	1987年6月28日—9月6日	美国	休斯顿	105	休斯顿艺术博物馆
57		1987年10月15日—1988年1月3日		洛杉矶		洛杉矶艺术博物馆
58		1988年2月7日—4月10日		克利夫兰		克利夫兰艺术博物馆
59	中国陕西省出土文物——金龙、金马动物园国宝展	1987年8月1日—11月8日	日本	大阪	100	大阪市立美术馆
60	中国秦代兵马俑展览	1987年8月19日—9月19日	加拿大	多伦多	33	多伦多市国家艺术中心
61	中国秦代兵马俑展	1987年10月3日—12月8日	东德	柏林	33	柏林佩加蒙博物馆
62	悠久的遗产——中国陕西省文物展	1987年10月9日—12月9日	日本	高崎	95	群马县立历史博物馆
63	秦始皇兵马俑	1987年12月14日—1988年2月20日	英国	伦敦	33	英国皇家园艺学会旧馆
64	秦始皇兵马俑展览	1988年3月8日—4月15日	匈牙利	布达佩斯	33	匈牙利国家博物馆
65	中国丝绸之路展	1988年4月24日—10月24日	日本	奈良	63	奈良国立博物馆
66	中国秦兵马俑展览	1988年5月26日—6月19日	希腊	雅典	33	雅典国家美术博物馆
67	中国古代艺术展览（又名"天子展"）	1988年7月—12月	美国	西雅图	137	华盛顿西雅图
68		1989年3月—8月		哥伦比亚		俄亥俄州哥伦比亚市
69		1989年8月—9月		旧金山		加利福尼亚州旧金山

	展览名称	展览时间	国家（地区）	展出城市	展品总件（组）数	展出博物馆
70	中国唐长安文物展览	1989年3月17日—9月3日	日本	姬路	96	兵库县立历史博物馆
71	中国清代帝后生活——沈阳故宫历史文物展览	1989年4月7日—1990年4月6日	新加坡	新加坡	107	新加坡文物博物馆
72	东亚文明源流展	1989年9月23日—11月12日	日本	富山	99	富山市美术馆
73	马年马展	1990年1月29日—3月14日	中国	澳门	20	澳门市政厅卢廉若公园展览厅
74	中国秦始皇帝兵马俑展	1990年5月5日—6月10日	日本	北九州	30	北九州市立美术馆
75	长城那方——中国秦始皇和他的秦俑军队	1990年8月11日—11月30日	联邦德国	多特蒙德	90	多特蒙德市东墙博物馆
76	中国古代艺术一千年	1991年4月22日—7月28日	西班牙	巴塞罗那		巴塞罗那桑塔·莫尼卡艺术中心
77	永恒的战士——中国秦兵马俑展览	1992年6月20日—9月15日	法国	梅斯	70	梅斯市阿森那尔音乐厅
78	西安来的士兵——秦始皇帝兵马俑展	1992年6月—7月	美国	密歇根		密歇根大学
79	大陆古物珍宝展——金缕玉衣、兵马俑	1992年12月5日—1993年5月31日	中国	台北	110	台北市玉山庄艺术馆
80	中国文物精粹展	1993年6月15日—9月15日	瑞士	洛桑	9	洛桑国际奥林匹克委员会总部
81	永恒的君主——秦始皇帝	1993年6月25日—8月25日	比利时	安特卫普	89	安特卫普省政府行政大楼
82	长安宝宝与万里长城展	1994年2月6日—3月6日	日本	东京	85	东京古代文化博物馆
83	中国秦始皇兵马俑展览	1994年5月14日—9月18日	意大利	威尼斯		威尼斯
84		1994年10月15日—12月19日		罗马	70	罗马科隆纳宫
85	中国陵墓之宝——古西安的陪葬艺术	1994年8月3日—10月30日	美国	旧金山		旧金山亚洲艺术博物馆
86		1994年11月20日—1995年2月12日		沃斯堡	62	沃斯堡金贝尔艺术博物馆
87		1995年3月16日—6月18日		夏威夷		夏威夷檀香山艺术博物馆

397

序号	展览名称	展览时间	国家（地区）	展出城市	展品总件（组）数	展出博物馆
88	秦始皇帝展	1994年8月16日—11月12日	韩国	汉城	85	汉城国立民俗博物馆景福宫
89		1994年11月25日—1995年2月19日		釜山		釜山市博物馆
90		1995年3月20日—5月20日		光州		光州市民俗博物馆
91		1995年6月1日—7月30日		大邱		大邱市民俗博物馆
92	秦始皇帝时代展	1994年9月16日—11月20日	日本	东京	122	世田谷美术馆
93		1994年11月30日—1995年1月16日		名古屋		普若沃市扬百翰大学
94		1995年1月25日—3月12日		神户		神户市立博物馆
95		1995年3月21日—5月7日		福冈		福冈市博物馆
96		1995年5月17日—6月25日		松山		松山市美术馆
97		1995年7月7日—8月20日		札幌		北海道开拓纪念馆
98	中国皇陵展	1995年4月18日—9月18日	美国	孟菲斯	255	孟菲斯克会议中心
99		1995年11月1日—1996年3月17日		普若沃		普若沃市扬百翰大学
100		1996年5月1日—9月15日		波特兰		波特兰市艺术博物馆
101		1996年11月1日—1997年3月17日		丹佛		丹佛自然历史博物馆
102		1997年5月2日—9月15日		奥兰多		奥兰多艺术博物馆
103	中国古代人与神展（中国古代文物展）	1995年6月2日—11月5日	德国	埃森	118	德国埃森小山别墅
104		1995年12月2日—1996年3月3日	德国	慕尼黑		德国慕尼黑海伯艺术馆
105		1996年4月—8月	瑞士	苏黎士		瑞士苏黎世艺术之家
106		1996年9月13日—1997年1月5日	英国	伦敦		英国伦敦大英博物馆
107		1997年2月21日—5月25日	丹麦	哥本哈根		丹麦路易斯安那现代艺术博物馆
108	秦始皇兵马俑展览	1995年9月7日—11月19日	德国	汉堡	6	汉堡工艺美术博物馆
109	和平的使者——秦始皇帝铜车马展	1995年10月1日—29日	日本	静冈县	1	静冈县中川美术馆
110		1996年5月21日—6月14日		福冈		福冈市博物馆
111		1997年4月23日—6月1日		奈良		奈良县美术馆

	展览名称	展览时间	国家（地区）	展出城市	展品总件（组）数	展出博物馆
112	中国秦始皇珍宝展	1996年7月1日—9月1日	美国	伯明翰	65	伯明翰市艺术博物馆
113		1997年2月18日—5月18日		巴尔的摩		巴尔的摩市沃特兰市艺术博物馆
114	秦兵马俑展览	1996年7月26日—9月26日	日本	鸟取县	10	鸟取县燕赵园
115	秦始皇帝和大兵马俑展	1997年3月7日—6月8日	日本	大阪	45	大阪万博纪念公园
116	秦兵马俑展	1997年6月28日—8月31日	芬兰	拉赫地市	82	拉赫地市历史博物馆
117	秦始皇帝和兵马俑展	1997年9月25日—10月13日	日本	德岛	50	德岛新闻社会场
118		1997年12月3日—1998年1月23日		广岛		广岛美术馆
119		1998年2月1日—3月10日		冈山		冈山特设会场
120		1998年3月20日—4月10日		佐贺		佐贺县美术馆
121		1998年4月20日—5月20日		松江		岛根县博物馆
122	国宝——中国历史文物精华展	1997年12月16日—1998年1月3日	中国	香港	163	香港艺术馆
123	秦汉雕塑艺术展	1998年2月17日—6月7日	美国	代顿	72	代顿艺术博物馆
124		1998年7月17日—10月26日	美国	圣巴巴拉		圣巴巴拉艺术博物馆
125	中华五千年文明艺术展	1998年2月6日—6月3日	美国	纽约	219	纽约古根海姆博物馆
126		1998年9月1日—11月1日	西班牙	毕尔巴鄂		毕尔巴鄂古根海姆博物馆
127	世界文明展	1998年9月11日—11月11日	韩国	庆州	90	庆州市历史博物馆
128	兵马俑和秦汉帝国至宝展	1999年6月5日—7月11日	日本	岐阜	68	岐阜市历史博物馆
129		1999年7月17日—8月15日		沼津		静冈博物馆
130		1999年8月21日—9月9日		仙台		仙台博物馆
131		1999年10月7日—11月7日		福井		福井市美术馆
132		1999年11月12日—12月5日		石川		石川县立美术馆
133		2000年1月14日—2月13日		熊本		熊本县立美术馆本馆
134		2000年3月25日—4月23日		浦添		冲绳浦添市美术馆
135		2000年5月1日—6月4日		宫崎		宫崎县综合博物馆

	展览名称	展览时间	国家（地区）	展出城市	展品总件（组）数	展出博物馆
136	'99巴黎·中国文化周	1999年9月1日—15日	法国	巴黎	8	巴黎联合国教科文组织总部
137	中国考古的黄金时代	1999年9月14日—2000年1月2日	美国	华盛顿	234	华盛顿艺术博物馆
138		2000年2月13日—5月7日		休斯顿		休斯顿艺术博物馆
139		2000年6月17日—9月11日		旧金山		旧金山艺术博物馆
140	陕西省文物精华展	1999年10月20日—2000年2月20日	英国	伦敦	120	大英博物馆
141	秦始皇帝兵马俑展	2000年3月24日—4月23日	日本	山形		山形美术馆
142		2000年4月28日—5月28日		郡山		郡山市美术馆
143		2000年7月14日—8月6日		盛冈	90	岩手县民会馆
144		2000年8月11日—9月10日		青森		青森产业会馆
145		2000年9月15日—10月15日		秋田		秋田美术馆
146		2000年10月21日—11月19日		松本		松本市立博物馆
147	中国帝王时代——中国古代马艺术	2000年4月22日—8月10日	美国	莱克星顿	164	国际马博物馆
148	世界四大文明·中国文明展	2000年8月5日—11月5日	日本	横滨		横滨美术馆
149		2000年11月14日—12月24日		仙台		仙台市博物馆
150		2001年1月13日—2月12日		金泽	121	石川县立美术馆
151		2001年2月24日—4月1日		高松		香川县历史博物馆
152		2001年4月12日—6月17日		广岛		广岛县立美术馆
153	帝王时代的中国：西安诸王朝	2000年9月20日—12月20日	墨西哥	墨西哥城	120	墨西哥国立人类学博物馆
154		2001年1月1日—3月30日		蒙特雷城		蒙特雷市玻璃博物馆
155	中国宝展	2000年10月24日—12月17日	日本	东京	130	东京国立博物馆
156	中国考古新发现展	2000年11月1日—2001年1月10日	法国	巴黎	170	巴黎小皇宫博物馆
157	兵马俑——秦文化特展	2000年12月15日—2001年3月11日	中国	台北	120	台北历史博物馆
158		2001年3月22日—5月10日		台中		台中自然科学博物馆

	展览名称	展览时间	国家（地区）	展出城市	展品总件（组）数	展出博物馆
159	陕西出土文物精华展	2001年6月27日—6月30日	中国	香港	80	香港会议展览中心
160	秦始皇的世纪	2001年7月17日—8月31日	摩纳哥	摩纳哥城	120	格里马尔蒂会展中心
161	中国珍宝展	2001年8月13日—2002年1月15日	以色列	耶路撒冷	100	以色列国家博物馆
162	永恒的西安——兵马俑的故乡	2001年12月5日—2002年9月2日	加拿大	魁北克市	109	魁北克市文明博物馆
163		2002年9月19日—12月1日	澳大利亚	珀斯		澳大利亚珀斯西澳博物馆
164	中华文明源流文物展	2003年1月16日—3月9日	新西兰	奥克兰	120	新西兰奥克兰市美术馆
165		2003年3月29日—7月20日	澳大利亚	悉尼		悉尼澳大利亚博物馆
166	战争与和平——秦汉文物精华展	2002年12月4日—2003年3月16日	中国	香港	100	香港历史博物馆
167	中国黄河文明展	2003年1月15日—4月15日	美岛	关岛	120	国际机场展览中心
168	永恒的中国——五千年文明展	2003年2月20日—6月8日	巴西	圣保罗	120	圣保罗卢卡恩艺术馆
169	秦汉文物精华展	2003年7月16日—10月23日		汉城		汉城展览中心
170		2003年12月5日—2004年3月21日	韩国	釜山	120	釜山国际会议展览中心
171		2004年9月10日—10月30日		大田		大田市贸易展示馆
172	中国历代王朝展	2004年4月24日—5月30日		静冈		静冈县立美术馆
173		2004年6月5日—7月4日		前桥		前桥文化会馆
174		2004年8月11日—8月24日	日本	东京	100	东京松坂屋上野店
175		2004年8月27日—9月20日		金泽		石川县立美术馆
176		2004年9月29日—10月18日		宇都宫		宇都宫购物中心艺术馆
177		2004年10月23日—11月23日		长野		长野市立美术馆
178	西安的勇士	2004年5月9日—9月26日		巴塞罗那		巴塞罗那环球文化论坛
179		2004年11月4日—2005年1月30日	西班牙	马德里	104	马德里伊莎贝尔二世艺术中心
180		2005年2月17日—4月6日		瓦伦西亚		瓦伦西亚费利佩王子科学博物馆
181	长安文物秘宝展	2004年9月11日—10月20日	日本	新潟	80	新潟市历史博物馆，新潟市美术馆
182	大兵马俑展	2004年9月25日—2005年1月3日	日本	东京	100	上野之森美术馆

	展览名称	展览时间	国家（地区）	展出城市	展品总件（组）数	展出博物馆
183	中国国宝展Ⅱ	2004年9月28日—11月28日	日本	东京	171	东京国立博物馆
184		2005年1月18日—3月27日		大阪		大阪国立国际美术馆
185	陕西考古新发现	2004年11月21日—29日	中国	香港	102	香港国际展览中心
186	中国历代王朝展	2005年3月26日—5月8日	日本	熊本		熊本县立美术馆
187		2005年6月15日—7月18日		大分		大分县立艺术会馆
188		2005年7月23日—8月21日		鹿儿岛	102	鹿儿岛县历史资料中心
189		2005年9月1日—19日		新潟		新潟市大和百货店美术馆
190		2005年10月6日—11月6日		京都		京都市伊势丹百货店美术馆
191		2006年1月2日—2月19日		福冈		福冈亚洲美术馆
192	中国秦兵马俑	2005年4月28日—2006年3月31日	德国	莱比锡	80	莱比锡古典艺术博物馆
193	中国文化节——兵马俑	2005年10月1日—10月30日	美国	华盛顿	3	华盛顿肯尼迪表演艺术中心
194	丝绸之路与华夏文明展	2005年10月22日—2006年5月14日	意大利	特雷维索	120	特雷维索市卡拉雷宫
195	中德科技合作文物保护成果展	2006年4月21日—7月23日	德国	波恩	184	波恩艺术展览馆
196	中国秦兵马俑展	2006年6月14日—11月30日	俄罗斯	莫斯科	80	俄罗斯国家历史博物馆
197	中国秦兵马俑展	2006年6月15日—9月17日	哥伦比亚	波哥大	73	哥伦比亚国家博物馆
198	始皇帝和彩色兵马俑展——《史记》的世界	2006年8月1日—10月9日	日本	东京		江户东京博物馆
199		2006年10月20日—12月10日		京都	120	京都府文化博物馆
200		2006年12月19日—2007年3月11日		北九州		北九州市立自然历史博物馆
201		2007年3月20日—5月13日		广岛		长野县信浓美术馆
202		2007年5月19日—7月15日		新潟		新潟县立万代岛博物馆
203	中国秦汉文物精品展	2006年9月22日—2007年1月28日	意大利	罗马	122	罗马总统府博物馆
204	秦代新出土文物大展——兵马俑展Ⅱ	2006年12月1日—2007年3月31日	中国	台中	116	台中自然科学博物馆
205		2007年5月12日—8月2日		台北		台北历史博物馆
206	中国秦兵马俑展	2007年3月4日—7月20日	马耳他	瓦莱塔	80	马耳他国家考古博物馆

	展览名称	展览时间	国家（地区）	展出城市	展品总件（组）数	展出博物馆
207	中国考古新发现	2007 年 7 月 25 日—9 月 24 日	中国	香港	120	香港历史博物馆
208	陕西文物精华展	2007 年 8 月 31 日—9 月 9 日	韩国	首尔	91	首尔历史博物馆
209	中国秦代文物精品展	2007 年 9 月 12 日—2008 年 4 月 6 日	英国	伦敦	120	伦敦大英博物馆
210	黄河文化展	2008 年 1 月 19 日—4 月 13 日	美国	米德兰	50	米德兰·埃尔顿陶氏科学艺术博物馆
211	中国秦汉文物展	2008 年 2 月 1 日—9 月 1 日	荷兰	阿森	120	阿森市德伦伦特博物馆
212	华夏瑰宝展	2008 年 3 月 27 日—6 月 30 日	南非	比勒陀利亚	90	南非国家文化历史博物馆
213	中国秦兵马俑展	2008 年 4 月 15 日—9 月 15 日	法国	巴黎	120	法国巴黎美术馆
214	中国秦兵马俑展	2008 年 5 月 16 日—10 月 16 日	美国	洛杉矶	100	美国洛杉矶宝尔博物馆
215	秦兵马俑与丝绸之路展	2008 年 7 月 11 日—11 月 16 日	意大利	都灵	185	都灵国家考古博物馆
216	天马神骏——中国马的艺术和文化	2008 年 7 月 16 日—10 月 13 日	中国	香港	60	香港历史博物馆
217	中国秦汉文物展	2008 年 10 月 1 日—2009 年 3 月 31 日	比利时	马塞可	120	比利时马塞兑博物馆
218	中国秦兵马俑展	2008 年 11 月 11 日—2009 年 4 月 19 日	美国	亚特兰大	100	亚特兰大海伊博物馆
219	华夏瑰宝展	2009 年 5 月 8 日—8 月 8 日	突尼斯	突尼斯城	78	国立迦太基博物馆
220	中国秦兵马俑展	2009 年 5 月 22 日—10 月 18 日	美国	休斯顿	100	休斯顿自然科学博物馆
221	中国古代帝王珍宝展	2009 年 10 月 8 日—2010 年 2 月 14 日	比利时	布鲁塞尔	160	比利时布鲁塞尔美术宫
222	中国秦兵马俑展	2009 年 11 月 19 日—2010 年 3 月 31 日	美国	华盛顿	100	国家地理协会博物馆
223	古代中国与马兵马俑展	2009 年 12 月 4 日—2010 年 5 月 30 日	智利	圣地亚哥	80	圣地亚哥总统府文化中心
224	秦汉——罗马文明展	2010 年 4 月 16 日—9 月 5 日	意大利	米兰	214	米兰市皇宫博物馆
225	中国秦兵马俑展	2010 年 6 月 26 日—2011 年 1 月 2 日	加拿大	多伦多	120	多伦多皇家安大略博物馆
226	中国的兵马俑展	2010 年 8 月 27 日—2011 年 2 月 20 日	瑞典	斯德哥尔摩	120	斯德哥尔摩东方博物馆
227	秦汉——罗马文明展	2010 年 10 月 7 日—2011 年 1 月 6 日	意大利	罗马	214	罗马元老院威尼斯宫博物馆
228	秦始皇帝及其地下大军	2010 年 12 月 2 日—2011 年 3 月 13 日	澳大利亚	悉尼	120	悉尼新南威尔士艺术博物馆

	展览名称	展览时间	国家（地区）	展出城市	展品总件（组）数	展出博物馆
229	中国秦兵马俑展	2011年2月11日—6月26日	加拿大	蒙特利尔	120	蒙特利尔艺术博物馆
230	华夏瑰宝展	2011年2月18日—3月20日	印度	新德里	95	新德里国家博物馆
231		2011年4月7日—6月6日		孟买		威尔士王子孟买博物馆
232		2011年6月23日—8月22日		海德拉巴		海德拉巴萨拉江博物馆
233		2011年9月8日—11月7日		加尔各答		加尔各答国立图书馆
234	千秋帝业：兵马俑与秦文化	2011年6月24日—10月16日	新加坡	新加坡	102	亚洲文明博物馆
235	中国秦汉文物精品展	2011年10月1日—2012年3月4日	美国	洛杉矶	121	洛杉矶宝尔博物馆
236		2012年4月1日—9月3日		休斯顿		休斯顿自然科学博物馆
237	中国秦兵马俑展	2012年4月5日—2013年3月13日	荷兰	莱顿	17	荷兰国立民族学博物馆
238	中国秦兵马俑展	2012年4月27日—8月26日	美国	纽约	111	纽约探秘秦时代广场展览馆
239	一统天下：秦始皇的永恒国度	2012年7月24日—11月26日	中国	香港	123	香港历史博物馆
240	中华大文明（中国王朝瑰宝特别展）	2012年10月10日—12月24日	日本	东京	172	东京国立博物馆
241		2013年2月2日—4月7日		神户		神户市立博物馆
242		2013年4月24日—6月23日		名古屋		名古屋市博物馆
243		2013年7月9日—9月16日		福冈		九州国立博物馆
244	中国秦兵马俑展	2012年10月28日—2013年1月20日	美国	明尼阿波利斯	120	明尼阿波利斯艺术博物馆
245	华夏瑰宝展	2012年11月20日—2013年2月20日	土耳其	伊斯坦布尔	101	伊斯坦布尔托普卡帕老皇宫博物馆
246	中国秦兵马俑——秦始皇时代的瑰宝	2013年2月22日—5月27日	美国	旧金山	120	旧金山市亚洲艺术博物馆
247	兵马俑军队与统一的秦汉王朝——中国陕西出土文物展	2013年3月15日—11月17日	瑞士	伯尔尼	120	伯尔尼历史博物馆
248	华夏瑰宝展	2013年4月29日—8月1日	罗马尼亚	布加勒斯特	101	罗马尼亚国家历史博物馆
249	当传奇与历史相会：陕西西安 兵马俑——来自中国的始皇帝宝藏	2013年6月14日—12月1日	芬兰	坦佩雷	102	坦佩雷市瓦普里克博物馆

	展览名称	展览时间	国家（地区）	展出城市	展品总件（组）数	展出博物馆
250	中国陕西秦兵马俑：始皇帝的彩绘军阵	2014年5月10日—11月2日	美国	印第安纳波利斯	118	印第安那波利斯儿童博物馆
251	华夏瑰宝展	2014年8月8日—11月9日	捷克	布拉格	90	布拉格城堡皇家厩博物馆
252	华夏瑰宝展	2015年2月6日—4月19日	匈牙利	布达佩斯	90	匈牙利工艺美术馆
253	秦始皇——中国陕西兵马俑	2015年4月1日—9月30日	丹麦	奥胡斯	104	摩斯盖德博物馆
254	始皇帝和大兵马俑	2015年10月27日—2016年2月21日	日本	东京	120	东京国立博物馆
255	中国秦始皇兵马俑	2016年3月1日—2017年1月8日	美国	芝加哥	120	芝加哥富地自然历史博物馆
256	始皇帝和大兵马俑	2016年3月15日—6月12日	日本	福冈	120	九州国立博物馆
257	大秦文化特展	2016年5月6日—8月31日	中国	台北	189	台北故宫博物院
258	大秦文化特展	2016年9月15日—12月18日	中国	高雄		高雄科学工艺博物馆
259	始皇帝和大兵马俑	2016年7月5日—10月2日	日本	大阪	120	大阪国立国际美术馆
260	华夏瑰宝展	2016年9月6日—2017年1月6日	卡塔尔	多哈	85	多哈伊斯兰艺术博物馆
261	天涯若比邻——华夏瑰宝秘鲁行	2016年10月7日—12月8日	秘鲁	利马	121	国家考古人类学历史博物馆
262	秦汉文明	2017年3月27日—7月16日	美国	纽约	164	纽约大都会艺术博物馆
263	兵马俑：秦始皇帝的永恒守卫	2017年4月8日—9月3日	美国	西雅图	125	西雅图太平洋科学博物馆
264	中国秦始皇兵马俑文物展	2017年6月9日—9月10日	哈萨克斯坦	阿斯塔纳	60	哈萨克斯坦国家博物馆
265	兵马俑：秦始皇帝的永恒守卫	2017年9月30日—2018年3月5日	美国	费城	125	费城富兰克林科学博物馆
266	辉煌大秦——兵马俑	2017年11月14日—2018年3月11日	美国	里士满	121	里士满弗吉尼亚艺术博物馆
267	秦始皇与兵马俑	2018年2月9日—10月28日	英国	利物浦	125	利物浦国家博物馆
268	辉煌大秦——兵马俑	2018年4月18日—8月12日	美国	辛辛那提	121	辛辛那提艺术博物馆
269	华夏瑰宝展	2018年9月12日—11月23日	沙特阿拉伯	利雅得	173	利雅得国家博物馆
270	秦始皇兵马俑：永恒的守卫	2018年12月13日—2019年4月22日	新西兰	惠灵顿	121	新西兰蒂帕帕国家博物馆
271	秦始皇兵马俑：永恒的守卫	2019年5月23日—10月13日	澳大利亚	墨尔本	121	墨尔本维多利亚美术馆

	展览名称	展览时间	国家（地区）	展出城市	展品总件（组）数	展出博物馆
272	秦始皇——中国第一个皇帝与兵马俑	2019 年 9 月 15 日—12 月 15 日	泰国	曼谷	86	曼谷国家博物馆
273		2022 年 3 月 25 日—5 月 22 日	日本	京都		京都市美术馆
274	兵马俑与古代中国——秦汉文明的遗产	2022 年 6 月 18 日—8 月 28 日		静冈	121	静冈县立美术馆
275		2022 年 9 月 10 日—11 月 6 日		名古屋		名古屋市博物馆
276		2022 年 11 月 22 日—2023 年 2 月 5 日		东京		东京上野森美术馆
277	中国秦汉文明的遗产	2023 年 3 月 28 日—2024 年 1 月 29 日	西班牙	阿利坎特	124	阿利坎特考古博物馆

	Mt Title	Period	Country (Region)	City	Total objects	Location
1	Exhibition of Archaeological Finds of The People's Republic of China	8 May - 2 Sep. 1973	France	Paris		Le Musée du Petit Palais
2	Exhibition of Archaeological Finds of The People's Republic of China	9 Jun.-29 Jul.1973	Japan	Tokyo		Tokyo National museum
3	Exhibition of Archaeological Finds of The People's Republic of China	11 Aug.-30 Sep.1973	Japan	Kyoto		Kyoto National Museum
4	Exhibition of Archaeological Finds of The People's Republic of China	28 Sep.1973 - 23 Jan.1974	britain	London		Royal College of Arts London
5	Exhibition of Archaeological Finds of The People's Republic of China	28 Dec.1973- 28 Feb.1974	Romania	Bucharest		Bucharest National Museum of Art
6	Exhibition of Archaeological Finds of The People's Republic of China	21 Feb.- 20 Apr.1974	Austria	Vienna		Vienna Austrian Museum of Arts and Crafts
7	Exhibition of Archaeological Finds of The People's Republic of China	3 Apr.-2 Jun.1974	Yugoslavia	Belgrade		Belgrade People's Museum
8	Exhibition of Archaeological Finds of The People's Republic of China	12 May -16 Jul.1974	Sweden	Stockholm		Stockholm National Museum of Far Eastern Antiquities
9	Exhibition of Archaeological Finds of The People's Republic of China	5 Jul.-3 Oct.1974	Mexico	Mexico city		National Museum of Anthropology in Mexico
10	Exhibition of Archaeological Finds of The People's Republic of China	8 Aug.-16 Nov.1974	Canada	Toronto		Royal Ontario Museum
11	Exhibition of Archaeological Finds of The People's Republic of China	4 Dec.1974-26 Jan.1975	Netherlands	Amsterdam		Amsterdam National Museum
12	Exhibition of Archaeological Finds of The People's Republic of China	13 Dec.1974-20 Mar.1975	U.S.A	Washington DC		The National Gallery of Art
13	Exhibition of Archaeological Finds of The People's Republic of China	20 Apr.-8 Jun.1975	U.S.A	Kansas		Nelson Museum of Art
14	Exhibition of Archaeological Finds of The People's Republic of China	28 Jun.-28 Aug.1975	U.S.A	San Francisco		San Francisco Museum of Asian Art
15	Exhibition of Archaeological Finds of The People's Republic of China	19 Feb.-6 Apr.1975	Belgium	Brussels		Palais des Beaux-Arts

Note: In the 1-15 exhibition on this page, only the seated attendant terracotta figures participated in some of these exhibitions, while the life-size terracotta warriors did not participated.

407

	Mt Title	Period	Country (Region)	City	Total objects	Location
1	Exhibition of Ancient Bronzes of The People's Republic of China	30 Mar.-23 May1976	Japan	Tokyo	130	Tokyo National Museum
2		15 Jun.-8Aug. 1976		Kyoto		Kyoto National Museum
3	Chinese Treasures in Manila	27 Nov.-27 Dec. 1976	Philippines	Manila	100	National Media Production Cente
4	Exhibition of Archaeological Finds of The People's Republic of China	19 Jan.-6 Mar.1977	Australia	Melbourne	136	Victoria National Museum
5		25 Mar.-8 May 1977		Sydney		New North Wales Museum of art
6		9 Jun.-29 Jul.1977		Adelaide		South Australian Art Museum
7	Exhibition of Archaeological Finds of The People's Republic of China	2 Oct.-13 Nov.1977	Japan	Nagoya	100	Nagoya Museum
8		22 Nov.-18 Dec.1977		Kitakyushu		Kitakyushu Municipal Art Museum
9		2 Jan.-26 Feb.1978		Tokyo		Seibu Art Museum
10	Exhibition of Archaeological Finds of The People's Republic of China	18 Apr.-11 Jun.1978	China	Hong Kong	100	Chinese Heritage Museum
11	The Great Bronze Age of China	12 Apr. - 9 Jul.1980	U.S.A	New York	105	Metropolitan Museum of Art New York
12		20 Aug.-29 Oct.1980		Chicago		Field Museum of Natural History
13		10 Dec.1980 -18 Feb.1981		Wozburg		Wozburg Art Museum
14		1 Apr.-10 Jun.1981		Los Angeles		Los Angeles Museum of Art
15		22 Jul.-30 Sep.1981		Boston		Boston Museum of Art
16	Kinas skate-Arkaeologiske fund fra Folkerepublikken Kina	24 May -7 Sep.1980	Denmark	Copenhagen	97	Louisiana Museum
17	Kunstschätze aus China	2 Oct.1980-6 Jan.1981	Switzerland	Zurich	97	Zurich Art Museum
18	Kunstschätze aus China	6 Feb.-26 Apr.1981	Germany (West)	Berlin	97	National Museum of East Asian Art
19		29 May-7 Sep.1981		Hildesheim		Romer and Pelizeu Museum
20		2 Oct.1981-3 Jan.1982		Cologne		East Asian Art Museum
21	Trésor d' art de la Chine	22 Jan.-18 Apr.1982	Belgium	Brussels	97	Brussels Art Museum
22	The Terra Cotta Warriors and The Great Wall Brick	1 May-31 Oct.1982	U.S.A	Knoxville	22	Knoxville World Expo.
23		Dec.1982-Jun.1983		Florida		Museum of Florida

	Mt Title	Period	Country (Region)	City	Total objects	Location
24		21 Dec. 1982-12 Feb.1983		Melbourne		National Gallery of Victoria
25		25 Feb.-10 Apr.1983		Sydney		Art Gallery of New South Wales
26	Qin Shihuang Terracotta Warriors and Horses	20 Apr. -10 Jun.1983	Australia	Brisbane	22	Queensland Art Galler
27		25 Jun.-10 Jul.1983		Adelaide		The Art Gallery of Southern Australia
28		20 Jul.-30 Aug.1983		Perth		The Art Gallery of Western Australia
29		10-30 Sep.1983		Canberra		National Museum of Australia
30	Treasure of China	20 Aug.-30 Dec.1983	Italy	Venice	153	Venice Palace Museum
31	Treasure of China	1 Sep.-10 Oct.1983	Philippines	Manila		Manila Exhibition Center
32		1 Oct.-30 Dec.1983		Osaka		Osaka City Park
33	Qin Shihuang Terracotta Warriors and Horses	2 Jan.-11 Feb.1984	Japan	Fukuoka	22	Fukuoka Prefecture Cultural Association
34		20 Feb-15 Apr.1984		Tokyo		Tokyo Oriental Museum
35		21 Apr-22 May1984		Shizuoka		Shizuoka Industrial Museum
36	Ancient Chinese Civilization	2 Sep.1984-6 Jan.1985	Yugoslavia	Zagreb	160	Gallery Klovićevi Dvori
37		22 Sep.-21 Dec.1984		Nagoya		Nagoya Museum
38	The Exhibition of Chinese Pottery Figures of Dynasties	1 Jan.-20 Feb.1985	Japan	Fukuoka	105	Art Gallery of Fukuoka
39		1 Mar.-10 Apr.1985		Kyoto		Kyoto National Museum
40		20 Apr.-6 May1985		Tokyo		Tokyo National Museum
41	Kejsarens Armé	3 Dec.1984-17 Feb.1985	Sweden	Stockholm	33	Stockholm Oriental Museum
42	Kejsarens Armé	2 Mar.-28 Apr.1985	Norway	Oslo	26	Henie Onstad Kunstsente
43	Chinas Sensationeller Fund	23 May-4 Aug.1985	Austria	Vienna	33	Austrian Anthropology Museum
44	Terracotta Warriors of Qin Dynasty, China	30 Aug.-30 Sep.1985	U.S.A	Minneapolis	10	Minneapolis Museum
45		8 Nov.-7 Dec.1985		Los Angeles		Pasadena International Cultural Ambassadors College

	Mt Title	Period	Country (Region)	City	Total objects	Location
46	The Emperor's Warriors	10 Sep. -1 Nov.1985	UK	Edinburgh	33	Edinburgh Art Center
47	The Emperor's Warriors	26 Nov.- 30 Dec.1985	Ireland	Dublin	33	Dublin Culture and Art Center
48	Terra-cotta Warriors of Qin Dynasty	1 Feb.-1 Jun. 1986	China	Hong Kong	33	Wanchai Chinese Heritage Exhibition Hall
49	Treasure and splendors	18 May-19 Nov.1986	Canada	Montreal	113	Montreal civilization Palace
50	The Terra cotta Warriors Exhibition, China	22 Jun.-15 Sep.1986	Japan	Iwamizawa	20	Hokkaido The 21st Century Expo.
51		22 Sep.-30 Nov.1986		Arao		Arao City, Kumamoto
52		29 Aug.-12 Oct.1986	New Zealand	Auckland		Auckland City Art Gallery
53	The Buried Army of Qin Shihuang	24 Oct.-7 Dec.1986		Christchurch	33	Robert McDougall Art Gallery Christchurch
54		19 Dec.1986-3 Feb.1987		Wellington		National Art Gallery and National Museum
55		22 Mar.-24 May1987		Philadelphia		Philadelphia Museum of art
56	The Quest for Eternity	28 Jun.-6 Sep.1987	U.S.A	Houston	105	The Museum of Fine Arts
57		15 Oct.1987-3 Jan.1988		Los Angeles		Los Angeles County Museum of Art
58		7 Feb.-10 Apr.1988		Cleveland		The Cleveland Museum of Art
59	Golden Dragon and Golden Horse Animal National Treasure Exhibition-Cultural Relics Unearthed from Shaanxi Province, China	1 Aug.-8 Nov.1987	Japan	Osaka	100	Osaka Municipal Art Museum
60	The Terra cotta Warriors of Qin Dynasty, China	19 Aug.-19 Sep.1987	Canada	Toronto	33	National Art Center
61	The Terra cotta Warriors of Qin Dynasty, China	3 Oct.-8 Dec.1987	Germany (East)	Berlin	33	Pergamon Museum
62	Cultural Relics from Shaanxi Province, China	9 Oct.-9 Dec.1987	Japan	Takasaki	95	Gunma County Museum

	Mt Title	Period	Country (Region)	City	Total objects	Location
63	The Emperor's Warriors	14 Dec.1987-20 Feb.1988	UK	London	33	The Royal Horticultural Society's Old Hall
64	Az Eslö Kinai Császár Cseréphad-serege（The Emperor's Warriors）	8 Mar.-15 Apr.1988	Hungary	Budapest	33	National Museum
65	Silk Road Exposition	24 Apr.-24 Oct.1988	Japan	Nara	63	Nara National Museum
66	The Emperor's Warriors	26 May-19 Jun.1988	Greece	Athens	33	Athens National Art Museum
67		Jul.-Dec.1988		Seattle		Seattle
68	Son of Heaven: Imperial Arts of China	Mar.-Aug.1989	U.S.A	Columbia	137	Columbia, Ohl
69		Aug.-Sep.1989		San Francisco		San Francisco
70	Chang' an Cultural Relics of Tang Dynasty, China	17 Mar.-3 Sep.1989	Japan	Himeji Road	96	Hyogo Prefectural Museum of History
71	Imperial Life in the Qing Dynasty	7 Apr.1989-6 Apr.1990	Singapore	Singapore	107	Singapore Heritage Museum
72	East Asian Civilization Origin	23 Sep.-12 Nov.1989	Japan	Toyama	99	Toyama Art Museum
73	Ano Lunar Do Cavalo（Horse in the Lunar Year of the Horse）	29 Jan.-14 Mar.1990	China	Macao	20	Jardim Lou Lim Iok
74	The Terracotta Warriors of China	5 May-10 Jun.1990	Japan	Kitakyushu	30	Kitakyushu Municipal Art Museum
75	Jenseits Der Grossen Mauer: Der Erste Kaiser Von China Und Seine Terra-kotta Armee	11 Aug.-30 Nov.1990	Germany (West)	Dortmund	90	East wall Museum
76	A Thousand Years of Chinese Tomb Sculpture	22 Apr.-28 Jul.1991	Spain	Barcelona	90	Santa Monica Arts Center
77	Les Guerriers De L' Eternite	20 Jun.- 15 Sep.1992	France	Metz	70	Assenal Concert Hall
78	Soldiers from Xi' an	Jun.-Jul.1992	U.S.A	Michigan		University of Michigan
79	"Mainland Antiquities and Treasures: Gold and Jade Clothes, Terracotta Warriors"	5 Dec.1992- 31 May 1993	China	Taipei	110	Yushanzhuang Art Museum

	Mt Title	Period	Country (Region)	City	Total objects	Location
80	Treasure of China	15 Jun.-15 Sep.1993	Switzerland	Lausanne	9	International Olympic Committee building
81	Qin Seigeneur de L'Eternel	25 Jun.- 25 Aug.1993	Belgium	Antwerp	89	Provincial Government Building
82	Treasures of Chang'an and the Great Wall	6 Feb.- 6 Mar.1994	Japan	Tokyo	85	Ancient culture museum
83	Cina 220 A. C. I Guerrieri di Xi'an	14 May-18 Sep.1994	Italy	Venice	70	Venice
84		15 Oct.-19 Dec.1994		Rome		Piazza Colonna
85	Tomb Treasures from China:The Buried Art of Ancient Xi'an	3 Aug.-30 Oct.1994	U.S.A	San Francisco	62	Asian Art Museum of San Francisco
86		20 Nov.1994 - 12 Feb.1995		Fort Worth		Kimbell Art Museum
87		16 Mar.- 18 Jun.1995		Hawaii		Honolulu Academy of the Art
88	The Emperor of Qin Shihuang	16 Aug.-12 Nov.1994	Korea	Seoul	85	Jingfu palace, Seoul National Folk Museum
89		25 Nov.1994-19 Feb.1995		Busan		Busan Museum
90		20 Mar.-20 May1995		Guangzhou		Guangzhou Folk Museum
91		1 Jun.-30 Jul.1995		Daegu		Daegu Museum
92	Emperor Qin Shihuang Era	16 Sep.-20 Nov.1994	Japan	Tokyo	122	Shitagu Art Museum
93		30 Nov.1994-16 Jan.1995		Nagoya		Nagoya Museum
94		25 Jan.-12 Mar.1995		Kobe		Kobe Museum
95		21 Mar.-7 May1995		Fukuoka		Fukuoka Museum
96		17 May-25 Jun.1995		Songshan		Songshan Art Museum
97		7 Jul.-20 Aug.1995		Sapporo		Hokkaido Kaizen Memorial Hall
98	Imperial Tombs of China	18 Apr.-18 Sep.1995	U.S.A	Memphis	255	Cook Convention Center in Memphis
99		1 Nov.1995.-17 Mar.1996		Provo		Young Brigham University in Provo
100		1 May-15 Sep.1996		Portland		Portland Art Museum
101		1 Nov. 1996.-17 Mar.1997		Denver		Denver natural history museum
102		2 May-15 Sep.1997		Orlando		Orlando Museum of art

	Mt Title	Period	Country (Region)	City	Total objects	Location
103		2 Jun.-5 Nov.1995	Germany	Essen		Villa Hügel Kulturstiftung Ruhr Essen
104	Ancient China. Men and Gods in the	2 Dec.1995-3 Mar.1996	Germany	Munich		Hypo-Kulturstiftung in Munich
105	Middle Kingdom. 5000 BC - 220 AD	Apr.-Aug.1996	Switzerland	Zurich	118	Kunsthaus in Zurich
106	（Mysteries of Ancient China ）	13 Sep. 1996-5 Jan.1997	UK	London		The British Museum
107		21 Feb.-25 May1997	Denmark	Copenhagen		Louisiana Museum of Modern Art
108	Krieger Desjenseits	7 Sep.-19 Nov.1995	Germany	Hamburg	6	Hamburg Museum of Arts and Crafts
109		1-29 Oct.1995		Shizuoka		Shizuoka Nakagawa Art Museum
110	Envoy of peace--The bronze chariots	21 May-14 Jun.1996	Japan	Fukuoka	1	Nara Prefecture Art Museum
111	of emperor Qin	23 Apr.- 1 Jun.1997		Nara		Fukuoka Museum
112	The First Emperor:Treasures from	1 Jul.-1 Sep.1996	U.S.A	Birmingham	65	Birmingham Art Museum
113	Ancient China	18 Feb.- 18 May 1997		Baltimore		Baltimore Waterland Art Museum
114	The Terracotta Warriors and Horses	26 Jul.-26 Sep.1996	Japan	Tottori	10	Yanzhao Garden
115	The Terracotta Warriors and Horses of Emperor Qin	7 Mar.- 8 Jun.1997	Japan	Osaka	45	Wanbo Memorial Park
116	Keisarin Armeija	28 Jun.-31 Aug.1997	Finland	Lahti	82	History Museum of Lahti
117		25 Sep.-13 Oct 1997		Tokushima		Tokushima Exhibition Hall
118	The Terracotta Warriors and Horses of Emperor Qin	3 Dec.1997-23 Jan.1998		Hiroshima		Hiroshima Art Museum
119		1 Feb.-10 Mar.1998	Japan	Okayama	50	Okayama Exhibition Hall
120		20 Mar.-10 Apr.1998		Saga		Saga Art Museum
121		20 Apr.-20 May 1998		Songjiang		Shimane Museum
122	National Treasure: Gems of China's Cultural Relics	16 Dec.1997-3 Jan.1998	China	Hong Kong	163	Hong Kong Museum of Art
123	Eternal China: Splendors From The	17 Feb.-7 Jun.1998	U.S.A	Dayton	72	Dayton Art Institute
124	First Dynasties	17 Jul.-26 Oct.1998		Santa Barbara		Santa Barbara Museum of Art

	Mt Title	Period	Country (Region)	City	Total objects	Location
125	China 5000 Years: Innovation and	6 Feb.-3 Jun. 1998	U.S.A	New York	219	Guggenheim Museum
126	Transformation in Arts	1 Sep.-1 Nov 1998	Spain	Bilbao	219	The Guggenheim Museum of Bilbao
127	World Civilization : China	11 Sep.-11 Nov. 1998	Korea	Kyeongju	90	98 World Cultural Expo
128		5 Jun.-11 Jul. 1999		Gifu		Gifu History Museum
129		17 Jul.-15 Aug. 1999		Shizuoka		Shizuoka Museum
130		21 Aug.-9 Sep. 1999		Sendai		Sendai Museum
131	Terracotta Warriors and Treasures of	7 Oct.-7 Nov. 1999	Japan	Fukui	68	Fukui Art Museum
132	the Qin and Han Dynasties	12 Nov. -5 Dec. 1999		Shichuan		Shichuan County Art Museum
133		14 Jan.-13 Feb. 2000		Kumamoto		Kumamoto Prefecture Art Museum
134		25 Mar.-23 Apr. 2000		Putian		Okinawa Putian Art Museum
135		1 May-4 Jun. 2000		Miyazaki		Miyazaki Comprehensive Museum
136	Le Semaine culturelle de Chine 1999 à Paris	1-15 Sep. 1999	France	Paris	8	UNESCO
137	The Golden Age of Chinese Archaeol-	14 Sep.1999.-2 Jan. 2000		Washington		Washington Museum of Art
138	ogy: Celebrated Discoveries from the	13 Feb.-7 May 2000	U.S.A	Houston	234	Houston Art Museum
139	People's Republic of China	17 Jun.-11 Sep.2000		San Francisco		San Francisco Art Museum
140	Gilded Dragons: Buried Treasures from China's Golden	20 Oct. 1999.-20 Feb. 2000	UK	London	120	The British Museum

	Mt Title	Period	Country (Region)	City	Total objects	Location
141		24 Mar.-23 Apr. 2000		Yamagata		Yamagata Art Museum
142		28 Apr.-28 May2000		Junshan		Junshan Art Museum
143	The Terracotta Warriors and Horses of Emperor Qin	14 Jul.-6 Aug. 2000	Japan	Morioka	90	Iwate Prefecture People's Guild Hall
144		11 Aug.-10 Sep. 2000		Aomori		Aomori Industry Hall
145		15 Sep.-15 Oct. 2000		Akita		Akita Art Museum
146		21 Oct.-19 Nov. 2000		Matsumoto		Matsumoto Municipal Museum
147	Imperial China: the Art of the Horse in Chinese History	22 Apr.-10 Aug. 2000	U.S.A	Lexington	164	Kentucky Horse Park
148		5 Aug.-5 Nov.2000		Yokohama		Yokohama Art Museum
149	Four World Civilizations · China Civilization Exhibition	14 Nov.-24 Dec.2000	Japan	Sendai	121	Sendai Museum
150		13 Jan.-12 Feb.2001		Kanazawa		Ishikawa County Art Museum
151		24 Feb.-1 Apr.2001		Takamatsu		Kagawa-ken History Museum
152		12 Apr.-17 Jun.2001		Hiroshima		Hiroshima Art Museum
153	Imperial Period in China: Xi'an Dynasties	20 Sep.-20 Dec. 2000	Mexico	mexico city	120	National Museum of Anthropology
154		1 Jan.-30 Mar. 2001		Monterey City		Glass Museum
155	Treasures of Ancient China	24 Oct.-17 Dec. 2000	Japan	Tokyo	130	Tokyo National Museum
156	La Gloire Des Empereurs Chine	1 Nov. 2000-10 Jan. 2001	France	Paris	170	Le Musée du Petit Palais
157	The Terracotta Warriors and horses:	15 Dec. 2000-11 Mar. 2001	China	Taipei	120	Taipei History Museum
158	Qin Culture Special Exhibition	22 Mar.-10 May 2001	China	Taichung	120	Taichung Natural Science Museum
159	Treasure of Shaanxi	27-30 Jun. 2001	China	Hong Kong	80	Hong Kong Convention and Exhibition Center
160	Chine:Le Siecle du Premier Empereur	17 Jul.- 31 Aug. 2001	Monaco	Monaco City	120	Grimaldi Convention and Exhibition Center
161	China: One Hundred Treasures	13 Aug. 2001 -15 Jan. 2002	Israel	Jerusalem	100	Israel National Museum
162	Xi'an, Capitale Eternelle	5 Dec.2001 -2 Sep.2002	Canada	Quebec City	109	Musée de la Civilisation

QINJUN CHUXUN ——兵马俑外展实录

	Mt Title	Period	Country (Region)	City	Total objects	Location
163	Two Emperors: China's Ancient Origins	19 Sep.-1 Dec.2002	Australia	Perth	120	Western Australian Museum
164		16 Jan.-9 Mar.2003	New Zealand	Auckland		Auckland Art Gallery
165		29 Mar.-20 Jul.2003	Australia	Sydney		Australia museum,
166	War and Peace	4 Dec.2002-16 Mar.2003	China	Hong Kong	100	Hong Kong Museum of History
167	Treasures from the Cradle of Chinese Civilizations : 5000 Years of Ancient Art from the Huang He Valley	15 Jan.-15 Apr.2003	Guam	Guam	120	International Airport Exhibition Center
168	5 Mil Anos de Civilização Chinesa	20 Feb.-8 Jun.2003	Brazil	São Paulo	120	Pavilhão Lucas Nogueira Narcez-Oca Parque Ibirapuera
169	Treasure of Qin & Han Dynasties, China	16 Jul.-23 Oct. 2003	Korea	Seoul	120	Seoul Exhibition Center
170		5 Dec.2003-21 Mar. 2004		Busan		International Convention and Exhibition Center
171	Treasures of Chinese Dynasties	10 Sep.-30 Oct. 2004		Daejeon	100	Trade Exhibition Hall
172		24 Apr.-30 May2004	Japan	Shizuoka		Shizuoka Prefectural Museum of Art
173		5 Jun.-4 Jul.2004		Maebashi		Arts Museum of Maebashi
174		11 Aug.-24 Aug.2004		Tokyo		Art gallery of Matsuzakaya, Tokyo
175		27 Aug.-20 Sep.2004		Kanazawa		Ishikawa-ken Museum
176		29 Sep.-18 Oct.2004		Utsunomiya		Utsunomiya-shi Museum
177		23 Oct.-23 Nov.2004		Nagano		Nagano CityArt Museum
178	Guerreros de Xi'an	9 May-26 Sep.2004	Spain	Barcelona	104	International Cultural Forum
179		4 Nov.2004-30 Jan.2005		Mardrid		Plaza de Isabel II
180		17 Feb.-6 Apr.2005		Valencia		Science Museum Príncipe Felipe
181	Treasures of Chang'an	11 Sep.-20 Oct. 2004	Japan	Niigata	80	Art Gallery and History Museum, Niigata

	Mt Title	Period	Country (Region)	City	Total objects	Location
182	The Terracotta Warriors and Horses of the first Emperor Qin Shihuang	25 Sep.2004-3 Jan.2005	Japan	Tokyo	100	The Ueno Royal Museum
183	Treasures of Ancient China II	28 Sep.-28 Nov.2004	Japan	Tokyo	171	Tokyo National Museum
184		18 Jan.-27 Mar.2005		Osaka		Osaka National Museum
185	New Discovery of Archaeological from Shaanxi Frovince	21-29 Nov.2004	China	Hong Kong	102	Hong Kong Convention and Exhibition Centre
186	Treasures of Chinese Dynasties	26 Mar.-8 May2005	Japan	Kumamoto	102	Kumamoto Prefectural Art Museum
187		15 Jun.-18 July 2005		Oita		Oita Prefectures Art Hall
188		23 July-21 Aug.2005		Kagoshima		Kagoshima Historical Data Center
189		1-19 Sep.2005		Niigata		Art Gallery of Daiwa Department Store
190		6 Oct.-6 Nov.2005		Kyoto		Art Museum of Isetan Store
191		2 Jan.-19 Feb.2006		Fukuoka		Fukuoka Asian Art Museum
192	The Qin Terracotta Army	28 Apr.2005-31 Mar.2006	Germany	Leipzig	80	Centre of Chinese Arts and Culture
193	China: Art & Culture	1-30 Oct.2005	U.S.A	Washington DC	3	The Kennedy Center for the Performing Arts
194	La Via della Seta e la Civiltà Cinese(The Silk Road and Chinese Civilization)	22 Oct. 2005-14 May 2006	Italy	Treviso	120	Casa dei Carraresi
195	Xi' an Kaiserliche Macht Im Jenseits (Exhibition of cultural relics protection achievements of Sino-German scientific and technological cooperation)	21 Apr.-23 Jul.2006	Germany	Bonn	184	The German Art Gallery
196	ТЕРРАКОТОВАЯ АРМИЯ (Terracotta Army of Qin Shihuang)	14 Jun.-30 Nov.2006	Russia	Moscow	80	The Russian State Museum of History

	Mt Title	Period	Country (Region)	City	Total objects	Location
197	Los guerreros de terracotta (The Terracotta Warriors: Guardians of China's First Emperor)	15 Jun.-17 Sep.2006	Columbia	Bogota	73	National Museum of Columbia
198		1 Aug.-9 Oct.2006		Tokyo		Edo Tokyo Museum
199		20 Oct.-10 Dec.2006		Kyoto		Kyoto Museum
200	Records of Historian: The First Emperor and His Painted Terracotta Warriors, China	19 Dec.2006- 11 Mar.2007	Japan	Kitakyushu	120	Kitakyushu Municipal Museum of Natural History
201		20 Mar.-13 May2007		Hiroshima		Shino Art Museum
202		19 May-15 Jul.2007		Niigata		Niigata Prefectural Bandai Museum
203	Treasures of Qin & Han Dynasties, China	22 Sep.2006,-28 Jan.2007	Italy	Rome	122	The Rome Presidential Palace Museum
204	The Terracotta Army of the First Emperor	1 Dec.2006-31 Mar.2007	China	Taichung	116	Taichung Natural Science Museum
205		12 May -2 Aug.2007	China	Taipei		Taipei History Museum
206	China's Terracotta Warriors and Horses	4 Mar.-20 Jul.2007	Malta	Valletta	80	The National Archaeological Museum
207	Major Archaeological Discoveries of China in Recent Years	25 Jul.-24 Sep.2007	China	Hong Kong	120	Hong Kong History Museum
208	Treasure of Shaanxi Cultural Relics	31 Aug.-9 Sep.2007	Korea	Seoul	91	Seoul History Museum
209	The First Emperor: China's Terracotta Army	12 Sep.2007-6 Apr.2008	UK	London	120	The British Museum
210	Timeless Warriors & Relics: 1500 years of Ancient of China	19 Jan.-13 Apr.2008	U.S.A	Midland	50	Alden B. Dow Museum of Science & Art of Midland Center for the Arts
211	Het Terracotta Leger van Xi' an: Schatten van de Eerste Keizers van China	1 Feb.-1 Sep.2008	Netherlands	Assen	120	Drent Museum
212	Treasures of China	27 Mar.-30 Jun.2008	South Africa	Pretoria	90	Northern Flagship Institution

	Mt Title	Period	Country (Region)	City	Total objects	Location
213	Les Soldats del' Éternité (The Eternal Warriors)	15 Apr.-15 Sep.2008	France	Paris	120	Pinacothèque de Paris
214	Terra Cotta Warriors: Guardians of China's First Emperor	16 May-16 Oct.2008	U.S.A	Los Angeles	100	Bowers Museum
215	IL Celeste Impero, Dall' Esercito di Terracotta alla Via della Seta	11 Jul.-16 Nov.2008	Italy	Turin	185	Museo di Antichita
216	Heavenly Horse-The Horse in Chinese Art and Culture	16 Jul.-13 Oct.2008	China	Hong Kong	60	Hong Kong Museum of History
217	Het Terracotta Leger van Xi'an: Schatten van de Eerste Keizers van China	1 Oct.2008 -31 Mar.2009	Belgium	Masseik	120	Masseik Museum
218	Terracotta Warriors: Guardians of China's First Emperor	11 Nov.2008-19 Apr.2009	U.S.A	Atlanta	100	High Museum of Art, Atlanta
219	Trésors de Chine	8 May-8 Aug.2009	Tunisia	Tunisian City	78	Musée National de Carthage
220	Terracotta Warriors: Guardians of China's First Emperor	22 May-18 Oct.2009	U.S.A	Houston	100	Houston Museum of Natural Science
221	Fils du Ciel	8 Oct.2009 -14 Feb.2010	Belgium	Brussels	160	Palais des Beaux-Arts
222	Terracotta Warriors: Guardians of China's First Emperor	19 Nov.2009-31 Mar.2010	U.S.A	Washington DC	100	National Geographic Museum
223	China Antiguay Los Guerreros de Terracota	4 Dec.2009-30 May2010	Chile	Santiago	80	Centro Cultural Palacio La Moneda
224	Qin-Han and Roman Civilization	16 Apr.-5 Sep.2010	Italy	Milan	214	Palace of Milan
225	The Warrior Emperor and China's Terracotta Army	26 Jun.2010-2 Jan.2011	Canada	Toronto	120	Royal Ontario Museum
226	China's Terracotta Army	27 Aug.2010-20 Feb.2011	Sweden	Stockholm	120	Museum of Far Eastern Antiqui_x005fties, Stockholm, Sweden
227	Qin-Han and Roman Civilization	7 Oct.2010-6 Jun.2011	Italy	Rome	214	Römerberg Senatus, Rome

	Mt Title	Period	Country (Region)	City	Total objects	Location
228	The First Emperor: China's Entombed Warriors	2 Dec.2010-13 Mar.2011	Australia	Sydney	120	Art Gallery of New South Wales, Sydney
229	The Warrior Emperor and China's Terracotta Army	11 Feb.-26 Jun.2011	Canada	Montreal	120	Museum of Fine Arts, Montreal
230	Treasures of China	18 Feb.-20 Mar.2011	India	New Delh	95	National Museum
231		7 Apr.-6 Jun.2011		Mumbai		Prince of Wales Museum of Western India
232		23 Jun.-22 Aug.2011		Hyderabad		Salarjung Museum
233		8 Sep.- 7 Nov.2011		Calcutta		State Library
234	Terracotta Warriors: The First Emperor and His Legacy	24 Jun.-16 Oct.2011	Singapore	Singapore	102	Asian Civilizations Museum
235	Tombs, Temples and Warriors: China's Glorious Legacy	1 Oct.2011 -4 Mar.2012	U.S.A	Los Angeles	121	Bowers Museum
236		1 Apr.-3 Sep.2012		Houston		Houston Museum of Natural Science
237	The Terracotta Army and China's Unification	5 Apr.2012 -13 Mar.2013	Netherlands	Leiden	17	National Museum of Ethnology
238	Terracotta Warriors-Defenders of China's First Emperor	27 Apr.-26 Aug.2012	U.S.A	New York	111	Discovery Times Square
239	The Majesty of All Under Heaven: The Eternal Realm of China's First Emperor	24 Jul.-26 Nov.2012	China	Hong Kong	123	Hong Kong Museum of History
240	China: Grandeur of the Dynasties	10 Oct.-24 Dec.2012	Japan	Tokyo	172	Tokyo National Museum
241		2 Feb.-7 Apr.2013		Kobe		Kobe City Museum
242		24 Apr.-23 Jun.2013		Nagoya		Nagoya City Museum
243		9 Jul.-16 Sep.2013		Kyushu		Kyushu National Museum

	Mt Title	Period	Country (Region)	City	Total objects	Location
244	China's Terracotta Army of Emperor Qin Shihuang	28 Oct.2012 -20 Jan.2013	U.S.A	Minneapolis	120	The Minneapolis Institute of Arts
245	Treasures of China	20 Nov.2012-20 Feb.2013	Turkey	Istanbul	101	Topkapi Sarayi Museum
246	China's Terracotta Army of Emperor Qin Shihuang	22 Feb.-27 May2013	U.S.A	San Francisco	120	Asian Art Museum of San Francisco
247	The Terracotta Army and the Unified Qin and Han Dynasties: Relics Unearthed in Shaanxi	15 Mar.-17 Nov.2013	Switzerland	Bern	120	Museum of History
248	Treasures of China	29 Apr.-1 Aug.2013	Romania	Bucharest	101	National Museum of History
249	Qin & Han Dynasty Terracotta Army	14 Jun.-1 Dec.2013	Finland	Tampere	102	Tampereen Museum
250	Terracotta Warriors: The Emperor's Painted Army	10 May-2 Nov.2014	U.S.A	Indianapolis	118	Children's Museum
251	Treasures of China	8 Aug.-9 Nov.2014	Czech	Bragg	90	Royal Stables Museum of Prague Castle
252	Treasures of China	6 Feb.-19 Apr.2015	Hungary	Budapest	90	Museum of Applied Arts
253	The First Emperor: China's Terracotta Army	1 Apr.-30 Sep.2015	Denmark	Aarhus	104	The Mosgaarde Museum
254	The Great Terracotta Army of China's First Emperor	27 Oct.2015-21 Feb.2016	Japan	Tokyo	120	Tokyo National Museum
255	China's First Emperor and His Terracotta Warriors	1 Mar.2016-8 Jan.2017	U.S.A	Chicago	120	Field Museum of Natural History
256	The Great Terracotta Army of China's First Emperor	15 Mar.-12 Jun.2016	Japan	Kyushu	120	Kyushu National Museum
257	Terracotta warriors -The Rise and Legacy of Qin Culture	6 May-31 Aug.2016	China	Taipei	189	Taipei Palace Museum
258		15 Sep.-18 Dec.2016		Kaohsiung		Museum of Science and Technology
259	The Great Terracotta Army of China's First Emperor	5 Jul.-2 Oct.2016	Japan	Osaka	120	The National Museum of Art

	Mt Title	Period	Country (Region)	City	Total objects	Location
260	Treasures of China	6 Sep.2016 -6 Jan.2017	Qatar	Doha	85	The Museum of Islamic Art
261	Treasures of China	7 Oct.-8 Dec.2016	Peru	Lima	121	"National Museum of Archaeological and Anthropological History"
262	Age of Empires-Chinese Art of the Qin and Han Dynasties	27 Mar.-16 Jul.2017	U.S.A	New York	164	Metropolitan Museum of Art New York
263	Terracotta Warriors of the First Emperor: Guards for Eternity	8 Apr.-3 Sep.2017	U.S.A	Seattle	125	The Pacific Science Center
264	China's First Emperor and His Terracotta Warriors	9 Jun.-10 Sep.2017	Kazakhstan	Astana	60	National Museum
265	Terracotta Warriors of the First Emperor-Guards for Eternity	30 Sep.2017-5 Mar.2018	U.S.A	Philadelphia	125	The Franklin Institute
266	Terracotta Army: Legacy of the First Emperor of China	14 Nov.2017-11 Mar.2018	U.S.A	Richmond	121	Virginia Museum of Fina Art
267	China's First Emperor and the Terracotta Warriors	9 Feb.-28 Oct.2018	UK	Liverpool	125	National Museum Liverpool
268	Terracotta Army: Legacy of the First Emperor of China	18 Apr.-12 Aug.2018	U.S.A	Cincinnati	121	Cincinnati Art Museum
269	Treasures of China	12 Sep.-23 Nov.2018	Saudi Arabia	Riyadh	173	National Museum
270	Terracotta Warriors: Guardians of Immortality	13 Dec.2018-22 Apr.2019	New Zealand	Wellington	121	Museum of New Zealand Te Papa Tongarewa
271	Terracotta Warriors: Guardians of Immortality	23 May-13 Oct.2019	Australia	Melbourne	121	The National Gallery of Victoria
272	Qin Shi Huang:The First Emperor of China and Terracotta Warriors	15 Sep.-15 Dec.2019	Thailand	Bangkok	86	National Museum

	Mt Title	Period	Country (Region)	City	Total objects	Location
273	Terracotta Warriors of Ancient China-Heritage of Qin and Han Dynasties Civilization	25 Mar.-22 May2022	Japan	Kyoto	121	Kyoto City Kyocera Museum of Art
274		18 Jun.-28 Aug.202		Shizuoka		Shizuoka Prefectural Museum of Art
275		10 Sep.-6 Nov.2022		Nagoya		Nagoya City Museum
276		22 Nov.2022-5 Feb.2023		Tokyo		The Ueno Royal Museum
277	The Legacy of the Qin and Han Dynasties Civilization, China	28 Mar.2023-29 Jan.2024	Spain	Alicant	124	Archaeology Museum of Alicant

参考文献

1. 夏鼐:《巴黎、伦敦展出的新中国出土文物展览巡礼》,《考古》1973年第1期。

2. 冯普仁:《文物传深情友谊连四海——记我国文物考古工作者近几年来的国际交往活动》,《光明日报》1975年10月3日。

3. 马承源:《灿烂的青铜时代之花——中国青铜器在美展出》,《今日中国》1980年第1期。

4. 秋振邦:《中国青铜器展览在美国举行》,《文物天地》1981年第1期。

5. 于坚:《中国文物展览在丹麦》,《文物天地》1981年第2期。

6. 刘悦:《陕西秦陵兵马俑在国外》,《文物天地》1983年第2期。

7. 穆方顺:《中华民族的瑰宝——"中国古代文明展"在意大利》,《光明日报》1983年8月10日。

8. 宋振兴:《秦兵马俑在国外展出引起巨大轰动》,《文博》1984年第3期。

9. 新华社:《我国和瑞挪奥签订展览协定》,《陕西日报》1984年10月27日。

10. 刘云辉:《跨洋越海结友情》,《人民日报》(海外版)1985年7月13日。

11. 刘合心、袁仲一:《秦兵马俑展轰动爱丁堡》,《陕西日报》1985年10月6日。

12. 刘云辉:《秦俑在斯德哥尔摩》,《西安晚报》1985年12月1日。

13. 新华社:《兵马俑展轰动都柏林》,《西安晚报》1986年1月7日。

14. 彭常新:《陕西秦代兵马俑在香港展出》,《文物报》1986年2月21日。

15. 吴子荣:《秦俑展在维也纳》,《社会科学评论》1986年第6期。

16. 宋振兴:《秦兵马俑在日本展出》,《西安晚报》1986年6月23日。

17. 恬洁:《中国艺术在蒙特利尔》,《文物报》1986年12月12日。

18. 顾伯平:《我国文物展览在海外》,《瞭望周刊》1986年第43期。

19. 袁仲一:《秦俑在国外》,《中外历史》1987年第2期。

20. 张守中:《访加拿大日记》,《文物天地》1987年第3期。

21. 宁彬:《中国历代陶俑展览赴美展出》,《文物报》1987年4月3日。

22.顾伯平:《第八奇迹,誉荡新洲——新西兰人民赞誉秦代兵马俑》,《文物报》1987年4月17日。

23.新华社:《秦兵马俑展览在柏林引起轰动》,《陕西日报》1987年12月15日。

24.王德峰:《兵马俑在柏林》,《西安晚报》1987年12月27日。

25.陕西省赴匈文物代表团:《秦兵马俑在匈牙利》,《中国博物馆通讯》1988年第7期。

26.吕济民:《中国古文化在雅典焕发异彩——记国际奥纳西斯奖授奖仪式》,《中国文物报》1988年7月22日。

27.王兆麟:《秦始皇的"御林军"征服了全世界——秦兵马俑出访海外纪实》,《中国文物报》1989年1月20日。

28.吴晓丛:《陕西秦代文物展在德展出引起轰动》,《中国文物报》1991年11月8日。

29.周明:《中国古代艺术一千年在巴塞罗那开幕》,《中国文物报》1991年4月17日。

30.必达:《上了一堂生动的文化修养课——中国文物在西班牙展出记闻》,《中国文物报》1990年9月22日。

31.陈安利:《难忘的梅斯之夏——秦兵马俑赴法展纪实》,《文博》1993年第1期。

32 王富国:《中国出土文物展览在英国》,《江汉考古》1995年第1期。

33.顾宁:《1972至1992年的中美文化交流——回顾与思考》,《世界历史》1995年第3期。

34.申秦雁:《美国孟菲斯"中国皇陵展"见闻》,《陕西历史博物馆馆刊》(三),西北大学出版社1996年版。

35.邓晓旭:《秦始皇文物走向世界》,《陕西日报》1997年7月29日。

36.刘曙光:《中国历史文物精华展在香港隆重开幕》,《中国文物报》1998年1月4日。

37.何宏:《在芬兰办展览》,《秦陵秦俑研究动态》1998年第2期。

38.新华社:《香港同胞掀起看国宝展学国史热》,《中国文物报》1998年3月15日。

39.岳志勇:《陕西文物展在大英博物馆开幕》,《中国文物报》1999年10月27日。

40. 郭京花、侯湘华、赵古山：《中国考古发现展吸引巴黎目光》，《中国文物报》2000 年 12 月 10 日。

41.《新中国对外文化交流史略》编委会：《新中国对外文化交流史略》，中国友谊出版社 1999 年版。

42. 蒋文孝：《"中国古代文明，真了不起！"——赴美"帝王时代·中国古代马艺术"展览侧记》，《秦陵秦俑研究动态》2000 年第 3 期。

43. 韩伟：《陕西文物展在大英博物馆》，《考古与文物》2000 年第 6 期。

44. 张金江：《兵马俑在墨展风采》，《人民日报》2000 年 9 月 22 日。

45. 赵忱：《他们对"兵马俑"一见钟情——"中国考古发现展"在巴黎》，《中国文化报》2000 年 11 月 7 日。

46. 郭京花、侯湘华、赵古山：《中国考古发现展吸引巴黎目光》，《中国文物报》2000 年 12 月 10 日。

47. 胡加齐：《兵马俑喜煞墨城市民》，《新华每日电讯》2001 年 1 月 2 日。

48. 徐长青：《赴美随展纪略》，《南方文物》2001 年第 3 期。

49. 陈克勤：《中国古文化的魅力——以举办"中国百件珍宝展"》，《人民日报》（海外版）2001 年 8 月 16 日。

50. 严向东：《耶路撒冷：中国古文化显魅力》，《人民日报》（海外版）2001 年 9 月 26 日。

51. 方石：《感受中华文明的魅力——中国文物以色列展出散记》，《中国文物报》2002 年 3 月 15 日。

52. 田静：《兵马俑出征》，《文物天地》2002 年第 10 期。

53. 张卫中：《西安秦兵马俑在巴西开幕》，《人民日报》（海外版）2003 年 2 月 24 日。

54. 李玲：《秦兵马俑展留下的思考》，《北方文物》2007 年第 2 期。

55. 郭青：《"中国秦兵马俑展"在马耳他首都瓦莱塔开幕》，《陕西日报》2007 年 3 月 7 日。

56. 韩钊、庞博：《中国秦兵马俑展远赴马耳他》，《中国文化报》2007 年 3 月 14 日。

57. 庞博：《为了秦兵马俑展大英博物馆全天候开放》，《中国文化报》2007 年

11 月 28 日。

58. 庞博、郭青:《秦兵马俑展在英国掀起中国文化热》,《陕西日报》2007 年 12 月 21 日。

59. 李秀珍:《秦始皇兵马俑大英展的宣传营销》,《中国文物报》2008 年 1 月 11 日。

60. 袁晔:《中国文物瑰宝首次亮相非洲》,《美术报》2008 年 4 月 5 日。

61. 韩建武、胡薇:《陕西秦兵马俑展赴巴黎》,《收藏家》2008 年第 5 期。

62. 韩静:《从"华夏瑰宝展"看中国文物外展的实践》,《中国文物报》2008 年 11 月 7 日。

63. 庞博:《秦兵马俑"进军"亚特兰大》,《中国文化报》2008 年 11 月 23 日。

64. 刘顺:《突尼斯掀起中国文物热》,《中国文物报》2009 年 8 月 12 日。

65. 庞博:《瑞典国王古斯塔夫出席中国兵马俑展开幕式》,《中国博物馆通讯》2010 年第 8 期。

66. 姜文斌、傅才武:《历史文化交流在建构国家形象中地位与作用的实证研究——基于蒙特利尔"秦兵马俑展"观众问卷的分析》,《福建论坛(人文社会科学报)》2012 年第 4 期。

67. 王成兰:《展览中的"中华文明"——以我国博物馆的对外展览为例》,《广州文博》(陆),文物出版社 2013 年版。

68. 孙志新:《"秦汉文明"展览的策划与实施——兼论在海外策划中国展览和策展人负责制度》,《博物院》2017 年第 5 期。

69. 陈彦堂:《从吉美、大都会到中国国家博物馆——对秦汉文物的不同诠释与解读》,《博物院》2020 年第 1 期。

70. 庞雅妮:《我从秦国来:兵马俑出境展览亲历记》,陕西师范大学出版社 2020 年版。

71. 田静:《兵马俑:中外文化交流的友好使者》,《中国文物报》2021 年 12 月 7 日。

72. 吴娜:《兵马俑日本展览策展人唐启山:文物促进日本青年一代了解中国》,《北京日报》2022 年 9 月 29 日。

后 记

本书从收集资料到动手写作，经历了 5 年时间，从确定大纲到完成书稿，又是 3 年时间。这期间，我们走访了 300 多位参加展览筹备、展馆考察、包装运输、文物展陈、开幕活动和学术研讨的工作人员，听他们讲述展览盛况和布展撤展的故事。我们到提供展品的文物收藏单位查阅档案资料，在网上购买展览图录和宣传书刊，反复核对展馆名称、展览日期和展品信息，参考有关回忆文章和总结报告，积累了 150 万字的采访手记和 2000 余张照片。正是基于以上工作，使我们能够如实记录每一次展览。

1973 年 5 月，秦始皇陵出土的跽坐俑等文物随"中华人民共和国出土文物展"到多个国家巡回展出，深受欢迎。1976 年 3 月，秦兵马俑坑出土的武士俑到日本展出，观者如潮。如今，秦兵马俑已走进 49 个国家和地区，成功举办 277 次展览。我们用文字和照片记录每一次展览的举办缘起与不凡历程，以纪念秦兵马俑考古发掘 50 周年。

我们能够从事这项工作，感到十分荣幸：吴海云长期工作在对外文物交流展览的第一线，从大纲撰写、展品遴选、布展撤展、开幕式议程、学术会议安排等全过程与境外博物馆联络，感受不同地区、不同民族、不同信仰的民众对中华文化的热爱；田静从事秦陵秦俑文物研究 36 年，多次参与文物出境展览的方案评审、大纲论证、学术讲座等，到各地为青少年学生和社会团体讲述文物交流互鉴的故事。

50 多年来，国家文物局指导并成功策划了一系列国际文物交流展览，使得秦兵马俑在世界各地举办的"中国年""文化年""建交年"等文化活动精彩亮相。

20 世纪 70 年代以来，陕西省文物局从早期的直接组展到 21 世纪后指导与规划文物出境展览，发挥了陕西文物资源优势。张廷皓先生、赵荣先生、罗文利先生、贾强先生等历任局长的强有力支持，保证了秦兵马俑出境展览的成功举办。陕西省文物局文物交流合作处宋振兴先生、李斌先生、张彤先生、张晓英女士等历任处长的精心指导，使得展览能够圆满举办。

21 世纪以来，陕西省文物交流中心积极与境外博物馆沟通洽谈、确定展览主题、征调文物展品、组织专家论证、考察展览场馆等，付出了艰辛努力。金宪镛先生、陈显琪先生、庞雅妮女士、强跃先生、侯宁彬先生、毕胜先生等历任领导，积极协调并保证展览如期举办。交流中心张正先生、刘芃先生、白丽莎女士、王涛先生，提供了展览资料与照片，丰富了本书内容。

秦始皇帝陵博物院历任院长吴梓林先生、袁仲一先生、吴永琪先生、曹玮先生、侯宁彬先生、李岗先生的大力支持，确保了展览的顺利举办。

美国纽约大都会艺术博物馆亚洲部主任孙志新先生、澳大利亚新南威尔士州美术馆亚洲部主任曹音女士，英国苏格兰国家博物馆曹琴女士，匈牙利博物馆群驻华代表贝斯文先生，多次帮我们确认相关资料。

人民出版社翟金明老师以独到的文化眼光，推荐本书纳入选题，并在审稿中提出中肯的修改意见，如果没有他极其负责的工作，这本书很难如期完成。

最后，我们要感谢所有给予本书提供帮助的同志。

吴海云　田静

2023 年 12 月 18 日

责任编辑：翟金明

封面设计：姚　菲

图书在版编目（CIP）数据

秦军出巡 ：兵马俑外展实录 / 吴海云，田静编著 .

北京 ：人民出版社，2024. 9. -- ISBN 978 - 7 - 01 - 026728 - 9

Ⅰ．K878.9

中国国家版本馆 CIP 数据核字第 20248YX015 号

秦军出巡

QINJUN CHUXUN

——兵马俑外展实录

吴海云　　田静　编著

人 民 出 版 社 出版发行

（100706　北京市东城区隆福寺街 99 号）

中煤（北京）印务有限公司　新华书店经销

2024 年 9 月第 1 版　2024 年 9 月北京第 1 次印刷

开本：710 毫米 ×1000 毫米 1/16　印张：28.5

字数：436 千字

ISBN 978 - 7 - 01 - 026728 - 9　定价：168.00 元

邮购地址 100706　北京市东城区隆福寺街 99 号

人民东方图书销售中心　电话（010）65250042　65289539